Moeller
Klausurentraining Weiterbildung
Recht

www.kiehl.de

Klausurentraining Weiterbildung
für Betriebswirte, Fachwirte, Fachkaufleute und Meister

Recht

180 klausurtypische Aufgaben und Lösungen
aus 60 Fällen

Von

Dirk Moeller LL.M.

2., aktualisierte Auflage

ISBN: 978-3-470- **64112**-6 · 2., aktualisierte Auflage 2014

© NWB Verlag GmbH & Co. KG, Herne 2013

Kiehl ist eine Marke des NWB Verlags

Satz: Ruhrstadt Medien AG, Castrop-Rauxel
Druck: Griebsch & Rochol Druck GmbH & Co. KG, Hamm

Klausurentraining Weiterbildung
für Betriebswirte, Fachwirte, Fachkaufleute und Meister

Die Reihe *Klausurentraining* ist aus der Überlegung heraus entstanden, dass sich sehr viele Absolventen von IHK-Weiterbildungslehrgängen gezielt auf ein spezielles Prüfungsthema (Qualifikationsbereich) vorbereiten möchten, um dort ihre Fähigkeiten in der Wissensanwendung zu vervollständigen.

Betrachtet man die inhaltlichen Schwerpunkte der Klausuren in den IHK-Abschlussprüfungen, so ergibt sich eine große Schnittmenge der Anforderungen: Beispielsweise fehlen in keiner Abschlussklausur im Fachgebiet *Recht* (Qualifikationsbereich Recht und Steuern) der Allgemeine Teil des Bürgerlichen Gesetzbuches (z. B. Geschäftsfähigkeit) oder das Schuldrecht (z. B. Kaufvertrag).

Daher enthält jeder Band dieser Reihe *klausurtypische Aufgaben* zu dem betreffenden Fachgebiet, die dem Niveau der IHK-Prüfungen in Umfang und Schwierigkeitsgrad entsprechen. Dabei wurde die Aufgabensammlung fachspezifisch gegliedert und jede Aufgabe mit einer Überschrift gekennzeichnet. Dies soll das spätere *Erkennen des Aufgabentyps in der Klausur unter Echtbedingungen* erleichtern.

Die allgemeine Darstellung der grundsätzlichen Methode zur Lösung rechtlicher Sachverhalte unterstützt die Bearbeitung der Aufgaben. Der Lösungsteil ist ausführlich und verständlich gestaltet, sodass sich der Leser/die Leserin selbstständig in der *Umsetzung des erlernten Wissens trainieren und kontrollieren* kann. Die Lösungen werden durch *Lernhinweise* zum Verständnis der Inhalte und *Lösungshinweise* zur Bearbeitung der Aufgaben ergänzt. Das Recht-ABC (Glossar) am Schluss des Buches gibt einen Überblick über wichtige Begriffe des Rechts. Das umfangreiche Stichwortverzeichnis ermöglicht das gezielte Auffinden von Begriffen und Zusammenhängen.

Diese Fachbuchreihe richtet sich an:

► Teilnehmer von IHK-Weiterbildungslehrgängen (angehende Betriebswirte, Fachwirte, Fachkaufleute, Bilanzbuchhalter und Meister)

► Studierende an Fachschulen und Fachhochschulen.

Charakteristische Merkmale für jeden Band dieser Reihe sind:

► mehr als 100 Prüfungsaufgaben orientiert am Niveau der IHK-Weiterbildungslehrgänge

► fachspezifische Gliederung der Aufgaben

► Aufgabenstellungen mit thematischen Überschriften

► ausführliche, verständliche Darstellung der Lösungen

► Zusammenstellung wichtiger Begriffe

► umfangreiches Stichwortverzeichnis.

Dirk Moeller, LL. M.
Rostock, im September 2014

Vorwort

Das Thema Recht stellt stets eine besondere Herausforderung für die Prüfungsteilnehmer dar. Die Prüfungsordnung der IHK fordert für den Qualifikationsbereich Recht und Steuern neben allgemeinen Kenntnissen im bürgerlichen Recht, Handelsrecht und Arbeitsrecht, dass die Prüfungsteilnehmer ihr Wissen durch das Lösen von „unternehmenstypischen Beispielen und Situationen" nachweisen. In den Klausuren geht es deshalb regelmäßig darum, die erlernten Rechtskenntnisse bei der Lösung situationsbezogener Aufgaben (Rechtsfälle) anzuwenden. Daneben geht es um einzelne rechtliche Wissensfragen.

Für das Bestehen der Prüfung sollte man sich die notwendigen Rechtskenntnisse grundsätzlich durch wiederholtes Lernen der vorgegebenen Prüfungsinhalte aneignen. Allerdings ergeben sich regelmäßig zwei Schwierigkeiten:

In der *Lernphase* fällt es einigen Prüfungsteilnehmern schwer, sich das Wissen ausreichend zu erschließen, weil ihnen einige Begriffe, Regeln und Zusammenhänge im Recht zu unverständlich oder zu abstrakt erscheinen. Ihnen fehlen anschauliche Beispiele und konkrete Fälle, durch die sie Inhalt und Bedeutung einer rechtlichen Regelung besser verstehen können.

In der *Prüfung* dagegen verfügen einige Prüfungsteilnehmer zwar über ein rechtliches Grundverständnis und ausreichende Kenntnisse, aber es mangelt ihnen oft daran, die einzelnen Probleme einer rechtlichen Prüfungsaufgabe genau zu erkennen oder das vorhandene theoretische Wissen für die Lösung eines praktischen Prüfungsfalls anzuwenden.

Die Schwierigkeiten liegen also darin, dass man einerseits ohne das notwendige Wissen eine Prüfung kaum bestehen kann, aber andererseits das Wissen allein nichts nutzt, wenn man es nicht gezielt anwenden kann.

Das Ziel dieses Buches ist es, als Lehr- und Übungsbuch bei der Bewältigung dieser beiden Schwierigkeiten zu helfen. Als Lehrbuch vermittelt es wichtige, erklärungsbedürftige Prüfungsinhalte am Beispiel konkreter Fälle. Damit können Rechtskenntnisse einfacher und anschaulicher erlernt, wiederholt oder vertieft werden. Als Übungsbuch bereitet es auf das Lösen von situationsbezogenen Rechtsaufgaben vor. Durch das gezielte Fall-Training kann man außerdem überprüfen, ob man in der Lage ist, seine erlernten Kenntnisse für die Lösung von konkreten Rechtsfällen anzuwenden.

Ich wünsche allen Leserinnen und Lesern viel Erfolg bei der Bearbeitung der Aufgaben in diesem Buch und ein gutes Ergebnis in der Prüfung. Mögen alle Nutzer dieses Buches erkennen, dass Recht keine Geheimwissenschaft ist.

Dirk Moeller, LL. M.
Rostock, im September 2014

Benutzungshinweise

Diese Symbole erleichtern Ihnen die Arbeit mit diesem Buch:

 TIPP

Hier finden Sie nützliche Hinweise zum Thema.

 MERKE

Das X macht auf wichtige Merksätze oder Definitionen aufmerksam.

 ACHTUNG

Das Ausrufezeichen steht für Beachtenswertes, wie z. B. Fehler, die immer wieder vorkommen, typische Stolpersteine oder wichtige Ausnahmen.

 INFO

Hier erhalten Sie nützliche Zusatz- und Hintergrundinformationen zum Thema.

 RECHTSGRUNDLAGEN

Das Paragrafenzeichen verweist auf rechtliche Grundlagen, wie z. B. Gesetzestexte.

 MEDIEN

Das Maus-Symbol weist Sie auf andere Medien hin. Sie finden hier Hinweise z. B. auf Download-Möglichkeiten von Zusatzmaterialien, auf Audio-Medien oder auf die Website von Kiehl.

1. BGB Allgemeiner Teil

2. Schuldrecht

3. Sachenrecht

4. Handelsrecht

5. Arbeitsrecht

Anleitung zur Arbeit mit diesem Buch

Der erste Teil des Buches dient der Vorbereitung auf die Bearbeitung der Aufgaben. Hier wird durch allgemeine Regeln und Methoden erklärt, wie man an die Lösung situationsbezogener Rechtsaufgaben grundsätzlich herangeht.

Der zweite Teil des Buches enthält eine Auswahl von 180 prüfungstypischen Aufgaben in 60 umfangreichen Rechtsfällen. Die Aufgaben entsprechen in Inhalt und Schwierigkeitsgrad den aktuellen Anforderungen der IHK-Prüfungsklausuren „Wirtschaftsbezogene Qualifikation – Recht und Steuern". Der Umfang der Aufgaben dient der ausführlichen Darstellung der verschiedenen Rechtsprobleme. Die ausgewählten Aufgaben enthalten erklärungsbedürftige Rechtsfragen, welche Prüfungsteilnehmern immer wieder Schwierigkeiten bereiten. Einen Schwerpunkt bilden daher Rechtsaufgaben aus dem Allgemeinen Teil des BGB und dem Schuldrecht. Im Mittelpunkt steht der Kaufvertrag, da er der wichtigste wirtschaftliche Vertrag ist und regelmäßig den Hintergrund für Prüfungsaufgaben bildet.

Die einzelnen Aufgaben sind systematisch gegliedert, stehen aber in keinem direkten Zusammenhang. Man kann sich daher einzelne Themen und Fälle zum Üben heraussuchen. Zum fallbezogenen Lernen ist es allerdings sinnvoll, die Aufgaben nach der vorgegebenen Reihenfolge zu bearbeiten.

Die Lösungen im dritten Teil des Buches entsprechen inhaltlich den Anforderungen der Prüfungs-Musterlösungen, sind allerdings viel ausführlicher formuliert. Zur Verbesserung des Lern- und Übungseffektes enthalten die Lösungen einen übersichtlichen Aufbau, ausformulierte Sätze, Rechtsbegriffserklärungen und die entscheidenden Rechtsnormen aus dem Gesetz (Paragrafen). Die Lösungen werden ergänzt durch Lernhinweise zum rechtlichen Wissen („Merke") und durch Lösungshinweise zu Aufgabenverständnis, Aufgabenstrategie, Hürden und typischen Fehlern („Tipp").

Im vierten Teil des Buches werden im Glossar die wichtigsten Rechtsbegriffe aller Aufgaben alphabetisch aufgelistet und kurz erklärt. Die Erklärungen werden durch die Aufgaben-Nummer und die Angabe der entscheidenden Rechtsnormen ergänzt.

Für ein sinnvolles Lernen und Üben mit diesem Buch sollte man die folgenden Hinweise beachten:

1. Voraussetzung für die Lösung der Aufgaben sind theoretische Grundkenntnisse zum Recht aus den Lehrgängen und Lernunterlagen (Begriffe, Zusammenhänge, Strukturen). Am Straßenverkehr kann man schließlich auch nicht teilnehmen, wenn man nicht weiß, wie man ein Auto steuert und welche Verkehrsregeln gelten.

2. Mit dem Buch übt und kontrolliert man dann die Anwendung des erlernten Wissens. Man trainiert also die Prüfungssituation, bei der man mit den erworbenen Kenntnissen unbekannte Rechtsaufgaben lösen soll. Am Straßenverkehr kann man auch nicht teilnehmen, wenn man nicht mehrfach geübt hat, wie man ein Auto innerhalb der Verkehrsregeln steuert.

3. Vor der Bearbeitung der Aufgaben sollte man unbedingt den sehr wichtigen Abschnitt zum allgemeinen Vorgehen bei der Lösung von Rechtsaufgaben lesen und sich die entsprechenden Regeln und Methoden einprägen.

4. Die in den Überschriften der Aufgaben und Lösungen angegebenen rechtlichen Schwerpunkte sollte man bei einem Selbsttest vorher verdecken. Man kann sie allerdings auch als Hinweis nehmen und zunächst vor der Lösung der Aufgabe das entsprechende Rechtsthema erlernen oder wiederholen.

5. Beim Üben mit den Aufgaben sollte man nach dieser Reihenfolge vorgehen: 1. Lösen – 2. Vergleichen – 3. Nacharbeiten.

Zunächst sollte die Lösung der Aufgabe vollständig mit den vorhandenen Rechtskenntnissen formuliert werden. Dazu sollte man die entsprechenden Gesetze (z. B. BGB) benutzen, um so den Umgang mit den Paragrafen zu üben. Die Gesetze dürfen in den Prüfungsklausuren als Hilfsmittel genutzt werden und erleichtern die Lösung der Aufgaben erheblich. Einige Gesetzesausgaben enthalten sogar allgemeine Einführungstexte, in denen Rechtsbegriffe erklärt werden (z. B. Rechtsfähigkeit und Abstraktionsprinzip im BGB).

Danach sollte man die eigene Lösung mit der Musterformulierung im Lösungteil des Buches inhaltlich vergleichen. Eine wortwörtliche Übereinstimmung mit der Musterlösung ist nicht notwendig. Die Musterlösungen sind umfangreicher formuliert, damit der Lösungsweg und die rechtlichen Zusammenhänge nachvollziehbarer werden. In den Prüfungen kann man dagegen kürzere Formulierungen wählen. Die Musterlösungen enthalten auch die entscheidenden Rechtsnormen – in Klammern gesetzt –, die in den Prüfungen nur genannt werden müssen, wenn es die Aufgabe ausdrücklich verlangt.

Die umfangreiche Formulierung und Nennung der Rechtsnormen in den Musterlösungen sind also nicht als Anforderung an die eigene Lösung zu verstehen. Sie dienen vielmehr dem Zweck dieses Buches als Lehrbuch.

Im letzten Schritt sollte man die Rechtsthemen der Aufgabe und den Lösungsweg nacharbeiten. Als Hilfsmittel dienen hier Lernhinweise („Merke") und Lösungshinweise („Tipp") am Ende der Lösungen. In jedem Fall sollten die in der Musterlösung genannten Rechtsnormen nachgelesen werden. In der Lernphase – nicht in der Prüfung – hat man noch die Zeit, sich die Bedeutung der zum Teil kompliziert formulierten gesetzlichen Normen zu erschließen.

Durch das konsequente Nacharbeiten der Musterlösung werden Wissenslücken erkannt und geschlossen, vorhandenes Wissen gefestigt und die Anwendung der Rechtskenntnisse trainiert.

Die Lösung situationsbezogener Rechtsaufgaben

Der folgende Abschnitt ist sehr wichtig für die Vorbereitung auf die Bearbeitung der Aufgaben in diesem Buch und in den Prüfungen. Hier wird erläutert, nach welchen Regeln und mit welchen Methoden situationsbezogene Rechtsaufgaben einfacher zu lösen sind.

In den Prüfungen werden neben den üblichen Wissensaufgaben regelmäßig situationsbezogene Aufgaben gestellt.

Die Wissensaufgaben dienen lediglich dazu, die theoretischen Rechtskenntnisse zu überprüfen. Auf eine gezielte Wissensfrage muss man „nur" kurz und richtig antworten, z. B.:

▶ Wann verjähren Gewährleistungsansprüche bei beweglichen Sachen?

▶ Nennen Sie die Voraussetzungen für eine betriebsbedingte Kündigung.

▶ Worin besteht der Unterschied zwischen Eigentum und Besitz?

Die schwierigeren Prüfungsaufgaben sind die in diesem Buch behandelten situationsbezogenen Aufgaben, bei denen die rechtliche Beurteilung einer tatsächlichen Situation (Rechtsfall) verlangt wird. Hier muss der Prüfungsteilnehmer nicht nur über das notwendige Wissen verfügen, sondern seine Rechtskenntnisse gezielt für die Lösung eines „unbekannten" Rechtsfalls anwenden, z. B.:

▶ Hat der Käufer im vorliegenden Fall Gewährleistungsansprüche gegen den Verkäufer?

▶ Erläutern Sie, ob der Geschädigte hier Schadensersatz verlangen kann.

▶ Kann der Arbeitgeber unter diesen Umständen fristlos kündigen? Begründen Sie Ihre Entscheidung ausführlich."

Während man sich auf die Wissensaufgaben durch das Erlernen der geforderten Prüfungsinhalte vorbereiten kann, ist die Lösung situationsbezogener Aufgaben nicht so einfach. Es gibt zwar eine Reihe von klassischen Rechtsfällen, deren Musterlösung man sich einprägen kann (z. B. die Fälle aus diesem Buch). Die Vorstellung, man könnte wie für die theoretische Führerscheinprüfung alle möglichen Rechtsfälle auswendig lernen, ist zu kurzsichtig. Wie im wahren Leben gibt es nämlich Rechtsfälle in unendlicher Vielfalt und in unendlicher Kombination.

Um diese Herausforderung meistern zu können, muss man daher wissen, wie man bei der Lösung unbekannter Rechtsfälle vorgeht und wie man seine Rechtskenntnisse auf einen konkreten Fall anwendet. Die Regeln, Methoden und Hinweise aus der folgenden Darstellung kann man also als eine Art „Werkzeugkasten" mit verschiedenen „Werkzeugen" betrachten, die einem den Lösungsweg in der Prüfung einfacher machen. Grundsätzlich sollte man bei der Lösung von situationsbezogenen Aufgaben systematisch nach folgenden Schritten vorgehen:

A. Die Aufgabenstellung zuerst lesen

B. Den Sachverhalt lesen und erfassen

C. Die Aufgabenstellung endgültig erfassen

D. Die Lösung erarbeiten

  1. Rechtsfrage erfassen

  2. Rechtsgrundlage finden

  3. Rechtsvoraussetzungen prüfen

   a) Voraussetzungen zusammenstellen

   b) Voraussetzungen erfassen

   c) Voraussetzungen überprüfen

E. Die Lösung formulieren

A. Die Aufgabenstellung zuerst lesen

Eine situationsbezogene Rechtsaufgabe besteht immer aus einem Sachverhalt (Rechtsfall) und der anschließenden Aufgabenstellung (Fragen bzw. Aufgaben). Obwohl es ungewöhnlich erscheint, sollte man die Aufgabenstellung noch vor dem Sachverhalt lesen, da diese Vorgehensweise folgende Vorteile bringt:

► Aufgabenstellung gibt bereits eindeutige Hinweise, in welchem Rechtsgebiet sich diese Aufgabe befindet, z. B.:

  - Kann der Kunde, den Vertrag anfechten? = Anfechtungsrecht

► Aufgabenstellung zeigt bereits, worauf es beim anschließenden Lesen des Sachverhalts ankommt, z. B.:

  - Aufgabenstellung: Kann der Gläubiger vom Schuldner Verzugszinsen verlangen?

  - Fazit: Man muss aus dem Sachverhalt herauslesen, ob die Voraussetzungen für einen Zahlungsverzug nach § 286 BGB vorliegen.

► Verhinderung ungeordneter und sprunghafter Gedankengänge, die oft entstehen, wenn man den Sachverhalt zuerst liest, z. B.:

  - Sachverhalt: „Ein Unternehmer kauft ein Grundstück."

  - Gedankensprünge: Unternehmerbegriff? Kaufvertrag? Gewährleistung?

  - Aufgabenstellung: „Erläutern Sie, wann der Unternehmer Eigentümer des Grundstücks wird.

  - Fazit: Alle bisherigen Gedanken gingen in die falsche Richtung, da es in der Aufgabe lediglich um den Eigentumserwerb an unbeweglichen Sachen nach § 873 BGB geht.

B. Den Sachverhalt lesen und erfassen

Der Sachverhalt ist ein ausgedachter Rechtsfall, der in der Regel so formuliert wird, dass er für den Prüfungsteilnehmer verständlich und nachvollziehbar ist. Er enthält Informationen (Sachverhaltsangaben), die genau auf die Lösung der Aufgabe gerichtet sind. Diese Informationen kann man sich wie „Hinweisschilder" vorstellen, die zum richtigen Lösungsweg führen. Man muss den Sachverhalt unbedingt richtig erfassen, da übersehene Hinweise und fehlgedeutete Informationen eine korrekte Lösung behindern. Daher sollten die folgenden Regeln beim Lesen und beim Erfassen des Sachverhalts beachtet werden.

1. Lesen des Sachverhalts

▸ Den Sachverhalt trotz Prüfungsstress stets ruhig und aufmerksam durchlesen.

▸ Wichtige Textstellen (z. B. Datumsangaben, Beschreibungen) kennzeichnen, wenn man den Fall komplett verstanden hat (Vorsicht: nicht markierte Textstellen werden häufig als Lösungshinweise übersehen.).

▸ Bereits sicher erkannte Probleme und Begriffe notieren (z. B. Mangel?, Frist?).

▸ Eine Skizze kann helfen, die rechtlichen Beziehungen mehrerer beteiligter Personen zu erkennen oder die zeitlichen Abläufe zu erfassen (Zeitstrahl).

2. Erfassen des Sachverhalts

▸ Es darf keine Sachverhaltsangabe übersehen werden, da grundsätzlich alle Informationen eine Bedeutung für die Lösung haben, z. B.:

- Sachverhalt: Die Eltern eines 17-jährigen haben 3 Wochen nach der Aufforderung durch den Verkäufer ihre Genehmigung zum Kaufvertrag erteilt.

- Bedeutung: „17-jährig" und „3 Wochen" sind wichtige Hinweise für die Wirksamkeit des Vertrages, da nach § 108 Abs. 2 Satz 2 BGB die Genehmigung für den beschränkt Geschäftsfähigen spätestens nach 2 Wochen erfolgen musste.

▸ Man sollte auf Einzelheiten des Sachverhalts achten, da manchmal ein einziges Wort über den richtigen Lösungsweg entscheidet, z. B.:

- Sachverhalt 1: Der 17-jährige Auszubildende ist mit Zustimmung seiner Eltern in einem Unternehmen tätig geworden.

- Sachverhalt 2: Der 17-jährige Hilfsarbeiter ist mit Zustimmung seiner Eltern in einem Unternehmen tätig geworden.

- Aufgabenstellung: Kann er seinen Vertrag auch ohne Zustimmung der Eltern kündigen?

- Fazit: Die Lösung ist von einem Wort abhängig, da gemäß § 113 BGB der „Hilfsarbeiter" kündigen könnte, der „Auszubildende" jedoch nicht, da diese Rechtsnorm nicht auf Ausbildungsverhältnisse angewendet werden darf.

▶ Der Sachverhalt enthält stets eindeutige und vollständige Informationen, da von den Prüfungsteilnehmern keine schwierige Auslegung mehrdeutiger Angaben verlangt werden kann. Sollten Informationen – ausnahmsweise – nicht eindeutig oder unvollständig erscheinen, sollte man an die Auslegung sachlich herangehen. Nach gesundem Menschenverstand ist stets von normalen lebensnahen Vorgängen auszugehen, z. B.:

- Sachverhalt: Der Käufer hat in der Wohnung des Verkäufers den Computer bar bezahlt und gleich mitgenommen.

- Aufgabenstellung: Ist der Käufer (gutgläubig) Eigentümer geworden?

- Auslegung: Es ist davon auszugehen, dass der Käufer im guten Glauben darüber war, dass der Verkäufer der Eigentümer des Computers ist (§ 932 BGB), da man normalerweise annehmen kann, dass der Besitzer einer Sache (PC) auch der Eigentümer der Sache ist, ohne dass der Sachverhalt einen eindeutigen Hinweis dazu enthalten muss.

▶ Man sollte niemals etwas Falsches in den Sachverhalt hineindeuten oder etwas hinzudichten, z. B.:

- Sachverhalt: Der Verkäufer hat am Morgen des 13.04.2000 ein Vertragsangebot per E-Mail an den Käufer gesendet.

- Auslegung: Nach normalen Lebensabläufen ist vom Zugang des Angebots an diesem Wochentag auszugehen. Die Vermutung, dass die E-Mail aufgrund technischer Fehler vielleicht gar nicht erst abgesendet wurde, ist dagegen nicht lebensnah.

▶ Man sollte den Sachverhalt immer akzeptieren und nicht „verbessern", auch wenn er unrealistisch erscheint, z. B.:

- Formulierung: „Ein Kaufmann muss doch wissen, dass die Mengenangabe Gros = 144 Stück bedeutet. Der im Sachverhalt erwähnte Irrtum über die Menge ist daher unrealistisch und nicht anfechtbar."

- Wenn im Sachverhalt steht, dass sich der Kaufmann geirrt hat, ist das so hinzunehmen und in der Lösung zu berücksichtigen.

▶ Man sollte den Sachverhalt nicht „ergänzen", wenn wichtige Informationen zu fehlen scheinen, z. B.:

- Formulierung: „Im unvollständigen Sachverhalt wird leider nicht erwähnt, ob der Erwerber gutgläubig gehandelt hat. Daher kann nicht entschieden werden, ob der Erwerber Eigentümer der gestohlenen Uhr geworden ist."

- Auf die Gutgläubigkeit des Erwerbers kommt es bei § 935 Abs. 1 BGB gar nicht an, da gestohlene Sachen grundsätzlich nie durch einen Dritten vom Nichtberechtigten erworben werden können.

▶ Man sollte den Sachverhalt nicht so hinbiegen und umdeuten, bis er endlich dem eigenen Wissen oder einem erlernten Rechtsfall entspricht, den man leichter lösen kann, z. B.:

- Sachverhalt: Der Arbeitnehmer hatte trotz einer entsprechenden Abmahnung weitere Produkte des Arbeitgebers gestohlen.
- Aufgabenstellung: Liegen die Voraussetzungen für eine Kündigung vor?
- Formulierung: „Ob im vorliegenden Fall eine Kündigung wirksam wäre, kann dahingestellt bleiben, da der Arbeitgeber den Arbeitsvertrag auch anfechten könnte. Die Anfechtung setzt voraus, dass … .“
- Missverständnis: Das Verbiegen des Sachverhalts ist sehr beliebt, weil Prüfungsteilnehmer glauben, man habe zumindest gezeigt, dass man etwas (anderes) von Recht verstehe. Das ist aber der gleiche Irrtum wie beim unvorbereiteten Geschichtsstudent, der auf die Prüfungsfrage nach dem römischen Kaiser Tiberius auch nicht sagen darf, dass Tiberius auch der zweite Vorname von James Tiberius Kirk ist. „Kirk ist der Captain der U.S.S. Enterprise, einem Raumschiff der Sternenflotte ….“

▶ Der Sachverhalt enthält regelmäßig rechtliche Hürden und Rechtsprobleme, aber niemals „hinterlistige Fallen“ oder „unüberwindbare Hindernisse“ für den Prüfungsteilnehmer.

C. Die Aufgabenstellung endgültig erfassen

Beim zweiten Lesen sollte man die Aufgabenstellung genau und endgültig erfassen. Eine Rechtsaufgabe kann nicht richtig gelöst werden, wenn man die Aufgabenstellung nicht verstanden hat. Eine Aufgabe ist mit einem vorgegebenen Ziel vergleichbar, welches man niemals erreicht, wenn man es nicht erkennt.

1. Aufgabeninhalt

Wissensaufgaben kann man sehr leicht erfassen. Man sollte lediglich beachten, dass sie manchmal als Zusatzfragen eine situationsbezogene Aufgabe ergänzen. Zum Teil werden Wissensaufgaben mit einer kurzen Ausgangssituation eingeleitet, ohne dass es sich dann um eine situationsbezogene Aufgabe (Rechtsfall) handelt. Hier soll die geschilderte Situation lediglich zum Thema der Wissensaufgaben hinführen, z. B.:

▶ Ausgangssituation: Als Verkaufsstellenleiter sollen Sie einen Kunden über seine Gewährleistungsrechte aufklären.

▶ Wissensaufgaben: Was ist ein Sachmangel? Nennen Sie die beiden Nacherfüllungsansprüche. Wann besteht ein Rücktrittsrecht?

Die situationsbezogenen Aufgaben (Rechtsfälle) sind dann einfach zu erfassen, wenn gezielt nach einer rechtlichen Beurteilung des Sachverhalts gefragt wird, z. B.:

▶ Kann der Verkäufer vom Käufer die Herausgabe des Autos verlangen?

▶ Erläutern Sie, ob der Arbeitnehmer einen Entgeltfortzahlungsanspruch gegen den Arbeitgeber hat.

Teilweise werden die situationsbezogenen Aufgaben allerdings sehr allgemein formuliert, z. B.:

▸ Wie ist die Rechtslage?

▸ Erläutern Sie, ob der Eigentümer mit seiner Meinung Recht hat.

▸ Hat die Vorgehensweise des Prokuristen Aussicht auf Erfolg?

Diese allgemein formulierten Aufgaben sollte man in konkrete Aufgabenstellungen „übersetzen", da man herausfinden muss, wonach genau gefragt wird. Ein einfaches Hilfsmittel für die Übersetzung ist das „4-W-Fragen-Schema". Zur Konkretisierung der Aufgabe fragt man hier: Wer will Was von Wem Woraus?

1. **WER?** **Frage nach der Person, die einen Anspruch oder ein Recht durchsetzen möchte**

2. **WAS?** **Frage nach den Ansprüchen oder Rechten, die erstrebt werden (z. B. Herausgabe, Schadensersatz, Kündigung)**

3. **WEM?** **Frage nach der Person, von der man etwas verlangt oder gegen die man ein Recht durchsetzen möchte**

4. **WORAUS?** **(oder WARUM?) Frage nach der rechtlichen Begründung für den Anspruch (Anspruchsgrundlage) oder nach dem Rechtsgrund (Rechtsgrundlage).**

Die Antworten auf die ersten 3 W-Fragen ergeben sich meist problemlos aus den Hinweisen im Sachverhalt. Für die Lösung der Aufgabe ist vielmehr die Antwort auf die 4. Frage entscheidend, z. B.:

▸ Sachverhalt: Der Rasenmäher des A wird vom Dieb D gestohlen. Dieb D veräußert den Rasenmäher an B. Als A alles herausbekommt, möchte er seinen Rasenmäher zurückhaben. B ist der Ansicht, der Rasenmäher gehöre jetzt ihm.

▸ Aufgabenstellung: Wie ist die Rechtslage?

▸ Wer will Was von Wem?: A will von B den Rasenmäher zurück (von D kann A ihn nicht zurückbekommen, weil D ihn nicht mehr besitzt). Nach dem Sachverhalt will A also keinen Schadensersatz geltend machen, sondern seinen Rasenmäher zurückhaben.

▸ Woraus?: Anspruchsgrundlage ist der Herausgabeanspruch nach § 985 BGB. Danach kann der Eigentümer einer Sache vom Besitzer die Herausgabe verlangen.

▸ Übersetzung der Aufgabe: Kann A von B die Herausgabe des Rasenmähers verlangen?

▸ Lösung: Es muss also geprüft werden, ob A der Eigentümer und B der Besitzer ist. B hat die tatsächliche Sachherrschaft über den Rasenmäher und ist damit der Besitzer. A ist weiterhin der Eigentümer, da B an einer gestohlenen Sache kein Eigentum erwerben konnte, selbst wenn er gutgläubig davon ausgegangen ist, dass Dieb D der Eigentümer war (§§ 932, 935 BGB).

2. Lösungshinweise

Die Aufgabenstellung sollte auch deshalb genau erfasst werden, weil sie oft Hinweise für den Lösungsweg und den Umfang der Lösung enthält.

Aus der Formulierung der Aufgabenstellung kann manchmal eindeutig auf die Lösung der Aufgabe geschlossen werden, z. B.:

► Sachverhalt: Der von A beauftragte B schließt mit C einen Vertrag ab. B versäumt dabei, den C darüber aufzuklären, dass B den Vertrag für A abschließen sollte. C erkennt diese Tatsache auch nicht.

► Aufgabenstellung: Erläutern Sie, zwischen wem ein Vertrag zu Stande gekommen ist.

► Lösungshinweis: Die beliebte Lösung, dass gar kein Vertrag zu Stande gekommen sei, kann nicht richtig sein, da die Aufgabe nicht auf das „Ob?", sondern das „Zwischen wem?" abzielt. Da außerdem die Voraussetzungen des Handelns „in fremdem Namen" für eine Stellvertretung (§ 164 Abs. 1 BGB) nicht vorliegen, ist kein Vertrag zwischen A und C zu Stande gekommen. Es bleibt dann also zwangsläufig nur ein Vertrag zwischen B und C. Die Begründung für diese richtige Lösung findet sich in § 164 Abs. 2 BGB.

Bei situationsbezogenen Aufgaben bauen mehrere Aufgabenstellungen manchmal so aufeinander auf, dass man auf die Lösung der ersten Aufgabe schließen kann, z. B.:

► Aufgabe a): Erläutern Sie, ob die 17-jährige A geschäftsfähig ist.

► Aufgabe b): Erläutern Sie, ob der Kaufvertrag zwischen A und dem Unternehmer B wirksam ist.

► Lösungshinweis: Bei Aufgabe a) darf man allein deshalb nicht von einer vollen Geschäftsfähigkeit ausgehen, da die Aufgabe b) sonst keinen Sinn ergeben würde. Man muss vielmehr bei a) die beschränkte Geschäftsfähigkeit erkennen, um sich dann bei b) mit den §§ 106 ff. BGB auseinandersetzen zu können.

Bei Aufgaben mit unterschiedlichen Aufgabenstellungen muss man ergebnisorientiert davon ausgehen, dass es auch unterschiedliche Lösungen gibt, z. B.:

► Sachverhalt: Schilderung verschiedener Irrtümer bei mehreren Beteiligten

► Aufgabe a): Erläutern Sie, mit welchem Anfechtungsgrund der Käufer A den Vertrag anfechten könnte.

► Aufgabe b): Erläutern Sie, mit welchem Anfechtungsgrund der Käufer B ...

► Aufgabe c): Erläutern Sie, mit welchem Anfechtungsgrund der Käufer C ...

► Lösungshinweis: Man muss hier von 3 verschiedenen Anfechtungsgründen bzw. 3 verschiedenen Lösungen ausgehen. Formulierungen wie „Ergebnis und Begründung genau wie bei Aufgabe a)" oder „siehe dazu Ausführungen zu c)" sind zwar sehr beliebt, aber im Ergebnis nicht richtig.

Situationsbezogene Aufgaben sind stets auf rechtliche Probleme gerichtet. Die Lösung kann daher kaum zu einem unproblematischen Ergebnis führen. Man sollte sich daher immer fragen, ob es tatsächlich sein kann, dass in einem Fall rechtlich alles in Ordnung ist, z. B.:

▸ Sachverhalt: Formulierung einer Allgemeinen Geschäftsbedingung

▸ Aufgabenstellung: Entscheiden und begründen Sie, ob diese AGB wirksam ist.

▸ Lösungshinweis: Problemorientiert sollte man davon ausgehen, dass die AGB nicht in Ordnung sind und dann gezielt in den §§ 305 ff. BGB nach dem Grund für die Unwirksamkeit suchen.

Aus der Aufgabenstellung kann man auch auf den erforderlichen Umfang der Lösung schließen. In vielen Aufgaben wird der Umfang der geforderten Formulierung eindeutig benannt, z. B.:

▸ „Erläutern Sie ausführlich, ob hier eine Stellvertretung vorliegt." Hier müssen das Ergebnis und die rechtliche Begründung umfassend dargestellt werden.

▸ „Ist der Verkäufer in Verzug geraten? Begründen Sie Ihre Ansicht und nennen Sie die entsprechenden Rechtsnormen." Hier muss man neben Ergebnis und Begründung auch noch die entscheidenden Paragrafen aus dem Gesetz nennen.

▸ „Nennen Sie 2 Beispiele für die Mitbestimmung des Betriebsrats." Hier muss man nicht mehr als die geforderten 2 richtigen Beispiele nennen. Es werden stets nur die erstgenannten 2 Beispiele bewertet und es gibt auch keine Zusatzpunkte.

Eine Orientierungshilfe für den notwendigen Lösungsumfang kann die neben der Aufgabe angegebene Punktzahl sein. Diese „Eselsbrücke" beginnt allerdings immer dann „zu wackeln", wenn bei einer scheinbar einfachen Aufgabe eine unverhältnismäßig hohe Anzahl von Punkten angegeben ist, z. B.:

▸ Sachverhalt: A kauft in einem Geschäft ein Fahrrad, welches sich noch im Lager des Geschäfts befindet. A bezahlt den vereinbarten Kaufpreis.

▸ Aufgabenstellung: Erläutern Sie, ob A bereits mit Kaufpreiszahlung Eigentümer des Fahrrads geworden ist.

▸ Punktzahl: 12 Punkte

▸ Hinweis zum Umfang: Es kann bei so vielen Punkten keine leichte Aufgabe sein und keine einfache Lösung geben. Man wird hier dafür „belohnt", dass man weiß, dass wegen des so genannten Trennungsprinzips (Abstraktionsprinzip) nicht durch den Kaufvertrag, sondern erst durch Einigung über den Eigentumsübergang und die Übergabe des Fahrrads der Käufer zum Eigentümer wird.

Bearbeitungshinweise am Ende der Aufgabe sollte man unbedingt beachten, da sie die Lösung eingrenzen und falsche Lösungsansätze vermeiden, z. B.:

▸ Hinweis: „Auf gesetzliche Haftungsansprüche ist nicht einzugehen." Hier muss man die unerlaubte Handlung nach § 823 BGB nicht prüfen.

▶ Hinweis: „Ansprüche gegen den Hersteller sind nicht zu prüfen." Hier muss man sich mit dem Produkthaftungsgesetz nicht auseinandersetzen.

D. Die Lösung erarbeiten

Bei der Erarbeitung der Lösung geht es noch nicht um die endgültige schriftliche Formulierung. Hier wird vielmehr gedanklich ein Lösungsweg entwickelt, den man zur besseren Übersicht stichpunktartig skizzieren könnte. Die Lösung einer Aufgabe kann mithilfe des „3-R-Punkte-Schemas" erarbeitet werden:

1. Rechtsfrage erfassen

2. Rechtsgrundlage finden

3. Rechtsvoraussetzungen prüfen

1. Rechtsfrage erfassen

Die Rechtsfrage ist der Ausganspunkt für den Lösungsweg. Sie muss eindeutig erfasst werden, sonst kann die Aufgabe nicht richtig gelöst werden. Man fragt hier:

▶ Worum geht es rechtlich in dieser Aufgabe?

▶ Welches rechtliche Problem muss gelöst werden?

Die konkrete Rechtsfrage ergibt sich entweder bereits aus der Aufgabenstellung oder aus den ersten 3 Fragen des „4-W-Fragen-Schemas" („Wer will Was von Wem?"). Man sollte die Rechtsfrage an den Anfang der Lösung stellen (gedanklich oder schriftlich skizziert), z. B.:

▶ Kann der Besteller vom Unternehmer Nacherfüllung verlangen?

▶ Kann der Käufer wegen des Mangels vom Vertrag zurücktreten?

2. Rechtsgrundlage finden

Um die Rechtsfrage zu lösen, muss man die passende Rechtsgrundlage finden (z. B. eine Rechtsnorm aus einem Gesetz). Man kann das mit der Suche nach dem „passenden Schlüssel" vergleichen, welcher „zum Türschloss passen" (Rechtsfrage des Falls) und die „Tür öffnen" soll (Lösung der Aufgabe).

Die Rechtsgrundlage ergibt sich aus der 4. Frage des „4-W-Fragen-Schemas" (Woraus? oder Warum?).

▶ „Woraus?" ist die Frage nach der passenden Anspruchsgrundlage, also nach der Begründung für einen Anspruch gegen eine Person (z. B. auf Zahlung, auf Herausgabe). Eine Anspruchsgrundlage erkennt man daran, dass die gesetzliche Rechtsnorm die Anspruchsvoraussetzungen und den daraus folgenden Anspruch nennt, z. B.:

- Voraussetzungen des Schadensersatzanspruchs nach § 823 Abs. 1 BGB sind die schuldhafte, rechtswidrige Verletzung von Rechten eines Anderen.

- Voraussetzungen des Herausgabeanspruchs nach § 985 BGB sind die Eigentümer-
stellung des Anspruchstellers und die Besitzerstellung des Anspruchsgegners.

▸ „Warum?" ist die Frage nach der Rechtsgrundlage, also nach der Begründung für die
Ausübung und die Regelung eines Rechts, z. B.:

- § 626 ist die Rechtsgrundlage für die außerordentliche Kündigung eines Arbeitsverhältnisses

- § 929 BGB regelt den Eigentumserwerb an beweglichen Sachen

Die passenden Rechtsgrundlagen findet man im Gesetz (vor allem im BGB). Das Sachverzeichnis am Ende der Gesetzbücher kann bei der Suche hilfreich sein. Es listet alle
wichtigen Begriffe aus dem Gesetz alphabetisch mit den entsprechenden Paragra-
fenziffern auf. Die Nutzung dieses Hilfsmittels setzt allerdings voraus, dass man bestimmte Rechtsbegriffe kennt bzw. aus der Aufgabe erkennt, z. B.:

▸ Sachverhalt: Der Käufer B widerruft seine Bestellung aus dem Internet-Katalog,
nachdem er die Ware erhalten hat.

▸ Suchbegriffe: Der Begriff „Widerruf" ist hier einfach erkennbar, den Begriff „Fernab-
satzvertrag" muss man dagegen durch Wissen kennen.

Die richtige Rechtsgrundlage ergibt sich oft aus der Kombination mehrerer Rechtsnormen, z. B.:

▸ Rechtsgrundlage für eine ordentliche Kündigung eines Arbeitsverhältnisses durch
den Arbeitgeber sind § 620 BGB (Kündigung), § 622 BGB (Fristen), §§ 623 i. V. m. 126
BGB (Schriftform), ggf. § 102 Betriebsverfassungsgesetz (Anhörung Betriebsrat), ggf.
§§ 1 ff. Kündigungsschutzgesetz (soziale Rechtfertigung).

Bei der Suche nach der Rechtsgrundlage sollte man davon ausgehen, dass es für die
Lösung der Aufgabe nur eine rechtliche Begründung gibt. Die Prüfungsaufgaben sind
grundsätzlich nicht auf verschiedene Lösungsmöglichkeiten ausgelegt.

Die passende Rechtsgrundlage erkennt man oft daran, dass beim Lesen einer Rechtsnorm die innere Überzeugung entsteht, dass der gefundene Paragraf doch genau das
regelt, worum es im Sachverhalt und in der Aufgabenstellung geht. Man gewinnt beim
Lesen den Eindruck, auf dem richtigen Lösungsweg zu sein.

Auf der Suche nach der Rechtsgrundlage muss man die möglichen Rechtsnormen
nicht immer komplett durchlesen (Zeitproblem). Man sollte die in Frage kommenden
Paragrafen vielmehr „anlesen", also nur so weit lesen, bis man erkennt, ob es die richtige Rechtsnorm für die Lösung sein kann, z. B.:

▸ Aufgabe: Ist eine solche Vertragsstrafe in den AGB wirksam?

▸ Anlesen: Man sollte zunächst nur die in Klammern gesetzten Teilüberschriften der
AGB-Verbote nach §§ 308, 309 BGB lesen. Dann stößt man in § 309 BGB auf die Ziffer
6 „Vertragsstrafe" und hat die entscheidende Rechtsgrundlage gefunden.

3. Rechtsvoraussetzungen prüfen

Hat man die richtige Rechtsgrundlage gefunden, muss man „nur noch" Schritt für Schritt prüfen, ob die Voraussetzungen der Rechtsnorm im vorliegenden Rechtsfall erfüllt sind. Dabei hilft das „3-V-Schritte-Schema":

a) **Voraussetzungen zusammenstellen**

b) **Voraussetzungen erfassen**

c) **Voraussetzungen überprüfen**

a) Voraussetzungen der Rechtsgrundlage zusammenstellen

Im ersten Schritt müssen die Voraussetzungen der Rechtsgrundlage aufgelistet werden. Es handelt sich sozusagen um die „Eigenschaften" der Rechtsnorm. Die Voraussetzungen für einen Anspruch (Anspruchsvoraussetzungen) oder eine rechtliche Regelung (Rechtsmerkmale) ergeben sich aus der Rechtsnorm, z. B.:

- ▶ Voraussetzungen für einen Nacherfüllungsanspruch bei mangelhafter Kaufsache (Gewährleistung nach §§ 437, 439 BGB) sind:

  - Vorliegen eines wirksamen Kaufvertrages (§ 433 BGB)

  - Vorliegen eines Sachmangels bei Gefahrübergang (§§ 434, 446 BGB)

  - keine Ausschlussgründe für die Nacherfüllung (§§ 442, 444 BGB)

b) Voraussetzungen der Rechtsgrundlage erfassen

Im nächsten Schritt muss man sich klar machen, was die einzelnen Voraussetzungen in den Rechtsnormen konkret bedeuten. Nur wenn man den Sinn der Voraussetzungen versteht, kann man erkennen, ob die Rechtsnorm auf den Rechtsfall anwendbar ist und die Aufgabe damit gelöst werden kann.

Die konkrete Bedeutung der Voraussetzungen ist in vielen Rechtsnormen allein durch aufmerksames Lesen erkennbar, z. B.:

- ▶ Voraussetzung: Nach § 110 BGB („Taschengeldparagraf") ist für einen wirksamen Vertragsschluss durch Minderjährige ohne Zustimmung der Eltern erforderlich, dass *„der Minderjährige die vertragsmäßige Leistung mit Mitteln bewirkt, die ihm zu diesem Zweck oder zur freien Verfügung von dem Vertreter oder mit dessen Zustimmung von einem Dritten überlassen worden sind".*

- ▶ Bedeutung: Jugendliche, die älter als 7, aber jünger als 18 sind, können einen rechtsgültigen Vertrag einfach dadurch abschließen, dass sie die Vergütung mit ihrem zweckgebundenen oder frei verfügbaren Taschengeld komplett bezahlen. Das Geld von Dritten (z. B. Großeltern) wird allerdings erst zu verfügbarem Taschengeld, wenn die Eltern damit einverstanden sind.

In einigen Rechtsnormen finden sich sogar konkrete Begriffsbestimmungen und Erläuterungen zu den Voraussetzungen, z. B.:

- § 307 Abs. 1 BGB erklärt AGB für unwirksam, wenn sie den Vertragspartner unangemessen benachteiligen. In Absatz 2 der Rechtsnorm wird dann erläutert, wann von einer solchen unangemessenen Benachteiligung auszugehen ist.

- Eine Voraussetzung des § 823 Abs. 1 BGB ist die fahrlässige Verletzung eines Rechtsgutes. In § 276 Abs. 2 BGB wird erklärt, dass fahrlässig handelt, *„wer die im Verkehr erforderliche Sorgfalt außer Acht lässt".*

In manchen Rechtsnormen ist die genaue Bedeutung der Voraussetzungen allerdings nicht ohne Weiteres erkennbar. Hier steht man vor der besonderen Herausforderung, dass man auf die eigenen Rechtskenntnisse zurückgreifen muss. Man muss dann also wissen, was eine bestimmte Voraussetzung oder ein einzelner Begriff aus der Rechtsnorm bedeutet, z. B.:

- § 130 Abs. 1 BGB nennt als Voraussetzung für das Wirksamwerden einer Willenserklärung gegenüber Abwesenden (Vertragsangebot per Brief) den Zeitpunkt, in welchem die Willenserklärung dem Empfänger zugeht. Man muss hier wissen, dass für den Zugang die Willenserklärung so in den Machtbereich des Empfängers gelangen muss, dass unter gewöhnlichen Lebensumständen eine Kenntnisnahme möglich ist.

- § 985 BGB nennt als Voraussetzung für einen Herausgabeanspruch, dass der Anspruchssteller der Eigentümer und der Anspruchsgegner der Besitzer sein muss. Man muss dann wissen, dass Eigentum die rechtliche Sachherrschaft und Besitz die tatsächliche Sachherrschaft ist.

c) Voraussetzungen der Rechtsgrundlage überprüfen

Im letzten Schritt muss man überprüfen, ob die einzelnen Voraussetzungen der Rechtsgrundlage mit den Sachverhaltsangaben der Aufgabe übereinstimmen. Man stellt also die Frage, ob die Voraussetzungen für einen Anspruch oder eine rechtliche Regelung im vorliegenden Rechtsfall gegeben sind bzw. man probiert, „ob der Schlüssel in das Türschloss passt und die Tür öffnet".

Bei dieser Überprüfung sollte man sowohl die Angaben aus dem Sachverhalt, als auch die entsprechenden Voraussetzungen aus der Rechtsgrundlage genau nachlesen, auch wenn man die Lösung bereits zu kennen meint. Wenn man diese Sorgfalt nicht bereits beim ersten Erfassen des Sachverhalts und beim Auffinden der Rechtsgrundlage angewendet hat, ist die Überprüfung die allerletzte Gelegenheit. Die Sachverhaltsinformationen und die Merkmale der Rechtsnorm liefern oft wichtige Hinweise, die man für den Lösungsweg vielleicht noch nicht bedacht hat, z. B.:

- Sachverhalt: A hat auf seinem Tisch im Restaurant versehentlich 50 € liegen lassen. B findet dieses Geld zufällig und gibt es dem Wirt C, um seine Rechnung zu begleichen. C geht davon aus, dass das Geld B gehört, da B damit bezahlt hat.

- Aufgabenstellung: Ist der Wirt C Eigentümer des Geldes geworden?

- Lösungsansatz 1: Rechtsrundlage scheint § 932 Abs. 1 BGB zu sein (gutgläubiger Erwerb vom Nichtberechtigten). Dort wird geregelt, dass ein gutgläubiger Erwerber (C) Eigentum an einer beweglichen Sache (Geld) auch vom nichtberechtigten Veräußerer (B) erwerben kann. Damit wäre C Eigentümer des Geldes geworden.

- Lösungsansatz 2: Liest man die Rechtsgrundlage (§§ 932 ff. BGB) genauer und überprüft man den Sachverhalt, kann man nicht übersehen, dass A seinen Besitz an dem Geld nicht freiwillig aufgegeben hat. § 935 Abs. 1 BGB regelt, dass Sachen, die einem Eigentümer (A) unfreiwillig abhandengekommen sind, nicht durch einen Dritten (C) erworben werden können. Damit wäre A weiterhin der Eigentümer des Geldes und könnte es von C zurückverlangen.

- Lösungsansatz 3: Die Lösung ist aber immer noch nicht richtig, weil noch nicht alle Voraussetzungen der Rechtsgrundlage gelesen und auf den Sachverhalt angewendet wurden. In § 935 Abs. 2 BGB wird geregelt, dass bestimmte abhandengekommene Sachen ausnahmsweise doch von einem Dritten (C) gutgläubig erworben werden können. Die Rechtsnorm nennt als eine Ausnahme ausdrücklich „Geld" und im Sachverhalt geht es um „50 €". Zum Schluss ist der gutgläubige Wirt C daher Eigentümer des Geldes geworden.

Am Ende der Überprüfung der Voraussetzungen muss die Lösung mit allen Informationen aus dem Sachverhalt übereinstimmen. Der Lösungsweg kann nicht richtig sein, wenn Sachverhaltsangaben für die Lösung scheinbar keinen Sinn ergeben und gestrichen werden könnten.

Die Übereinstimmung sollte man kontrollieren, indem man seinen Lösungsweg mit dem Sachverhalt vergleicht. Die Sachverhaltsangaben, welche man in der Lösung berücksichtigt hat, kann man z. B. einzeln abhaken (gedanklich oder schriftlich). Am Ende darf keine Sachverhaltsangabe „ohne Haken" überbleiben, z. B.:

- Sachverhalt: (1. Satz) A hat sich von C ein Buch geliehen und es danach an B als Geschenk übergeben. (2. Satz) Vor der Übergabe des Buches an B erwähnte A gegenüber B, dass er sich das Buch von C geborgt hatte, C es aber sicher nicht mehr wiederhaben wolle, da es C nicht so gut gefallen habe.

- Aufgabenstellung: Wer ist der Eigentümer des Buches?

- Lösungsansatz 1: Gemäß § 932 BGB kann B vom nichtberechtigten Veräußerer A grundsätzlich Eigentum erwerben. Im Ergebnis wäre der B dann Eigentümer.

- Lösungsansatz 2: Der erste Lösungsansatz würde die umfangreichen Angaben aus dem 2. Satz des Sachverhaltes komplett unberücksichtigt lassen. Der 2. Satz steht aber im Sachverhalt, weil er darauf hinweist, dass B beim Erwerb nicht im guten Glauben darüber war, dass A der Eigentümer des Buches ist. Die Gutgläubigkeit des

Erwerbers ist aber gemäß § 932 Abs. 1 BGB eine Voraussetzung für den Eigentumserwerb vom Nichtberechtigten. B hat somit kein Eigentum erworben und C bleibt Eigentümer des Buches.

E. Die Lösung formulieren

Am Ende muss man die Lösung „nur noch zu Papier bringen". Es gibt zwei geeignete Möglichkeiten für die schriftliche Formulierung der Lösung.

1. Ergebnis-Darstellung

Bei der Ergebnis-Darstellung nennt man zuerst das Ergebnis seiner Lösung, z. B.:

▸ „Arbeitnehmer A hat gegen Arbeitgeber B einen Anspruch auf Zahlung der vereinbarten Vergütung (Arbeitsentgelt) gemäß § 611 BGB."

Im zweiten Schritt wird dieses Ergebnis dann begründet. Durch die Darstellung der rechtlichen Voraussetzungen wird die Begründung also „nachgeschoben", z. B.:

▸ „..., denn zwischen Arbeitnehmer A und Arbeitgeber B wurde ein wirksamer Arbeitsvertrag (Dienstvertrag) geschlossen. Wegen der Formfreiheit von Verträgen ist die mündliche Vereinbarung zwischen A und B ein wirksamer Arbeitsvertrag. A hat seine Arbeitsleistung erbracht."

2. Lösungsweg-Darstellung

Bei der zweiten Möglichkeit erfolgt die Darstellung umgekehrt. Wie bei der Erarbeitung der Lösung wird als Ausgangspunkt zuerst das mögliche Ergebnis als Annahme unterstellt und in der Möglichkeitsform ausgedrückt, z. B.:

▸ „Arbeitnehmer A könnte gegen Arbeitgeber B einen Anspruch auf Zahlung der vereinbarten Vergütung (Arbeitsentgelt) gemäß § 611 BGB haben."

Dann wird der Lösungsweg bis zum Ergebnis Schritt für Schritt formuliert. Ausgehend von der Rechtsfrage und der Rechtsgrundlage stellt man schriftlich dar, wie man die Rechtsvoraussetzungen geprüft hat. Nach dem „3-V-Schritte-Schema" nennt man zunächst die notwendigen Voraussetzungen und Merkmale der Rechtsnorm, erklärt dann deren Bedeutung und zeigt danach, ob sie mit den Sachverhaltsangaben übereinstimmen, z. B.:

▸ Voraussetzungen zusammenstellen: „Die Voraussetzung für einen Vergütungsanspruch des A ist zunächst ein wirksamer Arbeitsvertrag."

▸ Voraussetzungen erfassen: „Der Arbeitsvertrag ist ein Dienstvertrag nach § 611 BGB. Ein Dienstvertrag liegt gemäß § 611 BGB vor, wenn sich die Vertragsparteien zur Leistung von Diensten gegen eine Vergütung verpflichten."

▸ Voraussetzungen überprüfen: „Laut Sachverhalt haben A und B einen Vertrag mit diesem Inhalt am 18.01.2002 im Büro des B abgeschlossen."

Bei der Lösungsweg-Darstellung sollte man den Umfang der Formulierungen gewichten. Unproblematische Voraussetzungen einer Rechtsgrundlage müssen nicht umfangreich erörtert werden. Die rechtlichen Problempunkte einer Aufgabe sollte man dagegen ausführlicher darstellen.

Am Schluss der Lösungsweg-Darstellung muss das Gesamtergebnis der Lösung formuliert werden. Damit wird das im Ausgangspunkt als möglich angenommene Ergebnis entweder bestätigt oder abgelehnt, z. B.:

- „Arbeitnehmer A hat seine Arbeitsleistung erbracht und somit gegen Arbeitgeber B einen Anspruch auf Zahlung der vereinbarten Vergütung (Arbeitsentgelt)."

3. Vor- und Nachteile
Beide Formulierungsmöglichkeiten sind in den Prüfungsklausuren zulässig und können daher genutzt werden.

Die Ergebnis-Darstellung wird von den Prüfungsteilnehmern bevorzugt, da sie einfacher und zeitsparender erscheint. Die Lösungsweg-Darstellung scheint dagegen etwas umständlich und kompliziert zu sein. Sie bietet allerdings eine Reihe von Vorteilen:

- Diese Darstellung folgt Schritt für Schritt dem erarbeiteten Lösungsweg und stellt ihn einfach nur in schriftlicher Form dar. Die gedankliche oder schriftliche Lösungsskizze wird hier ausführlicher formuliert. Bei der Ergebnis-Darstellung muss sie dagegen umformuliert werden.

- Bei der schrittweisen Formulierung des Lösungsweges kann keine wichtige Voraussetzung der Lösung übersehen oder vergessen werden. Bei der nachgeschobenen Begründung in der Ergebnis-Darstellung besteht dagegen dieses Risiko.

- Durch die geordnete Formulierung der einzelnen Lösungsschritte kommt man zwingend zu den rechtlichen Problempunkten der Aufgabe, ohne andere Voraussetzungen komplett zu vernachlässigen. In der Ergebnis-Darstellung wird dagegen oft nur der rechtliche Schwerpunkt in die Begründung einbezogen.

- Die Lösungsweg-Darstellung entspricht auch eher der natürlichen Denkweise, da man für ein Problem nicht sofort die richtige Lösung „im Kopf" hat, sondern die Lösung in gedanklichen Schritten entwickelt.

- Außerdem ist die Bewertungsgrundlage für eine Lösung nicht nur das richtige Ergebnis. Bewertet wird in erster Linie, ob man in der Lage ist, das Rechtsproblem eines Falls zu erkennen und den Lösungsweg dafür begründet darzustellen.

4. Nennung der Rechtsnormen
Die Nennung der entscheidenden Paragrafen in der Formulierung der Lösung wird in den Prüfungsklausuren in der Regel nicht gefordert. Nur in Ausnahmen verlangen die Aufgabenstellungen die Nennung der entsprechenden Rechtsnormen oder die Angabe der entsprechenden Rechtsgrundlage für das Ergebnis.

Es ist aber nicht „verboten", sondern sogar empfehlenswert, die Rechtsnormen, welche man für die Lösung herangezogen hat, zu nennen.

Zum einen hat man den Paragrafen für die Lösung der Aufgabe als Rechtsgrundlage herausgefunden und das Aufschreiben der Paragrafenziffer erfordert keinen großen Aufwand. Zum anderen zeigt das ergänzende Nennen der Paragrafen deutlich, dass man in der Lage ist, gesetzliche Regeln für die Lösung einer situationsbezogenen Aufgabe anzuwenden.

Ein weiterer Vorteil ist, dass die Lösungen wegen des Zeit- und Stressfaktors in vielen Prüfungen zum Teil sehr umständlich und nicht eindeutig formuliert werden. Die zusätzliche Nennung des entsprechenden Paragrafen macht eine Lösung dann möglicherweise deutlich erkennbarer und verständlicher.

1. BGB Allgemeiner Teil

Aufgabe 1: Bedeutung und Struktur des BGB

Unternehmer Nielsen möchte den Mitarbeitern Behring und Peter fristlos kündigen. Beide haben wichtige Geschäftsgeheimnisse an einen Konkurrenten weitergegeben.

Nielsen hätte fast übersehen, dass er ab dem Tag der Entdeckung des Geheimnisverrats nur 2 Wochen Zeit hat, um eine fristlose Kündigung auszusprechen und der letztmögliche Tag dafür der Mittwoch dieser Woche ist. Daher steckt Nielsen höchstpersönlich an diesem Mittwoch Morgen dem Mitarbeiter Behring das Kündigungsschreiben in dessen Briefkasten. Da Behring aber an diesem Tag den Schlüssel zu seinem Briefkasten verlegt hatte, findet er das Schreiben erst am Donnerstag.

Die an die Mitarbeiterin Peter ebenfalls am Mittwochmorgen per E-Mail geschickte fristlose Kündigung hat diese dagegen auch noch am selben Tag gelesen.

a) Erläutern Sie, ob die fristlose Kündigung des Mitarbeiters Behring rechtzeitig erfolgt ist.

b) Erläutern Sie, ob die fristlose Kündigung der Mitarbeiterin Peter formell rechtswirksam ist.

Lösung s. Seite 73

Aufgabe 2: Rechtsfähigkeit und Rechtssubjekte

Der eigenwillige Multimillionär Dieter Meyer möchte seinen Reichtum mit Anderen teilen. Er entschließt sich daher, jeweils 1 Mio. € an seine geliebte Nachbarskatze Pixi, an seine 2 Wochen alte Nichte Emma, an sein altes – inzwischen aus dem Handelsregister gelöschtes – Unternehmen Enterprise GmbH, an seine Heimatstadt Greifswald und an seinen leider verstorbenen Lieblingskünstler Pirol zu verschenken. Seine geizige Ehefrau hat große Zweifel, ob eine Schenkung an diese Begünstigten rechtlich überhaupt möglich ist.

a) Was bedeutet der Begriff Rechtsfähigkeit?

b) Welche beiden Arten von Rechtssubjekten werden unterschieden?

c) Erläutern Sie, ob die von Herrn Meyer Begünstigten rechtsfähig sind.

Lösung s. Seite 75

Aufgabe 3: Rechtsobjekte und Sachen

Die handwerklich geschickte Kunstmalerin Stefani Albrecht kauft einmal im Monat alles Notwendige ein:

Beim Kunstbedarf Pinsel kauft sie Farben, die sie danach für die Fertigstellung eines Gemäldes aufbraucht.

Beim Autohändler Horch kauft sie eine Autobatterie und baut diese selbst in ihren Pkw ein.

Für ihr Grundstück kauft sie im Bau-, Tier- und Gartencenter Regenbogen einen teuren japanischen Koi für den Teich, ein Fenster, welches sie in ihr neues Atelier einbaut und 2 Apfelbäume, die sie in ihrem Garten einpflanzt.

Wie üblich hat Frau Albrecht auch bei diesen Einkäufen ihr Geld vergessen. Da allen Händlern bekannt ist, dass sie eine unzuverlässige Kundin ist, haben sich alle das Eigentum an den Kaufgegenständen gemäß § 449 BGB vorbehalten.

Als Frau Albrecht nicht zahlt, verlangen alle 3 Händler von ihr die Herausgabe der Kaufgegenstände.

a) Was ist rechtlich unter einer „Sache" zu verstehen?

b) Welche beiden Arten von Sachen werden unterschieden?

c) Erläutern Sie, ob es sich bei den Kaufgegenständen jeweils um Sachen handelt, bei denen die Händler von Frau Albrecht die Herausgabe verlangen können.

Lösung s. Seite 77

Aufgabe 4: Geschäftsunfähigkeit

Bäckermeister Boris bietet gutgelaunt verschiedenen Kunden seine beliebten Backwaren an. Seine kluge Mitarbeiterin Steffi Baron hat wegen der Kunden große Zweifel, ob die Kaufverträge rechtlich in Ordnung sind.

Zunächst verkauft Boris ein Stück Kuchen an die 5-jährige Emma, die den Kaufpreis mit ihrem Taschengeld bezahlt.

Dann verkauft Boris eine kleine Käse-Sahne-Torte an den 6-jährigen Emil, der von seiner Mutter Uta geschickt wurde, um genau diese Torte für eine Geburtstagsfeier zu kaufen.

Danach kauft der geistig schwerbehinderte 42-jährige Reinhold, wie an jedem Wochentag, ein einziges Brötchen, das er wie üblich mit 25 1-Cent-Münzen bezahlt.

Der volltrunkene 18-jährige Axel kann sich im Geschäft kaum auf den Beinen halten. Trotzdem kauft er mit seiner Kreditkarte nach mehreren sprachlich misslungenen Versuchen und mit den kaum verständlichen Worten „Alles was noch im Laden ist, ich habe riesigen Hunger" insgesamt 6 Torten, 12 Bleche Kuchen, 240 Brötchen und 36 Brote.

Am Ende des Tages verschenkt der glückliche Bäcker Boris das vergessene letzte Stück Kuchen an die 4-jährige Lotte, die eigentlich Brot kaufen sollte und wegen ihres zu hohen Gewichtes keinen Kuchen essen soll.

a) Erläutern Sie, ob ein Kaufvertrag mit Emma zu Stande gekommen ist.

b) Erläutern Sie, zwischen wem ein Kaufvertrag bezüglich der Torte zu Stande gekommen ist.

c) Erläutern Sie, ob ein Kaufvertrag mit Reinhold zu Stande gekommen ist.

d) Erläutern Sie, ob ein Kaufvertrag mit Axel zu Stande gekommen ist.

e) Erläutern Sie, ob ein Schenkungsvertrag mit Lotte zu Stande gekommen ist.

Lösung s. Seite 78

Aufgabe 5: Beschränkte Geschäftsfähigkeit, Genehmigung

Der 15-jährige Tristan und die befreundete 15-jährige Isolde kaufen sich am 01.06.2014 ohne Wissen ihrer jeweiligen Eltern beim Einzelhändler Musikus je eine klassische Musik-CD für je 9,99 €. Das Geld dafür hatten sie gefunden und aufgeteilt.

Musikus hat beiden seinen Schüler-Rabatt für den Kauf gegeben, da im klar war, dass beide erst ca. 15 Jahre alt sind. Als Musikus beide Jugendliche nach dem Einverständnis der Eltern fragt, lügt Isolde ihn an und bejaht. Tristan bleibt bei der Wahrheit und verneint. Musikus ist verunsichert, ob die Käufe durch das Alter überhaupt gültig sind und behält die CDs zunächst in seinem Laden.

Zur Sicherheit sendet Musikus am gleichen Tag eine E-Mail an die Eltern von Tristan und eine an Isoldes Eltern und bittet sie jeweils, dem Kaufvertrag zuzustimmen.

Tristans Eltern antworten am 22.06.2014 und erklären sich mit dem Kauf ihres Sohnes einverstanden. Am 21.06.2014 hatte Musikus Tristans CD aber schon weiterverkauft.

Isoldes Eltern antworten am 10.6.2014 und erklären sich auch einverstanden. Am 08.06.2014 hatte Isolde im Laden des Musikus nach der CD gefragt. Musikus hatte ihr daraufhin erklärt, dass er am Verkauf der CD nicht mehr festhalten möchte.

a) Erläutern Sie, ob ein Kaufvertrag mit Tristan zu Stande gekommen ist.

b) Erläutern Sie, ob ein Kaufvertrag mit Isolde zu Stande gekommen ist.

Lösung s. Seite 81

Aufgabe 6: Beschränkte Geschäftsfähigkeit, rechtlicher Vorteil

Die 14-jährige Steffi soll von ihrer wohlhabenden Familie zu ihrem Geburtstag reich beschenkt werden.

Von ihrem Onkel Herbert soll sie einen kleinen Rassehund bekommen, von ihrer Tante Hanni ein Grundstück und von ihrem Onkel Günter ein komplett vermietetes Haus. Steffis Eltern sind allerdings dagegen, da der Hund zu viel Arbeit und Kosten verursachen würde, das Grundstück im Wert von 50.000 € mit einer Grundschuld i. H. von 10.000 € belastet sei und man mit Mietern nur Ärger habe. Steffi möchte die Geschenke trotzdem gern haben.

a) Erläutern Sie, ob Steffi die Schenkung des Hundes wirksam annehmen kann.

b) Erläutern Sie, ob Steffi die Schenkung des Grundstücks wirksam annehmen kann.

c) Erläutern Sie, ob Steffi die Schenkung des Hauses wirksam annehmen kann.

Bearbeitungshinweis: Auf die Form der Schenkung ist nicht einzugehen.

Lösung s. Seite 83

Aufgabe 7: Beschränkte Geschäftsfähigkeit, Taschengeldparagraf

Der 17-jährige Vincent bekommt von seinen Eltern monatlich 40 € Taschengeld, welches er aber nicht für Comic-Hefte und PC-Spiele ausgeben darf. In diesem Monat hat Vincent deshalb von seiner Oma Uschi heimlich 50 € zugesteckt bekommen, um sich ein PC-Spiel kaufen zu können.

Vincent kauft sich von den 20 € seiner Eltern zunächst ein Comic-Heft und eine Musik-CD. Von den restlichen 20 € kauft er sich beim Händler Optikus einen Flachbildschirm für 200 €. Dazu vereinbart Vincent mit Optikus, dass er zunächst 20 € anzahlt und die restliche Summe in 9 monatlichen Raten zu 20 € abbezahlt. Von den 50 € der Oma kauft Vincent sich ein jugendfreies PC-Spiel.

Die Eltern sind mit keinem der vier Käufe einverstanden. Sie berufen sich auf ihr Sorge- und Vertretungsrecht als Eltern. Ihrer Ansicht nach brauche Vincent keinen neuen Flachbildschirm und die Musik auf der CD sei nicht besonders schön.

a) Erläutern Sie, ob ein Kaufvertrag über das PC-Spiel zu Stande gekommen ist.

b) Erläutern Sie, ob ein Kaufvertrag über das Comic-Heft zu Stande gekommen ist.

c) Erläutern Sie, ob ein Kaufvertrag über die Musik-CD zu Stande gekommen ist.

d) Erläutern Sie, ob ein Kaufvertrag über den Bildschirm zu Stande gekommen ist.

Lösung s. Seite 84

Aufgabe 8: Beschränkte Geschäftsfähigkeit, Dienst- und Arbeitsverhältnisse

Die 17-jährige Helen hat mit Zustimmung ihrer stolzen Eltern einen exklusiven Arbeitsvertrag als Model mit der Model-Agentur Mode-Depesche abgeschlossen. Da Helen für ihren Arbeitgeber häufig im Ausland tätig ist, muss sie ihre schwachen Englischkenntnisse aufbessern. Helen schließt daher mit der Sprachschule Yellow einen Vertrag mit Ratenzahlungsvereinbarung über einen Englischkurs ab.

Als der monatliche Arbeitslohn Helen nicht mehr gefällt, kündigt sie bei Mode-Depesche und schließt sofort einen neuen Arbeitsvertrag mit der Model-Agentur Werkkraft ab. Helen überlegt auch noch, ob sie sich vielleicht später selbstständig machen sollte.

Helens Eltern wissen von allen diesen Vorgängen nichts.

Helens 17-jährige Freundin Stella, die als Auszubildende bei der Agentur Mode-Depesche tätig ist, kündigt ohne Wissen ihrer Eltern ebenfalls, weil ihre Freundin Helen die Agentur verlassen hat.

a) Erläutern Sie, ob der Dienstvertrag zwischen Helen und der Sprachschule wirksam ist.

b) Erläutern Sie, ob die Kündigungserklärung von Helen wirksam ist.

c) Erläutern Sie, ob die Kündigungserklärung von Stella wirksam ist.

d) Erläutern Sie, ob der neue Arbeitsvertrag von Helen wirksam ist.

e) Unter welchen beiden rechtlichen Voraussetzungen könnte die 17-jährige Helen ihr eigenes Model-Unternehmen selbstständig betreiben und in diesem Rahmen Rechtsgeschäfte ohne Zustimmung der Eltern abschließen?

Lösung s. Seite 86

Aufgabe 9: Äußerer und innerer Tatbestand

Der berühmte Künstler Laster lässt sich vom Heiler Scharlatan das Rauchen durch Hypnose abgewöhnen. Während der letzten Sitzung lässt Scharlatan den gerade unter Hypnose stehenden Laster ein vorformuliertes Schriftstück über den Kauf eines teuren Heilmittels gegen Nikotinsucht unterschreiben. Diese Heilmittel benötigt Laster nicht, da er es bereits in großen Mengen besitzt.

Als Laster wieder voll bei Bewusstsein ist, bietet Scharlatan Herrn Laster ein Buch über die Selbstheilung bei Nikotinsucht an und drückt ihm ein entsprechendes Schreiben mit einem Unterschriftsfeld in die Hand. Scharlatan gibt dem Laster außerdem ein weiteres Blatt Papier – auf dem sich lediglich allgemeine Informationen zur Hypnose befinden – und bittet ihn um ein Autogramm für seinen Neffen. Laster solle es einfach auf dieses Blatt schreiben.

Der sehschwache Laster hat seine Brille vergessen, verwechselt die beiden Schriftstücke und unterschreibt versehentlich die Bestellung für ein Buch, obwohl er nur ein Autogramm geben wollte. Scharlatan schickt ihm später das Heilmittel und das Buch inklusive der Rechnung.

a) Erläutern Sie, ob ein wirksamer Kaufvertrag über das Heilmittel zu Stande gekommen ist.

b) Erläutern Sie, ob ein wirksamer Kaufvertrag über das Buch zu Stande gekommen ist.

Lösung s. Seite 88

Aufgabe 10: Schweigen, unbestellte Waren

Frau Fischer bekommt an einem Tag gleich 2 Pakete geliefert.

Das erste Paket enthält einen Trockenblumenstrauß, den ihre Freundin Babett hobbymäßig für sie angefertigt hat. Im anliegenden Brief schreibt sie an Frau Fischer: „Ich biete dir den Strauß zum Freundschaftspreis von 20 € zum Kauf an. Wenn du dich bis nächste Woche nicht meldest, gehe ich davon aus, dass du ihn kaufen möchtest."

Das zweite Paket enthält ein Küchengerät der Blender GmbH. Im anliegenden Schreiben weist die GmbH darauf hin, dass sie von der Annahme dieses Angebots ausgehen, wenn Frau Fischer nicht innerhalb von 3 Wochen nach Lieferung dem Angebot widerspricht.

Frau Fischer ist von beiden Paketen total überrascht, da sie nichts bestellt hatte. Sie möchte aber keines davon behalten. Sie belässt die Sachen in den Paketen und nimmt weder Kontakt zu ihrer Freundin, noch zur GmbH auf. Die in den Schreiben genannten Fristen sind inzwischen abgelaufen.

a) Erläutern Sie, ob die Freundin Babett den Kaufpreis verlangen kann.

b) Erläutern Sie, ob die Blender GmbH den Kaufpreis verlangen kann.

Lösung s. Seite 90

Aufgabe 11: Aufforderung zum Angebot

Ralf Binz möchte in seinem Geschäft Sanddorn-Likör zum Sonderpreis von 10 € pro Flasche anbieten. Auf die Werbe-Tafel vor seinem Geschäft schreibt er aber versehentlich „Angebot des Tages: Sanddorn-Likör heute nur 1 € pro Flasche".

Der Kunde Sören Bergen wird auf den Likör aufmerksam, geht in das Selbstbedienungsgeschäft, packt alle 30 vorhandenen Sanddorn-Likörflaschen in einen Einkaufskorb und stellt ihn auf den Kassentisch. Herr Binz verlangt nun 300 €. Herr Bergen besteht aber darauf, dass Herr Binz ihm die Likörflaschen zu einem Preis von insgesamt 30 € überlässt, weil die Ware so ausgewiesen war.

Erläutern Sie, ob Herr Bergen mit seiner Auffassung Recht hat.

Lösung s. Seite 92

Aufgabe 12: Zugang, Widerruf, Tod des Erklärenden

Birgit Pilz bietet Seminare für Buchführung an. Die Bürozeiten ihres allein geführten Geschäftes sind Montag bis Freitag.

Der WSE GmbH und dem Einzelunternehmer Michael Sense hatte sie auf eine Anfrage jeweils konkrete Seminarangebote zur Schulung der Mitarbeiter gemacht. Beide Unternehmen waren begeistert und sagten die Seminare am Montag schriftlich zu. Die entsprechenden Briefe wurden am Mittwoch von der Post in den Geschäftsbriefkasten von Frau Pilz eingeworfen.

Am Dienstagmorgen stellte die WSE GmbH zwischenzeitlich fest, dass ihr die finanziellen Mittel für das Seminar fehlen. Der Geschäftsführer sendete daher sofort eine E-Mail an Frau Pilz und widerrief darin seine Erklärung aus dem Brief.

Am Dienstag verstarb außerdem der Einzelunternehmer Sense plötzlich. Sein sparsamer Sohn Tilo übernahm das Unternehmen als Rechtsnachfolger. Er wollte das Seminar nicht mehr durchführen und sendete Frau Pilz am Donnerstag eine entsprechende Absage per Fax.

Frau Pilz hatte ein paar Tage Urlaub gemacht und kommt daher in der betreffenden Woche erst am Donnerstag in ihr Büro. Sie liest zuerst das Absage-Fax von Tilo Sense vom Donnerstag, danach die Briefe der beiden Unternehmen vom Montag und am Ende die E-Mail der WSE GmbH vom Dienstag.

a) Frau Pilz möchte das Seminar unbedingt durchführen und fragt sich, ob ein wirksamer Dienstvertrag mit der WSE GmbH zu Stande gekommen ist?

b) Der Tod des Inhabers Michael Sense tut Frau Pilz sehr leid. Sie fragt sich aber, ob der Dienstvertrag trotzdem zu Stande gekommen ist?

Lösung s. Seite 93

Aufgabe 13: Voraussetzungen der Stellvertretung

Der Unternehmer Herr von Vielen beauftragt seine Mitarbeiterin Frau Nessin, beim IT-Händler Teignuss zwei Computer und einen Kopierer für das Unternehmen zu kaufen.

Frau Nessin stellt sich beim IT-Händler als Mitarbeiterin von Herrn von Vielen vor. Sie lässt sich für die Beratung und die Auswahl der Geräte viel Zeit und kauft dann 2 hochwertige koreanische Computer und einen japanischen Kopierer. Die Ware und die Rechnung sollen an das Unternehmen von Herrn von Vielen gehen.

Herr von Vielen ist mit den gelieferten Waren allerdings nicht einverstanden. Die Computer sind ihm zu teuer und er hätte auch viel lieber nur deutsche Markenprodukte in seinem Unternehmen. Er weigert sich daher, den Rechnungsbetrag an den IT-Händler zu zahlen.

Erläutern Sie, ob der IT-Händler Teignuss die Abnahme und den Kaufpreis vom Unternehmer von Vielen verlangen kann.

Lösung s. Seite 95

Aufgabe 14: Vollmacht

Mitarbeiter Bergstrom ist im Catering-Unternehmen der Inhaberin Maria Winter angestellt und ausschließlich für den Einkauf von Fleisch- und Wurstspezialitäten verantwortlich.

Herr Bergstrom hat allerdings seit längerer Zeit regelmäßig zusätzlich auch Käsespezialitäten bei der Harlingen GmbH für das Catering-Unternehmen gekauft. Frau Winter erkannte Bergstroms zusätzliche Aktivitäten zwar an den Rechnungen, unternahm aber nichts dagegen, weil er bei seinen Einkäufen stets günstige Preise verhandelt hatte.

Als Frau Winter wieder eine Rechnung von der Harlingen GmbH erhält, ist sie zum ersten Mal über die große Menge und den hohen Preis erbost. Sie verweigert deshalb die Zahlung und weist die Harlingen GmbH auf die mangelnde Vertretungsbefugnis des Herrn Bergstrom hin.

Dem neuen Wurstfabrikanten Ulli hatte Frau Winter gerade mitgeteilt, dass Herr Bergstrom künftig auch bei ihm für ihr Catering-Unternehmen einkaufen werde. Durch den Vorfall mit der Käsebestellung ist Frau Winter so aufgebracht, dass sie Herrn Bergstrom zur Rede stellt und ihm die Erlaubnis entzieht, Wurst- und Fleischspezialitäten zu kaufen. Den Wurstfabrikanten Ulli informiert sie über diese Veränderung nicht.

Herr Bergstrom bestellt trotzdem am nächsten Tag verbindlich beim Wurstfabrikanten Ulli Wurstspezialitäten für das Catering-Unternehmen, weil kurzfristig ein Auftrag für ein Buffet angenommen wurde.

a) Erläutern Sie, ob Frau Winter den Käse abnehmen und bezahlen muss.

b) Erläutern Sie, ob Frau Winter die Wurst abnehmen und bezahlen muss.

Lösung s. Seite 97

Aufgabe 15: Handeln in fremdem Namen

Dr. Böttcher und Dr. Stetthoffer haben als Software-Entwickler jeweils ihr eigenes Unternehmen, nutzen aber gemeinsame Geschäftsräume. Da Dr. Böttcher sehr viel zu tun hat, bittet er Dr. Stetthoffer darum, für ihn beim Hardware-Händler Willowotz einige Bauteile für seinen Computer zu kaufen. Dr. Stetthoffer soll selber geeignete Produkte heraussuchen.

Dr. Stetthoffer kauft die Bauteile bei Willowotz auf Rechnung und nennt als Lieferadresse die Geschäftsräume. Dr. Stetthoffer hatte sich gegenüber Willowotz zwar namentlich vorgestellt aber versehentlich nicht erwähnt, dass er im Auftrag des Dr. Böttcher handelt.

Die Bauteile werden mit der auf den Namen Dr. Stetthoffer ausgestellten Rechnung geliefert. Dr. Stetthoffer gibt alles an Dr. Böttcher weiter, der allerdings die Rechnung nicht bezahlt. Nach 4 Wochen wendet sich Willowotz an Dr. Stetthoffer und fordert die Zahlung des Rechnungsbetrages von ihm. Dr. Stetthoffer ist aber der Meinung, er selbst wollte die Bauteile nicht für sich haben und Dr. Böttcher müsse die Rechnung bezahlen.

Erläutern Sie, von wem Herr Willowotz die Zahlung verlangen kann.

Lösung s. Seite 99

Aufgabe 16: Handeln unter fremdem Namen

Olaf Obertal möchte sich heimlich mit seiner Geliebten im Hotel Zum springenden Pferd treffen. An der Rezeption bucht er für sich ein Zimmer unter dem Namen „Ulf Unterberg".

Für einen gemeinsamen Ausflug hat Olaf Obertal für den nächsten Tag bei der Autovermietung Nobel-Cars telefonisch einen teuren exklusiven Luxuswagen gemietet. Dabei gab sich der unzuverlässige und überschuldete Olaf als „Bernd Obertal" aus. Bernd Obertal ist der vermögende und hoch angesehene Zwillingsbruder von Olaf.

a) Erläutern Sie, ob ein Vertrag zwischen Olaf Obertal und dem Hotel zu Stande gekommen ist.

b) Erläutern Sie, ob ein Mietvertrag zwischen Olaf Obertal und der Auto-Vermietung zu Stande gekommen ist.

Lösung s. Seite 100

Aufgabe 17: Geschäft für den, den es angeht

Herr Schäfer ist der Inhaber der Eventagentur LOTS und als Kaufmann im Handelsregister eingetragen. Er hat seine Mitarbeiterin Frau Austen gebeten, für ihn irgendeine Pizza in der Pizzeria Apollo zum Mittagessen zu kaufen. Frau Austen erledigt den Auftrag, ohne in der Pizzeria zu sagen, dass die Pizza für ihren Chef ist.

Als Schäfer auf der gesamten Pizza nur eine kleine Salamischeibe entdeckt, geht er mit Frau Austen wütend zur Pizzeria und fordert eine neue Pizza. Der Pizzeria-Inhaber Giovanni lehnt jede Forderung ab, weil er mit Schäfer keinen Vertrag geschlossen habe.

Der andere Mitarbeiter, Herr Säger, soll Herrn Schäfer in dieser Zeit vertreten. Der Zauberkünstler Ben betritt die Eventagentur und fragt, ob Bedarf an seiner künstlerischen Dienstleistung für künftige Events besteht. Herr Säger ist begeistert und macht Ben ein Angebot über einen 2-jährigen Künstlervertrag, welches dieser annimmt.

Zauberer Ben hat Herrn Säger irrtümlich für den Inhaber der Eventagentur gehalten, da dieser auf seine Vertreterrolle nicht hingewiesen hat und sich auch sehr „chef-mäßig" verhalten hat. Deshalb besteht Ben darauf, dass kein Vertrag zu Stande gekommen sei, als er später erfährt, dass sein alter Feind, Herr Schäfer, der tatsächliche Inhaber ist. Herr Schäfer besteht auf den Vertragsschluss, um Ben zu langweiligen Baumarkt-Eröffnungen schicken zu können.

a) Erläutern Sie, ob Herr Schäfer einen Kaufvertrag mit Giovanni geschlossen hat.

b) Erläutern Sie, ob Herr Schäfer mit Ben einen Vertrag geschlossen hat.

Lösung s. Seite 102

Aufgabe 18: Vertreter ohne Vertretungsmacht

Frau Rocha ist Inhaberin des Deko-Geschäfts Rocha-Design. Sie schickt ihre beiden Mitarbeiterinnen Frau Schöpp und Frau Floh zum Deko-Großmarkt. Frau Schöpp soll ausschließlich Lampen kaufen. Die gerade neu eingestellte Frau Floh soll die erste Einkaufstour nur zum Kennenlernen des Großmarkts und der verschiedenen Händler nutzen. Frau Floh hat diese einschränkende Anweisung von Frau Rocha allerdings nicht mehr verstanden, da sie gerade in Gedanken war. Frau Floh geht daher davon aus, dass beide beauftragt wurden, Lampen zu kaufen.

Frau Schöpp kauft beim Händler Delgo im Namen und auf Rechnung von Frau Rochas Geschäft – anstatt Lampen – für 2.000 € Spiegel. Frau Floh kauft beim Händler Klax im Namen und auf Rechnung von Frau Rochas Geschäft Lampen für 3.000 €.

Als Herr Delgo die Spiegel liefert, nimmt Frau Rocha die Lieferung nicht an. Als Herr Klax die Lampen liefert und Frau Rocha auf dem Vertragsformular Frau Flohs Unterschrift entdeckt, nimmt Frau Rocha die sehr teuren Lampen nicht an. Herr Delgo hätte für den Verkauf der Spiegel einen Gewinn i. H. von 700 € erzielt. Herr Klax hatte für die nutzlose Lieferung Kosten i. H. von 200 €.

a) Erläutern Sie, in welcher Höhe Herr Delgo Schadensersatz von Frau Schöpp verlangen kann.

b) Erläutern Sie, in welcher Höhe Herr Klax Schadensersatz von Frau Floh verlangen kann.

Lösung s. Seite 103

Aufgabe 19: Scheingeschäft, Formmangel

Herr Karsten möchte an Herrn Georg ein Grundstück verkaufen. Der Kaufpreis soll 250.000 € betragen. Um bei den Notargebühren zu sparen, vereinbaren beide, nur einen Kaufpreis von 100.000 € vom Notar beurkunden zu lassen. Danach erfolgt die Auflassung und Herr Georg wird ins Grundbuch eingetragen.

Herr Karsten verlangt nunmehr die Zahlung der 250.000 € von Herrn Georg. Herr Georg möchte aber nur die notariell beurkundete Summe von 100.000 € zahlen.

a) Erläutern Sie zunächst, welcher der beiden genannten Kaufpreise rechtlich vereinbart wurden.

b) Erläutern Sie dann, ob der – dem Kaufpreis entsprechende – Kaufvertrag auch in seiner Form wirksam ist.

Lösung s. Seite 105

Aufgabe 20: Scherzgeschäft

Frau Ziems betreibt einen Elektronik-Einzelhandel. Der Kunde Schmidt bietet ihr an, die neueste Digitalkamera „DA42" zu kaufen, wenn Frau Ziems ihm 50 % Preisnachlass gibt. Frau Ziems beginnt zu lachen und sagt unter Tränen „Na klar, und ich gebe Ihnen dann für diesen Preis auch noch den passenden Foto-Drucker, ein Stativ und 10 Speicherkarten dazu". Dann lacht sie weiter. Auch die Kunden, die das Gespräch verfolgt hatten, stimmen in das Gelächter ein.

Herr Schmidt besteht – zur Überraschung aller Anwesenden – auf Übergabe der Kamera zum halben Preis. Als Frau Ziems ihn auf den Scherz hinweist, will er davon nichts wissen.

Erläutern Sie, ob Herr Schmidt einen Anspruch auf Übereignung der Kamera zum halben Preis hat.

Lösung s. Seite 107

Aufgabe 21: Verstoß gegen gesetzliches Verbot

Gastwirt Udo betreibt ein Bier-Lokal. Neben dem gastronomischen Betrieb ist er noch in anderen Bereichen für seine Gäste aktiv.

Am Freitagabend verkauft er seinem Gast Thomas 10 Gramm des Rauschgiftes Heroin. Nachdem Udo das entsprechende Päckchen übergeben hat, verlässt Thomas sofort die Kneipe, ohne dafür zu bezahlen.

Am selben Abend gewährt Udo seinem Gast Lydia ein Darlehen. Sie vereinbaren, dass Lydia nicht nur Zinsen auf den Geldbetrag, sondern auch Zinsen auf die fälligen Zinsen zahlen soll (sog. Zinseszins). Lydia findet das sehr ungerecht, lässt sich aber darauf ein.

Kurz nach der Sperrstunde (ab hier gilt ein gesetzliches Ausschankverbot für Gaststättenbetreiber) kommt der sehr durstige Gast Detlef in das Lokal. Udo verkauft ihm noch ein Bier.

a) Erläutern Sie, ob Udo von Thomas die Zahlung des Kaufpreises für das Heroin und von Lydia die Zahlung der Zinseszinsen verlangen kann.

b) Erläutern Sie, ob Udo von Detlef die Zahlung des Kaufpreises für das Bier verlangen kann.

Lösung s. Seite 108

Aufgabe 22: Sittenwidrigkeit

Gastwirtin Gisela möchte gern mit der regional beliebten Auerhahn-Brauerei einen Bierlieferungsvertrag abschließen. Die Brauerei verlangt, dass Gisela sich verpflichtet, ausschließlich das Bier der Brauerei in ihrer Gaststätte anzubieten, verbindlich jährlich mindestens 25.000 Liter abzunehmen und den Liefervertrag auf 40 Jahre festzuschreiben.

Erläutern Sie, ob ein solcher Vertag wirksam wäre.

Lösung s. Seite 109

Aufgabe 23: Wucher

Der sehr unsportliche Gerd macht im tiefsten Winter seine erste spontane Harzwanderung. Am Abend erreicht er vollkommen entkräftet den Gipfel des höchsten Berges, des Brocken. Die letzte Brockenbahn ins Tal ist bereits weg und ein starker Schneesturm beginnt.

Im einzigen geöffneten Gebäude, dem Berghotel steht nur noch ein einziges Zimmer zur Verfügung. Gerd ist froh, da der ausgeschriebene Zimmerpreis günstig ist. Die geschäftstüchtige Inhaberin Frau Besen erkennt Gerds schwierige Situation. Deshalb verlangt sie von ihm das 10-fache des sonst üblichen Preises für das Zimmer. Gerd bezahlt die hohe Summe, da er zwar keine Verpflegung, aber ausreichend Geld mitgenommen hat.

Erläutern Sie, ob ein solcher Vertag wirksam ist.

Lösung s. Seite 110

Aufgabe 24: Inhaltsirrtum

Trainer Fliege hat mit seiner Auswahl-Mannschaft aus Mecklenburg-Vorpommern ein Fußballturnier in Köln gewonnen. Da keiner der Beteiligten jemals vorher in Köln oder im Rheinland war, wollen der Trainer und seine Spielerinnen etwas Kultur kennenlernen und gehen am Abend in eine Kölner Kneipe.

Trainer Fliege will bei dieser Gelegenheit alle Spielerinnen zum Essen einladen. Nach kurzer Absprache und der Überraschung über die günstigen Preise bestellt Trainer Fliege auf seine Kosten „23 halve Hähne", die auf der Speisekarte als „Halver Hahn für 1,50 €" ausgewiesen werden. Trainer und Spielerinnen gehen davon aus, dass es sich dabei um halbe Hähnchen handelt.

Als ein Gast vom Nachbartisch Trainer Fliege darüber aufklärt, dass ein „halver Hahn" tatsächlich der rheinische Begriff für ein Brötchen mit Käse ist, sind alle sehr enttäuscht. Trainer Fliege erklärt dem Gastwirt Tünnes, dass er an der Bestellung nicht mehr festhalten möchte, da er sich leider geirrt habe und keine Brötchen mit Käse wolle.

a) Erläutern Sie, ob eine wirksame Anfechtung der Bestellung vorliegt.

b) Welche Rechtsfolge hätte eine wirksame Anfechtung der Bestellung?

Lösung s. Seite 111

Aufgabe 25: Erklärungsirrtum, Schadensersatz

Herr Gigiran hat im Internet gelesen, dass der Modellbauer Sigohr ein exklusives und wertvolles Modell des Raumschiffs „Wostock 1" verkaufen möchte. Herr Gigiran ist begeistert und bittet Herrn Sigohr per E-Mail um ein Verkaufsangebot. Herr Sigohr möchte das große Modell für 1.000 € verkaufen. Beim Schreiben des Angebots an Herrn Gigiran per E-Mail vergisst Sigohr beim Kaufpreis eine Null und schreibt „100 € bei Selbstabholung". Herr Gigiran ist von dem Preis hoch erfreut und antwortet per E-Mail: „Ich nehme ihr Angebot an und hole das Modell morgen ab."

Als Herr Gigiran am nächsten Tag das Modell abholen möchte, wird Herrn Sigohr der Schreibfehler bewusst. Er weist Herrn Gigiran darauf hin, dass er dieses besondere Modell niemals nur für 100 € verkaufen wird. Herr Gigiran besteht darauf, dass er das Modell für 100 € bekommt. Wenn das rechtlich nicht möglich ist, möchte er mindestens die tatsächlich entstandenen Fahrtkosten i. H. von 40 € haben.

a) Erläutern Sie, ob Herr Gigiran gegen Herrn Sigohr einen Anspruch auf Übereignung des Modells hat.

b) Erläutern Sie, ob Herr Gigiran gegen Herrn Sigohr zumindest einen Anspruch auf Erstattung der Fahrtkosten hat.

Lösung s. Seite 114

Aufgabe 26: Eigenschaftsirrtum, Motivirrtum

Willi Windig hat finanzielle Probleme. Sein Unternehmen wirft keine Gewinne ab und er ist wegen seines Lebensstils hoch verschuldet. Außerdem muss die bevorstehende Hochzeitsfeier mit seiner Verlobten Birgit finanziert werden.

Deshalb bittet er beim Bankhaus Lehmann um ein Darlehen. Der Bankinhaber Lehmann schließt aus Herrn Windigs höflichem Auftreten und seiner gepflegten Erscheinung, dass er grundsätzlich zahlungsfähig ist und nur aktuell etwas mehr Bargeld benötigt. Obwohl über Windigs finanzielle Situation gar nicht gesprochen wird, geht Herr Lehmann von einer guten Kreditwürdigkeit des Willi Windig aus. Er macht ihm ein Darlehensangebot, welches Willi Windig sofort annimmt. Nach dieser Vereinbarung soll Willi das Darlehen in einer Woche ausgezahlt werden.

Bankinhaber Lehmann wird noch am Tag des Vertragsschlusses von seiner umsichtigen Mitarbeiterin Frau Koch über die schwierigen finanziellen Verhältnisse des Herrn Windig aufgeklärt. Herr Lehmann meldet sich sofort bei Willi Windig und teilt ihm mit, dass er wegen seiner Fehleinschätzung der Kreditwürdigkeit nicht am Vertrag festhalten wird und das Darlehen nicht auszahlen wird. Willi Windig besteht auf den Vertrag und verlangt die Auszahlung des Darlehens.

Für seine Hochzeit hat Willi inzwischen beim Caterer Medium verbindlich ein Buffet für 5.000 € bestellt. Als er seiner Verlobten Birgit davon berichtet, teilt sie ihm die Auflösung ihrer Verlobung wegen seines zweifelhaften Lebenswandels mit.

a) Erläutern Sie, ob Willi Windig gegen das Bankhaus Lehman einen Anspruch auf Auszahlung des Darlehens hat.

b) Erläutern Sie, ob Willi Windig den Vertrag mit dem Caterer Medium wegen der geplatzten Hochzeit anfechten kann.

Lösung s. Seite 116

Aufgabe 27: Übermittlungsirrtum, Anfechtungsfrist

Frau Weg benötigt für ihre neue futuristische Schaufenster-Dekoration einige Deko-Artikel. Sie schickt ihren Mitarbeiter Herrn Soski zum Einkaufen in die Fantasy-Shops Galaktischer Außenposten von Herrn Schütze und Verbotener Planet von Herrn Kirch.

Frau Weg gibt Herrn Soski genaue Anweisungen, was er in den beiden Geschäften für sie kaufen soll: bei Herrn Schütze alle sieben Action-Figuren einer berühmten Science-Fiction-TV-Serie und bei Herrn Kirch ein spezielles 3-Ebenen-Schachspiel aus derselben TV-Serie. Um ganz sicher zu gehen, zeigt sie Herrn Soski die entsprechenden Artikel in den jeweiligen Katalogen der Fantasy-Shops.

Herr Soski äußert in beiden Geschäften, dass er von Frau Weg geschickt wurde, um für sie Artikel einer konkreten Science-Fiction-TV-Serie aus dem Katalog zu kaufen. Im Geschäft von Herrn Schütze verwechselt Herr Soski versehentlich die von Frau Weg gewünschte TV-Serie mit einer anderen TV-Serie und kauft daher andere Action-Figuren. Bei Herrn Kirch kauft er versehentlich ein gewöhnliches Schachspiel.

Als Herr Soski Frau Weg die falschen Figuren übergibt, ruft sie gleich bei Herrn Schütze an und teilt ihm mit, dass sie diese Figuren nicht haben wollte und dass sie wegen des Fehlers ihres Mitarbeiters an dem Vertrag nicht festhalten wird.

Bei dem falschen Schachspiel überlegt Frau Weg zunächst, ob es sich trotzdem für eine futuristische Dekoration eignen würde und belässt es daher in der Original-Verpackung. Nach 2 Monaten entscheidet sich Frau Weg dagegen und teilt Herrn Kirch mit, dass sie das normale Schachspiel nicht haben wollte und dass sie wegen des Fehlers ihres Mitarbeiters an dem Vertrag nicht festhalten wird.

a) Erläutern Sie, ob Frau Weg den Kaufvertrag mit Herrn Schütze wirksam angefochten hat.

b) Erläutern Sie, ob Frau Weg den Kaufvertrag mit Herrn Kirch wirksam angefochten hat.

Lösung s. Seite 118

Aufgabe 28: Arglistige Täuschung, Ausschlussfrist

Herr Heinrich ist Antiquitäten- und Kunsthändler in der mittelalterlichen Stadt Quedlinburg. Um seine Geschäfte gewinnbringend zu gestalten, überredet er seine ahnungslosen Kunden oft durch falsche Informationen zum Kauf.

Den historisch interessierten Touristen Herrn Otto hat Herr Heinrich zum Kauf einer alten Fotografie überredet. Erst als Heinrich absichtlich falsch behauptet hatte, dass auf diesem Foto die beiden berühmtesten Söhne der Stadt, Carl Ritter und J. F. C. GutsMuths abgebildet sind, entschloss sich Herr Otto zum Kauf.

Frau Mathilde bietet Herr Heinrich ein antiquarisches Buch von Friedrich Gottlieb Klopstock an. Wahrheitswidrig behauptet Heinrich, dass die handschriftlichen Randkommentare von Klopstock selbst stammen würden. Frau Mathilde ist über diese Informationen sehr erfreut und kauft deshalb das Buch.

Herrn Otto wird eine Woche nach dem Kauf klar, dass Heinrichs Informationen falsch waren, da eine solche Fotografie der beiden historischen Figuren gar nicht existieren kann. Herr Otto taucht dann 6 Monate nach Entdeckung des Schwindels bei Heinrich im Antiquitätengeschäft auf, um sein Geld zurück zu fordern.

Frau Mathilde ist mit ihrem Buch sehr lange glücklich. Erst als sie es 12 Jahre nach dem Kauf an einen Klopstock-Experten weiterverkaufen will, fliegt Heinrichs Schwindel auf. Sie ruft Herrn Heinrich sofort an und teilt ihm mit, dass sie an dem Kaufvertrag nicht festhalten will.

a) Erläutern Sie, ob Herr Otto den Kaufvertrag mit Herrn Heinrich wirksam angefochten hat.

b) Erläutern Sie, ob Frau Mathilde den Kaufvertrag mit Herrn Heinrich wirksam angefochten hat.

Lösung s. Seite 121

Aufgabe 29: Widerrechtliche Drohung

Der sehr erfolgreiche Unternehmer Bischof hat sich wiedermal ein neues Auto gegönnt. Seine neidische Mitarbeiterin Olivia hätte auch gern einen so schönen Geländewagen. Deshalb konfrontiert sie Herrn Bischof damit, dass sie seine Steuerhinterziehung durch entsprechende Kopien von Unterlagen nachweisen kann. Sie würde allerdings auf eine Anzeige beim zuständigen Finanzamt verzichten, wenn ihr Herr Bischof einen solchen Geländewagen schenkt.

Der ertappte Herr Bischof unterschreibt sofort einen – von Olivia schon vorbereiteten – Schenkungsvertrag und übergibt ihr die Fahrzeugpapiere und Autoschlüssel seines neuen Geländewagens, der unten auf dem Hof steht. Olivia übergibt ihm dafür die ihn belastenden Kopien.

Als Herr Bischof einen Tag später über die ganze Situation nachdenkt, wird ihm klar, dass es in Zukunft so mit Olivia nicht weitergehen kann und er sich für sein einmaliges Vergehen besser dem Finanzamt stellen sollte. Er fragt sich außerdem, wie er aus dem Schenkungsvertrag mit Olivia herauskommen kann.

Welchen rechtlichen Rat würden Sie ihm als Mitarbeiter der Rechtsabteilung seines Unternehmens bezüglich des Schenkungsvertrages geben?

Lösung s. Seite 123

Aufgabe 30: Verjährung

Unternehmer Ronald Reuel stellt am 07.07.2014 bei der Durchsicht seiner Geschäftsunterlagen fest, dass einige seiner Kunden ihre Rechnungen noch nicht bezahlt haben. In allen Kaufverträgen wurde vereinbart, dass der Kaufpreis einen Monat nach Vertragsschluss von den Kunden zu bezahlen ist. Als Herr Reuel deshalb Kontakt mit seinen Kunden aufnimmt, behauptet jeder von ihnen, die Kaufpreisforderung sei inzwischen verjährt.

Mit Herrn Beutel hatte er am 04.03.2011 einen Kaufvertrag abgeschlossen.

Mit Herrn Weiß hatte er am 11.12.2010 einen Kaufvertrag abgeschlossen.

Mit Herrn Bock hatte er am 12.04.2010 einen Kaufvertrag abgeschlossen. Am 01.12.2013 hatte Herr Reuel deshalb Klage gegen Herrn Bock auf Zahlung des Kaufpreises vor dem Amtsgericht erhoben. Das Amtsgericht hat am 28.05.2014 rechtskräftig zugunsten von Herrn Reuel geurteilt und seiner Klage stattgegeben.

Mit Herrn Grin hatte er am 11.08.2010 einen Kaufvertrag abgeschlossen. Am 13.04.2013 hatte Herr Grin zumindest eine Teilzahlung (Abschlag) an Herrn Reuel geleistet.

Mit Herrn Bolge hatte er bereits am 24.10.2006 einen Kaufvertrag abgeschlossen. Herr Bolge hat seine Rechnung aber erst am 18.01.2014 bezahlt. Herr Bolge ist aber inzwischen der Ansicht, dass die Kaufpreisforderung bereits verjährt war und fordert deshalb von Herrn Reuel die Rückzahlung des Kaufpreises.

a) Kann Herr Beutel am 07.07.2014 die Kaufpreiszahlung verweigern?

b) Kann Herr Weiß am 07.07.2014 die Kaufpreiszahlung verweigern?

c) Kann Herr Bock am 07.07.2014 die Kaufpreiszahlung verweigern?

d) Kann Herr Grin am 07.07.2014 die Kaufpreiszahlung verweigern?

e) Kann Herr Bolge seine Zahlung am 07.07.2014 von Herrn Reuel zurück verlangen?

Lösung s. Seite 126

2. Schuldrecht

Aufgabe 1: Nachträgliche objektive Unmöglichkeit

Der Antiquitätenhändler Eckener hat dem Sammler Lehmann eine beschriebene Post-karte mit dem Luftpoststempel des berühmten Luftschiffs „LZ 129" aus dem Jahr 1937 am 02.05.2014 per E-Mail-Kontakt für 500 € verkauft. Herr Eckener hat sich dabei ver-traglich verpflichtet, Herrn Lehmann die Postkarten erst in der zweiten Maihälfte zu übersenden, da Herr Lehmann bis zum 15.05.2014 auf einer Geschäftsreise in New York sein würde. Die Zahlung des Kaufpreises soll dann nach Lieferung bis Ende Mai erfolgen.

Obwohl Herr Eckener sein Antiquitätengeschäft durch umfangreiche und moderne Brandschutzeinrichtungen geschützt hat, verbrennt am 06.05.2014 u. a. auch die Post-karte bei einem vom Nachbarhaus ausgehenden Nielsen.

a) Erläutern Sie, ob Herr Lehmann gegen Herrn Eckener einen Anspruch auf Übereig-nung der Postkarte hat.

b) Erläutern Sie, ob Herr Eckener gegen Herrn Lehmann einen Anspruch auf den Kauf-preis hat.

Lösung s. Seite 129

Aufgabe 2: Nachträgliche subjektive Unmöglichkeit

Die Inhaberin eines Juweliergeschäfts Juliane Groß hat sich aus dem Online-Sortiment der Schmuckherstellerin Anna Tahr 20 Ringe zum Gesamtpreis von 2.000 € gekauft. Die Ringe stammen aus der 111-mal angebotenen, industriell produzierten Schmuck-serie „Ringe der Macht". Es wurde vereinbart, dass Frau Tahr ihr die Ware zusenden soll.

Frau Tahr übergibt die bestellten 20 Ringe gut verpackt an die Spedition Telconta. Bei einem schweren Verkehrsunfall des Speditionstransporters auf einer Brücke fallen die Ringe in einen Fluss. Die Bergung der Ringe wäre zwar mit einem Spezialbergungsun-ternehmen möglich, sie würde aber aufgrund der Tiefe, der Sichtverhältnisse und der geringen Größe der Ringe extrem schwierig sein und daher ca. 20.000 € kosten.

Frau Tahr erklärte gegenüber Frau Groß in einem Telefonat, dass sie nicht gewillt ist, die hohen Kosten für die Bergung zu übernehmen.

Erläutern Sie, ob Frau Groß gegen Frau Tahr einen Anspruch auf Übereignung der 20 bestellten Ringe hat!

Lösung s. Seite 132

Aufgabe 3: Anfängliche subjektive Unmöglichkeit, Schadens- und Aufwendungsersatz

Herr Wern kauft telefonisch am 08.02.2014 die Modelle einer Zeitmaschine und eines Fantasie-Unterseebootes aus dem Internet-Katalog des Händlers Waller. Beide Modelle sind besondere Einzelstücke und haben einen Wert von insgesamt 500 €. Da Herr Wern beide Modelle zusammen kauft, wurde ein Kaufpreis von insgesamt 400 € vereinbart. Die Lieferung soll bis zum 22.02.2014 erfolgen und weitere 14 Tage danach von Herrn Wern bezahlt werden.

Da der stets sehr unorganisierte Herr Waller bei seinem Warenbestand den Überblick verloren hat, bemerkt er erst am 19.02.2014, dass er beide Modelle bereits am 21.09.2013 an die Kundin Lisswatz verkauft hatte.

In der Zwischenzeit hatte sich Herr Wern für die beiden bestellten Modelle zwei Schaukästen gebastelt. Die Kosten für das Mahagoniholz und das Acryl-Glas betragen 120 €.

a) Erläutern Sie, ob Herr Wern gegen Herrn Waller einen Schadensersatzanspruch auf den Differenzbetrag zwischen dem Kaufpreis und dem Wert der Modelle i. H. von 100 € hat.

b) Erläutern Sie, ob Herr Wern gegen Herrn Waller einen Aufwendungsersatzanspruch bezüglich der Materialkosten i. H. von 120 € hat.

Lösung s. Seite 135

Aufgabe 4: Lieferverzug, Mahnung, Verzugsschaden

Frau Würfel hat für ihr maritimes Modegeschäft einige Artikel bestellt. Beim Bekleidungshersteller Sturm kauft sie 24 Wetterjacken und vereinbart, dass die Jacken auf ihren Abruf hin geliefert werden. Beim Modehersteller Orkan kauft Frau Würfel 48 Mützen und bezahlt sofort nach der Bestellung. Ein konkreter Lieferzeitpunkt wurde für die Mützen nicht getroffen.

Als die Kunden verstärkt nach Wetterjacken fragen, ruft Frau Würfel die Ware beim Hersteller Sturm telefonisch ab und überweist den Kaufpreis. Die Lieferung erfolgt aber einige Tage lang nicht, da der Hersteller den Abruf versehentlich vergisst.

Auch die Mützen wurden vom Modehersteller Orkan versehentlich noch nicht geliefert, obwohl Frau Würfel den Hersteller Orkan 2 Monate nach dem Kauf per E-Mail aufgefordert hatte, die Ware endlich zu liefern.

Als sich bei beiden Bestellungen nichts bewegt, beauftragt Frau Würfel ihren Rechtsanwalt Rausbold, sich in ihrem Namen um diese Angelegenheiten zu kümmern, da sie die Ware unbedingt benötigt. Herr Rausbold sendet je ein Mahnschreiben an die beiden Hersteller. Die Vergütung für die Mahnschreiben i. H. von je 90 € wird von Frau Würfel an den Anwalt bezahlt.

a) Hat Frau Würfel gegen den Hersteller Sturm einen Anspruch auf 90 € Schadensersatz? Begründen Sie Ihre Entscheidung.

b) Hat Frau Würfel gegen den Hersteller Orkan einen Anspruch auf 90 € Schadensersatz? Begründen Sie Ihre Entscheidung.

Lösung s. Seite 138

Aufgabe 5: Lieferverzug, Entbehrlichkeit der Mahnung

Herr Fleut möchte kurzfristig am 28.07.2014 eine touristische Studienreise unternehmen. Diese Reise ist für ihn auch die Gelegenheit, sich endlich eine Kamera und ein Fernglas zuzulegen.

Aus dem Online-Katalog des Fotogeschäfts Bohmann kauft sich Herr Fleut die moderne Kamera „GZK 8000" und überweist den Kaufpreis. Als Lieferdatum wird der 20.07.2014 vereinbart.

Beim Jagdartikel-Hersteller Puhl bestellt sich Herr Fleut am 07.07.2014 das Fernglas „Discovery" und überweist den Kaufpreis. Als Liefertermin wird „10 Tage nach Bestellung" vereinbart.

Beide Unternehmen liefern nicht zu den vereinbarten Terminen. Der Händler Bohmann ist inzwischen selber in den Urlaub gefahren und beim Hersteller Puhl gibt es betriebsinterne Produktionsprobleme.

Da Herr Fleut keines der beiden Unternehmen erreichen konnte, mietet er sich für seinen Urlaub am 27.07.2014 eine vergleichbare Kamera für 500 € und ein ähnliches Fernglas für 300 €. Nach seiner Rückkehr aus dem Urlaub werden die beiden Artikel zwar an Herrn Fleut geliefert, dennoch ist er unzufrieden darüber, dass er insgesamt 800 € an Miete zahlen musste, weil die Lieferung nicht rechtzeitig erfolgt ist.

a) Erläutern Sie, welchen Anspruch Herr Fleut gegen Herrn Bohmann geltend machen kann.

b) Erläutern Sie, welchen Anspruch Herr Fleut gegen den Hersteller Puhl geltend machen kann.

Lösung s. Seite 142

Aufgabe 6: Zahlungsverzug, Entbehrlichkeit der Mahnung, Verzugszinsen

Frau Mertinait handelt mit Sportmode und Trainingsgeräten. Sie verkauft dem Betreiber des Boxstudios „Rumble", Herrn Altmeister 3 Box-Säcke für das Training seiner Kunden. Herr Altmeister nimmt die Box-Säcke gleich mit und vereinbart mit Frau Mertinait Zahlung auf Rechnung. Die von Frau Mertinait per Post gesendete Rechnung geht bei Herrn Altmeister am 01.07.2014 ein. Als er den Rechnungsbetrag danach 3 Monate lang nicht bezahlt, fordert Frau Mertinait ihn im Oktober 2014 per Brief auf, die Rechnung endlich zu begleichen. Außerdem fordert sie in diesem Schreiben Zinsen i. H. von 8 % über dem Basiszinssatz ab dem 01.08.2014. Herr Altmeister ist über das Schreiben empört, da Frau Mertinait ihn noch nicht gemahnt habe und auch der Zinssatz zu hoch sei.

Die Amateurboxerin Luise Sakul hatte sich, ebenfalls auf Rechnung, bei Frau Mertinait ein Paar Boxhandschuhe gekauft. Als sie die Rechnung per Post erhält, ruft sie sofort bei Frau Mertinait an und sagt ihr, dass sie die Rechnung auf keinen Fall bezahlen werde, da ihr die Boxhandschuhe inzwischen gestohlen wurden. Auch von ihr fordert Frau Mertinait Zahlung und Verzugszinsen.

a) Begründen Sie, ob Frau Mertinait von Herrn Altmeister die Zahlung von Zinsen ab dem 01.08.2014 verlangen kann.

b) Erklären Sie, ob Frau Mertinait ihre Kundin Luise Sakul mahnen müsste, um Zinsen verlangen zu können.

c) Erklären Sie, welche gesetzlichen Zinssätze Frau Mertinait von Herrn Altmeister bzw. ihrer Kundin Luise Sakul verlangen kann.

Lösung s. Seite 146

Aufgabe 7: Verspätete Leistung, Rücktritt vom Vertrag, Kaufpreisrückzahlung und Schadensersatz

Frau Dr. Jakob benötigt für eine Vortragsreise ab dem 13.04.2014 ein Notebook und einen handlichen Beamer für ihre Präsentationen. Daher kauft sie bei dem Computerhändler Hikaru am 04.03.2014 das Notebook „Nyota" und den Beamer „Scytto". Frau Jakob bezahlt den Kaufpreis von 1.200 € sofort im Geschäft. Beide vereinbaren, dass Herr Hikaru noch die spezielle Software für die Verwendung des Beamers auf das Notebook übertragen und beide Artikel am 11.03.2014 an Frau Jakob schicken soll.

Herr Hikaru installiert zwar die Software, fährt aber dann bis zum 15.04.2014 zum Kirschblütenfest in seine alte Heimat Japan, ohne die Ware an Frau Jakob zu senden.

Daher kann Frau Jakob ihn am 11.03.2014 nicht erreichen. Empört wirft sie am selben Tag ein Schreiben in den Briefkasten des Herrn Hikaru, in welchem sie ihn dringend auffordert, beide Artikel spätestens bis zum 11.04.2014 zu liefern. Als die Ware in der gesetzten Frist nicht bei ihr eintrifft, kauft sich Frau Jakob am 12.04.2014 beim Elektronikmarkt Pawel das Notebook-Beamer-Set „KOPS".

Nach der Vortragsreise erklärt Frau Jakob gegenüber Herrn Hikaru, dass sie vom Kaufvertrag zurücktritt, da sie kein Interesse mehr an den beiden Artikeln hat. Sie möchte außerdem ihr Geld zurück haben. Herr Hikaru entschuldigt sich zwar mehrmals bei Frau Jakob, lehnt ihre Forderung aber mit dem Hinweis ab, dass er ihr beide Artikel jetzt geben könne.

a) Erläutern Sie, ob Frau Dr. Jakob gegen Herrn Hikaru einen Anspruch auf Rückzahlung des Kaufpreises hat.

b) Nennen Sie die Rechtsnorm, die als Anspruchsgrundlage für eine Rückzahlung in Frage kommt.

c) Nennen Sie den Anspruch, den Frau Dr. Jakob gegen Herrn Hikaru neben der Kaufpreisrückzahlung geltend machen könnte, wenn sie das Notebook-Beamer-Set „KOPS" nicht ersatzweise gekauft, sondern lediglich für 500 € gemietet hätte, aber trotzdem kein Interesse mehr an der Lieferung der Ware des Herrn Hikaru bei ihr bestehen würde.

Lösung s. Seite 148

Aufgabe 8: Nacherfüllung, Sachmangel, Beweislast

Die Freizeit-Biathletin Ursula Benzin kauft sich beim Sportwaffenhändler Sven Frank zwei Biathlon-Gewehre. Das neue Gewehr Typ „Diopter 5" ist eine Standardwaffe aus der „Ruhpolding-Kollektion", von der Herr Frank 72 Stück auf Lager hat. Das Gewehr „Oberhof 1/1" ist dagegen das einzige existierende Modell, da es eine exklusive Sonderanfertigung zum Jubiläum des Sportwaffenherstellers ist.

Beim Schießen im Biathlon ist es wichtig, dass man die Zielvorrichtung (Visier) verstellen kann, um das Gewehr an die Windverhältnisse anzupassen. Die Einstellung des Visiers beider Waffen funktioniert schon am Tag nach dem Kauf beim ersten Schusstraining nicht, sodass Frau Benzin keine gezielten Schüsse auf die Klappscheiben abgeben kann.

Frau Benzin wendet sich sofort an Herrn Frank und teilt ihm mit, dass die Visiereinrichtungen beider Gewehre von Anfang an nicht funktioniert haben. Sie verlangt einwandfrei funktionierende Waffen von ihm.

a) Erläutern Sie, ob Frau Benzin gegen Herrn Frank einen Anspruch auf Lieferung eines mangelfreien Gewehrs des Typs „Diopter 5" hat.

b) Nennen Sie den vorrangigen Anspruch, den Frau Benzin bezüglich eines mangelfreien Gewehrs „Oberhof 1/1" gegen Herrn Frank geltend machen kann und begründen Sie Ihre Entscheidung.

c) Wer muss im Zweifel beweisen, dass die Gewehre bereits bei der Übergabe an Frau Benzin nicht funktioniert haben? Begründen Sie Ihre Antwort.

Lösung s. Seite 151

Aufgabe 9: Nacherfüllung, Mangelbeseitigung, Verweigerung

Zur Überwachung ihres Privatgrundstücks bestellt sich Julia Schmidt beim Sicherheitstechnik-Händler Georg Blehr ein Video-Überwachungssystem vom Typ „2095". Im Vertrag wird vereinbart, dass das System mit einer Nachtsichtfunktion in der Dunkelheit arbeitet und Herr Blehr die Ware mit der Spedition Doppelplus an Frau Schmidt sendet.

Das System wird von der Spedition Doppelplus eine Woche später geliefert und die Nachtsichtfunktion arbeitet aufgrund eines technischen Fehlers bereits in der ersten Nacht nicht.

Die von Frau Schmidt geforderte Reparatur des Systems wird von Herrn Schmidt verweigert. Er begründet seine Weigerung damit, dass die Gesamtkosten für die Reparatur dieses komplizierten Überwachungssystems für ihn extrem hoch wären, was wegen der umfangreichen Transport-, Material-, Diagnose- und Arbeitskosten auch den Tatsachen entspricht. Er bietet Frau Schmidt daher die sofortige Lieferung eines neuen mangelfreien Systems „2095" an.

a) Erläutern Sie, ob Frau Schmidt gegen Herrn Blehr einen Anspruch auf Beseitigung des Mangels hat.

b) Erläutern Sie, ob ein Nacherfüllungsanspruch auf Lieferung eines mangelfreien Systems bestehen würde, wenn Frau Schmidt das System für ihr Unternehmensgelände gekauft hätte, Herr Blehr das System mangelfrei an die Spedition „Doppelplus" übergeben hätte und der Mangel erst durch den Transport verursacht worden wäre. Gehen Sie dabei nur auf den Gefahrübergang ein.

Lösung s. Seite 157

Aufgabe 10: Nacherfüllung, Ausschluss der Gewährleistung

Herr Deckert interessiert sich im Teirell-Gartencenter für einen neuen Rasentraktor der Marke „Black Runner 2019". Während der Inhaber Herr Teirell die Vorteile des Traktors vorführt, fällt ihm und Herrn Deckert auf, dass der Scheinwerfer des Traktors nicht funktioniert. Herr Deckert kommentiert das nur damit, dass er „seinen Rasen sowieso nicht in der Nacht mähen will" und kauft den Traktor „so wie er da steht". Trotzdem wird die Scheinwerferfunktion als eine Leistung des Traktors im Vertrag erwähnt.

Als Herr Deckert den Rasenmäher nach 5 Monaten auch am Abend als Schneeschieber verwendet, ärgert er sich darüber, dass das Licht nicht funktioniert und fordert von Herrn Teirell die entsprechende Reparatur.

Die Schneeketten hat Herr Deckert vor 3 Wochen privat als gebrauchte Ware von Frau König gekauft. Frau König wollte die Schneeketten loswerden, da die einzelnen Metallglieder schlecht verarbeitet waren und öfter gerissen sind. Herrn Deckert sagt sie natürlich nichts davon und vereinbart mit ihm im Kaufvertrag „gekauft wie gesehen, die Verkäuferin übernimmt keine Gewährleistung", um jeder Haftung zu entgehen.

a) Erläutern Sie, ob Herr Deckert gegen Herrn Teirell einen Anspruch auf Beseitigung des Mangels hat.

b) Hat Frau König einen möglichen Anspruch auf Beseitigung des Mangels durch die Formulierung im Vertrag erfolgreich ausgeschlossen? Begründen Sie Ihre Ansicht.

c) Könnte Herr Deckert gegen Frau König einen möglichen Anspruch auf Beseitigung des Mangels durchsetzen, wenn Herr Deckert den Mangel und die Täuschung erst 25 Monate nach Übergabe der Schneeketten entdeckt hätte und Frau König nach so langer Zeit eine Mangelbeseitigung ablehnt? Begründen Sie Ihre Entscheidung.

Lösung s. Seite 159

Aufgabe 11: Nacherfüllung, Montagemangel, Verjährung

Herr von Bern kauft und bezahlt im finnischen Möbelgeschäft von Herrn Pekka die selbst zu montierende Kommode „Tristan", das Bett „Vincent" und die digitale Multi-funktions-Wetterstation „Iris". Die Kommode und die Wetterstation nimmt Herr von Bern gleich mit. Das Bett wird vereinbarungsgemäß 2 Wochen nach dem Kaufdatum geliefert. Herr Pekka baut es, wie vertraglich vereinbart, im Schlafzimmerbei des Herrn von Bern zusammen. Das Bett wurde von Herrn Pekka aber so fehlerhaft zusammen-gebaut, dass es bereits 4 Wochen nach dem Aufbau zusammenbricht und nicht mehr repariert werden kann.

Als Herr von Bern noch am Tag des Kaufes die Kommode „Tristan" aufbauen will, stellt er fest, dass die entsprechende Montageanleitung fehlt. Da er mit finnischen Möbeln schon Erfahrungen hat, gelingt Herrn von Bern trotzdem der ordnungsgemäße Zu-sammenbau.

Die Wetterstation „Iris" ist zwar technisch in Ordnung, enthält aber eine Bedienungs-anleitung ausschließlich in finnischer Sprache, was das notwendige Einstellen und Programmieren der Station unmöglich macht.

a) Erläutern Sie, ob Herr von Bern gegen Herrn Pekka einen Anspruch auf die Lieferung eines mangelfreien Betts „Vincent" hat.

b) Könnte Herr von Bern einen Neulieferungsanspruch gegen Herrn Pekka durchset-zen, wenn das Bett genau 2 Jahre nach dem Kaufdatum wegen des fehlerhaften Aufbaus zusammenbricht? Begründen Sie Ihre Entscheidung.

c) Ist das Fehlen der Montageanleitung bei der Kommode „Tristan" als Mangel anzu-sehen? Begründen Sie Ihre Ansicht.

d) Ist die Bedienungsanleitung in finnischer Sprache für die Wetterstation „Iris" ein Mangel? Begründen Sie Ihre Ansicht.

Lösung s. Seite 163

Aufgabe 12: Nacherfüllung, Mangelbegriff, Werbung, Falsch- und Zuweniglieferung

Der Hobbyfußballer Konrad bestellt aus dem Katalog des Sportartikelanbieters Kreu ein Paar Fußballschuhe der Marke „Julius", ein Trikot seiner Lieblingsmannschaft aus München und ein Paar Schienbeinschützer.

Die Fußballschuhe hat sich Herr Konrad bestellt, weil sie in einer aktuellen Zeitungsanzeige für den Katalog des Sportartikelanbieters Kreu als „Fußballschuhe mit Wechselstollen" beworben werden. Im Katalog, der Bestellung und der Bestellbestätigung taucht diese Bezeichnung aber nicht mehr auf. Die gelieferten Schuhe haben dann auch keine Wechselstollen.

Das Trikot hat sich Herr Konrad nur bestellt, weil er schon immer ein rotes Fußballtrikot seines Fußball-Helden Tino Klein mit der Rückennummer 39 haben wollte. Herr Kreu schickt aber ein gelbes Trikot einer Mannschaft aus dem Ruhrgebiet mit der Rückennummer 19.

Von dem bestellten Paar Schienbeinschützer „Julius" ist nur ein einzelner Schützer in der Paketsendung enthalten.

a) Erläutern Sie, ob die bestellten Fußballschuhe sachmangelfrei geliefert wurden.

b) Erläutern Sie, ob das bestellte Trikot sachmangelfrei geliefert wurde.

c) Erläutern Sie, ob die bestellten Schienbeinschützer sachmangelfrei geliefert wurden.

Lösung s. Seite 165

Aufgabe 13: Rücktritt

Frau Regenbogen verkauft kleine Katzen aus dem aktuellen Wurf ihrer Katze „Pixi".

Frau Barockmann kauft mit Barzahlung den kleinen „Yoda", weil er der einzige Kater aus dem Wurf ist, ein sehr schönes Fellmuster hat und ihr der von Frau Regenbogen gegebene Name so gut gefällt.

Frau Rosamunde möchte irgendeine der anderen Katzen haben. Sie sucht sich daher eine Katze aus, bezahlt und nennt die Katze „Fini".

Beide Katzen leiden seit der Geburt unter einer starken Hörschwäche, was sich 3 Monate nach dem Kauf immer stärker bemerkbar macht, weil es ihre Bewegungsfreiheit und die Gefahrerkennung einschränkt. Bei Kater „Yoda" ist diese Hörschwäche so stark ausgeprägt, dass eine tierärztliche Behandlung daran nichts verändern kann. Bei der Katze „Fini" würde eine Behandlung dagegen die Hörschwäche heilen.

Als Frau Rosamunde deshalb von Frau Regenbogen eine andere Katze aus dem Wurf verlangt, ist Frau Regenbogen dazu nicht bereit. Sie habe zwar aus dem Wurf noch weitere Katzen, möchte aber keine davon hergeben.

a) Erläutern Sie, ob Frau Barockmann gegen Frau Regenbogen ein Recht auf Rücktritt vom Kaufvertrag hat.

b) Was müsste Frau Barockmann konkret tun, um ihren gezahlten Kaufpreis zurück zu bekommen?

c) Erläutern Sie, ob Frau Rosamunde gegen Frau Regenbogen ein Recht auf Rücktritt vom Kaufvertrag hat.

Lösung s. Seite 167

Aufgabe 14: Minderung

Familie Bebel hat noch einmal Nachwuchs bekommen. Für den kleinen Karl muss daher viel besorgt werden.

Ulrike Bebel kauft im norwegischen Möbelgeschäft des Herrn Lueh die Wickelkommode „Emma" und bezahlt in der Sonderangebotswoche den Preis von 300 €. Da es für Frau Bebel wichtig ist, hat ihr Herr Lueh zugesagt, dass alle Türen und Schubladen leicht zu bewegen sind. Frau Bebel stellt nach der Lieferung sofort fest, dass sich alle Schubladen der Kommode sehr schwer öffnen und schließen lassen, da das Schienensystem defekt ist. Auf ihre telefonische Forderung, innerhalb der nächsten 2 Wochen die Kommode zu reparieren oder eine neue Kommode zu liefern, hat Herr Lueh nicht reagiert. Die Kommode hätte ohne diesen Fehler einen Wert von 400 €. Sie ist mit dem Fehler nur noch 200 € wert.

Peter Bebel hatte vor 3 Jahren ebenfalls von Herrn Lueh das Kinderbett „Jakob" gekauft und geliefert bekommen. Er holt es nun wieder vom Dachboden und stellt fest, dass die Farbe ohne äußere Einwirkungen bereits stark abgeblättert ist.

a) Erläutern Sie, ob Frau Bebel gegen Herrn Lueh ein Recht auf Minderung des Kaufpreises der Kommode hat.

b) Geben Sie die Berechnung und die Höhe des geminderten Kaufpreises an.

c) Was müsste Frau Bebel konkret tun, um den Teil des Kaufpreises zurück zu bekommen, den sie nach der Kaufpreisminderung zu viel bezahlt hat?

d) Was könnte Herr Lueh – außer der notwendigen Fristsetzung zur Nacherfüllung – entgegenhalten, wenn Herr Bebel eine Minderung bezüglich des tatsächlich mangelhaften Kinderbetts fordert?

Lösung s. Seite 171

Aufgabe 15: Schadensersatz statt der Leistung und neben der Leistung

Herr Waldhorn hat sich im Autohaus von Frau Eich einen Geländewagen vom Typ „Steiner" mit zuschaltbarem Allradantrieb gekauft, damit er in seinem privaten Wald Transportarbeiten erledigen kann.

Herr Waldhorn hatte Frau Eich beim Verkaufsgespräch erklärt, dass sein Waldgrundstück für Pkw mit normalem Zweiradantrieb unzugänglich ist. Beide waren sich daher einig, dass die besondere Allradfunktion des Geländewagens für den Einsatz im Wald geeignet ist.

Eine Woche nach Abholung des Geländewagens funktioniert die Zuschaltung des Allradantriebs bei einer Transportfahrt durch den Wald nicht. Dadurch rutscht der Geländewagen an einer Steigung so ab, dass der mitgeführte Anhänger gegen einen Baum prallt und der entstandene Schaden später für 100 € repariert wird.

Die Auskunft einer Werkstatt ergibt, dass die Allradfunktion repariert werden kann und die Kosten dafür 3.000 € betragen. Herr Waldhorn fordert Frau Eich daher auf, die Reparatur am Geländewagen auszuführen. Frau Eich erklärt ohne jegliche Begründung, dass sie das in keinem Fall tun werde.

Herr Waldhorn ist darüber so verärgert, dass er nunmehr die Reparaturkosten für den Geländewagen und zusätzlich die Reparaturkosten für den Anhänger von Frau Eich verlangt.

a) Erläutern Sie, ob Herr Waldhorn gegen Frau Eich einen Anspruch auf Schadensersatz bezüglich der 3.000 € hat.

b) Erläutern Sie, ob Herr Waldhorn gegen Frau Eich einen Anspruch auf Schadensersatz bezüglich der 100 € hat.

Bearbeitungshinweis: Auf deliktische Schadensersatzansprüche aus unerlaubter Handlung ist nicht einzugehen.

Lösung s. Seite 174

Aufgabe 16: Allgemeine Geschäftsbedingungen

Dietmar Meyerwisch will selbst umfassende Bauarbeiten an seinem Privathaus ausführen.

Im Baufachhandel Max Silber kauft er Baumaterial ein. Als Herr Meyerwisch das Geschäft gerade mit der bezahlten Ware verlassen will, fragt er Herrn Silber noch nach den Allgemeinen Geschäftsbedingungen (AGB). Herr Silber druckt ihm die frei zur Verfügung stehenden AGB des Branchenverbandes des Baufachhandels aus dem Internet aus und überreicht sie mit der Bemerkung, dass er sonst keine AGB verwendet, aber bei Herrn Meyerwisch eine Ausnahme macht.

Bei der Baugerätevermietung von Dieter Bloß schließt Herr Meyerwisch am 01.10.2014 einen Mietvertrag über eine Rüttelmaschine ab. Sie vereinbaren vertraglich, dass die Maschine am 05.10.2014 geliefert werden soll und die Mietzahlung am Ende der einwöchigen Mietzeit fällig ist. Der Vertag enthält u. a. folgende AGB-Klauseln:

1. Die Geräte werden 2 Wochen nach Vertragsschluss geliefert.

2. Mit der Vermietung einer Rüttelmaschine erhält der Kunde vom Vermieter gleichzeitig eine Steinsäge und einen Presslufthammer und ist zur zusätzlichen Mietzahlung für diese Geräte verpflichtet.

3. Die Baugeräte sind vom Kunden vor der Rückgabe zu reinigen. Bei der Rückgabe müssen die Baugeräte durch die Reinigung in dem Zustand sein, wie sie der Vermieter übergeben hat.

4. Sollte der Kunde mit der Miete in Zahlungsverzug kommen, kann der Vermieter neben der Zahlung und den Verzugskosten eine Vertragsstrafe i. H. von 200 € verlangen.

5. Sollte das Baugerät defekt sein, hat der Vermieter eine Nachfrist von 4 Wochen, um das Gerät zu reparieren oder auszutauschen.

6. Der Kunde ist für jede Beschädigung an den Baugeräten während der Mietzeit verantwortlich. Auf das Verschulden des Kunden kommt es dabei nicht an.

7. Für die ordnungsgemäße Funktion der Baugeräte übernimmt der Vermieter keine Haftung.

a) Erläutern Sie, ob die Klauseln auf dem von Herrn Silber für Herrn Meyerwisch ausgedruckten Blatt überhaupt als AGB gelten. Nennen Sie die entsprechenden Rechtsnormen aus dem BGB.

b) Erläutern Sie – unter der Voraussetzung, dass es sich bei a) um AGB handelt – ob die AGB des Herrn Silber wirksam wären und nennen Sie die entsprechende Rechtsnorm aus dem BGB.

c) Erläutern Sie zur 1. AGB-Klausel, an welchem Datum Herr Bloß die Rüttelmaschine zur Vermietung liefern muss. Nennen Sie die entsprechende Rechtsnorm aus dem BGB.

d) Erläutern Sie, ob die 2. AGB-Klausel wirksam ist und nennen Sie die entsprechende Rechtsnorm aus dem BGB.

e) Erläutern Sie, ob Herr Meyerwisch die Rüttelmaschine gemäß der 3. AGB-Klausel auch reinigen müsste, wenn er sie von Herrn Bloß in einem total verschmutzten Zustand erhalten hätte. Nennen Sie die entsprechende Rechtsnorm aus dem BGB.

f) Erläutern Sie, ob die 4. AGB-Klausel wirksam ist und nennen Sie die entsprechende Rechtsnorm aus dem BGB.

g) Erläutern Sie, ob die 5. AGB-Klausel wirksam ist und nennen Sie die entsprechende Rechtsnorm aus dem BGB.

h) Erläutern Sie, ob die 6. AGB-Klausel wirksam ist und nennen Sie die entsprechende Rechtsnorm aus dem BGB.

i) Erläutern Sie, ob die 7. AGB-Klausel wirksam ist und nennen Sie die entsprechende Rechtsnorm aus dem BGB.

Lösung s. Seite 178

Aufgabe 17: Deliktische Haftung

Herr Flinn ist Eigentümer und Betreiber von drei Spielhallen. Er bekommt einen Anruf von seiner Geschäftsführerin Frau Kora, in welchem sie ihm mitteilt, dass es leider zu einigen Schäden in seinen Geschäften gekommen ist.

Durch überhöhte Geschwindigkeit auf regennasser Straße hat der Motorradfahrer Herr Kluh die Kontrolle über sein Motorrad verloren und ist gegen die Eingangstür der Spielhalle Light Cycle gefahren. Die Reparaturarbeiten für die beschädigte Tür betragen 3.000 €.

Der aggressive und kräftige Wachhund „Pollux", den Herr Flinn zum Schutz der Spielhalle Light Tank einsetzt, hat sich in der vergangenen Nacht vom Gelände der Spielhalle entfernt und den Passanten Nort angegriffen. Herr Nort versuchte zunächst wegzurennen, konnte sich dann aber nur noch dadurch wehren, dass er den Hund mehrfach getreten hat. Die Tierarztkosten für den verletzten Hund betragen 300 €.

An der Fassade der Spielhalle Light Jet muss eine Neonröhre des Leuchtschriftzugs ausgetauscht werden, weil der 6-jährige Samuel seinen Ball dagegen geworfen hat. Der Austausch der beschädigten Neonröhre kostet 30 €.

a) Erläutern Sie, ob Herr Flinn gegen Herrn Kluh einen Anspruch auf Schadensersatz bezüglich der 3.000 € hat.

b) Erläutern Sie, ob Herr Flinn gegen Herrn Nort einen Anspruch auf Schadensersatz bezüglich der 300 € hat.

c) Erläutern Sie, ob Herr Flinn gegen den kleinen Samuel einen Anspruch auf Schadensersatz bezüglich der 30 € hat.

Lösung s. Seite 183

3. Sachenrecht

Aufgabe 1: Eigentumserwerb vom Berechtigten

Frau Abendstern ist Literaturexpertin für den Fantasy-Zyklus „Innerwelt" des Schriftstellers Ronald König. Durch ein paar finanzielle Schwierigkeiten ist Frau Abendstern gezwungen, einige ihrer wertvollsten Bücher zu Geld zu machen.

An Herrn Goldhaar verkauft sie eine Erstausgabe des Buchs „Der Halbling". Sie überbringt das Buch persönlich und Herr Goldhaar nimmt es freudestrahlend an.

Das vom Autor kommentierte Buch „Der Herr der Ketten" befindet sich bei der Literaturprofessorin Frau Lichtkranz, da Frau Abendstern es ihr zu Studienzwecken geliehen hatte. Das nunmehr erfolgte telefonische Angebot von Frau Abendstern, das Buch durch Kauf für immer behalten zu können, nimmt die Professorin sofort an.

Mit der Rondel-Bank vereinbart Frau Abendstern einen Kreditvertrag. Zur Absicherung des Kredits übereignet Frau Abendstern der Bank ihre sehr wertvolle Gesamtausgabe „Die Geschichte von Innerwelt". Frau Abendstern soll diese Bücher allerdings weiter für die Vorbereitung ihrer Honorar-Vorträge nutzen können, um mit dem Gewinn den Kredit abzahlen zu können. Daher vereinbart sie mit der Bank eine Sicherheitsübereignung und übergibt an die Bank nur das Zertifikat, das die Echtheit und den Wert der Bücher dokumentiert.

Das handgeschriebene Manuskript zum Buch „Nachrichten aus Innerwelt" hat Frau Abendstern an das Ronald-König-Museum in der weit entfernten Stadt Bruchsal vermietet. Am letzten Tag der vereinbarten Mietzeit verkauft Frau Abendstern das Manuskript an Herrn Strahlstern, der in der Nähe von Bruchsal wohnt. Sie vereinbaren daher, dass sich Herr Strahlstern das Manuskript am nächsten Tag unter Berufung auf ihre Vereinbarung direkt vom Museum abholen soll.

a) Erläutern Sie, ob Herr Goldhaar Eigentümer der Erstausgabe geworden ist und nennen Sie die entsprechende Rechtsgrundlage.

b) Erläutern Sie, ob Frau Lichtkranz Eigentümerin des Buches geworden ist und nennen Sie die entsprechende Rechtsgrundlage.

c) Erläutern Sie, ob die Rondel-Bank Eigentümerin der Gesamtausgabe geworden ist. Nennen Sie die entsprechende Rechtsgrundlage.

d) Erläutern Sie, ob Herr Strahlstern Eigentümer des Manuskripts geworden ist. Nennen Sie die entsprechende Rechtsgrundlage.

Lösung s. Seite 189

Aufgabe 2: Eigentumserwerb, Abstraktionsprinzip, Eigentumsvorbehalt

Herr Klies verkauft seine Zinnfiguren-Sammlung telefonisch an drei Käufer. Alle Käufer haben sich die Figuren danach bei ihm zu Hause abgeholt. Nach 12 Wochen bereut

Herr Klies seinen Verkauf und überlegt, dass er vielleicht einige gute rechtliche Gründe hat, die Figuren zurückzufordern.

Obwohl die Käuferin Pahlin den Kaufpreis für 10 Figuren innerhalb von 2 Wochen nach Abholung überweisen wollte, ist das Geld immer noch nicht auf dem Konto von Herrn Klies.

Der Käufer Knopfmann war beim Verkaufsgespräch so stark betrunken, dass man von einer vorübergehenden Störung seiner Geistestätigkeit ausgehen muss. Bei der späteren Abholung der Figuren war er dagegen wieder nüchtern.

Die Käuferin Iddel hat den größten und teuersten Teil der Sammlung gekauft. Mit ihr hat Herr Klies deshalb vereinbart, dass er sich das Eigentum solange vorbehält, bis sie die letzte von 3 Monatsraten überwiesen hat. Nach der Zahlung der ersten Rate erfolgten trotz Fälligkeit keine weiteren Zahlungen durch Frau Iddel.

a) Erläutern Sie, ob Herr Klies gegen Frau Pahlin einen Herausgabeanspruch hat, weil die Bezahlung noch nicht erfolgt ist.

b) Erläutern Sie, ob Herr Klies gegen Herrn Knopfmann einen Herausgabeanspruch hat, weil er zum Zeitpunkt des Kaufvertragsschlusses geschäftsunfähig war.

c) Erläutern Sie, ob Herr Klies gegen Frau Iddel einen Herausgabeanspruch hat, weil sie die Raten noch nicht bezahlt hat.

d) Was müsste Herr Klies gegenüber Frau Iddel erklären, bevor er eine mögliche Herausgabe verlangen kann? Nennen Sie die entsprechende Rechtsnorm.

Lösung s. Seite 192

Aufgabe 3: Eigentumserwerb vom Nichtberechtigten

Der Freizeit-Tennisspieler Dieter Niwotzki verleiht seine beiden Tennisschläger an seinen Freund Boris Fleischer. Herr Niwotzki übergibt ihm die Schläger und Herr Fleischer packt sie in seine mitgebrachte Tennistasche. Er packt außerdem, ohne dass es Herr Niwotzki bemerkt, heimlich eine Dose mit Tennisbällen, die neben den Schlägern gestanden hat, in die Tasche. In der Dose, die Herr Niwotzki beim Tennis auch als „Geldkassette" benutzt, findet Herr Fleischer auch noch einen 100 €-Schein.

Herr Fleischer hat einige Schulden. Deshalb verkauft und übergibt er einen der beiden hochwertigen Schläger an das neue Clubmitglied Paul Plattner. Außerdem verkauft und übergibt er die neuen Tennisbälle an seine Tennispartnerin Kristin Quelle. Der Inhaberin des Tennisclubs, Maria Koch, gibt Herr Fleischer die 100 €, um seinen ausstehenden Clubbeitrag zu bezahlen.

Als Herr Niwotzki seinen Freund zur Rede stellt, beichtet Herr Fleischer ihm alles zum Verbleib seiner Sachen und des Geldes.

a) Erläutern Sie, ob Herr Niwotzki gegen Herrn Plattner einen Herausgabeanspruch bezüglich des Schlägers hat.

b) Erläutern Sie, ob Herr Niwotzki gegen Frau Quelle einen Herausgabeanspruch bezüglich der Tennisbälle hat.

c) Erläutern Sie, ob Herr Niwotzki gegen Frau Koch einen Herausgabeanspruch bezüglich der 100 € hat.

Lösung s. Seite 195

Aufgabe 4: Herausgabeanspruch, Recht zum Besitz

Frau Adam möchte spontan am nächsten Wochenende eine Camping-Tour unternehmen und stellt fest, dass ihr ein Teil ihrer Ausrüstung fehlt.

Von Herrn Lemm fordert sie daher ihren Trekking-Rucksack zurück. Sie hatte ihm den Rucksack für 4 Wochen ausgeliehen. Herr Lemm ist zur Rückgabe nicht bereit, da er den Rucksack für eine eigene Tour benötigt und er ihn erst vor einer Woche von ihr ausgeliehen hat. Frau Adam beruft sich aber darauf, dass der Rucksack ihr gehören würde.

Von Frau Reh fordert Frau Adam ihr Zelt zurück. Das Zelt hatte ihr Frau Adam bis zum Ablauf der letzten Woche vermietet. Frau Reh hat ihren Urlaub spontan verlängert und möchte das Zelt daher noch behalten.

Von Herrn Dick fordert Frau Adam ihre Iso-Matte zurück. Sie hatte ihm die Iso-Matte vor einer Woche für 3 Wochen geliehen. Herr Dick teilt Frau Adam mit, dass er die Matte an seinen Freund Herrn Klark weiter verliehen hat. Herr Dick benötigt die Matte nicht mehr, da er während seines Urlaubs erkrankt ist und im Krankenhaus liegt.

a) Erläutern Sie, ob Frau Adam gegen Herrn Lemm einen Herausgabeanspruch bezüglich des Rucksacks hat.

b) Erläutern Sie, ob Frau Adam gegen Frau Reh einen Herausgabeanspruch bezüglich des Zeltes hat.

c) Erläutern Sie, ob Frau Adam gegen Herrn Klark einen Herausgabeanspruch bezüglich der Iso-Matte hat.

Lösung s. Seite 199

4. Handelsrecht

Aufgabe 1: Kaufmann

Herr David hat ein von ihm als Inhaber geführtes Einzelunternehmen zum Verkauf von medizinischen Geräten gegründet. Der Warenbestand ist sehr umfangreich und reicht von einfachen medizinischen Hilfsgeräten bis zu hochtechnologischen Geräten. Herr David beschäftigt 36 Arbeitnehmer in 3 Niederlassungen. In der Zentrale arbeiten 12 Arbeitnehmer im Bereich Finanzbeschaffung, Buchhaltung und Marketing.

Herr Matt stellt in seinem Unternehmen ausschließlich spezielle Rollstühle in Einzelanfertigung und geringen Stückzahlen her. Er betreibt sein Geschäft ganz allein, hat bisher erst einen Abnehmer für seine Rollstühle und erzielt daher nur geringe Umsätze.

Um in Zukunft Zulieferer für das Unternehmen von Herrn David zu werden, möchte Herr Matt seriös und erfolgreich wirken. Er erzählt Herrn David daher wahrheitswidrig, dass er 24 Mitarbeiter in 2 Filialen beschäftigte, hohe Umsätze erziele und sein Auftragsbuch fast immer voll sei. Der dadurch beeindruckte Herr David solle sich schnell überlegen, ob er sein ständiger Kunde werden wolle.

Weder das Unternehmen von Herrn David noch das Unternehmen von Herrn Matt ist bisher im Handelsregister eingetragen.

a) Erläutern Sie ausführlich, ob Herr David ein Kaufmann ist.

b) Erläutern Sie, warum Herr Matt (bezogen auf sein tatsächliches Unternehmen) kein Kaufmann ist. Gehen Sie dabei nur auf die entscheidende Voraussetzung ein.

c) Nehmen Sie an, dass Herr David mit dem ihm bis dahin unbekannten Herrn Matt in der aktuell bestehenden Situation aufgrund der falschen Darstellungen einen Zuliefervertrag abschließen würde. Erläutern Sie, warum Herr David Herrn Matt dann als Kaufmann behandeln kann.

d) Welchen formalen Schritt müsste Herr Matt tun, um allgemein als Kaufmann zu gelten? Nennen Sie die Rechtsgrundlage.

e) Würde auch die Gründung einer Gesellschaft mit beschränkter Haftung (GmbH) durch Herrn Matt die Kaufmannseigenschaft erzeugen? Begründen Sie Ihre Antwort.

Lösung s. Seite 203

Aufgabe 2: Prokura

Herr Diruhn ist der Geschäftsführer eines großen Unternehmens für Bergbauausrüstung, der Mudasak GmbH. Das Unternehmen hat mit Frau Bilan bisher eine Prokuristin. Um die zunehmenden Geschäftsaktivitäten besser organisieren zu können, soll ein zweiter Prokurist ebenfalls Einzelprokura erhalten.

Die Prokuristin Bilan erteilt deshalb dem Mitarbeiter Buchenschild die Prokura. Die Abteilungsleiterin für den Einkauf, Frau Ilmig, geht allerdings davon aus, dass sie die neue Prokuristin ist. Sie hatte mit Kenntnis und Duldung des Geschäftsführers Diruhn ihre Bestellungen für das Unternehmen stets mit dem Zusatz „ppa." (per procura) unterschrieben und sich gegenüber Geschäftspartnern stets als Prokuristin ausgegeben. Der Geschäftsführer Diruhn erteilt dagegen dem Mitarbeiter Fußeisen die Prokura. Keine der 3 Personen wurde bisher im Handelsregister als Prokurist eingetragen.

Die Prokuristin Bilan ist während des Jahresurlaubs des Geschäftsführers besonders aktiv und führt ohne Rücksprache mit ihm geschäftliche Handlungen für das Unternehmen aus.

Weil es aktuell gute Gewinnchancen gibt, erweitert sie den bisherigen Handel mit Bergbauausrüstung um den Handel mit Marzipan-Produkten, Staubsaugern und Wein.

In diesem Zusammenhang beantragt sie beim Handelsregister auch den Namen des Unternehmens in Marzipanberg GmbH zu ändern.

Zur Refinanzierung der neuen Geschäftsfelder veräußert die Prokuristin ein Grundstück des Unternehmens für 100.000 €.

Außerdem nimmt sie das Angebot des Zulieferers Filkili an und kauft für die GmbH Teile für Bergbauausrüstung im Wert von 500.000 €, obwohl der Geschäftsführer Diruhn ihr gegenüber den Abschluss von einzelnen Zulieferverträgen ohne seine Genehmigung generell auf maximal 200.000 € beschränkt hatte.

a) Wer ist der neue Prokurist geworden? Begründen Sie Ihre Antwort ausführlich.

b) Welche Folge hätte es, wenn für Frau Bilan und für den neuen Prokurist Gesamtprokura erteilt wird?

c) Darf die Prokuristin den Unternehmensgegenstand in dieser Weise erweitern? Begründen Sie Ihre Antwort.

d) Darf die Prokuristin den Namen des Unternehmens (Firma) ändern? Begründen Sie Ihre Antwort.

e) Darf die Prokuristin das Grundstück veräußern? Begründen Sie Ihre Antwort.

f) Erläutern Sie, ob der Kaufvertrag zwischen der GmbH und dem Zulieferer wirksam ist.

Lösung s. Seite 207

Aufgabe 3: Handelsregister, positive und negative Publizität

Frau Ecke betreibt als Komplementärin ein im Handelsregister eingetragenes Unternehmen für Robotertechnik, die T2000 Kommanditgesellschaft (KG).

Als Einzelprokurist ist Herr Keil im Handelsregister eingetragen. Wegen einiger geschäftlicher Fehler entzieht Frau Ecke Herrn Keil die Prokura am 29.08.2014 und kündigt ihm zu Ende September. Sie beantragt die Eintragung und Bekanntgabe des Widerrufs der Prokura beim zuständigen Handelsregister. Die Löschung wurde bisher weder eingetragen noch bekannt gemacht.

Herr Keil geht irrtümlich davon aus, dass die Prokura erst Ende September endet. Er schließt daher mit dem Neukunden, Herrn Silbermann, am 20.09.2014 einen Kaufvertrag als Prokurist für die KG ab. Herr Silbermann hatte sich vorher im Handelsregister über die KG erkundigt und dabei Herrn Keil als eingetragenen Prokuristen wahrgenommen. Frau Ecke ist mit dem Vertrag nicht einverstanden und verweist auf den Widerruf der Prokura. Herr Silbermann beruft sich dagegen auf das Handelsregister.

Frau Ecke hat neben der Löschung der Prokura die Eintragung des neuen Kommanditisten, Herrn Markus, beim Handelsregister beantragt. Das Registergericht trägt Herrn Markus allerdings versehentlich als Komplementär der KG ein und macht es auch so bekannt.

Am 25.09.2014 wird dann endlich die Prokura von Herrn Keil im Handelsregister gelöscht und die Löschung bekannt gegeben. Am 28.09.2014 schließt Herr Keil noch einen Vertrag als Prokurist für die KG ab. Die Vertragspartnerin, die Einzelkauffrau Meiles, beruft sich gegenüber Frau Ecke darauf, dass sie vor dem Vertragsschluss 4 Wochen im Urlaub war und daher nichts von der Eintragung und Bekanntgabe der Löschung wissen konnte.

a) Erläutern Sie, ob Herr Keil die KG gegenüber Herrn Silbermann als Prokurist wirksam vertreten hat und nennen Sie die entscheidende Rechtsnorm.

b) Wie wäre die Rechtslage, wenn Herr Silbermann von einem Kommanditisten der KG vor Vertragsschluss glaubhaft von dem Widerruf der Prokura Kenntnis erlangt hätte?

c) Wie wäre die Rechtslage, wenn Herr Silbermann sich nicht vorher im Handelsregister erkundigt hätte?

d) Haftet Herr Markus gegenüber Vertragspartnern der KG wie ein Komplementär? Begründen Sie Ihre Antwort und nennen Sie die entscheidende Rechtsnorm.

e) Erläutern Sie, ob sich Frau Meiles auf ihre Unkenntnis berufen kann und nennen Sie die entscheidende Rechtsnorm.

Lösung s. Seite 211

5. Arbeitsrecht

Aufgabe 1: Lohnfortzahlung bei Krankheit

Moritz Fischer ist neu als Melker auf dem Viehhof des Bauern Axel Baum in Kuhdorf eingestellt worden.

Nach den ersten zwei Wochen seiner Arbeit nimmt Moritz Fischer, der seit vielen Jahren aktiv Fußball spielt, am Wochenende an einem Fußballturnier teil. Bei einer Spielsituation ist er etwas unachtsam und verliert deshalb in voller Laufgeschwindigkeit das Gleichgewicht, prallt mit dem Kopf gegen den Metallpfosten des Tores und verletzt sich schwer. Er verbringt insgesamt 4 Wochen im Krankenhaus und weitere 4 Wochen zu Hause. Eine entsprechende Arbeitsunfähigkeitsbescheinigung liegt seinem Arbeitgeber Baum vor.

Bauer Baum ist allerdings der Meinung, dass es ohne Arbeit auch keinen Lohn gebe, vor allem nicht, wenn man erst so kurze Zeit auf dem Hof tätig sei. Außerdem habe Moritz Fischer seine Arbeitsunfähigkeit selber verursacht und könne von ihm als Arbeitgeber daher keinen Lohn erwarten.

Im gleichen Jahr wird Moritz Fischer dann noch zweimal arbeitsunfähig:

Eine Woche nach seiner langen Erkrankung wegen der Kopfverletzung bekommt er so starke Kopfschmerzen, dass er weitere 2 Wochen nicht arbeiten kann. Der Arzt stellt fest, dass diese Kopfschmerzen eine Spätfolge der schweren Kopfverletzung sind.

Weitere 4 Wochen später leidet Moritz Fischer unter einer starken Grippe und ist mit ärztlichem Nachweis ein Woche von Montag bis Freitag arbeitsunfähig.

a) Erläutern Sie, ob Moritz Fischer gegen den Bauern Baum für die Zeit seiner ersten Arbeitsunfähigkeit (schwere Kopfverletzung) einen Anspruch auf Arbeitsentgelt hat. Geben Sie auch den genauen Zeitraum und die prozentuale Höhe der Entgeltfortzahlung an.

b) Erläutern Sie, gegen wen Moritz Fischer für die Zeit seiner zweiten Arbeitsunfähigkeit (Kopfschmerzen) einen Anspruch auf Entgelt hat.

c) Erläutern Sie, gegen wen Moritz Fischer für die Zeit seiner dritten Arbeitsunfähigkeit (Grippe) einen Anspruch auf Entgelt hat.

d) Erläutern Sie für die Grippe-Erkrankung, an welchem Wochentag Moritz Fischer Bauer Baum den ärztlichen Nachweis über die einwöchige Erkrankung vorlegen muss.

e) Was kann der Bauer Baum tun, wenn Moritz Fischer den ärztlichen Nachweis nicht vorlegt?

Lösung s. Seite 215

Aufgabe 2: Befristung

Herr Kürschner ist Inhaber des Unternehmens EAH. Im letzten Monat hat er einige neue Mitarbeiter eingestellt. Herr Kürschner möchte sich später nicht mit leidigen Kündigungen abgeben müssen und schließt daher schriftlich folgende befristete Arbeitsverträge ab:

Herr Fuchs: Grund für die Befristung ist die Vertretung eines auf unbestimmte Zeit erkrankten Mitarbeiters. Herr Fuchs hat bereits bis vor einem Jahr für insgesamt 2 Jahre im Unternehmen EAH gearbeitet.

Frau Schulli: Befristung auf 3 Jahre ohne Angabe eines Befristungsgrundes.

Herr John: Befristung um weitere 8 Monate ohne Angabe eines Befristungsgrundes. Herr John war jeweils ohne Angabe eines bestimmten Grundes zunächst befristet für 4 Monate eingestellt. Diese Befristung wurde dreimal jeweils um weitere 4 Monate verlängert und soll nun zum letzten Mal verlängert werden.

Frau Maniko: Befristung auf 3 Jahre ohne Angabe eines Befristungsgrundes. Diesen Arbeitsvertrag schließt Herr Kürschner allerdings für sein gerade neu gegründetes Unternehmen GCJ ab, welches unabhängig von seinem Unternehmen EAH tätig ist.

Herr Rauch: Befristung auf 5 Jahre. Herr Rauch ist 54 Jahre alt und war 6 Monate ohne Beschäftigung.

a) Erläutern Sie, ob die Befristung mit Herrn Fuchs wirksam ist und nennen Sie die entscheidende Rechtsgrundlage.

b) Erläutern Sie, ob die Befristung mit Frau Schulli wirksam ist und nennen Sie die entscheidende Rechtsgrundlage

c) Erläutern Sie, ob die Befristung mit Herrn John wirksam ist und nennen Sie die entscheidende Rechtsgrundlage.

d) Erläutern Sie, ob die Befristung mit Frau Maniko wirksam ist und nennen Sie die entscheidende Rechtsgrundlage.

e) Erläutern Sie, ob die Befristung mit Herrn Rauch wirksam ist und nennen Sie die entscheidende Rechtsgrundlage.

f) Würde eine wirksame Befristung mit Fristablauf zur Beendigung des Arbeitsverhältnisses führen, wenn eine Arbeitnehmerin vor Ablauf der Befristung schwanger werden würde?

g) Welche Folge hätte es, wenn Herr Kürschner die Arbeitsverträge ~~nicht schriftlich~~ geschlossen hätte?

h) Kann ein wirksam befristeter Arbeitsvertrag fristgemäß gekündigt werden?

Lösung s. Seite 218

Aufgabe 3: Verhaltensbedingte ordentliche Kündigung

Herr Freimann und Frau Kassini sind langjährige Mitarbeiter im biochemischen Forschungsunternehmen Tacagat. Herr Freimann wurde bereits im Alter von 18 Jahren als Vollzeit-Forschungsmitarbeiter vom Inhaber des Unternehmens, Herrn Morro, eingestellt. Im Unternehmen arbeiten außer den beiden genannten Mitarbeitern 7 weitere Vollzeitmitarbeiter in der Forschung, 1 Auszubildender und 4 Teilzeitmitarbeiter (davon jeder 18 Wochenstunden).

An einem Arbeitstag verbringen Herr Freimann und Frau Kassini ihre 30-minütige Mittagspause gemeinsam in der Stadt und kommen erst nach 2 Stunden in das Unternehmen zurück. Herr Morro übergibt beiden Mitarbeitern daher noch am selben Tag eine schriftliche, fristgemäße Kündigung. Herr Morro hält beide Kündigungen wegen des Fehlverhaltens für gerechtfertigt.

Herrn Freimann hatte er bereits vor 3 Monaten wegen eines ähnlichen Fehlverhaltens (Überziehung der Mittagspause um 1 Stunde) ein Schreiben übergeben. In diesem Schreiben hatte Herr Morro das Fehlverhalten konkret benannt und zum Ausdruck gebracht, dass er dieses Verhalten in seinem Unternehmen nicht dulde und es künftig zu unterlassen sei.

Frau Kassini hat wegen der Nichtbeachtung des betrieblichen Rauchverbots vor 2 Monaten ebenfalls ein Schreiben mit dem konkreten Hinweis auf ihr Fehlverhalten, einer Missbilligung und Aufforderung zum pflichtgemäßen Verhalten durch Herrn Morro erhalten. In diesem Schreiben wurde ihr außerdem deutlich gemacht, dass sie im Wiederholungsfall mit einer Kündigung zu rechnen habe.

a) Erläutern Sie, ob in beiden Fällen das Kündigungsschutzgesetz (KSchG) zur Anwendung kommt. Nennen Sie die entsprechenden Rechtsnormen.

b) Erläutern Sie, ob die Kündigung von Herrn Freimann sozial gerechtfertigt ist.

c) Erläutern Sie, ob die Kündigung von Frau Kassini sozial gerechtfertigt ist.

d) Erläutern Sie, welche gesetzliche Kündigungsfrist Herr Morro bei Herrn Freimann beachten müsste, wenn dieser seit 12 Jahren im Unternehmen beschäftigt wäre.

e) Erläutern Sie, welche gesetzliche Kündigungsfrist Herr Morro beim neuen Mitarbeiter, Dr. Lama, beachten müsste, wenn dieser seit 5 Monaten in einer vereinbarten Probezeit von insgesamt 6 Monaten im Unternehmen beschäftigt wäre.

f) Erläutern Sie, welche gesetzliche Kündigungsfrist Herr Freimann beachten müsste, wenn er sein Arbeitsverhältnis selber kündigen wollte.

Aufgabe 4: Personenbedingte ordentliche Kündigung

Herr Müller betreibt das Veranstaltungsunternehmen Ereignishorizont. Das Unternehmen hat einen Betriebsrat mit 3 Mitgliedern. Herr Müller hat den folgenden Arbeitnehmern form- und fristgerecht gekündigt.

Der Mitarbeiter Wier war bisher in der Transportabteilung als Fahrer eingestellt. Herr Müller hat Herrn Wier gekündigt, weil diesem die Fahrerlaubnis endgültig entzogen wurde. Den Betriebsrat hat Herr Müller vor dieser Kündigung nicht angehört.

Der neuseeländischen Mitarbeiterin Frau Peters wurde gekündigt, weil ihre Aufenthaltserlaubnis für Deutschland abgelaufen ist. Herr Müller hat den Betriebsrat vor der Kündigung über die Art, den Grund, den Termin, die Frist der Kündigung und alle erforderlichen Arbeitnehmerdaten informiert und um eine Stellungnahme gebeten. Als der Betriebsrat sich innerhalb von 10 Tagen nicht geäußert hat, übergibt Herr Müller Frau Peters die Kündigung. Erst nach der Kündigung erhebt der Betriebsrat Widerspruch.

Frau Stark wurde gekündigt, weil sie seit einem Jahr im Unternehmen angestellt ist, aber bereits seit 10 Monaten wegen einer schweren Erkrankung nicht gearbeitet hat. Zum Zeitpunkt der Kündigung sprach alles dagegen, dass Frau Stark überhaupt wieder arbeitsfähig wird. Bisher wurden ihre Fehlzeiten durch Überstunden der anderen Mitarbeiter und durch den Einsatz eines Zeitarbeitnehmers (Arbeitnehmerüberlassung) ausgeglichen. Der Betriebsrat wurde vor der Kündigung von Herrn Müller ordnungsgemäß informiert und hat danach innerhalb von 3 Tagen der Kündigung schriftlich mit der Begründung widersprochen, dass eine Weiterbeschäftigung nach Umschulungsmaßnahmen möglich wäre.

a) Erklären Sie, um welche Art von Kündigung es sich bei den drei Arbeitnehmern handelt.

b) Erläutern Sie, ob die Kündigung von Herrn Wier wirksam ist.

c) Erläutern Sie, ob der Widerspruch des Betriebsrates bei Frau Peters für die Wirksamkeit der Kündigung von Bedeutung ist.

d) Erläutern Sie ausführlich, ob die Kündigung von Frau Stark wirksam ist.

e) Welche Folge hätte es, wenn Frau Stark fristgerecht eine Kündigungsschutzklage erheben würde?

Lösung s. Seite 226

Aufgabe 5: Betriebsbedingte ordentliche Kündigung

Die Besucherzahlen im Zoo Nostromo von Herrn Wailand sind stetig zurückgegangen. Da das Unternehmen wegen der fehlenden Umsätze in große finanzielle Schwierigkeiten geraten ist, möchte Herr Wailand einige Abteilungen personell verkleinern und daher einigen seiner 60 Arbeitnehmer kündigen.

Von den Tierpflegern soll z. B. Herr Delles entlassen werden. Er ist seit einem Jahr gewähltes Mitglied der Jugend- und Auszubildendenvertretung (JAV) des Zoos.

Aus der Buchhaltung soll Frau Ellen entlassen werden, da sie wegen ihrer Schwangerschaft dem Zoo bald nicht mehr zur Verfügung stehen wird.

Von den folgenden 4 gleichberechtigten Mitarbeitern aus der Marketingabteilung möchte Herr Wailand zwei Arbeitnehmer entlassen. Eine Versetzung in andere Bereiche des Zoos ist nicht möglich:

Herrn Bischoff (22 Jahre, 1 Jahr beschäftigt, ledig, keine Kinder) möchte Herr Wailand unbedingt weiterbeschäftigen, da sich Herr Bischoff zum Webdesigner weitergebildet hat und als Einziger die Internetseite des Zoos betreuen kann.

Frau Jutahni (25 Jahre, 2 Jahre beschäftigt, ledig, 1 Kind) möchte Herr Wailand unbedingt weiterbeschäftigen, da sie seine Nichte ist. In der Abteilung arbeiten dann noch Frau Lembert (38 Jahre, 15 Jahre beschäftigt, verheiratet, 3 Kinder) und Herr Kähn (40 Jahre, 5 Monate beschäftigt, verheiratet, 4 Kinder).

Die vier Mitarbeiter der Marketingabteilung wehren sich gegen die drohende Kündigung mit dem Hinweis, dass Herr Wailand – anstatt zu kündigen – besser das Konzept des Zoos ändern sollte. Außerdem seien andere finanzielle Einsparungen außerhalb des Personals besser geeignet.

a) Nennen und begründen Sie, welche Art von Kündigung in Frage kommt.

b) Erläutern Sie, ob Herr Wailand Herrn Delles grundsätzlich ordentlich kündigen darf. Nennen Sie die entscheidende Rechtsnorm.

c) Erläutern Sie, ob Herr Wailand Frau Ellen grundsätzlich ordentlich kündigen darf. Nennen Sie die entsprechende Rechtsnorm.

d) Erläutern Sie, ob Herr Wailand die Gegenargumente der Marketingabteilung bei seiner Kündigung beachten muss.

e) Erläutern Sie ausführlich, welchen beiden Mitarbeitern der Marketingabteilung Herr Wailand rechtlich wirksam kündigen darf. Gehen Sie dabei ausschließlich auf die soziale Rechtfertigung ein.

Lösung s. Seite 229

Aufgabe 6: Außerordentliche Kündigung

Die deutsche Fluggesellschaft Galactic transportiert Passagiere und Waren in die ganze Welt. Der Inhaber, Herr Adam, hat am Morgen des 01.06.2014 erfahren, dass eine seiner Mitarbeiterinnen, die Co-Pilotin Frau Trehs, nachweislich streng vertrauliche Unternehmensdaten mehrfach an den Konkurrenten Cylon weitergegeben hat. Frau Trehs erhofft sich dadurch eine zukünftige Einstellung als Pilotin bei der Fluggesellschaft Cylon.

Am 04.06.2014 hat Herr Adam ordnungsgemäß den Betriebsrat angehört, welcher einer fristlosen Kündigung von Frau Trehs am nächsten Tag zustimmt. Am 06.06.2014 übergibt Herr Adam Frau Trehs eine schriftliche fristlose Kündigung.

Frau Trehs erwidert sofort, dass sie eine solche Kündigung nicht hinnehmen werde. Herr Adam müsse die Kündigungsfrist einhalten, zudem habe er den Grund für die Kündigung nicht angegeben, den sie erfahren wolle. Außerdem sei sie noch nie vorher abgemahnt worden und noch vor 8 Monaten Betriebsratsmitglied gewesen. Am gleichen Tag reicht Herr Adam die Begründung für die fristlose Kündigung an Frau Trehs schriftlich nach.

a) Erläutern Sie ausführlich, ob die fristlose Kündigung von Frau Trehs wirksam ist.

b) Erläutern Sie, ob eine fristlose Kündigung auch noch am 22.06.2014 möglich gewesen wäre.

c) Erläutern Sie, was Frau Trehs zu beachten hat, wenn sie eine Klage gegen diese Kündigung vor dem Arbeitsgericht einreichen möchte.

Lösung s. Seite 233

1. BGB Allgemeiner Teil

Lösung zu Aufgabe 1: Bedeutung und Struktur des BGB

a) Die fristlose Kündigung hätte am Mittwoch erfolgen müssen, um rechtzeitig zu sein.

Eine Kündigung ist eine einseitige Willenserklärung. Willenserklärungen gegenüber Abwesenden werden in dem Zeitpunkt wirksam, in dem sie dem Abwesenden zugehen (§ 130 Abs. 1 BGB).

Der Zugang setzt zunächst voraus, dass die Willenserklärung in den Machtbereich des Empfängers gelangt. Der Briefkasten des Behring gehört zu seinem Machtbereich, weil er darauf direkt zugreifen kann.

Der Zugang erfordert außerdem, dass die Willenserklärung so in den Machtbereich gelangt, dass sie der Empfänger unter gewöhnlichen Lebensumständen zur Kenntnis nehmen kann. Ein normaler Lebensumstand ist, dass der Briefkasten einmal am Tag von seinem Nutzer geleert wird. Bei rechtzeitigem Einwurf der Post ist also gewöhnlich davon auszugehen, dass die Kenntnisnahme möglich ist.

Die Kündigung wurde bereits am Morgen eingeworfen, sodass erfahrungsgemäß die Kenntnisnahme der Kündigung im Laufe des Tages möglich war. Dabei ist nicht von Bedeutung, dass Behring die Kündigung nicht zur Kenntnis genommen hat, weil er seinen Schlüssel verloren hat. Dieser Vorgang ist nicht als normaler Umstand anzusehen.

Die Kündigung ist somit rechtzeitig zugegangen.

b) Die Kündigung per E-Mail ist formell nicht rechtswirksam, da die gesetzlich vorgeschriebene Form nicht beachtet wurde (§ 125 BGB). Für die Abgabe von Willenserklärungen gilt zwar allgemein grundsätzlich die Formfreiheit (Umkehrschluss aus § 125 BGB). Für die Kündigung eines Arbeitsverhältnisses verlangt das BGB aber speziell die Schriftform und schließt die elektronische Form ausdrücklich aus (§§ 623, 126 BGB).

 MERKE

Es geht zunächst um die Bedeutung des BGB als „Hauptgesetz" im Zivilrecht. Außerdem geht es um die sog. Klammerfunktion des BGB für das Zivilrecht und die Klammerfunktion des Allgemeinen Teils des BGB für den Besonderen Teil des BGB.

▸ Man muss wissen, dass die Rechtsnormen (Paragrafen) aus dem BGB grundsätzlich auch für alle anderen zivilrechtlichen Sonder- und Nebengesetze gelten (z. B. HGB). Wenn die anderen Gesetze allerdings speziellere Regelungen enthalten, dann sind diese auch anzuwenden und nicht die allgemeinen Regeln aus dem BGB (z. B. § 105 Abs. 3 HGB).

▸ In der Aufgabe a) scheint es zunächst nicht um allgemeine Rechtsregeln aus dem BGB zu gehen, sondern vielmehr um Fragen aus dem speziellen Arbeitsrecht, z. B. dem Arbeitsvertragsrecht oder dem Kündigungsschutz. Genau betrachtet, geht es aber lediglich um die Rechtsfrage nach dem Zugang von Willenserklärungen unter Abwesenden (nicht anwesenden Personen).

▶ Dieses Problem regelt aber keine spezielle arbeitsrechtliche Rechtsnorm, sondern ganz allgemein § 130 BGB. Dabei unterscheidet das BGB nicht, ob diese Willenserklärung eine Kündigung, ein Vertragsangebot oder eine Vertragsanfechtung ist.

▶ Andere Beispiele für diese sog. Klammerfunktion des BGB, bei der das BGB als das Allgemeine vor die Klammer mit den spezielleren Gesetzen gezogen wird:

- In den §§ 48 ff. HGB sind spezielle Regeln für die Prokura als besondere Form der Stellvertretung von Kaufleuten festgelegt. Das HGB regelt dagegen nicht ausdrücklich, dass der Kaufmann an den Vertrag gebunden ist, den der Prokurist im Namen des Kaufmanns abgeschlossen hat. Diese Folge einer wirksamen Stellvertretung findet sich aber in §§ 164 Abs. 1 Satz 1 BGB. Die allgemeinen Regelungen zur Stellvertretung (§§ 164 ff. BGB) gelten also auch für die spezielle Form der Prokura aus dem HGB.

- Nach der speziellen Regelung in § 377 HGB müssen Kaufleute die erkannten Mängel an einer Ware dem Verkäufer unverzüglich anzeigen, sonst gilt die Ware (mit dem Mangel) als genehmigt. Es findet sich aber im HGB keine Regelung darüber, wann eine Ware als mangelhaft gilt. Die Rechtsnormen dafür findet man im Schuldrecht des BGB, § 434 BGB.

▶ Das Problem bei § 130 BGB ist, dass der Zugang der Willenserklärung als Voraussetzung für deren Wirksamkeit genannt wird. Die konkreten Voraussetzungen für diesen Zugang nennt § 130 BGB allerdings nicht. Das muss man wissen (also lernen).

▶ In der Aufgabe b) geht es um die andere Klammerwirkung des BGB. Hier wird das 1. Buch des BGB, der sog. Allgemeine Teil, vor die Klammer der Bücher 2 bis 5 (Besonderer Teil) gezogen. Der Allgemeine Teil stellt allgemeine zivilrechtliche Regeln auf und gilt also für das Schuld-, Sachen-, Familien- und Erbrecht mit, solange dort keine spezielleren Regelungen greifen.

▶ Während der Allgemeine Teil (1. Buch) z. B. grundsätzlich von der Formfreiheit bei Willenserklärungen ausgeht, verlangt das Schuldrecht (2. Buch) für die Kündigung von Arbeitsverträgen eine schriftliche Form. Auch im Recht hat die spezielle Regelung immer Vorrang vor der allgemeinen Regelung.

▶ Andere Beispiele für diese sog. Klammerfunktion des Allgemeinen Teils des BGB:

- Im § 195 BGB (Allgemeiner Teil) ist die sog. regelmäßige – also allgemeine – Verjährungsfrist auf 3 Jahre festgelegt. Für die Verjährung von Mängelansprüchen gelten aber andere, speziellere Fristen aus den §§ 438 bzw. 635a BGB (Schuldrecht).

- Aus §§ 2, 106 BGB (Allgemeiner Teil) folgt, dass die volle Geschäftsfähigkeit erst ab Vollendung des 18. Lebensjahres beginnt. Dagegen regelt das spezielle Familienrecht in § 1303 Abs. 2 BGB, dass man unter bestimmten Voraussetzungen bereits mit Vollendung des 16. Lebensjahres wirksam eine Willenserklärung zum Eingehen einer Ehe abgeben kann.

- ► Man muss genau aufpassen, in welchem Gesetz (z. B. BGB oder HGB) bzw. in welchem Buch des BGB (Allgemeiner oder Besonderer Teil) die entscheidende Rechtsgrundlage zu finden ist.

- ► Enthalten die speziellen Rechtsnormen keine Rechtsgrundlage für die Lösung, sucht man einfach in den allgemeinen Regelungen weiter.

- ► Immer erst die Aufgaben lesen! Dann wird klar, dass es hier nicht um einen Fall aus dem speziellen Arbeitsrecht geht, sondern um allgemeine Rechtsfragen zur Willenserklärung. Außerdem erkennt man bereits, dass es sich um 2 verschiedene Themen (Zugang und Form von Willenserklärungen) handelt.

- ► Würde man den Sachverhalt zuerst lesen, könnte der falsche Eindruck entstehen, dass man sich mit dem schwierigen Thema der fristlosen Kündigung aus wichtigem Grund auseinandersetzen muss.

- ► Erläutern heißt: In der Aufgabe a) sollte man die Lösungsweg-Darstellung benutzen, da hier mehrere Voraussetzungen für den Zugang zu prüfen sind. Für die Aufgabe b) reicht die Ergebnis-Darstellung aus.

Lösung zu Aufgabe 2: Rechtsfähigkeit und Rechtssubjekte

a) Die Rechtsfähigkeit ist die Fähigkeit, Träger von Rechten und Pflichten sein zu können.

b) Die Rechtsordnung unterscheidet die Rechtssubjekte in natürliche Personen (lebende Menschen, § 1 BGB) und juristische Personen (Zusammenschlüsse von Personen oder Sachen zu einer Organisation, denen die Rechtsordnung die Rechtsfähigkeit verleiht, damit sie im Rechtsverkehr handeln können, §§ 21 ff. BGB).

c) Die Katze ist nicht rechtsfähig, da nur Menschen rechtsfähig sein können (§ 1 BGB). Die Nichte ist rechtsfähig, da die Rechtsfähigkeit eines Menschen mit der Vollendung der Geburt beginnt (§ 1 BGB).

Eine GmbH ist zwar als juristische Person des Privatrechts (Kapitalgesellschaft) grundsätzlich rechtsfähig. Durch die Löschung aus dem Handelsregister hat die Enterprise GmbH ihre Rechtsfähigkeit aber verloren.

Die Hansestadt Greifswald ist als juristische Person des öffentlichen Rechts (Gebietskörperschaft) rechtsfähig.

Der verstorbene Künstler ist durch seinen Tod nicht mehr rechtsfähig.

 **MERKE**

Hier geht es um die Rechtsfähigkeit und damit um die Problematik, welche Rechtssubjekte als Träger von Rechten und Pflichten anerkannt werden. Es geht um natürliche (§§ 1 ff. BGB) und juristische Personen (§§ 21 ff. BGB).

- Bei den juristischen Personen muss man erkennen, dass ein Verein, ein Unternehmen oder eine Stadt keine mit einem lebenden Menschen vergleichbare Person darstellen.

- Damit diese Zusammenschlüsse aber rechtlich handlungsfähig sind, stellt man sich im Recht vor, dass sie Personen wären und nennt sie juristische (rechtliche) Person. Damit kann z. B. eine Stadt als juristische Person Verträge abschließen, ohne dass alle Einwohner als natürliche Personen diese Verträge unterschreiben müssen.

 TIPP

- Immer erst die Aufgabe lesen! Dann wird klar, dass es hier nicht um eine schuldrechtliche Schenkung oder die Geschäftsfähigkeit der Beteiligten geht.

- Die Aufgabe enthält auch reine Wissensfragen (a, b). Hier sind die Begriffe nur kurz zu nennen.

- Den Sachverhalt muss man genau lesen, um keinen der 5 genannten Begünstigten zu übersehen.

- Ergebnisorientiert muss man davon ausgehen, dass es unter c) bei 5 Varianten auch 5 verschiedene Lösungen (zumindest in den Begründungen) gibt.

- Die Bedeutung der Sachverhaltsangaben (z. B. Registerlöschung der GmbH) muss in der Lösung unbedingt berücksichtigt werden.

- Erläutern heißt: Ergebnis nennen und begründen; die Ergebnis-Darstellung reicht hier aus.

- An den „eigenwilligen" Sachverhaltsangaben sollte man keine Zweifel haben (und schon gar nicht in der Lösung äußern), denn der Sachverhalt ist so hinzunehmen (und der Millionär ist eben sehr „eigenwillig").

Lösung zu Aufgabe 3: Rechtsobjekte und Sachen

a) Sachen sind körperliche Gegenstände (§ 90 BGB), die der Mensch beherrschen kann.

b) Sachen werden in bewegliche (Mobilien) und unbewegliche (Immobilien) Gegenstände aufgeteilt.

c) Bei allen 5 Kaufgegenständen handelt es sich zunächst um bewegliche Sachen.

Die Farben könnten aber durch das Auftragen zu einem wesentlichen Bestandteil des Gemäldes von Frau Albrecht und damit zu ihrem Eigentum geworden sein.

Als wesentliche Bestandteile einer Sache bezeichnet man alle Bestandteile der Sache, die nicht voneinander getrennt werden können, ohne dass der eine oder andere Bestandteil zerstört oder wesentlich verändert wird (§ 93 BGB). Da die Farbe nicht von dem Gemälde getrennt werden kann, ohne das Bild zu zerstören, ist die Farbe ein wesentlicher Bestandteil des Gemäldes geworden und gehört damit rechtlich Frau Albrecht als Eigentümerin des Gemäldes.

Bei der Autobatterie stellt sich gleichfalls die Frage, ob sie ein wesentlicher Bestandteil des Autos geworden ist. Da es sich bei der Batterie um einen Teil des Autos handelt, der leicht auswechselbar ist, ohne das Auto zu zerstören oder in seinem Wesen zu verändern, ist es kein wesentlicher Bestandteil. Die Batterie bleibt ein einfacher Bestandteil und damit eine eigenständige Sache, die sich weiterhin im Eigentum des Autohändlers befindet.

Fraglich ist, ob der Fisch eine Sache ist, an dem man Eigentum erlangen kann. Grundsätzlich sind Tiere keine Sachen, sondern Lebewesen, die gesetzlich besonders geschützt sind (§ 90a Satz 1 und 2 BGB). Da es aber im Eigentumsrecht keine besondere Bestimmung zu Tieren gibt, werden sie rechtlich wie bewegliche Sachen behandelt. Somit steht der Koi noch im Eigentum des Centers Regenbogen.

Das Fenster könnte durch den Einbau zum wesentlichen Bestandteil des Hauses und damit Eigentum von Frau Albrecht geworden sein. Wesentliche Bestandteile eines Gebäudes sind die zur Herstellung des Gebäudes eingefügten Sachen (§ 94 Abs. 2 BGB), solange sie nicht nur einem vorübergehenden Zweck dienen (§ 95 Abs. 2 BGB). Das Atelier-Fenster wurde in das Haus fest eingebaut ist damit ein wesentlicher Bestandteil von Frau Albrechts Hauseigentum geworden.

Die Bäume sind auch keine eigenständigen beweglichen Sachen mehr, sondern stehen im Eigentum von Frau Albrecht. Sie sind durch das Einpflanzen wesentlicher Bestandteil des Grundstücks geworden (§ 94 Abs. 1 Satz 2 BGB).

Im Ergebnis können nur die Batterie und der Koi als eigenständige Sache herausverlangt werden.

 **MERKE**

Hier geht es um Rechtsobjekte (Sachen), über die Rechtssubjekte ihre Rechtsmacht ausüben können.

- Die §§ 90 ff. BGB regeln als sog. kleines Sachenrecht wesentliche Begriffe für das Sachenrecht (3. Buch BGB) bereits im BGB (Allgemeiner Teil).

 **TIPP**

- Immer erst die Aufgaben lesen! Dann wird klar, dass es hier nur um den Rechtsbegriff der Sache geht, nicht um den erwähnten Eigentumsvorbehalt (§ 449 BGB) oder den Herausgabeanspruch (§ 985 BGB).

- Die Aufgabe ist ein weiteres Beispiel für die Mischung zwischen reinen Wissensfragen (a und b) und situationsbezogenen Aufgaben (c).

- Es ist hier nicht darauf einzugehen, ob der Kaufpreis oder Schadensersatz gezahlt werden muss, weil danach nicht gefragt wird.

- Der Sachverhalt muss genau gelesen werden, um keinen der 5 genannten Kaufgegenstände zu übersehen.

- Ergebnisorientiert ist davon ausgehen, dass es unter c) bei 5 Varianten auch 5 verschiedene Lösungen gibt, die dann auch deutlich getrennt dargestellt werden müssen.

- Erläutern heißt: Mischung zwischen Lösungsweg- und Ergebnis-Darstellung.

- Um Wiederholungen zu vermeiden, sollte man die Ergebnis-Darstellung nutzen, wenn die Voraussetzungen einmal genannt wurden.

Lösung zu Aufgabe 4: Geschäftsunfähigkeit

a) Ein wirksamer Kaufvertrag setzt zwei übereinstimmende Willenserklärungen (Angebot und Annahme) voraus. Fraglich ist, ob Emma geschäftsfähig ist, um überhaupt eine wirksame Willenserklärung abgeben zu können, da sie erst 5 Jahre alt ist.

Emma hat das 7. Lebensjahr noch nicht vollendet und gilt somit als geschäftsunfähig (§ 104 Nr. 1 BGB). Ihre Willenserklärung ist folglich nichtig (§ 105 Abs. 1 BGB). Daran ändert auch die Tatsache nichts, dass Emma mit ihrem Taschengeld bezahlt hat. Der sog. Taschengeldparagraf (§ 110 BGB) findet keine Anwendung, da diese Regelung nur für Minderjährige ab Vollendung des 7. Lebensjahres gilt (§ 106 BGB).

Der Kaufvertrag ist somit nicht wirksam zu Stande gekommen.

b) Emil hat das 7. Lebensjahr ebenfalls noch nicht vollendet. Er gilt somit auch als geschäftsunfähig (§ 104 Nr. 1 BGB) und seine Willenserklärung ist nichtig (§ 105

Abs. 1 BGB), sodass zwischen Emil und dem Bäcker kein Kaufvertrag zu Stande gekommen ist.

Allerdings hat Emil hier gar keine eigene Willenserklärung abgegeben, sondern vielmehr den Willen seiner Mutter, also eine fremde Willenserklärung weitergegeben. Die zur Übermittlung einer eigenen Willenserklärung verwendete Person (wie in § 120 BGB) bezeichnet man als Bote. Als Bote hat Emil lediglich die Willenserklärung seiner Mutter dem Bäcker überbracht.

Der Kaufvertrag ist somit zwischen dem Bäcker und der Mutter Uta wirksam zu Stande gekommen.

c) Reinhold scheint zwar voll geschäftsfähig zu sein, weil er das 18. Lebensjahr vollendet hat (§§ 2, 104, 106 BGB), da er aber unter einer dauerhaften krankhaften Störung der Geistestätigkeit leidet, gilt er grundsätzlich als geschäftsunfähig (§ 104 Nr. 2 BGB) und seine Willenserklärung wäre nichtig (§ 105 Abs. 1 BGB).

Eine Ausnahme davon gilt für Geschäfte des täglichen Lebens, die ein Volljähriger mit geringwertigen Mitteln bewirken kann (§ 105a BGB). Der volljährige Reinhold hat ein Brötchen gekauft und einen Cent-Betrag bezahlt.

Der Kaufvertrag ist somit wirksam zu Stande gekommen.

d) Auch Axel scheint voll geschäftsfähig zu sein, weil er das 18. Lebensjahr vollendet hat (§§ 2, 104, 106 BGB). Da er seine Willenserklärung aber in einem Zustand der vorübergehenden Störung der Geistestätigkeit abgegeben hat, ist seine Willenserklärung nichtig (§ 105 Abs. 2 BGB).

Eine Ausnahme greift hier nicht, weil es sich nicht um ein Geschäft des täglichen Lebens mit Bewirkung durch geringwertige Mittel handelt (§ 105a BGB), denn Axel hat umfangreiche Waren zu einem hohen Preis gekauft.

Der Kaufvertrag ist somit nicht wirksam zu Stande gekommen.

e) Auch ein Schenkungsvertrag setzt zwei übereinstimmende Willenserklärungen voraus (Schenkungsangebot und Annahme).

Lotte hat aber das 7. Lebensjahr noch nicht vollendet, gilt somit auch als geschäftsunfähig (§ 104 Nr. 1 BGB) und ihre Willenserklärung ist nichtig (§ 105 Abs. 1 BGB). Daran ändert auch die Tatsache nichts, dass diese Schenkung – anders als ein Kaufvertrag – keine rechtliche Pflicht für Lotte zur Folge hat. Die Ausnahmeregelung, welche Willenserklärungen dann wirksam macht, wenn der Erklärende dadurch einen rechtlichen Vorteil erlangt (§ 107 BGB), gilt nur für Minderjährige ab Vollendung des 7. Lebensjahres (§ 106 BGB).

Der Schenkungsvertrag ist somit nicht wirksam zu Stande gekommen.

 MERKE

In der Aufgabe geht es um die Geschäftsunfähigkeit (§ 104 BGB) und die Wirksamkeit von Willenserklärungen Geschäftsunfähiger (§§ 105, 105a BGB).

► Es gilt der Grundsatz, dass die Willenserklärungen geschäftsunfähiger Personen nichtig (also unwirksam) sind. Die Ausnahmeregelungen in den §§ 107 ff.

BGB gelten nicht für Geschäftsunfähige, sondern für Minderjährige zwischen vollendetem 7. Lebensjahr und bis zur Vollendung des 18. Lebensjahres.

▸ Man muss wissen, dass Kinder unter 7 Jahren zwar keine eigenen Willenserklärungen wirksam abgeben können, aber als Boten (im Prinzip wie ein „lebendes Telefon") fremde Willenserklärungen weitergeben können: „Ist das Kind auch noch so klein, kann es trotzdem Bote sein."

▸ Ob der Vertragspartner die Geschäftsunfähigkeit einer Person erkannt hat, ist unerheblich, da nicht der gute Glaube des Vertragspartners an die Geschäftsfähigkeit geschützt wird, sondern der Schutz des Geschäftsunfähigen bezweckt wird.

 TIPP

▸ Bei Aufgaben mit Altersangaben sollte man sofort auf die Probleme der Geschäftsfähigkeit aufmerksam werden. Dagegen sollte man bei fehlenden Altersangaben immer von der vollen Geschäftsfähigkeit einer Person ausgehen.

▸ Obwohl nach der Wirksamkeit der Kaufverträge gefragt wird, geht es in der Hauptsache um die Geschäftsfähigkeit. Die Grundvoraussetzungen eines wirksamen Vertrages müssen in den Einzelaufgaben nur einmal genannt werden, da sie immer gleich sind.

▸ Die Aufgabe genau lesen! Dann wird unter b) klar, dass ein Kaufvertrag zu Stande gekommen sein muss, da hier nicht gefragt wird, „ob" sondern „zwischen wem" ein Kaufvertrag entstanden ist.

▸ Im Sachverhalt stecken einige Hürden, die aber nicht als Fallen gedacht sind. Vielmehr wird hier erfragt, ob man die Systematik des Geschäftsfähigkeitsrechts verstanden hat. Daher sollte man ganz konsequent bleiben und die einmal festgestellte Geschäftsunfähigkeit nicht durch die Ausnahmetatbestände für Minderjährige aufheben. Man muss es aber in der Lösung erwähnen: Zum einen werden dadurch die Sachverhaltsangaben verarbeitet (Taschengeld, Schenkung), zum anderen muss man zeigen, dass man die Bedeutung der Hürde erkannt hat und lösen konnte.

▸ Wenn man eine passende Rechtsnorm zur Lösung der Aufgabe gefunden hat, sollte man immer den Mut haben (und sich die Zeit nehmen) auch die folgenden Absätze und Rechtsnormen zumindest „anzulesen" (z. B. die Überschrift der Rechtsnorm), sonst findet man die wichtige Spezialregelung des § 105a BGB möglicherweise nicht.

Lösung zu Aufgabe 5: Beschränkte Geschäftsfähigkeit, Genehmigung

a) Ein wirksamer Kaufvertrag setzt zwei übereinstimmende Willenserklärungen (Angebot und Annahme) voraus.

Fraglich ist, ob Tristan geschäftsfähig ist und überhaupt eine wirksame Willenserklärung abgeben konnte, da er erst 15 Jahre alt ist. Tristan hat das 7. Lebensjahr, aber noch nicht das 18. Lebensjahr vollendet und gilt somit als beschränkt geschäftsfähiger Minderjähriger (§§ 2, 106 BGB).

Der Kaufvertrag könnte trotz der Minderjährigkeit wirksam sein.

Eine Einwilligung der gesetzlichen Vertreter, d. h. die Zustimmung der Eltern vor Abgabe der Willenserklärung zum Vertragsschluss liegt nicht vor (§ 107 BGB).

Die Eltern könnten aber mit ihrer nachträglichen Genehmigung vom 22.06.2014 den Kaufvertrag wirksam gemacht haben (§ 108 Abs. 1 BGB). Sie haben aber die 14-Tages-Frist seit der Aufforderung durch Musikus am 01.06.2014 überschritten und die Genehmigung allein dadurch verweigert (§ 108 Abs. 2 BGB).

Sollte ein rechtlicher Vorteil für den Minderjährigen bestehen, bedarf es nicht einer Einwilligung der Eltern (§ 107 BGB). Wenn sich ein Minderjähriger in einem gegenseitigen Vertrag rechtlich verpflichtet, erlangt er aber nicht lediglich einen rechtlichen Vorteil. Tristan ist aus dem Kaufvertrag vielmehr rechtlich verpflichtet, den Kaufpreis an Musikus zu zahlen (§ 433 Abs. 2 BGB). Diese Rechtspflicht ist für ihn nicht von Vorteil.

Der Kaufvertrag ist somit nicht wirksam zu Stande gekommen.

b) Auch für die beschränkt geschäftsfähige Isolde stellt der Kaufvertrag wegen der Kaufpreiszahlungspflicht keinen rechtlichen Vorteil dar und eine vorherige Einwilligung der Eltern lag tatsächlich nicht vor (§ 107 BGB).

Die Eltern könnten aber mit ihrer nachträglichen Genehmigung vom 10.06.2014 den Kaufvertrag wirksam gemacht haben (§ 108 Abs. 1 BGB). Allerdings ist Musikus bis zur Genehmigung zum Widerruf des Vertrages berechtigt (§ 109 Abs. 1 Satz 1 BGB) und darf diesen Widerruf auch direkt gegenüber Isolde erklären (§ 109 Abs. 1 Satz 2 BGB). Daran ändert auch die Tatsache nichts, dass Musikus die Minderjährigkeit kannte, da Isolde wahrheitswidrig behauptet hatte, dass ihre Eltern in den Kauf eingewilligt hätten (§ 109 Abs. 2 BGB). Musikus hat somit rechtzeitig widerrufen und war auch dazu berechtigt.

Der Kaufvertrag ist somit nicht wirksam zu Stande gekommen.

 MERKE

In der Aufgabe geht es um die Zustimmung der gesetzlichen Vertreter (Einwilligung nach § 107 BGB oder Genehmigung nach § 108 BGB) zur Willenserklärung eines beschränkt geschäftsfähigen Minderjährigen. Das ist nur ein Aspekt des umfangreichen Gebietes der beschränkten Geschäftsfähigkeit (§§ 106 ff. BGB).

- ▶ Es gilt der Grundsatz, dass die Willenserklärungen beschränkt geschäftsfähiger Minderjähriger nicht ohne Weiteres rechtswirksam, aber auch nicht immer automatisch nichtig sind.

- ▶ Die Wirksamkeit hängt also zunächst von der Zustimmung der gesetzlichen Vertreter (Eltern oder Vormund) ab, die vor Abgabe der Willenserklärung (Einwilligung §§ 107, 183 BGB) oder danach (Genehmigung §§ 108, 184 BGB) erfolgen kann. Solange die Genehmigung nicht erfolgt, ist der Vertrag schwebend unwirksam.

- ▶ Unter bestimmten Voraussetzungen kann der andere geschäftsfähige Vertragspartner seine Willenserklärung widerrufen (§ 109 BGB).

- ▶ Das Vorliegen eines rechtlichen Vorteils gemäß § 107 BGB ist eine von mehreren Ausnahmen, nach der beschränkt geschäftsfähige Minderjährige auch ohne die Zustimmung der gesetzlichen Vertreter wirksam Willenserklärungen abgeben und somit Rechtsgeschäfte abschließen können.

 TIPP

- ▶ Man sollte beim Lernen immer versuchen, sich die im Gesetz verwendeten Begriffe einzuprägen. Man kann 15-jährige zwar auch als „vermindert", „bedingt" oder „eingeschränkt" geschäftsfähig bezeichnen. Merkt man sich jedoch den gesetzlichen Begriff der „beschränkten" Geschäftsfähigkeit, findet man die entsprechenden Rechtsnormen problemlos im BGB (z. B. im Sachverzeichnis des BGB).

- ▶ Man sollte nicht nur die Altersangaben, sondern auch die zeitlichen Daten unbedingt beachten, da sie für die Lösung von entscheidender Bedeutung sind.

- ▶ Obwohl nach der Wirksamkeit der Verträge gefragt wird, geht es in der Hauptsache um die beschränkte Geschäftsfähigkeit.

- ▶ Wenn man eine passende Rechtsnorm zur Lösung der Aufgabe gefunden hat, sollte man sich auch hier die Zeit nehmen, um die folgenden Absätze zumindest „anzulesen", sonst findet man die für die Lösung entscheidenden 2. Absätze von § 108 und § 109 BGB vielleicht nicht.

- ▶ Die grundlegenden Voraussetzungen für einen Vertragsschluss und die Feststellung der beschränkten Geschäftsfähigkeit müssen in der Lösung nur einmal umfassend geschildert werden.

- ▶ Das rechtliche Kernproblem ist zwar die Genehmigung nach § 108 BGB bzw. der Widerruf nach § 109 BGB. Trotzdem müssen auch die Einwilligung und der rechtliche Vorteil (§ 107 BGB) in der Lösung angesprochen werden. Die Voraussetzungen sind zwar – genau wie bei der Genehmigung – im Ergebnis nicht gegeben, man muss aber zeigen, dass man diese Rechtsnormen erkannt und richtig geprüft hat.

Lösung zu Aufgabe 6: Beschränkte Geschäftsfähigkeit, rechtlicher Vorteil

a) Ein wirksamer Schenkungsvertrag setzt zwei übereinstimmende Willenserklärungen (Schenkungsversprechen und Annahme) voraus (§ 516 BGB).

Fraglich ist, ob Steffi geschäftsfähig ist und überhaupt eine wirksame Willenserklärung zur Annahme der Schenkungen abgeben könnte, da sie erst 14 Jahre alt ist. Steffi hat das 7. Lebensjahr, aber noch nicht das 18. Lebensjahr vollendet und gilt somit als beschränkt geschäftsfähige Minderjährige (§§ 2, 106 BGB). Der Schenkungsvertrag könnte trotz der Minderjährigkeit und der mangelnden Zustimmung der Eltern (§§ 107 BGB) wirksam sein.

Dafür müsste Steffi durch die Schenkung einen rechtlichen Vorteil erlangen, da es dann der Einwilligung der Eltern gar nicht bedarf (§ 107 BGB). Ein rechtlicher Vorteil ist immer dann gegeben, wenn aus dem Rechtsgeschäft für den Minderjährigen keine rechtlichen Verpflichtungen zu einer Gegenleistung, also keine rechtlichen Nachteile entstehen. Bei gegenseitigen Verträgen (Leistung und Gegenleistung) werden stets beide Vertragsparteien rechtlich verpflichtet. Eine Schenkung ist zwar auch ein Vertrag, aber ohne Gegenleistungspflicht für den Beschenkten.

Eine Rechtspflicht kann aber auch aus einseitig verpflichtenden Verträgen entstehen. Zu beachten sind aber nur unmittelbare rechtliche Folgen aus dem Vertrag. Dagegen werden mittelbare rechtliche Wirkungen und wirtschaftliche Folgen nicht als rechtliche Nachteile berücksichtigt.

Die Futterbeschaffung für den Hund ist zwar ein wirtschaftlicher, aber kein rechtlicher Nachteil. Die Hundesteuerpflicht und die Tierhalterhaftpflicht sind nur mittelbare rechtliche Folgen, die Steffi gesetzlich treffen, und damit auch kein rechtlicher Nachteil. Eine unmittelbare rechtliche Folge ist allerdings die rechtliche Verpflichtung zum Tierschutz (Ausnahmeregel des § 11c Tierschutzgesetz, wonach Wirbeltiere nur mit Erlaubnis der Eltern an Minderjährige unter 16 Jahren abgegeben werden dürfen).

Die Schenkung des Hundes wäre daher ohne die Zustimmung der Eltern nicht wirksam.

b) Die Wirksamkeit der Annahmeerklärung setzt auch hier voraus, dass Steffi einen rechtlichen Vorteil erlangen würde, da die Einwilligung der Eltern dann nicht notwendig ist (§ 107 BGB).

Da eine Grundschuld nicht direkt Steffi als Eigentümerin verpflichtet, sondern an das Grundstück gebunden ist, ist die Schenkung rechtlich vorteilhaft. Die Grundsteuer ist – wie alle öffentlich-rechtlichen Lasten – nur ein mittelbarer Nachteil.

Die Schenkung des Grundstücks wäre daher auch ohne Zustimmung der Eltern wirksam.

c) Auch hier ist fraglich, ob Steffi keine rechtliche Verpflichtung und damit keine rechtlichen Nachteile aus der Schenkung des Hauses entstehen.

Durch die Schenkung des vermieteten Hauses wird Steffi zur Vermieterin. Sie tritt als Vertragspartner in die laufenden Mietverträge ein und übernimmt damit alle rechtlichen Pflichten (§ 566 BGB). Diese unmittelbare Folge ist rechtlich nicht vorteilhaft.

Die Schenkung wäre daher ohne die Zustimmung der Eltern nicht wirksam.

 MERKE

In der Aufgabe geht es um den rechtlichen Vorteil eines Rechtsgeschäftes nach § 107 BGB. Der rechtliche Vorteil ist eine von mehreren Ausnahmen, die es beschränkt geschäftsfähigen Minderjährigen ermöglichen, auch ohne Zustimmung der Eltern wirksam Willenserklärungen abgeben zu können.

▶ Man darf den rechtlichen Vorteil nie mit einem wirtschaftlichen Vorteil gleichsetzen. Ein sehr günstiger Kauf- oder Mietpreis mag finanziell vorteilhaft sein, trotzdem besteht die nachteilige Rechtspflicht zur Zahlung.

▶ Bei gegenseitigen verpflichtenden Verträgen (z. B. Kaufvertrag, Mietvertrag, Dienstvertrag, Darlehensvertrag) kann die Ausnahme des rechtlichen Vorteils daher nie greifen.

▶ Die Normen aus dem Tierschutzgesetz muss man nicht kennen, aber die Bedeutung des Tierschutzes für Geschenke schon.

 TIPP

▶ Der Bearbeitungshinweis am Ende der Aufgabe ist unbedingt zu beachten. Die formellen Voraussetzungen einer Schenkung nach § 518 BGB spielen für die Lösung keine Rolle.

▶ Obwohl nach der Wirksamkeit der Schenkungsverträge gefragt wird, geht es in der Hauptsache um den rechtlichen Vorteil für beschränkt Geschäftsfähige.

▶ Der Sachverhalt enthält Informationen (Äußerungen der Eltern zu den einzelnen Geschenken), die auf das Hauptproblem hinweisen und in der Lösung berücksichtigt werden müssen.

Lösung zu Aufgabe 7: Beschränkte Geschäftsfähigkeit, Taschengeldparagraf

a) Ein wirksamer Kaufvertrag setzt zwei übereinstimmende Willenserklärungen (Angebot und Annahme) voraus. Fraglich ist, ob Vincent geschäftsfähig ist und überhaupt eine wirksame Willenserklärung abgeben konnte, da er erst 17 Jahre alt ist.

Vincent hat das 7. Lebensjahr, aber noch nicht das 18. Lebensjahr vollendet und gilt somit als beschränkt geschäftsfähiger Minderjähriger (§§ 2, 106 BGB).

Der Kaufvertrag könnte trotz der Minderjährigkeit wirksam sein. Es liegt weder eine Einwilligung (§ 107 BGB) noch eine nachträgliche Genehmigung (§ 108 BGB) der gesetzlichen Vertreter vor, da Vincents Eltern nicht zugestimmt haben.

Da Vincent aus dem Kaufvertrag rechtlich verpflichtet ist, den Kaufpreis an den Verkäufer zu zahlen (§ 433 Abs. 2 BGB), erlangt er keinen rechtlichen Vorteil (§ 107 BGB).

Der sog. Taschengeldparagraf (§ 110 BGB) enthält allerdings eine Ausnahmeregel, nach der beschränkt Geschäftsfähige auch ohne Zustimmung der Eltern wirksam Willenserklärungen abgeben und damit Rechtsgeschäfte abschließen können. Der Taschengeldparagraf setzt voraus, dass der Minderjährige die vertraglich geschuldete Leistung endgültig mit Mitteln bewirkt, die ihm von seinen gesetzlichen Vertretern oder mit deren Zustimmung von Dritten für einen bestimmten Zweck oder zur freien Verfügung überlassen wurden.

Damit aus den 50 € der Oma ein verfügbarer Betrag nach dem Taschengeldparagraf wird, müssen die gesetzlichen Vertreter ihre Zustimmung geben. Von dem Geld wussten die Eltern allerdings nichts.

Der Kaufvertrag bezüglich des PC-Spiels ist somit nicht wirksam.

b) Die Zahlung mit Taschengeld kann dann zur Wirksamkeit eines Rechtsgeschäftes führen, wenn es zu diesem Zweck bestimmt war. Für den Kauf von Comic-Heften war das Taschengeld aber ausdrücklich nicht bestimmt.

Der Kaufvertrag bezüglich des Comic-Heftes ist somit nicht wirksam.

c) Da Vincent die Musik-CD mit Taschengeld bezahlt hat, welches ihm von seinen Eltern zur freien Verfügung übergeben wurde, ist der Kaufvertrag wirksam. Daran ändert auch die Tatsache nichts, dass den Eltern der Kaufgegenstand nicht gefällt. Sie können einen durch die Bezahlung bereits wirksamen Vertrag – auch nicht mit der Berufung auf ihre Stellung als Eltern – nachträglich unwirksam machen.

Der Kaufvertrag bezüglich der Musik-CD ist somit wirksam.

d) Der Taschengeldparagraf verlangt, dass die Leistung „bewirkt" wird, d. h. die gesamte Summe tatsächlich bezahlt wird. Vincent hat aber den Kaufpreis noch nicht komplett bezahlt. Obwohl sich die einzelnen Raten im Rahmen des monatlichen Taschengeldes von Vincent bewegen, ist der Ratenkaufvertrag somit unwirksam.

Der Kaufvertrag bezüglich des Flachbildschirms ist somit nicht wirksam.

 **MERKE**

In der Aufgabe geht es um die Wirksamkeit von Rechtsgeschäften beschränkt Geschäftsfähiger durch die Bezahlung mit Taschengeld (§ 110 BGB). Der Taschengeldparagraf stellt eine weitere Ausnahme dar, die es beschränkt geschäftsfähigen Minderjährigen ermöglicht, auch ohne Zustimmung der Eltern wirksam Willenserklärungen abgeben zu können.

- Man sollte beim Lernen beachten und sich nicht davon verunsichern lassen, dass die Begriffe „Taschengeld" oder „Taschengeldparagraf" im BGB tatsächlich nicht genannt werden, sondern in § 110 BGB vom „Bewirken der Leistung mit eigenen Mitteln" gesprochen wird.

- Beim Taschengeldparagraf geben die Eltern sozusagen schon vorher ihre Einwilligung zum Abschluss von Rechtsgeschäften, die mit dem überlassenen Taschengeld bezahlt werden sollen.

- Man muss die beiden Ausnahmeregeln „rechtlicher Vorteil" (§ 107 BGB) und „Taschengeld" (§ 110 BGB) ganz klar trennen. Die leider häufige Lösung, dass ein Kaufvertrag durch Taschengeldzahlung „zunächst wirksam" sei, die Kaufpreiszahlungspflicht aber keinen rechtlichen Vorteil darstelle und daher der Kaufvertrag „doch insgesamt unwirksam" sei, ist nicht richtig. Wenn dieses Ergebnis stimmen würde, ergebe der § 110 BGB keinen Sinn, weil eine Zahlung mit Taschengeld immer aus einer rechtlich nachteiligen Zahlungspflicht heraus erfolgt.

 TIPP

- Die Aufgaben zum Taschengeldparagrafen zeigen, wie einfach die Lösung einer Aufgabe unter Anwendung der Rechtsgrundlage sein kann. Man prüft einfach anhand der Rechtsgrundlage § 110 BGB durch, ob die angegebenen Voraussetzungen im konkreten Sachverhalt vorliegen.

- Die Sachverhaltsangaben muss man genau beachten. Ein einziges Wort (hier: „heimlich") gibt der Lösung eine ganz andere Richtung (heimlich = kein Taschengeld).

- Ergebnisorientiert ist davon auszugehen, dass es bei den 4 verschiedenen Kaufverträgen um 4 verschiedene Aspekte des Taschengeldparagrafen gehen muss.

Lösung zu Aufgabe 8: Beschränkte Geschäftsfähigkeit, Dienst- und Arbeitsverhältnisse

a) Ein wirksamer Dienstvertrag (§ 611 BGB) setzt zwei übereinstimmende Willenserklärungen (Antrag und Annahme) voraus. Fraglich ist, ob Helen geschäftsfähig ist und überhaupt eine wirksame Willenserklärung abgeben konnte, da sie erst 17 Jahre alt ist. Helen hat das 7. Lebensjahr, aber noch nicht das 18. Lebensjahr vollendet und gilt somit als beschränkt geschäftsfähige Minderjährige (§§ 2, 106 BGB).

Der Dienstvertrag könnte trotz der Minderjährigkeit wirksam sein.

Es liegt weder eine Einwilligung (§ 107 BGB) noch eine nachträgliche Genehmigung (§ 108 BGB) der gesetzlichen Vertreter vor, da ihre Eltern nicht zugestimmt haben.

Da Helen aus dem Dienstvertrag rechtlich verpflichtet ist, die Vergütung an die Sprachschule zu zahlen (§ 611 Abs. 1 BGB), erlangt sie keinen rechtlichen Vorteil (§ 107 BGB).

Der Taschengeldparagraf verlangt, dass die Leistung tatsächlich bezahlt werden muss. Also ist ein Vertrag mit Raten durch die Zahlung von Taschengeld nicht wirksam (§ 110 BGB). Es ist daher unerheblich, wovon Helen die Sprachschule bezahlt.

Eine weitere Ausnahmeregel, nach der beschränkt Geschäftsfähige auch ohne Zustimmung der Eltern wirksam Willenserklärungen abgeben können, gilt für Rechtsgeschäfte, die im Rahmen eines genehmigten Dienst- oder Arbeitsverhältnisses abgegeben werden. Die Ermächtigung der gesetzlichen Vertreter zum Abschluss eines Dienst- oder Arbeitsverhältnisses hat zur Folge, dass der Minderjährige auch für alle weiteren Rechtsgeschäfte in diesem Rechtskreis voll geschäftsfähig ist (§ 113 Abs. 1 BGB). Die für die Arbeit notwendigen Englischkenntnisse und damit auch der Dienstvertrag mit der Sprachschule gehören zum Rechtskreis von Helens Arbeitsverhältnis.

Helen kann den Dienstvertrag somit auch ohne elterliche Zustimmung wirksam abschließen.

b) Die Zustimmung der Eltern zum Arbeitsvertrag umfasst auch die Ermächtigung für alle Rechtsgeschäfte zur Aufhebung des Arbeitsverhältnisses (§ 113 Abs. 1 Satz 1 BGB). Somit konnte Helen auch ohne Zustimmung ihrer Eltern das Arbeitsverhältnis (durch ein einseitiges Rechtsgeschäft) kündigen.

c) Das gilt allerdings nicht für ihre Freundin Stella. Die Ausnahmeregel (§ 113 BGB) gilt nicht für Ausbildungsverhältnisse. Da hier die Ausbildung im Mittelpunkt steht, handelt es sich nicht um ein Dienst- oder Arbeitsverhältnis. Stellas Kündigung ist somit ohne die Zustimmung ihrer Eltern unwirksam.

d) Die volle Geschäftsfähigkeit von Helen nach § 113 BGB erstreckt sich auch auf den Abschluss des neuen Arbeitsvertrages. Eine einmal erteilte Ermächtigung der Eltern gilt im Zweifel als allgemeine Ermächtigung für den Abschluss eines Arbeitsverhältnisses derselben Art (§ 113 Abs. 4 BGB). Die beiden Arbeitsverträge sind Rechtsverhältnisse derselben Art, da es rechtlich keinen Unterschied macht, in welcher Agentur Helen als Model arbeitet.

e) Voraussetzung für die unbeschränkte Geschäftsfähigkeit beim selbstständigen Betreiben eines Erwerbsgeschäftes ist zunächst die Zustimmung der Eltern. Darüber hinaus muss eine Genehmigung des Familiengerichts vorliegen (§ 112 BGB).

 MERKE

In der Aufgabe geht es um die Wirksamkeit von Rechtsgeschäften beschränkt Geschäftsfähiger im Rahmen eines genehmigten Dienst- oder Arbeitsverhältnisses (§ 113 BGB) bzw. im Rahmen einer Selbstständigkeit (§ 112 BGB). Diese Regelungen stellen weitere Ausnahmen dar, die es beschränkt geschäftsfähigen Minderjährigen ermöglichen, auch ohne Zustimmung der Eltern wirksam Willenserklärungen abgeben zu können.

► Man sollte die Unterschiede zwischen § 113 BGB und § 112 BGB kennen (Anwendungsbereiche und Voraussetzungen).

► Man sollte sich unbedingt merken, dass § 113 BGB nicht für Ausbildungsverträge gilt. Anhand des Wortlautes und der Überschrift des Paragrafen ist das aber durchaus erkennbar.

TIPP

► Innerhalb der entscheidenden Rechtsnorm sollte man unbedingt weiterlesen, sonst findet man Abs. 4 des § 113 BGB für die Lösung d) nicht.

► Aus den Informationen des Sachverhalts ist leicht erkennbar, dass die entscheidende Rechtsgrundlage für die Lösungen a) bis d) tatsächlich der § 113 BGB und nicht die ähnliche Norm des § 112 BGB sein kann, da nur die Zustimmung der Eltern, nicht aber das Familiengericht erwähnt wird.

► Die Sachverhaltsangaben sind genau zu beachten. Die Information „Auszubildende" gibt der Lösung c) eine ganz andere Richtung.

► Ergebnisorientiert ist davon auszugehen, dass es bei den Kündigungen unter b) und c) verschiedene Lösungsansätze geben muss.

Lösung zu Aufgabe 9: Äußerer und innerer Tatbestand

a) Ein wirksamer Kaufvertrag setzt zwei übereinstimmende Willenserklärungen (Angebot und Annahme) voraus.

Das Schreiben des Scharlatan ist eine inhaltlich eindeutig bestimmte, auf den Abschluss eines Kaufvertrages über das Heilmittel gerichtete Willenserklärung und somit ein Angebot.

Dieses Angebot könnte Laster durch eine Willenserklärung in Form seiner Unterschrift angenommen haben. Problematisch ist, ob hier überhaupt eine wirksame Willenserklärung vorliegt, da Laster unter Hypnose gehandelt hat.

Eine Willenserklärung besteht zunächst aus einem äußeren (objektiven) Tatbestand. Der äußere Tatbestand ist immer dann gegeben, wenn sich das Verhalten der erklärenden Person für einen objektiven Beobachter als Willensäußerung darstellen muss, die auf eine rechtliche Folge abzielt. Aus der Sicht eines objektiven Beobachters (Empfängers) ist die Unterschrift als Annahme des Angebots zu sehen.

Der äußere Tatbestand allein reicht aber nicht aus, vielmehr muss auch der innere Tatbestand einer Willenserklärung vorliegen. Der innere Tatbestand besteht aus den Elementen Handlungswille, Erklärungswille und Geschäftsbindungswille. Der Handlungswille liegt vor, wenn sich die erklärende Person ihrer Handlungen überhaupt bewusst ist. (Umkehrschluss aus § 105 Abs. 2 BGB). Laster stand unter Hypnose und war sich daher der Abgabe der Unterschrift nicht bewusst. Der innere Tatbestand liegt somit mangels Handlungswillen nicht vor.

Laster hat demnach keine wirksame Annahmeerklärung abgegeben und keinen Kaufvertrag über das Heilmittel abgeschlossen.

b) Bezogen auf das Buch hat Scharlatan dem Laster ein Angebot zum Kauf gemacht. Fraglich ist, ob Laster dieses Angebot durch seine Unterschrift angenommen hat, da er dieses Schriftstück gar nicht unterschreiben wollte. Äußerlich stellt sich die Unterschrift nach objektiver Betrachtung als Annahme dar. Auch der Handlungswille ist gegeben, weil Laster bewusst unterschrieben hat.

Problematisch ist hier der Erklärungswille als zweites inneres Element einer Willenserklärung. Der Erklärungswille ist gegeben, wenn der erklärenden Person bewusst ist, dass sie durch ihr Verhalten irgendetwas rechtlich Erhebliches erklärt. Das wollte Laster aber gerade nicht, da er nur ein Autogramm geben wollte, welches keine rechtlichen Folgen hat. Die erklärende Person darf dabei aber nicht fahrlässig handeln. Hätte sie unter Beachtung der im rechtlichen Verkehr erforderlichen Sorgfalt (§ 276 Abs. 2 BGB) erkennen können, dass die Willensäußerung rechtlich von Bedeutung ist, wäre das Fehlen des Erklärungswillen nicht zu beachten. Laster handelte fahrlässig, da er wusste, dass er ohne Brille schlecht sehen kann und eines der beiden Schreiben ein Vertragsangebot ist. Trotz fehlendem Erklärungswillen, ist daher von einer Willenserklärung auszugehen.

Auch das dritte innere Element, der Geschäftsbindungswille ist hier fraglich. Dazu müsste Laster bewusst sein, dass er mit seiner Unterschrift nicht nur irgendeine rechtliche Folge, sondern eine ganz konkrete rechtliche Folge (Kaufvertrag) herbeiführt. Das war ihm allerdings gerade nicht klar. Wenn sich das Verhalten aber äußerlich als Willenserklärung darstellt und zumindest ein innerer Handlungs- und Erklärungswille (s. o.) vorhanden ist, kommt es auf den Geschäftsbindungswillen nicht mehr an. Da im konkreten Fall der fehlende Erklärungswille unbeachtlich war, ist trotz fehlendem Erklärungs- und Geschäftsbindungswillen von einer wirksamen Willenserklärung auszugehen.

Laster hat also das Angebot angenommen und einen wirksamen Kaufvertrag bezüglich des Buches abgeschlossen.

 MERKE

Hier geht es um die äußeren und inneren Bestandteile einer Willenserklärung und die Problematik, was beim Fehlen einzelner Elemente zu beachten ist.

▸ Es handelt sich hier um Wissen, das man nicht aus dem BGB herauslesen kann, sondern das man sich einprägen muss.

▸ Es geht (noch) nicht um die Frage, ob man versehentlich abgegebene Willenserklärungen und damit Verträge anfechten kann.

 TIPP

- Immer erst die Aufgabe lesen, dann wird klar, dass es hier nicht um die Frage der Anfechtbarkeit geht. Aus der Aufgabenstellung folgt, dass die Anfechtung (§§ 119 ff., 142 BGB) nicht geprüft werden soll, da nur wirksam zu Stande gekommene Rechtsgeschäfte angefochten werden können. In der Aufgabe soll allein das Zustandekommen des Vertrages geprüft werden.

- Man sollte sich nur zu den Elementen einer Willenserklärung umfassend äußern, die problematisch sind, z. B. unter a) nur zum inneren Handlungswillen.

- Unter b) müssen nicht noch einmal die grundsätzlich Voraussetzungen eines Kaufvertrages genannt werden.

- Der Sachverhalt enthält viele Informationen, die unbedingt bei der Lösung berücksichtigt werden müssen (z. B. „sehschwach", „unter Hypnose").

- Ergebnisorientiert ist davon auszugehen, dass es bei a) und b) um verschiedene Rechtsfragen und damit verschiedene Lösungen geht.

Lösung zu Aufgabe 10: Schweigen, unbestellte Waren

a) Ein Anspruch auf Zahlung des Kaufpreises (§ 433 Abs. 2 BGB) setzt einen wirksamen Kaufvertrag voraus. Ein wirksamer Kaufvertrag setzt zwei übereinstimmende Willenserklärungen (Angebot und Annahme) voraus.

Babett hat Frau Fischer ein schriftliches Kaufvertragsangebot gemacht. Fraglich ist, ob Frau Fischer dieses Angebot angenommen hat. Eine ausdrückliche oder schlüssige Annahmeerklärung liegt nicht vor. Im Gegenteil: Frau Fischer hat zu dem Angebot geschwiegen. Schweigen hat im Rechtsverkehr grundsätzlich keine Bedeutung. Es ist weder eine Ablehnung noch eine Zustimmung und damit keine Willenserklärung. Daran ändert auch die Tatsache nichts, dass Babett offensichtlich auf die Annahme durch Frau Fischer verzichtet hat. Dieser Verzicht bezieht sich nur auf den Zugang der Annahme (§ 130 Abs. 1 BGB), nicht aber auf die Annahmeerklärung selbst (§ 151 BGB). Eine Annahmeerklärung ist aber gar nicht gegeben.

Es sind auch keine gesetzlichen Sonderregeln ersichtlich, die ein Schweigen ausnahmsweise als Willenserklärung werten. Es liegt auch keine Einigung zwischen Frau Fischer und Babett vor, dass zwischen ihnen das Schweigen die Bedeutung einer Annahme haben soll (sog. beredtes Schweigen), da Babett das nur einseitig erklärt hatte.

Frau Fischer hat das Kaufangebot somit nicht durch Schweigen angenommen. Da kein Kaufvertrag zu Stande gekommen ist, muss sie auch den Kaufpreis nicht zahlen.

b) Für das Küchengerät liegt ein schriftliches Angebot der GmbH vor. Auch hier hat Frau Fischer geschwiegen.

Die gewerbliche Lieferung unbestellter Waren an Privatpersonen ist ausdrücklich in § 241a BGB geregelt. Danach entsteht kein Kaufpreisanspruch, wenn ein Unternehmer einem Verbraucher unbestellte Sachen liefert.

Die GmbH ist hier Unternehmer, da sie als juristische Person gewerblich tätig wird (§ 14 Abs. 1 BGB). Frau Fischer ist Verbraucher, da sie als natürliche Person nicht gewerblich tätig wird (§ 13 Abs. 1 BGB).

Da Frau Fischer das Küchengerät weder bestellt, noch durch ihr Schweigen eine Bestellung bestätigt hat, wird kein vertraglicher Kaufpreisanspruch begründet.

 MERKE

Hier geht es um die Bedeutung des Schweigens im Recht und darum, ob man das Nicht-Reagieren als Willenserklärung ansehen kann.

- Gesetzliche Ausnahmen, bei denen Schweigen als Willenserklärung gelten, sind z. B. in § 516 Abs. 2 Satz 2 BGB (Annahme einer Schenkung), §§ 108 Abs. 2 Satz 2, 177 Abs. 2 Satz 2 BGB (Verweigerung der Genehmigung) und in § 102 Abs. 2 Satz 2 Betriebsverfassungsgesetz (Zustimmung zur Kündigung) geregelt.

- Unter Kaufleuten i. S. d. HGB spielt das Schweigen als Annahmeerklärung eine wichtige Rolle (§ 362 Abs. 1 HGB und das sog. Schweigen auf ein kaufmännisches Bestätigungsschreiben).

- § 241a BGB geht sogar so weit, dass der Empfänger die unbestellte Ware benutzen darf und trotzdem keine vertraglichen oder gesetzlichen Ansprüche entstehen. Allein durch die ausdrückliche Annahme oder die Kaufpreiszahlung kommt ein Kaufvertrag zustande, durch ein schlüssiges Verhalten aber nicht (so zumindest die aktuell herrschende Meinung im Recht).

- Ein Beispiel für das sog. beredte Schweigen als Willenserklärung findet sich in Abo-Verträgen. Hier wird oft von Anfang an vertraglich vereinbart, dass sich ein Abonnement automatisch verlängert, wenn der Kunde sich nicht bis zu einer bestimmten Frist dazu äußert, also schweigt.

 TIPP

- Immer erst die Aufgabe lesen, dann wird klar, dass es hier nicht um die Herausgabe der beiden Sachen oder um Schadensersatz geht, sondern um das Zustandekommen des Kaufvertrages.

- Da die Aufgabestellung hier konkret nach dem Kaufpreisanspruch fragt, muss man in der Lösung dazu etwas sagen.

- Die rechtlichen Fragen muss man da ansprechen, wo sie auftauchen: § 241a BGB ist eine Regelung für die Lieferung von Unternehmern an Verbraucher und ist daher erst unter b) zu prüfen.

- Unter b) müssen nicht noch einmal die grundsätzlichen Voraussetzungen des Kaufpreisanspruchs genannt werden.

- Der Sachverhalt enthält viele Informationen, die alle bei der Lösung berücksichtigt werden müssen (z. B. „hobbymäßig" = nicht gewerblich).

Lösung zu Aufgabe 11: Aufforderung zum Angebot

Herr Bergen könnte gegen Herrn Binz einen Anspruch auf Übereignung der Likörflaschen gegen Zahlung des Kaufpreises i. H. von 30 € aus § 433 Abs. 1 Satz 1 BGB haben. Ein Anspruch auf die Übereignung setzt einen wirksamen Kaufvertrag voraus. Ein wirksamer Kaufvertrag setzt zwei übereinstimmende Willenserklärungen (Angebot und Annahme) voraus.

Ein Angebot ist eine inhaltlich bestimmte Willenserklärung, die den Abschluss eines Vertrages so eindeutig zum Ausdruck bringt, dass der Erklärungsempfänger nur noch zustimmen muss.

Fraglich ist, ob das Aufstellen der Werbe-Tafel mit dem falschen Preis bereits ein Angebot zum Abschluss eines Kaufvertrages darstellt. Das ist nicht der Fall. Die Auspreisung von Waren ist lediglich eine unverbindliche Aufforderung an den Käufer zur Abgabe eines Angebots an den Verkäufer (sog. „invitatio ad offerendum"). Herr Bergen ist dieser Aufforderung gefolgt und hat ein Angebot zum Abschluss eines Kaufvertrages gemacht, als er die Ware auf den Kassentisch gestellt hat. In diesem Verhalten ist eine schlüssige Willenserklärung zu erkennen, die auf den Abschluss eines Kaufvertrages abzielt. Herr Binz nimmt dieses Angebot aber nicht an, sodass kein Kaufvertrag zu Stande gekommen ist. Die Nennung des tatsächlichen Preises ist zwar als verändernde Annahme und damit auch als Angebot des Herrn Binz anzusehen (§ 150 Abs. 2 BGB). Dieses Angebot wollte Herr Bergen aber nicht annehmen.

Der Anspruch auf Übereignung der Likörflaschen besteht somit für Herrn Bergen nicht.

 MERKE

Hier geht es um die erklärungsbedürftige Bedeutung der sog. invitatio ad offerendum als Aufforderung zur Abgabe eines Angebots.

- Wichtig ist hier die Erkenntnis, dass gewerbliche „Angebote" (z. B. Preisauszeichnungen, Kataloge, Anzeigen in elektronischen Medien, Speisekarten) nicht als rechtlich verbindliche Angebote, sondern als Einladungen an die Kunden zu einem rechtlich verbindlichen Angebot zu verstehen sind. In der Regel sind es also die Kunden, die das Angebot zum Vertragsschluss machen.

- Der Verkäufer will sich offen lassen, ob und mit wem er einen Vertrag schließt (Vertragsfreiheit). Der Verkäufer will meistens keine Verträge z. B. zu falschen Preisen, mit ehemaligen Ladendieben, mit Konkurrenten oder mit zahlungsunfähigen Kunden durch einfache Annahmeerklärung des Käufers schließen müssen.

- Die falsche Preisauszeichnung ist möglicherweise als Ordnungswidrigkeit nach der Preisangabenverordnung (PAngV) oder als irreführende Werbung nach dem Gesetz gegen den unlauteren Wettbewerb (UWG) anzusehen. Das hat aber keinen Einfluss auf die Wirksamkeit eines Kaufvertrages.

 **TIPP**

- Wegen der allgemeinen Formulierung der Aufgabe muss man zunächst die Aufgabenstellung etwas genauer überprüfen. Nach dem 4-W-Fragen-Schema „Wer will von Wem Was Woraus?" ist festzustellen, dass Herr Bergen von Herrn Binz die Übereignung der Flaschen zum Preis von insgesamt 30 € aus einem Kaufvertrag gemäß § 433 Abs. 1 BGB verlangt. Dieser Anspruch muss dann geprüft werden.

- Es ist nicht zwingend erforderlich, einen komplizierten Begriff wie „invitatio ad offerendum" in der Lösung zu erwähnen. Es geht vielmehr darum, die Bedeutung eines Rechtsbegriffs mit eigenen Worten wiederzugeben. Bei genauer Kenntnis des Begriffs sollte man ihn allerdings nennen (und den Korrektor beeindrucken).

- Bei der Lösung sollte man private Erfahrungen verdrängen („Das habe ich aber auch schon mal anders erlebt und zum angegebenen Preis bekommen"). Die Aufgabe ist auf rechtliche Aspekte und nicht auf Kulanz oder Kundenbindung gerichtet.

Lösung zu Aufgabe 12: Zugang, Widerruf, Tod des Erklärenden

a) Ein wirksamer Dienstvertrag (§ 611 BGB) setzt zwei übereinstimmende Willenserklärungen (Angebot und Annahme) voraus.

Frau Pilz hat der WSE GmbH ein Angebot zum Abschluss eines Vertrages gemacht. Fraglich ist, ob die WSE GmbH dieses Angebot durch den Brief vom Montag wirksam angenommen hat. Die Abgabe der Annahmeerklärungen liegt durch das Versenden mit der Post vor. Problematisch ist aber, ob die Annahmeerklärung wirksam ist, weil die WSE GmbH am Dienstag die Annahmeerklärung widerrufen hat. Gegenüber Abwesenden wird eine Willenserklärung nicht wirksam, wenn sie vor dem Zugang oder gleichzeitig mit dem Zugang widerrufen wird (§ 130 Abs. 1 Satz 2 BGB).

Es ist also zu klären, wann der Brief und die Widerrufserklärung zugegangen sind. Willenserklärungen gegenüber Abwesenden werden zunächst in dem Zeitpunkt wirksam, in welchem sie dem Abwesenden zugehen (§ 130 Abs. 1 BGB). Der Zugang setzt zunächst voraus, dass die Willenserklärung so in den Machtbereich des Empfängers gelangt, dass sie der Empfänger unter gewöhnlichen Lebensumständen zur Kenntnis nehmen kann. Der Geschäftsbriefkasten und der Computer mit dem E-Mail-Konto gehören zum Machtbereich von Frau Pilz, weil sie darauf unmittelbar zugreifen kann. Unter normalen Lebensumständen ist der Zugang der E-Mail (Widerruf WSE GmbH) am Dienstag und der Zugang des Briefes (Annahmeerklärungen) am Mittwoch erfolgt. Es ist nämlich davon auszugehen, dass man gewöhnlich an den Bürotagen (mindestens) einmal auf den Briefkasten und das E-Mail-Konto zugreift. Der ungewöhnliche Umstand des Kurzurlaubs bis Donnerstag ist dabei nicht zu berücksichtigen, da Frau Pilz unter normalen Umständen im Büro ist.

Problematisch erscheint, dass Frau Pilz den Widerruf der WSE GmbH erst nach der Annahmeerklärung gelesen hat. Für den rechtzeitigen Widerruf ist das aber nicht zu beachten. Für den Zugang von Willenserklärungen kommt es nämlich nicht darauf an, wann der Empfänger den Inhalt konkret zu Kenntnis nimmt, sondern wann er die Möglichkeit zu Kenntnisnahme hat.

Danach ist der Widerruf der WSE GmbH rechtzeitig am Dienstag vor der Annahmeerklärung am Mittwoch zugegangen und kein Dienstvertrag zu Stande gekommen.

b) Für die Frage, ob ein Dienstvertrag zwischen Frau Pilz und Herrn Tilo Sense als neuem Inhaber zu Stande gekommen ist, bleibt das Ableben des Michael Sense unberücksichtigt. Der Tod des Erklärenden nach Abgabe der Willenserklärung hat auf die Wirksamkeit der Willenserklärung keinen Einfluss (§ 130 Abs. 2 BGB). Der Rechtsnachfolger Tilo Sense wäre also weiter an die Annahmeerklärung seines Vaters gebunden.

Problematisch ist aber auch hier, ob die Annahmeerklärung vom Montag wirksam ist, weil Tilo Sense am Donnerstag die Annahmeerklärung per Fax widerrufen hat (§ 130 Abs. 1 Satz 2 BGB). Der Brief ist bereits am Mittwoch zugegangen. Der Widerruf ist aber erst am Donnerstag zugegangen. Der Widerruf per Fax ist zwar in den Machtbereich von Frau Pilz gelangt (Faxgerät). Unter normalen Umständen ist der Zugang des Faxschreibens aber erst am Donnerstag möglich. Die Tatsache, dass Frau Pilz den Widerruf zuerst gelesen hat, ist unbeachtlich, da es nur auf die Möglichkeit der Kenntnisnahme ankommt.

Der Widerruf von Tilo Sense vom Donnerstag ist somit verspätet zugegangen. Der Dienstvertrag war mit Zugang der schriftlichen Annahme bereits am Mittwoch wirksam zu Stande gekommen.

 MERKE

Hier geht es um den Zugang von Willenserklärungen unter Abwesenden nach § 130 BGB, die Möglichkeit des Widerrufs und die Folgen des Todes des Erklärenden.

- ▶ Die Regelung des § 130 Abs. 2 BGB darf nicht mit der Regelung des § 153 BGB verwechselt werden, der nur den Tod des Antragenden (aber nicht wie hier des Annehmenden) regelt.

- ▶ Für einen wirksamen Widerruf ist nach § 130 Abs. 1 Satz 2 BGB erforderlich, dass die ursprüngliche, ungewollte Willenserklärung durch den Widerruf überholt wird, oder die Kenntnisnahme beider Erklärungen gleichzeitig möglich wäre. Die tatsächliche Kenntnisnahme ist nicht entscheidend.

 **TIPP**

- ▶ Diese Aufgabe ist rechtlich einfach, weil die Rechtsgrundlage § 130 BGB die Lösung aller Fragen enthält. Man sollte nur die Definition des Begriffs Zugang kennen.

- ▶ Die Aufgabe ist aber vom Sachverhalt und von der Lösung her eine größere Herausforderung.

- ▶ Der Sachverhalt enthält viele Informationen und zeitliche Angaben und wirkt dadurch etwas unübersichtlich. Man sollte sich daher einen Überblick verschaffen und einen Zeitstrahl skizzieren (Wochentage, Geschehen im Büro). Im zweiten Schritt kann man das zeitliche Geschehen dann besser rechtlich bewerten.

- ▶ Man muss in der Lösung b) zwingend zu dem Ergebnis kommen, dass der Tod des Erklärenden keinen Einfluss auf den Bestand einer Willenserklärung hat. Ansonsten wären die Sachverhaltsangaben zu Tilo Sense und seinem Fax für die Lösung unerheblich und würden keinen Sinn ergeben.

Lösung zu Aufgabe 13: Voraussetzungen der Stellvertretung

Der IT-Händler Teignuss könnte einen Abnahme- und Kaufpreisanspruch (§ 433 Abs. 2 BGB) gegen den Unternehmer von Vielen haben, wenn zwischen ihnen ein wirksamer Kaufvertrag (§ 433 BGB) bestehen würde.

Ein wirksamer Kaufvertrag setzt zwei übereinstimmende Willenserklärungen (Angebot und Annahme) voraus.

Fraglich ist, ob Herr von Vielen dem IT-Händler ein Kaufangebot gemacht hat, da er selber keinen Kontakt zu ihm hatte. Frau Nessin könnte allerdings als Stellvertreterin des Herrn von Vielen gehandelt haben. Dann wäre ihr Kaufangebot an den IT-Händler dem Unternehmer von Vielen zuzurechnen (§ 164 Abs. 1 Satz 1 BGB).

Für eine wirksame Stellvertretung muss Frau Nessin mit Vertretungsmacht eine eigene Willenserklärung im Namen des Herrn von Vielen abgegeben haben (§ 164 Abs. 1 BGB). Die Vertretungsmacht für den Abschluss eines Kaufvertrages ist in Form einer rechtsgeschäftlichen Innenvollmacht gegeben, da Herr von Vielen Frau Nessin bevollmächtigt hat.

Frau Nessin hat eine eigene Willenserklärung abgegeben, da sie für den Kauf einen Entscheidungsspielraum hatte. Sie durfte frei entscheiden, welches Gerät sie für das Unternehmen kauft, da Herr von Vielen ihr keine konkreten Vorgaben gemacht hat. Dieser Handlungsspielraum war auch für den IT-Händler erkennbar. Sie hat außerdem in fremdem Namen gehandelt. Für den IT-Händler war offenkundig, dass sie für Herrn von Vielen handelt, da sie es ihm ausdrücklich mitgeteilt hat.

Das Kaufangebot von Frau Nessin an den IT-Händler ist dem Unternehmer von Vielen somit unmittelbar zuzurechnen. Der IT-Händler Teignuss hat das Angebot – spätestens durch die Lieferung der Ware – angenommen.

Somit ist ein Kaufvertrag zwischen dem Unternehmer von Vielen und dem IT-Händler Teignuss zu Stande gekommen. Der Unternehmer von Vielen muss die Ware abnehmen und den Kaufpreis bezahlen.

 MERKE

Die Aufgabe ist der Grundfall der Stellvertretung. Es geht um die 3 grundlegenden Voraussetzungen einer wirksamen Stellvertretung und die Wirkung der Willenserklärung eines Stellvertreters für den Vertretenen gemäß § 164 Abs. 1 BGB.

► Neben der rechtsgeschäftlichen Vertretungsmacht (Vollmacht), gibt es die gesetzliche Vertretungsmacht, bei der eine gesetzliche Regelung bestimmt, wer Stellvertreter ist (z. B. § 35 GmbH-Gesetz: Geschäftsführer vertritt die GmbH).

► Bei der Voraussetzung der „eigenen Willenserklärung" kommt es vor allem auf die Abgrenzung zum Boten an. Der Bote kann entweder keine eigene Willenserklärung abgeben, weil er geschäftsunfähig ist (Kind unter 7 Jahren – Aufgabe 4) oder weil er keinen eigenen Entscheidungsspielraum hat und nur eine fremde Willenserklärung (wie ein Telefon) weitergeben soll.

► Für diese Abgrenzung stellt man aber nicht (nur) darauf ab, was im Innenverhältnis zwischen dem Geschäftsherren und dessen Bote/Stellvertreter an Entscheidungsfreiraum vereinbart wurde. Vielmehr betrachtet man aus der objektiven Sicht des anderen Vertragspartners (Dritten), ob aus dem Auftreten des Boten/Stellvertreters auf einen Entscheidungsspielraum zu schließen ist (dann Stellvertreter) oder nicht (dann nur Bote).

► Die o. g. Abgrenzung ist vor allem für die Frage der Anfechtbarkeit von Verträgen nach § 120 BGB wichtig. Die unrichtige Übermittlung von Willenserklärungen ist nur dann anfechtbar, wenn es sich bei dem Übermittler um einen Boten handelt. Wenn sich der Bote bei der Übermittlung der fremden Willenserklärung des Geschäftsherrn irrt (z. B. durch einen Versprecher), ist es so, als ob sich der Geschäftsherr selbst geirrt (also versprochen) hat.

► Für das Handeln in fremdem Namen (sog. Offenkundigkeitsprinzip) ist nicht zwingend erforderlich, dass der Stellvertreter den Vertragspartner (Dritten) ausdrücklich darauf hinweist. Es reicht, dass sich aus den Umständen ein Handeln in fremdem Namen ergibt (§ 164 Abs. 1 Satz 2 BGB; z. B. müssen Verkäufer im Autohaus nicht ausdrücklich auf ihr Handeln im Namen des Unternehmens hinweisen).

 TIPP

- ▶ Die Voraussetzungen für eine wirksame Stellvertretung sind immer gleich:
  - mit Vertretungsmacht
  - eigene Willenserklärung des Stellvertreters
  - im Namen des Vertretenen.

- ▶ Man sollte diese 3 Punkte immer durchprüfen. Man kommt dann automatisch zum rechtlichen Problem der Aufgabe.

- ▶ Hat man bei einer Voraussetzung ein rechtliches Problem erkannt, muss man dieses in der Lösung genau erläutern. Die anderen beiden, offensichtlich vorliegenden Voraussetzungen, sollte man in der Lösung trotzdem (kurz) erwähnen, um zu zeigen, dass man alle Merkmale einer Stellvertretung kennt.

Lösung zu Aufgabe 14: Vollmacht

a) Gegen Frau Winter könnte die Harlingen GmbH einen Abnahme- und Kaufpreisanspruch haben (§ 433 Abs. 2 BGB) wenn zwischen ihnen ein wirksamer Kaufvertrag (§ 433 BGB) besteht.

Ein wirksamer Kaufvertrag setzt zwei übereinstimmende Willenserklärungen (Angebot und Annahme) voraus.

Da Frau Winter selbst der Harlingen GmbH kein Kaufangebot gemacht hat, ist fraglich, ob Herr Bergstrom als ihr Stellvertreter ein Angebot abgegeben hat, welches Frau Winter zuzurechnen ist (§ 164 Abs. 1 Satz 1 BGB). Für eine wirksame Stellvertretung muss Herr Bergstrom mit Vertretungsmacht eine eigene Willenserklärung im Namen von Frau Winter abgegeben haben (§ 164 Abs. 1 BGB).

Die Vertretungsmacht für Herrn Bergstrom zum Kauf von Käse ergibt sich weder aus Gesetz noch aus einer ausdrücklichen Vollmacht von Frau Winter. Die Vertretungsmacht ergibt sich aber aus der sog. Duldungsvollmacht. Danach entsteht der Rechtsschein einer Vollmacht, wenn der Vertretene weiß, dass eine andere Person ohne Vollmacht mehrmals für ihn gehandelt hat und der Vertretene trotz Verhinderungsmöglichkeit nichts dagegen unternommen hat. Frau Winter hatte Kenntnis von Herrn Bergstroms nicht beauftragten regelmäßigen Käse-Käufen und hat nichts dagegen getan, obwohl sie eingreifen konnte. Die Harlingen GmbH darf auf diesen Rechtsschein vertrauen und davon ausgehen, dass Bergstrom mit Vollmacht der Frau Winter handelt.

Herr Bergstrom hat eine eigene Willenserklärung bei der Auswahl der Produkte abgegeben. Er hat auch in fremdem Namen gehandelt. Für die Harlingen GmbH war offenkundig, dass Herr Bergstrom für Frau Winter handelt, allein weil er die Kaufverträge auf ihre Rechnungsanschrift abgeschlossen hat. Das Kaufangebot von Herrn Bergstrom ist Frau Winter somit unmittelbar zuzurechnen. Die Harlingen GmbH hat das Angebot – spätestens durch die Lieferung der Ware – angenommen.

Somit ist ein Kaufvertrag zwischen dem Catering-Unternehmen Winter und der Harlingen GmbH zu Stande gekommen. Frau Winter muss die Ware abnehmen und den Kaufpreis bezahlen.

b) Auch bezüglich der Wurst ist fraglich, ob Herr Bergstrom Frau Winter hier wirksam vertreten hat und damit ein Kaufvertrag zu Stande gekommen ist. Problematisch ist, dass Frau Winter Herrn Bergstrom die entsprechende Vollmacht (Innenvollmacht) bereits entzogen hatte. Auf der anderen Seite hatte Frau Winter den Wurstfabrikanten Ulli von der Vollmacht für Herrn Bergstrom in Kenntnis gesetzt (Außenvollmacht) und ihn über die spätere Veränderung nicht informiert.

Ist eine Vollmacht gegenüber einem Dritten erklärt worden, so bleibt sie dem Dritten gegenüber solange gültig, bis ihm das Erlöschen dieser Vollmacht mitgeteilt wird (§ 170 BGB).

Danach entsteht der Rechtsschein einer Vollmacht aus der nicht widerrufenen Außenvollmacht. Der Wurstfabrikant Ulli darf auf diesen Rechtsschein vertrauen und davon ausgehen, dass Bergstrom mit Vollmacht der Frau Winter handelt.

Herr Bergstrom hat eine eigene Willenserklärung abgegeben. Er hat auch in fremdem Namen gehandelt. Für den Wurstfabrikanten war offenkundig, dass Herr Bergstrom für Frau Winter handelt, weil sie ihn als Einkäufer angekündigt hat. Das Kaufangebot von Herrn Bergstrom ist Frau Winter somit unmittelbar zuzurechnen. Der Wurstfabrikant Ulli hat das Angebot – spätestens durch die Lieferung der Wurst – angenommen.

Somit ist ein Kaufvertrag zwischen dem Catering-Unternehmen Winter und dem Wurstfabrikanten zu Stande gekommen. Frau Winter muss die Ware abnehmen und den Kaufpreis bezahlen.

 MERKE

In der Aufgabe geht es um das spezielle Problem der Vertretungsmacht als Voraussetzung für eine wirksame Stellvertretung und um die 2 Formen der sog. Rechtsscheinvollmacht.

▶ Der Rechtsschein soll den gutgläubigen Dritten (Vertragspartner) schützen. Die tatsächlich fehlende Vollmacht kann daher entweder durch die Duldungsvollmacht (unter a) oder die Außenvollmacht (unter b) ersetzt werden.

▶ Die Vertretungsmacht durch Rechtsschein ist in den §§ 170 - 173 BGB geregelt. Die Duldungsvollmacht findet sich nicht im Gesetz (muss also gelernt werden).

 TIPP

▶ Die Lösung in der Aufgabe b) kann etwas verkürzter dargestellt werden, da die Voraussetzungen (Kaufvertrag) denen unter a) entsprechen.

▶ Die anderen Voraussetzungen der Stellvertretung sind unproblematisch und daher in aller Kürze zu erwähnen.

Lösung zu Aufgabe 15: Handeln in fremdem Namen

Herr Willowotz könnte gegen Dr. Böttcher einen Kaufpreisanspruch haben (§ 433 Abs. 2 BGB) wenn zwischen ihnen ein wirksamer Kaufvertrag (§ 433 BGB) besteht.

Ein wirksamer Kaufvertrag setzt zwei übereinstimmende Willenserklärungen (Angebot und Annahme) voraus.

Dr. Stetthoffer könnte als Stellvertreter des Dr. Böttcher ein Angebot abgegeben haben, welches Dr. Böttcher zuzurechnen ist (§ 164 Abs. 1 Satz 1 BGB). Dr. Stetthoffer hat mit Vertretungsmacht durch eine ausdrückliche Vollmacht von Dr. Böttcher gehandelt. Er hat auch eine eigene Willenserklärung gegenüber Herrn Willowotz abgegeben, da er einen Entscheidungsspielraum bei der Auswahl der Bauteile hatte (§ 164 Abs. 1 BGB).

Fraglich ist, ob Dr. Stetthoffer auch im fremden Namen gehandelt hat. Für Herrn Willowotz hätte danach offenkundig sein müssen, dass Dr. Stetthoffer für Dr. Böttcher handelt. Dr. Stetthoffer hat sein Handeln im fremden Namen weder ausdrücklich offenbart, noch war es aus den Umständen für Willowotz erkennbar. Dr. Stetthoffer hat somit nicht im fremden Namen, sondern vielmehr im eigenen Namen gehandelt. Daran ändert auch die Tatsache nichts, dass Dr. Stetthoffer nicht für sich selbst handeln wollte, sondern irrtümlich davon ausging, für Dr. Böttcher zu handeln. Wenn der innere Wille, für jemand anderen (im fremden Namen) zu handeln, nicht erkennbar nach Außen hervortritt, kann man sich nicht darauf berufen, dass man gar nicht für sich (im eigenen Namen) handeln wollte (§ 164 Abs. 2 BGB).

Eine wirksame Stellvertretung für Dr. Böttcher liegt somit nicht vor. Vielmehr hat Dr. Stetthoffer ein eigenes Angebot gemacht, welches Herr Willowotz – spätestens durch die Lieferung der Ware – angenommen hat.

Somit ist ein Kaufvertrag zwischen Dr. Stetthoffer und Herrn Willowotz zu Stande gekommen. Dr. Stetthoffer muss den Kaufpreis bezahlen.

 MERKE

In der Aufgabe geht es um das Handeln im fremden Namen als Voraussetzung einer wirksamen Stellvertretung und die Frage, wie es rechtlich zu bewerten ist, wenn das Fremdhandeln nicht offenbart wird.

▶ Die entscheidende Rechtsgrundlage ist – der etwas kompliziert formulierte – § 164 Abs. 2 BGB.

TIPP

- Die Aufgabenstellung muss genau beachtet werden. Das Ergebnis ist schon insoweit vorgegeben, dass in jedem Fall ein Vertrag zu Stande gekommen sein muss. Die „beliebte" Lösung, dass gar kein Vertrag bestehen würde, kann nicht richtig sein, da hier gefragt wird, von „wem" die Zahlung verlangt werden kann.

- Den für die Lösung entscheidenden § 164 Abs. 2 BGB kann man aber nur finden, wenn man sich die Zeit nimmt, nach § 164 Abs. 1 BGB weiterzulesen.

- § 164 Abs. 2 BGB ist ein gutes Beispiel für die teilweise rätselhafte Sprache des BGB. (Die „Übersetzung" steht oben in der Lösung.) Dieser Paragraf ist aber auch ein gutes Beispiel dafür, dass man sich bereits beim Lernen und Üben gerade mit diesen Rechtsnormen auseinandersetzen muss. Während der Prüfung fehlt die Zeit zum Verständnis kompliziert formulierter Paragrafen. Hat man die Regelung beim Lernen schon verstanden, ist die Anwendung in den Prüfungen ganz einfach.

- Da die anderen Voraussetzungen der Stellvertretung unproblematisch gegeben sind, können sie kurz erwähnt werden, auch wenn die Stellvertretung im Ergebnis unwirksam ist.

Lösung zu Aufgabe 16: Handeln unter fremdem Namen

a) Ein wirksamer Vertrag setzt zwei übereinstimmende Willenserklärungen (Angebot und Annahme) voraus.

Problematisch scheint hier, dass Olaf Obertal nicht in eigenem Namen ein Angebot abgegeben hat, sondern unter falschem Namen gehandelt hat. Hier könnte eine unbeachtliche Namenstäuschung vorliegen und damit ein eigenes Rechtsgeschäft des Olaf Obertal (= Ulf Unterberg) gegeben sein.

Das Handeln unter fremdem Namen ist immer dann unbeachtlich, wenn dem Vertragspartner der tatsächliche Name des anderen Vertragspartners gleichgültig ist, weil es ihm nur auf die tatsächlich auftretende Person ankommt. Da dem Hotel der Name des Gastes (vertragsrechtlich) egal ist, weil es mit dem anwesenden Gast einen Vertrag schließen möchte, liegt hier eine bloße Namenstäuschung vor. Die Namenstäuschung hat keinen Einfluss auf die Wirksamkeit des Angebots. Das Hotel hat das Angebot angenommen.

Somit ist ein Vertrag zwischen Olaf Obertal und dem Hotel zu Stande gekommen.

b) Problematisch scheint hier, dass Olaf Obertal nicht in eigenem Namen ein Angebot zu einem Vertragsschluss abgegeben hat, sondern unter falschem Namen gehandelt hat.

Fraglich ist hier, ob damit nicht eine Identitätstäuschung gegeben ist und die Regeln der Stellvertretung anzuwenden sind. Eine Identitätstäuschung liegt vor, wenn es dem einen Vertragspartner ausdrücklich auf die wahre Identität seines

Vertragspartners ankommt. Der Auto-Vermietung ist es nicht egal, mit wem sie einen Vertrag abschließt. Sie möchte wissen, wem sie den zeitlichen Besitz an einem hochwertigen Auto überlässt.

Die somit vorliegende Identitätstäuschung wird wie ein Handeln im fremden Namen nach den Rechtsregeln der Stellvertretung (§§ 164 ff. BGB) behandelt. Es wird also gefragt, ob Olaf Obertal hier als Stellvertreter für seinen Bruder Bernd einen Auto-Mietvertrag geschlossen hat.

Ein Vertrag zwischen Olaf Obertal und der Auto-Vermietung ist in keinem Fall zu Stande gekommen.

 MERKE

In der Aufgabe geht es nicht um das Handeln im fremden Namen, sondern um das Handeln unter fremdem Namen. Es geht darum, welche Auswirkung die Nennung eines anderen Namens auf die Wirksamkeit des Rechtsgeschäftes hat.

► Wichtig ist die Erkenntnis, dass Aufgabe a) grundsätzlich kein Fall der Stellvertretung ist, sondern als unbeachtliche Namenstäuschung ein eigenes Rechtsgeschäft für den Erklärenden bleibt.

► Da die Identitätstäuschung dagegen wie das Handeln im fremden Namen behandelt wird, sind die Voraussetzungen einer Stellvertretung weiter zu prüfen. In diesen Fällen fehlt dann automatisch immer die Vollmacht von der Person, dessen Identität man vorgetäuscht hat (hier: von Bernd Obertal). Ob der Vertrag dann für diese Person wirksam wird, hängt von dessen nachträglicher Genehmigung ab (§ 177 Abs. 1 BGB). Erfolgt diese Genehmigung nicht, haftet der Identitätstäuscher nach § 179 BGB.

► Die Thematik des Handelns unter fremdem Namen findet sich nicht im Gesetz und muss daher erlernt werden.

 TIPP

► In Aufgabe a) muss man am besten gleich auf den Punkt kommen. Die anderen Voraussetzungen der Stellvertretung sollten nicht erörtert werden, da es sich gerade nicht um einen Fall der Stellvertretung handelt.

► Die Aufgabenstellung b) muss genau beachtet werden. Es wird nur nach diesen Vertragsparteien gefragt. Erläuterungen zu einer möglichen Stellvertretung und den Konsequenzen der Identitätstäuschung (Hinweis unter „Merke") sind daher nicht angebracht (und kosten nur Zeit).

► Öffentlich-rechtliche Fragen (z. B. strafbare Urkundenfälschung) spielen für die Lösung dieser Aufgaben keine Rolle und sollten nicht erwähnt werden.

Lösung zu Aufgabe 17: Geschäft für den, den es angeht

a) Schäfer könnte einen wirksamen Kaufvertrag (§ 433 BGB) mit Giovanni abgeschlossen haben. Dazu müssen zwei übereinstimmende Willenserklärungen (Angebot und Annahme) vorliegen.

Frau Austen könnte als Stellvertreterin ein Kaufangebot abgegeben haben, welches Herrn Schäfer zuzurechnen ist (§ 164 Abs. 1 Satz 1 BGB). Frau Austen hat mit Vertretungsmacht durch eine ausdrückliche Vollmacht von Herrn Schäfer gehandelt. Sie hat auch eine eigene Willenserklärung gegenüber Giovanni abgegeben, da sie einen Entscheidungsspielraum bei der Auswahl der Pizza hatte (§ 164 Abs. 1 BGB).

Fraglich ist, ob Frau Austen in fremdem Namen gehandelt hat. Für Giovanni war nicht offenkundig, dass Frau Austen stellvertretend für Herrn Schäfer handelt. Sie hat ihr Handeln in fremdem Namen weder ausdrücklich offenbart, noch war es aus den Umständen für Giovanni erkennbar. Frau Austen hat somit nicht in fremdem Namen gehandelt.

Auf diese Voraussetzung der Offenkundigkeit wird allerdings bei einem sog. „Geschäft für den, den es angeht" ausnahmsweise verzichtet. Ein solches Geschäft liegt bei Bargeschäften des täglichen Lebens vor. Bei Bargeschäften ist es dem Vertragspartner egal, mit wem er einen Vertrag schließt, weil die gegenseitigen Leistungen gleich erbracht werden. Da es sich beim Pizza-Kauf um ein solches Bargeschäft des täglichen Lebens handelt, ist die Voraussetzung des Handelns in fremdem Namen ausnahmsweise entbehrlich.

Eine wirksame Stellvertretung und damit ein Herrn Schäfer zurechenbares Angebot liegt somit vor. Durch die Annahme des Giovanni ist ein Kaufvertrag zwischen ihm und Herrn Schäfer zu Stande gekommen.

b) Schäfer könnte einen wirksamen Vertrag (§ 611 BGB) mit Ben durch zwei übereinstimmende Willenserklärungen (Angebot und Annahme) abgeschlossen haben.

Herr Säger hat mit Vertretungsmacht durch eine ausdrückliche Vollmacht von Herrn Schäfer gehandelt und eine eigene Willenserklärung gegenüber Ben abgegeben (§ 164 Abs. 1 BGB). Eine wirksame Stellvertretung könnte aber daran scheitern, dass für Ben nicht erkennbar war, dass Herr Säger für Herrn Schäfer in fremdem Namen gehandelt hat. Es wurde weder ausdrücklich offenbart, noch war es aus den Umständen für Ben ersichtlich. Somit ist ein Handeln in fremdem Namen nicht gegeben.

Auf die Offenkundigkeit wird auch bei einem sog. „Geschäft für den Geschäftsinhaber" ausnahmsweise verzichtet. Hat der abgeschlossene Vertrag einen Bezug zu den Geschäften des Kaufmanns, wird im Zweifel immer der Inhaber zum Vertragspartner und nicht sein Vertreter. Ein solches unternehmensbezogenes Geschäft liegt für eine Eventagentur bei einem Vertrag über künstlerische Leistungen auf Veranstaltungen vor. Die Voraussetzung des Handelns in fremdem Namen ist ausnahmsweise entbehrlich.

Eine wirksame Stellvertretung und damit ein Herrn Schäfer zurechenbares Angebot liegt somit vor. Durch die Annahme des Ben ist ein Vertrag zwischen ihm und Herrn Schäfer zu Stande gekommen.

 MERKE

In der Aufgabe geht es um zwei Ausnahmen vom Offenkundigkeitserfordernis. Für das „Geschäft für den, den es angeht" und das „Geschäft für den Geschäftsinhaber" wird auf das Handeln in fremdem Namen als Voraussetzung einer wirksamen Stellvertretung verzichtet.

► Zu den Bargeschäften, des täglichen Lebens gehört z. B. nicht der Ratenkauf oder der Kauf auf Rechnung. Hier ist es dem Verkäufer gerade nicht egal, wer sein Vertragspartner ist, weil er genau wissen will, gegen wen er einen Zahlungsanspruch hat.

► Fall b) könnte eventuell auch so gelöst werden, dass sich das Handeln in fremdem Namen aus den Umständen gemäß § 164 Abs. 1 Satz 2 BGB ergibt.

 TIPP

► Immer erst die Aufgaben lesen. Liest man erst den Sachverhalt, kann man durch die Information „Künstlervertrag" verunsichert werden oder durch Gedanken an die Gewährleistungsrechte (Pizza) abgelenkt werden.

► In der Lösung ist daher auf Gewährleistungsrechte, Sachmängel oder die Rechtsnatur eines Künstlervertrages nicht einzugehen (auch wenn man viel darüber wissen sollte).

► In den beiden Aufgaben wird nur auf das Offenkundigkeitserfordernis verzichtet. Die anderen beiden Voraussetzungen müssen trotzdem vorliegen und daher geprüft und in der Lösung (kurz) erwähnt werden.

► Die Darstellung unter b) zeigt im Vergleich zu a), dass man eine Lösung auch kürzer und gestraffter formulieren kann.

Lösung zu Aufgabe 18: Vertreter ohne Vertretungsmacht

a) Herr Delgo könnte gegen Frau Schöpp einen Anspruch auf 700 € Schadensersatz haben (§ 179 Abs. 1 BGB).

Zunächst müsste ein unwirksamer Kaufvertag wegen fehlender Vertretungsmacht vorliegen. Frau Schöpp hatte für den Kauf der Spiegel keine Vollmacht. Der Vertrag ist dadurch aber nicht automatisch unwirksam, sondern zunächst schwebend unwirksam. Die Wirksamkeit eines Vertrages ohne Vertretungsmacht hängt von der Genehmigung, also der nachträglichen Zustimmung des Vertretenen ab (§ 177 Abs. 1 BGB). Da Frau Rocha dem Kaufvertrag nicht nachträglich zugestimmt hat, ist der Vertrag unwirksam.

Herr Delgo könnte von Frau Schöpp den sog. Erfüllungsschaden (positives Interesse) als Schadensersatz verlangen (§ 179 Abs. 1 BGB). Dadurch soll der Geschädigte so gestellt werden, als wäre der Vertrag erfüllt worden. Da Herr Delgo bei der Erfüllung des Kaufvertrages einen Gewinn erzielt hätte, beträgt der Erfüllungsschaden 700 €.

Herr Delgo hat somit gegen Frau Schöpp einen Schadensersatzanspruch i. H. von 700 €.

b) Herr Klax könnte gegen Frau Floh einen Anspruch auf 200 € Schadensersatz haben (§ 179 Abs. 2 BGB).

Hier liegt ebenfalls eine fehlende Vertretungsmacht vor. Frau Floh war nicht zum Kauf von Lampen bevollmächtigt. Da Frau Rocha dem Kaufvertrag nicht nachträglich zugestimmt hat, ist der Vertrag unwirksam. Allerdings hatte Frau Floh den Mangel ihrer Vertretungsmacht nicht gekannt, da sie irrtümlich davon ausgegangen ist, bevollmächtigt zu sein.

Herr Klax könnte daher von Frau Floh (nur) den sog. Vertrauensschaden (negatives Interesse) als Schadensersatz verlangen (§ 179 Abs. 2 BGB). Hier soll der Schaden ersetzt werden, den der Geschädigte im Vertrauen auf einen wirksamen Kaufvertrag erlangt. Der Geschädigte soll so gestellt werde, als hätte er nie etwas von diesem Vertrag gehört. Im Vertrauen auf einen wirksamen Kaufvertrag hat Herr Klax Aufwendungen in Höhe der Lieferkosten. Hätte Herr Klax nie etwas von dem Vertrag gewusst, hätte er auch die Lieferung nicht erbracht. Der Vertrauensschaden beträgt somit 200 €.

Herr Klax hat somit gegen Frau Floh einen Schadensersatzanspruch i. H. von 200 €.

 MERKE

In der Aufgabe geht es um das Handeln des Vertreters ohne Vertretungsmacht (§ 177 BGB) und die entsprechende Haftung des nicht bevollmächtigten Vertreters (§ 179 BGB).

► Die Genehmigung des Vertretenen nach § 177 BGB entspricht inhaltlich der Genehmigung der gesetzlichen Vertreter für Minderjährige nach § 108 BGB.

► Ist wegen der mangelnden Vertretungsmacht kein Vertrag zwischen dem Vertretenen und dem Dritten – auch nicht durch Genehmigung – zu Stande gekommen (§ 177 BGB), richten sich Rechtsansprüche immer gegen den Vertreter ohne Vertretungsmacht.

► Der Unterschied zwischen den beiden Haftungen und Schadensarten nach § 179 BGB hängt allein davon ab, ob der Vertreter wusste, dass er keine Vertretungsmacht hat (dann Abs. 1) oder ob er es nicht wusste (dann Abs. 2).

► Der Geschädigte kann nach § 179 BGB auch die Erfüllung vom Schädiger verlangen. Der Vertreter wird dann aber nicht zum Vertragspartner des Geschädigten, haftet aber wie ein Vertragspartner gegenüber dem Geschädigten (z. B. bei Gewährleistungsansprüchen oder Verzugsschäden).

► § 179 Abs. 2 (letzter Halbsatz) BGB begrenzt den Vertrauensschaden (negatives Interesse) durch den Erfüllungsschaden (positives Interesse). Wenn der Vertrauensschaden (z. B. Aufwendungen) höher ist als der Erfüllungsschaden (entgangener Gewinn), bekommt der Geschädigte nur den Erfüllungsschaden nach § 179 Abs. 1 BGB. (z. B. wenn der entgangene Gewinn bei 5 € liegt und die Aufwendungen bei 10 €, müsste der unwissende Vertreter ohne Vertretungsmacht nach § 179 Abs. 2 BGB den Vertrauensschaden i. H. von 10 € ersetzen. Da aber der reine Erfüllungsschaden nur bei 5 € liegt, ist auch nur Schadensersatz in dieser Höhe fällig). Der Geschädigte soll nicht besser gestellt werden, als wenn der Vertrag erfüllt worden wäre.

 TIPP

► Immer erst die Aufgaben lesen. Dann wird klar, dass eine wirksame Stellvertretung in keinem Fall gegeben sein kann, da es nur um die Schadensersatzansprüche geht.

► Durch die unterschiedlichen Aufgaben und die unterschiedlichen Sachverhaltsangaben wird deutlich, dass es in der Lösung um zwei verschiedene Haftungsgrundlagen (§ 179 Abs. 1 bzw. 2 BGB) gehen muss.

► Es sind nur die konkreten Aufgaben zu lösen. Auf andere Voraussetzungen des Vertragsschlusses oder der Stellvertretung ist nicht einzugehen.

► Hat man die Rechtsnorm für den Vertreter ohne Vertretungsmacht gefunden (§ 177 BGB) muss man einfach weiterlesen und kommt dann schnell zu der Haftungsregelung § 179 BGB.

► Beide Rechtsnormen regeln alle Voraussetzungen ganz genau und müssen nur (in Ruhe) durchgeprüft werden.

Lösung zu Aufgabe 19: Scheingeschäft, Formmangel

a) Herr Georg könnte mit Herrn Karsten einen Kaufpreis i. H. von 250.000 € vereinbart haben.

Die Vertragsparteien haben allerdings vor dem Notar einen Kaufvertrag über 100.000 € abgeschlossen. Dieser Vertrag könnte allerdings als sog. Scheingeschäft nichtig sein. Eine Willenserklärung, die einem anderen gegenüber abzugeben ist, ist nichtig, wenn sie mit dessen Einverständnis nur zum Schein abgegeben wurde (§ 117 Abs. 1 BGB). Beide Vertragsparteien waren einverstanden, dass der Kaufpreis von 100.000 € nur zum Schein und nicht ernstlich vereinbart werden soll.

Diente das nichtige Scheingeschäft zur Verdeckung eines anderen Rechtsgeschäftes, so wird dieses andere, gewollte Rechtsgeschäft wirksam (§ 117 Abs. 2 BGB). Somit liegt ein Kaufvertrag über 250.000 € vor, da die Vereinbarung über diesen Kaufpreis verdeckt werden sollte.

b) Ein Grundstückskaufvertrag bedarf zu seiner formalen Wirksamkeit der notariellen Beurkundung (§ 311b Abs. 1 Satz 1 BGB).

Die Beurkundung erfolgte nur für den unwirksamen Kaufvertrag i. H. von 100.000 € und nicht für den wirksamen Kaufvertrag i. H. von 250.000 €. Dieser Formmangel wird jedoch dadurch geheilt, dass ein nicht notariell beurkundeter Grundstücks-kaufvertrag in dem Moment wirksam wird, wenn die Auflassung und die Grund-bucheintragung erfolgen (§ 311b Abs. 1 Satz 2 BGB). Da beide Voraussetzungen vorliegen, ist der Kaufvertrag wirksam.

 MERKE

In der Aufgabe geht es um zwei unterschiedliche Nichtigkeitsgründe für Rechts-geschäfte, zum einen um das sog. Scheingeschäft (§ 117 BGB), zum anderen um den Formmangel (§ 125 BGB).

► Der im BGB benutzte Begriff „nichtig" bedeutet „rechtlich unwirksam".

► Bei allen Nichtigkeitsfällen ist im Ergebnis das Rechtsgeschäft (z. B. Vertrag) nichtig, dabei spielt es im Prinzip keine Rolle, ob die Ursache eine einzelne nichtige Willenserklärung (z. B. eines Geschäftsunfähigen, § 105 BGB) oder das ganze nichtige Rechtsgeschäft (z. B. verbotenes Rechtsgeschäft, § 134 BGB) ist.

► Bei Nichtigkeit ist das Rechtsgeschäft automatisch unwirksam. Es bedarf also keiner weiteren Handlung (z. B. Anfechtung, Widerruf) weil es schon unwirk-sam ist. Der in den Lösungen beliebte Satz „Das Scheingeschäft kann ange-fochten werden" ist daher nicht richtig.

► Der Unterschied zwischen dem Scheingeschäft (§ 117 BGB) und dem erkann-ten geheimen Vorbehalt (§ 116 Satz 2 BGB) ist, dass bei § 117 BGB die Ver-tragsparteien einverständlich zusammenarbeiten. Daher war hier § 117 BGB anzuwenden.

► Der Formmangel nach § 125 BGB ist eine Ausnahme, da für Rechtsgeschäfte grundsätzlich kein Formzwang besteht. Es gibt nur wenige gesetzlich vorge-schriebene Formen für Rechtsgeschäfte (z. B. §§ 518, 623 BGB).

 TIPP

► Die Aufgabenstellung ist hier besonders zu beachten. Sie gibt ganz klar die Reihenfolge der Lösung vor. Der Formmangel könnte theoretisch auch gleich angesprochen werden. Die Aufgabenstellung gibt aber eine andere Reihenfol-ge vor (wenn man z. B. den Formmangel bejaht, weil man den Satz 2 in § 311b Abs. 1 BGB nicht gesehen hat, spielt § 117 BGB für die Lösung gar keine Rolle mehr).

► Die Formulierung in Aufgabe a) gibt klar zu erkennen, dass einer der beiden Kaufpreissummen inhaltlich wirksam sein muss (nicht „ob" sondern „wel-cher" Kaufpreis).

► Die Sachverhaltsangaben geben die Lösung vor. Man muss zwangsläufig auf § 311b Abs. 1 Satz 2 BGB kommen und die Heilung des Formmangels sehen, weil sonst die Information der erfolgten „Auflassung und Eintragung" keinen Sinn für die Lösung ergeben würde.

Lösung zu Aufgabe 20: Scherzgeschäft

Herr Schmidt könnte gegen Frau Ziems einen Anspruch auf Übereignung der Kamera haben (§ 433 Abs. 1 BGB) wenn zwischen ihnen ein wirksamer Kaufvertrag (§ 433 BGB) bestehen würde.

Der Kaufvertrag setzt zwei übereinstimmende Willenserklärungen (Angebot und Annahme) voraus. Herr Schmidt hat ein Angebot zum Kauf der Kamera zum halben Preis gemacht.

Fraglich ist, ob Frau Ziems dieses Angebot angenommen hat, da sie offensichtlich nur scherzhaft auf Herrn Schmidts Angebot eigegangen ist. Gibt ein Erklärender eine nicht ernst gemeinte Willenserklärung in der Erwartung ab, dass der Empfänger den Mangel der Ernsthaftigkeit erkennt, handelt es sich um ein sog. Scherzgeschäft. Die im Scherz abgegebene Willenserklärung ist nichtig (§ 118 BGB). Da Frau Ziems ihre Willensäußerung lachend im Scherz abgegeben hat, ist diese Willenserklärung unwirksam.

Daran ändert auch die Tatsache nichts, dass Herr Schmidt alles ernst genommen hat, da Frau Ziems im Moment des Erkennens des Missverständnisses versucht hat, ihn über den Scherz aufzuklären.

Wegen der fehlenden Annahme durch Frau Ziems ist kein Kaufvertrag zu Stande gekommen. Herr Schmidt kann die Übereignung der Kamera nicht beanspruchen.

 MERKE

In der Aufgabe geht es um den Nichtigkeitsgrund des sog. Scherzgeschäftes, bei dem eine Willenserklärung unwirksam ist, die erkennbar nicht im Ernst abgegeben wurde (§ 118 BGB).

- ► Das Scherzgeschäft nach § 118 BGB ist vom geheimen Vorbehalt nach § 116 BGB zu unterscheiden. Den geheimen Vorbehalt des Erklärenden soll der Empfänger gerade nicht erkennen (böse gemeinter Scherz, § 116 Abs. 1 BGB). Geht der Erklärende davon aus, dass der Empfänger den Vorbehalt erkennt, gilt das als Scherzgeschäft (gut gemeinter Scherz, § 118 BGB).

- ► Der Unterschied zu § 117 BGB ist, dass dort die Beteiligten vom Mangel der Ernsthaftigkeit ihres Scheingeschäfts wissen.

- ► § 118 BGB führt nicht zur Nichtigkeit der scherzhaften Willenserklärung, wenn der Erklärende erkennt, dass der Empfänger den Scherz ernst nimmt und er ihn nicht aufklärt (Folge aus § 242 BGB).

- ► Zu beachten ist die Schadensersatzregel des § 122 Abs. 1 BGB zugunsten des Empfängers. Eine Schadensersatzpflicht entsteht aber nicht, wenn der Scherz erkannt wurde oder erkennbar war (§§ 122 Abs. 2, 276 Abs. 2 BGB).

TIPP

Die Sachverhaltsangaben weisen auf die entscheidende Rechtsnorm hin und lassen keine berechtigten Zweifel an der Feststellung eines Scherzgeschäftes.

Lösung zu Aufgabe 21: Verstoß gegen gesetzliches Verbot

a) Udo könnte gegen Thomas einen Kaufpreisanspruch (§ 433 Abs. 2 BGB) aus einem wirksamen Kaufvertrag (§ 433 BGB) haben. Gegen Lydia könnte er einen Zinsanspruch (§ 488 Abs. 1 Satz 2 BGB) aus einem wirksamen Darlehensvertrag (§ 488 BGB) haben.

Ein Rechtsgeschäft ist allerdings nichtig, wenn es gegen ein gesetzliches Verbot verstößt (§ 134 BGB). Der Handel mit Drogen ist gesetzlich verboten (§ 29 Betäubungsmittelgesetz). Das betrifft sowohl den Verkauf als auch den Kauf. Der Kaufvertrag über das Heroin ist somit nichtig. Daher kann Udo den Kaufpreis nicht von Thomas verlangen.

Eine im Voraus getroffene Vereinbarung zur Zahlung von weiteren Zinsen auf die fälligen Zinsen ist verboten und damit nichtig (§ 248 BGB). Einen Zinseszinsanspruch hat Udo somit auch nicht.

b) Udo könnte gegen Detlef einen Kaufpreisanspruch (§ 433 Abs. 2 BGB) aus einem wirksamen Kaufvertrag (§ 433 BGB) haben. Der Kaufvertrag wäre allerdings nichtig, wenn er gegen ein gesetzliches Verbot verstößt (§ 134 BGB).

Das Verbot, nach der Sperrstunde weiter Bier auszuschenken, richtet sich allerdings nicht gegen den Gast, sondern allein gegen die Gaststättenbetreiber. Der geschlossene (zivilrechtliche) Kaufvertrag bleibt trotz dieser (öffentlich-rechtlichen) Ordnungswidrigkeit wirksam. Daher kann Udo den Kaufpreis für das Bier verlangen.

MERKE

In der Aufgabe geht es um den Nichtigkeitsgrund des Gesetzesverstoßes nach § 134 BGB, bei dem ein Rechtsgeschäft unwirksam ist, wenn es gegen ein gesetzliches Verbot verstößt.

▶ Wichtig ist die Erkenntnis, dass es im Prinzip eine gesetzliche Regelung geben muss, die für beide Vertragsparteien ein Verbot dieses Rechtsgeschäftes festlegt.

▶ Weitere Beispiele sind § 249 Strafgesetzbuch (Hehlerei), § 181a Strafgesetzbuch (Zuhälterei) oder § 1614 BGB (Unterhaltsverzicht).

TIPP

► Aus der Aufgabenstellung (Doppelfrage zu a) sollte man erkennen, dass die Lösungen zu a) gleich sein müssen.

► Dann sollte auch ergebnisorientiert klar sein, dass Aufgabe b) anders zu lösen ist.

► In den Sachverhalt darf nichts hinein interpretiert werden. Für die beliebte Auslegung, dass Thomas und Detlef „ganz bestimmt" vorübergehend geschäftsunfähig waren, gibt der Sachverhalt keine Informationen.

► Man kann nicht alle 2385 Paragrafen aus dem BGB kennen. Die Sachverhaltsangaben weisen auf die entscheidende Rechtsnorm des Zinseszinsverbots hin, indem der Begriff genannt wird. Im Inhalts- oder Sachverzeichnis des BGB findet man schnell unbekannte Rechtsnormen.

► Das Betäubungsmittelgesetz muss nicht genannt werden, das Verbot wird aber als Allgemeinwissen vorausgesetzt.

Lösung zu Aufgabe 22: Sittenwidrigkeit

Grundsätzlich können die Vertragsparteien inhaltlich alles vereinbaren, was nicht gegen geltende Gesetze oder die guten Sitten verstößt (Vertragsfreiheit). Ein gesetzliches Verbot und damit eine Nichtigkeit des Vertrages nach § 134 BGB ist hier nicht ersichtlich.

Der Vertrag könnte aber gegen die guten Sitten verstoßen und daher unwirksam sein (§ 138 Abs. 1 BGB). Ein sittenwidriges Rechtsgeschäft liegt vor, wenn die Vereinbarung gegen das Rechts- und Anstandsgefühl aller gerecht, sozial und moralisch denkenden Menschen verstößt. Zu fragen ist also, ob die aktuell geltende Rechtsauffassung und Sozialmoral ein solches Rechtsgeschäft akzeptieren würde oder nicht.

Die Brauerei missbraucht hier ihre starke Verhandlungsposition und ihre wirtschaftliche Macht. Durch diesen Vertrag würde Gisela in ihrer unternehmerischen Freiheit zu stark eingeschränkt. Daher ist diese Vereinbarung als sog. Knebelvertrag anzusehen.

Der Vertrag ist sittenwidrig und damit unwirksam.

MERKE

In der Aufgabe geht es um den Nichtigkeitsgrund der Sittenwidrigkeit nach § 138 Abs. 1 BGB, bei dem ein Rechtsgeschäft unwirksam ist, wenn es gegen die guten Sitten verstößt.

► Die Sittenwidrigkeit ist als eine Art Auffangtatbestand zu § 134 BGB (Gesetzesverstoß) zu sehen. Liegt ein Verstoß gegen ein gesetzliches Verbot vor, ist

§ 134 BGB der Nichtigkeitsgrund. Eine Beurteilung der Sittenwidrigkeit nach § 138 BGB ist dann nicht mehr notwendig.

► Im Vergleich zum speziellen Nichtigkeitsgrund des Wuchers nach § 138 Abs. 2 BGB ist die allgemeine Sittenwidrigkeit gemäß § 138 Abs. 1 BGB etwas „schwierig" in der Bewertung.

► Als Hilfsmittel für die Beurteilung der Sittenwidrigkeit dient das gesunde Rechtsempfinden, wonach „nicht sein kann, was nicht sein darf".

► Weitere Beispiele sind die Übersicherung eines Darlehens (neues Auto im Wert von 45.000 € als Sicherheit für 5.000 € Darlehen) oder unmoralische Bedingungen (erzwungene Heirat als Voraussetzung für eine Schenkung).

 TIPP

► Die Aufgabenstellung enthält mehrere Informationen, aus denen eine Sittenwidrigkeit erkennbar ist, sodass das Ergebnis auch im Zweifel offensichtlich ist.

► § 134 BGB sollte kurz angesprochen werden, da man so Kenntnisse vom Verhältnis zu § 138 BGB zeigen kann.

► Der Spezialfall des § 138 Abs. 2 BGB (Wucher) ist hier nicht anzusprechen, da davon auszugehen ist, dass die Bierlieferung und der Preis nicht in einem auffälligen Missverhältnis stehen. Dazu sagt der Sachverhalt auch nichts.

Lösung zu Aufgabe 23: Wucher

Grundsätzlich können die Vertragsparteien inhaltlich alles vereinbaren, was nicht gegen geltende Gesetze oder die guten Sitten verstößt (Vertragsfreiheit). Ein gesetzliches Verbot und damit eine Nichtigkeit des Vertrages nach § 134 BGB ist nicht ersichtlich. Der Vertrag könnte aber ein sittenwidriges Wuchergeschäft darstellen und daher unwirksam sein (§ 138 Abs. 2 BGB).

Ein sittenwidriges Wuchergeschäft liegt vor, wenn jemand für sich die Zwangslage eines anderen ausnutzt und dadurch einen Vermögensvorteil erzielt, der ein auffälliges Missverhältnis von geforderter Leistung und erbrachter Gegenleistung darstellt.

Frau Besen nutzt die Notsituation von Gerd aus, da er keine andere Möglichkeit hat, unbeschadet die Nacht zu überstehen. Der geforderte Zimmerpreis steht in einem extremen Missverhältnis zum objektiven Wert des Zimmers und zum üblichen Preis. Der Vertrag ist somit ein sittenwidriges Wuchergeschäft und damit unwirksam.

MERKE

In der Aufgabe geht es um den Nichtigkeitsgrund des Wuchers, der ein Spezialfall der Sittenwidrigkeit ist. Nach § 138 Abs. 2 BGB sind Rechtsgeschäfte unwirksam, bei denen die „Schwächesituation" eines anderen für einen Vermögensvorteil ausgebeutet wird.

► Für die Feststellung eines Wuchergeschäftes nach § 138 Abs. 2 BGB müssen stets zwei Tatbestandsmerkmale erfüllt sein:

- Ausbeutung einer bestehenden Schwächesituation beim anderen Vertragspartner (subjektiver Tatbestand) und

- auffälliges Missverhältnis zwischen der geforderten Leistung und der erbrachten Gegenleistung (objektiver Tatbestand).

► Die Situationen, die ausgebeutet werden können, sind:

- die Zwangslage: zwingendes Bedürfnis nach einer Geld- oder Sachleistung (z. B. erheblicher Kreditbedarf)

- die Unerfahrenheit: Mangel an Lebens- und Geschäftserfahrungen (z. B. bei Spät-Aussiedlern)

- das mangelnde Urteilsvermögen: Schwächen in der Bewertung der gegenseitigen Leistungen (z. B. Verstandsschwäche)

- die erhebliche Willensschwäche: verminderte Widerstandsfähigkeit (z. B. bei Suchtabhängigen).

► Ein auffälliges Missverhältnis kann regelmäßig bereits bei 100 % über dem Marktpreis angenommen werden, ist aber vom Einzelfall abhängig.

TIPP

► Die Aufgabenstellung enthält mehrere Informationen, aus denen eindeutig die Ausbeutung der Zwangslage zu erkennen ist.

► Auch das Missverhältnis ist so „auffällig", dass man an dieser Stelle nicht lange überlegen muss, ob hier der Wuchertatbestand gegeben ist.

Lösung zu Aufgabe 24: Inhaltsirrtum

a) Trainer Fliege könnte seine Willenserklärung zum Abschluss eines Vertrages wirksam angefochten haben. Für eine wirksame Anfechtung muss ein Anfechtungsgrund vorliegen (§§ 119 ff. BGB), die Anfechtung erklärt werden (§ 143 BGB), die Anfechtungsfrist eingehalten werden (§§ 121, 124 BGB), und die Anfechtung darf nicht ausgeschlossen sein (§ 144 BGB).

Als Anfechtungsgrund kommt hier ein Inhaltsirrtum (§ 119 Abs. 1 1. Fall BGB) in Betracht. Ein Inhaltsirrtum liegt vor, wenn der Erklärende seine Willenserklärung zwar wie gewollt abgegeben hat, sich aber inhaltlich etwas anderes unter seiner Willenserklärung vorgestellt hat. Der Erklärende weiß also, was er sagt, weiß aber nicht, was es bedeutet. Trainer Fliege hat – wie von ihm gewollt – 23 halve Hähne bestellt. Er wusste aber nicht, dass seine Bestellung 23 Brötchen mit Käse bedeutet. Ein Anfechtungsgrund ist in Form des Inhaltsirrtums gegeben.

Der Anfechtende muss die Anfechtung gegenüber dem Anfechtungsgegner erklären (§ 143 Abs. 1 BGB). Der Anfechtungsgegner ist bei einem Vertrag der Vertragspartner (§ 143 Abs. 2 BGB). Trainer Fliege hat dem Gastwirt gegenüber die Anfechtung erklärt.

Bei Irrtümern (§§ 119, 120 BGB) muss die Anfechtung unverzüglich nach Kenntnis des Anfechtungsgrundes erklärt werden (§ 121 BGB). Trainer Fliege hat sofort angefochten, nachdem ihm sein Irrtum klar wurde.

Es dürfen keine Ausschlussgründe für eine wirksame Anfechtung vorliegen (§§ 144 Abs. 1, 121 Abs. 2 BGB). Das anfechtbare Rechtsgeschäft wurde durch den Anfechtungsberechtigten nicht bestätigt, da Trainer Fliege geäußert hat, die tatsächliche Mahlzeit nicht zu wollen (§ 144 Abs. 1 BGB). Seit Abgabe der Willenserklärung zum Vertragsschluss sind noch keine 10 Jahre vergangen (§ 121 Abs. 2 BGB). Die Anfechtung ist damit nicht ausgeschlossen.

Insgesamt liegt somit eine wirksame Anfechtung vor.

b) Durch eine wirksame Anfechtung ist das angefochtene Rechtsgeschäft als von Anfang an nichtig anzusehen (§ 142 Abs. 1 BGB). Die Willenserklärung (Bestellung) des Trainers ist also von Anfang an nichtig. Somit liegt eine von zwei erforderlichen Willenserklärungen für einen Vertrag nicht vor. Der Vertrag ist damit nichtig.

 MERKE

In der Aufgabe geht es um die grundsätzlichen Voraussetzungen für eine Anfechtung von Rechtsgeschäften nach §§ 142 f. BGB und den speziellen Anfechtungsgrund des Inhaltsirrtums (§ 119 Abs. 1 1. Fall BGB).

▸ Anders als bei nichtigen Rechtsgeschäften (z. B. §§ 117, 118, 134, 138 BGB) bedarf es bei anfechtbaren Rechtsgeschäften einer begründeten, rechtzeitigen und nicht ausgeschlossenen Anfechtungserklärung, um die Nichtigkeit des Rechtsgeschäftes zu erreichen.

▸ Obwohl allgemein oft von der „Anfechtung des Vertrages" gesprochen wird, geht es – genauer gesagt – um die Anfechtung der eigenen fehlerhaften Willenserklärung (denn man kann nicht die Willenserklärung des anderen Vertragspartners anfechten). Im Ergebnis ist dann auch der ganze Vertrag nichtig.

▸ Die verschiedenen Anfechtungsgründe der Irrtümer (§§ 119, 120 BGB) und Täuschung und Drohung (§ 123 BGB) müssen genau auseinander gehalten werden.

- In der Aufgabe geht es um den Inhaltsirrtum (§ 119 Abs. 1 1. Fall BGB). Unterfälle des anfechtbaren Inhaltsirrtums sind:

  - der Verlautbarungsirrtum (z. B. Aufgabe oben, oder: Jemand bestellt ein „Gros" Glühlampen und glaubt, dass es 10 Stück sind; tatsächlich sind es aber 144 Stück)

  - der Identitätsirrtum bezogen auf die Sache (z. B. Jemand kauft einen bestimmten PC „Typ 08/15" und glaubt, dass das der aktuelle Testsieger ist; tatsächlich ist der Testsieger der PC „Typ 19/26")

  - der Identitätsirrtum bezogen auf den Geschäftspartner (z. B. Jemand bucht den Künstler Katrapuli und glaubt, dass er der Zauberer Katrapuli ist; tatsächlich ist es aber der gleichnamige Sänger Katrapuli)

  - der Rechtsfolgeirrtum, also Irrtum über die Bedeutung von Rechtsbegriffen (z. B. Jemand verleiht sein Ferienhaus und glaubt, dass er dafür eine Mietzahlung beanspruchen kann; tatsächlich ist Leihe im Gegensatz zur Miete immer unentgeltlich).

- Der Ausschluss der Anfechtung nach § 144 Abs. 1 BGB setzt voraus, dass aus dem Verhalten des Anfechtungsberechtigten der Wille erkennbar ist, dass er trotz Anfechtungsmöglichkeit am Rechtsgeschäft festhalten möchte (z. B. in der Aufgabe: Der Trainer sagt: „Aha, so ist das in Köln, na dann guten Appetit!" und alle hätten die halven Hähne gegessen).

- Der zeitliche Ausschlussgrund des § 121 Abs. 2 BGB (bzw. § 124 Abs. 2 BGB) möchte aus Gründen der Rechtssicherheit und des Rechtsfriedens sicherstellen, dass 10 Jahre nach Vertragsschluss keine Anfechtung mehr möglich ist. Zu beachten ist, dass die 10-Jahresfrist nicht mit Kenntnis des Irrtums, sondern bereits mit Abgabe der Willenserklärung beginnt.

 TIPP

- Das Vorliegen einer Anfechtung sollte immer nach dem folgenden Schema geprüft werden:
  - Anfechtungsgrund?
  - Anfechtungserklärung?
  - Anfechtungsfrist?
  - Anfechtungsausschluss?

- Den Schwerpunkt bildet meist das Vorliegen des Anfechtungsgrundes.

- Bei den Irrtümern sollte man den Sachverhalt einfach akzeptieren. Es darf in der Lösung nicht thematisiert werden, ob es ein realistischer oder vermeidbarer Irrtum war, da beides für die Anfechtbarkeit keine Bedeutung hat. Die teilweise „exquisite Dummheit" der Irrenden ändert nichts daran, dass man

Irrtümer grundsätzlich anfechten kann. Die schwierigen Beweisfragen spielen zwar in der Praxis, aber nie in den Prüfungen eine Rolle.

Lösung zu Aufgabe 25: Erklärungsirrtum, Schadensersatz

a) Herr Gigiran könnte gegen Herrn Sigohr einen Anspruch auf Übereignung das Modells haben (§ 433 Abs. 1 BGB), wenn zwischen ihnen ein wirksamer Kaufvertrag (§ 433 BGB) besteht.

Ein wirksamer Kaufvertrag setzt zwei übereinstimmende Willenserklärungen (Angebot und Annahme) voraus.

Herr Sigohr hat Herrn Gigiran ein Angebot zum Kauf des Modells für 100 € gemacht, welches Herr Gigiran auch so angenommen hat. Es wurde daher ein Kaufvertrag mit diesem Inhalt geschlossen. Herr Sigohr könnte sein Angebot zum Abschluss eines Vertrages jedoch wirksam angefochten haben.

Als Anfechtungsgrund kommt hier ein Erklärungsirrtum (§ 119 Abs. 1 2. Fall BGB) in Betracht. Ein Erklärungsirrtum liegt vor, wenn der Erklärende etwas ganz anderes erklärt, als er eigentlich erklären wollte. Der Erklärende weiß also gerade nicht, was er sagt, denn er wollte etwas vollkommen anderes sagen. Herr Sigohr hat sich versehentlich verschrieben, als er tatsächlich „100" statt der gewollten „1.000" als Preis geschrieben hat. Ein Anfechtungsgrund in Form des Erklärungsirrtums ist gegeben.

Herr Sigohr hat als Anfechtender die Anfechtung gegenüber dem Anfechtungsgegner Herrn Gigiran erklärt (§ 143 Abs. 1 BGB), da er zum Ausdruck gebracht hat, deshalb an diesem Vertrag nicht festhalten zu wollen. Herr Sigohr hat die Anfechtung unverzüglich nach Kenntnis seines Schreibfehlers erklärt (§ 121 BGB).

Ausschlussgründe für eine wirksame Anfechtung sind nicht ersichtlich. Insgesamt liegt somit eine wirksame Anfechtung des Angebots vor.

Durch eine wirksame Anfechtung ist das angefochtene Rechtsgeschäft als von Anfang an nichtig anzusehen (§ 142 Abs. 1 BGB). Die Willenserklärung (Angebot) des Herrn Sigohr ist also von Anfang an nichtig. Somit liegt eine von zwei erforderlichen Willenserklärungen für einen Kaufvertrag nicht (mehr) vor. Der Vertrag ist damit nichtig. Herr Gigiran hat somit keinen Anspruch auf Übereignung des Modells.

b) Herr Gigiran könnte gegen Herrn Sigohr einen Anspruch auf den Ersatz der Fahrtkosten i. H. von 40 € haben (§ 122 Abs. 1 BGB). Zunächst müsste eine nach § 119 BGB angefochtene Willenserklärung vorliegen. Herr Sigohr hat seine Annahmeerklärung wirksam angefochten.

Dann müsste Herr Gigiran einen sog. Vertrauensschaden dadurch erlitten haben, dass er auf die Wirksamkeit des Vertrages vertraut hat. Herr Gigiran ging davon aus, dass ein wirksamer Kaufvertrag besteht. Im Vertrauen darauf hat er Fahrkosten i. H. von 40 € für das Abholen des Modells aufgewendet. Bei einer wirksamen Anfechtung hat der Anfechtende den Vertragspartner so zu stellen, als wenn dieser nie etwas von dem Rechtsgeschäft gehört hat. Herr Sigohr muss somit die Fahrtkosten ersetzen, denn Herr Gigiran wäre nie zu ihm gefahren, wenn sie keinen Kaufvertrag geschlossen hätten.

Da Herr Gigiran die Anfechtbarkeit der Annahmeerklärung weder kannte, noch hätte kennen müssen (§ 122 Abs. 2 BGB), kann er von Herrn Sigohr die Fahrkosten i. H. von 40 € verlangen.

 MERKE

In der Aufgabe geht es um den speziellen Anfechtungsgrund des Erklärungsirrtums (§ 119 Abs. 1 2. Fall BGB) und die Schadensersatzpflicht des Anfechtenden bei Irrtumsanfechtungen (§ 122 BGB).

▸ Der Erklärungsirrtum ist der klassische Fall des Irrtums. Anders als beim Inhaltsirrtum (Willenserklärung wird wie gewollt abgegeben, entspricht aber inhaltlich nicht der angenommenen Bedeutung), will der Erklärende die Willenserklärung so gar nicht abgeben.

▸ Erklärungsirrtümer sind somit das Verschreiben (Aufgabe), das Vertippen (z. B. falschen Button anklicken) und vor allem das Versprechen (z. B. telefonische Bestellung von „5 Torten" anstatt der gewollten einen Torte für 5 Personen).

▸ Die Schadensersatzpflicht des Anfechtenden schützt zwar den Anfechtungsgegner, ersetzt aber immer nur den Vertrauensschaden (negatives Interesse, z. B. Aufwendungen) und nicht den Erfüllungsschaden (positives Interesse, z. B. entgangener Gewinn). Genau wie in § 179 BGB gilt hier, dass der Vertrauensschaden nur bis zur Höhe des Erfüllungsschadens ersetzt wird.

▸ § 122 Abs. 2 BGB schließt den Schadensersatz dann aus, wenn der Anfechtungsgegner ganz klar die Anfechtbarkeit erkannt hat (z. B. Vertragspartner stellt selber klar fest, dass ein Schreibfehler vorliegt) oder aus Fahrlässigkeit (§ 276 Abs. 2 BGB) nicht erkannt hat (z. B. der Schreibfehler ist so offensichtlich, dass jeder ihn hätte erkennen müssen).

 TIPP

▸ Die Aufgaben geben das Ergebnis durch ihre Formulierung vor. Es wäre nicht richtig, wenn man die Übereignungspflicht bejaht (weil die Anfechtung unwirksam ist) und dann die Frage b) konsequent nicht weiter beantwortet.

▸ Die einzelnen Prüfungspunkte für das Vorliegen einer wirksamen Anfechtung können hier in den Formulierungen kurz dargestellt werden. Nur der Schwerpunkt Erklärungsirrtum als Anfechtungsgrund muss umfassender dargestellt werden.

Lösung zu Aufgabe 26: Eigenschaftsirrtum, Motivirrtum

a) Willi Windig könnte gegen den Bankinhaber Herrn Lehmann einen Anspruch auf Auszahlung des Darlehens haben (§ 488 Abs. 1 Satz 1 BGB), wenn zwischen ihnen ein wirksamer Darlehensvertrag (§ 488 BGB) besteht.

Ein wirksamer Darlehensvertrag setzt zwei übereinstimmende Willenserklärungen (Angebot und Annahme) voraus.

Herr Lehmann hat ein Darlehensangebot gemacht, welches Herr Windig angenommen hat, sodass ein Darlehensvertrag zu Stande gekommen ist. Herr Lehmann könnte sein Angebot zum Abschluss eines Vertrages wirksam angefochten haben.

Als Anfechtungsgrund kommt weder ein Inhalts- noch ein Erklärungsirrtum (§ 119 Abs. 1 BGB) in Betracht, da sich Herr Lehmann über die Bedeutung seines Angebots im Klaren war und dieses Angebot auch genauso abgeben wollte.

Als Anfechtungsgrund kommt vielmehr ein Irrtum über verkehrswesentliche Eigenschaften einer Person (§ 119 Abs. 2 BGB) in Betracht. Ein Eigenschaftsirrtum liegt vor, wenn sich der Erklärende über eine Eigenschaft einer Sache oder einer Person irrt, die als verkehrswesentlich anzusehen ist. Eine Eigenschaft einer Person ist dann als verkehrswesentlich anzusehen, wenn sie für das Rechtsgeschäft wichtig ist, also eine wesentliche Bedeutung für den Vertragsschluss hat. Da Herr Windig durch einen Darlehensvertrag zur Rückzahlung und Zinszahlung verpflichtet wird (§ 488 Abs. 1 Satz 2 BGB), ist seine Kreditwürdigkeit von entscheidender Bedeutung für den Vertrag. Da Herr Lehmann irrtümlich von einer ausreichenden Kreditwürdigkeit ausgegangen ist, hat er sich über eine verkehrswesentliche Eigenschaft der Person Willi Windig geirrt. Ein Anfechtungsgrund in Form des Eigenschaftsirrtums ist gegeben.

Herr Lehmann hat als Anfechtender die Anfechtung gegenüber dem Anfechtungsgegner Herrn Windig erklärt (§ 143 Abs. 1 BGB), da er zum Ausdruck gebracht hat, an diesem Vertrag nicht festhalten zu wollen. Herr Lehmann hat die Anfechtung unverzüglich nach Kenntnis seiner Fehleinschätzung durch die Hinweise seiner Mitarbeiterin erklärt (§ 121 BGB).

Ausschlussgründe für eine wirksame Anfechtung sind nicht ersichtlich. Insgesamt liegt somit eine wirksame Anfechtung des Angebots vor. Durch eine wirksame Anfechtung ist das angefochtene Rechtsgeschäft als von Anfang an nichtig anzusehen (§ 142 Abs. 1 BGB). Die Willenserklärung (Angebot) des Herrn Lehmann ist also von Anfang an nichtig. Somit liegt eine von zwei erforderlichen Willenserklärungen für einen Darlehensvertrag nicht (mehr) vor. Der Vertrag ist damit nichtig. Herr Windig hat somit keinen Anspruch auf die Auszahlung des Darlehens.

b) Herr Lehmann könnte sein Angebot zum Abschluss eines Vertrages mit dem Caterer Medium wirksam anfechten, wenn ein Anfechtungsgrund vorliegt.

Als Anfechtungsgrund kommt ein Inhaltsirrtum (§ 119 Abs. 1 1. Fall BGB) nicht in Betracht, da sich Herr Windig über die Bedeutung seine Angebots im Klaren war. Außerdem wollte er das Angebot auch genauso abgeben und hat sich nicht versprochen, sodass ein Erklärungsirrtum (§ 119 Abs. 1 2. Fall BGB) ebenfalls ausscheidet. Ein Eigenschaftsirrtum liegt auch nicht vor, weil sich Herr Windig nicht über verkehrswesentliche Eigenschaften des Buffets oder seines Vertragspartners getäuscht hat.

Herr Windig hat sich lediglich über den Grund seines Angebots geirrt, weil er irrtümlich von einer Hochzeitsfeier ausgegangen ist, für die er das Buffet benötigen würde. Seine Willenserklärung ist auf einer fehlerhaften Grundlage gebildet worden. Der Irrtum ist ihm also bereits bei der Willensbildung unterlaufen. Ein solcher Irrtum über den Beweggrund (Motivirrtum) ist aber unbeachtlich und nicht anfechtbar. Herr Windig kann sein Angebot somit nicht anfechten, da ein unbeachtlicher Motivirrtum vorliegt.

 MERKE

In der Aufgabe geht es um den speziellen Anfechtungsgrund des Irrtums über verkehrswesentliche Eigenschaften (§ 119 Abs. 2 BGB) und den nicht anfechtbaren Motivirrtum.

► Der Eigenschaftsirrtum kann sich auf verkehrswesentliche Eigenschaften einer Sache oder auf verkehrswesentliche Eigenschaften einer Person beziehen.

► Bei einer Sache sind alle Eigenschaften verkehrswesentlich, die unmittelbar und dauerhaft den Wert einer Sache bestimmen (z. B. Echtheit von Materialien, originale Kunstgegenstände, Baujahr Pkw). Der Wert oder der Preis selbst sind jedoch keine wesentlichen Eigenschaften, weil sie nicht unmittelbar durch die Sache, sondern durch den Markt bestimmt werden.

► Bei Personen gelten die rechtlichen und tatsächlichen Verhältnisse der Person, die für ein Rechtsgeschäft von erheblicher Bedeutung sind als verkehrswesentliche Eigenschaften. Das gilt vor allem dann, wenn diese Eigenschaft ausdrücklich im Vertrag vereinbart wurde oder zu erwarten war (z. B. positiv: Fähigkeiten, Kenntnisse; negativ: Suchtverhalten, Vorstrafen).

► Der Begriff „verkehrswesentlich" meint die allgemeinen und objektiven Ansichten über eine Sache oder eine Person (Verkehrsanschauung), also nicht die rein subjektiven Anschauungen (z. B. ob etwas aus echtem Gold ist, ist objektiv wertbildend; ob man eine bestimmte Schokoladensorte bevorzugt, ist nur subjektiv wichtig).

► Ein Motivirrtum entsteht nicht erst bei der Willenserklärung, sondern bereits bei der inneren Willensbildung und ist daher grundsätzlich nicht anfechtbar (z. B. wenn sich jemand bei der Erstellung eines Vertragsangebots verkalkuliert hat, dann liegt sein Irrtum bereits bei der Willensbildung durch das Verrechnen vor: unbeachtlicher Motivirrtum).

► Man muss wissen, dass auch der Eigenschaftsirrtum im Prinzip ein Motivirrtum ist, da auch hier der Irrtum schon während der Willensbildung entsteht. Aber der Eigenschaftsirrtum nach § 119 Abs. 2 ist ausnahmsweise als beachtlicher Motivirrtum anzusehen und damit anfechtbar.

- Der Sachverhalt scheint zwar nicht besonders realistisch („… über finanzielle Situation gar nicht gesprochen …"), muss aber in dieser Form hingenommen und gelöst werden. Der gut gemeinte Hinweis, dass die Kreditwürdigkeit immer nachgewiesen werden müsse, sollte daher in der Lösung unterbleiben.

- Wenn Kenntnisse zum Motivirrtum nicht vorhanden sind, ist die Lösung unter b) trotzdem offensichtlich: Da die Irrtümer (§§ 119 und 120 BGB) hier nicht greifen und das Gesetz keine anderen Anfechtungsgründe bei einem Irrtum kennt, muss zwingend die Anfechtbarkeit abgelehnt werden.

- Die einzelnen Prüfungspunkte für das Vorliegen einer wirksamen Anfechtung können hier in den Formulierungen kurz dargestellt werden. Nur der Schwerpunkt des Anfechtungsgrundes muss umfassender dargestellt werden.

Lösung zu Aufgabe 27: Übermittlungsirrtum, Anfechtungsfrist

a) Frau Weg könnte ihr Angebot zum Abschluss eines Kaufvertrages mit Herrn Schütze wirksam anfechten. Für eine wirksame Anfechtung muss ein Anfechtungsgrund vorliegen (§§ 119 ff. BGB), die Anfechtung erklärt werden (§ 143 BGB), die Anfechtungsfrist eingehalten werden (§§ 121 BGB) und die Anfechtung darf nicht ausgeschlossen sein (§ 144 BGB).

Als Anfechtungsgrund kommt weder ein Inhalts- noch ein Erklärungsirrtum (§ 119 Abs. 1 BGB) in Betracht, da sich Frau Weg bei der Abgabe ihres Kaufangebots über die Bedeutung ihrer Willenserklärung im Klaren war und dieses Angebot auch genauso abgeben wollte. Der Irrtum liegt somit nicht bereits bei der Abgabe der Willenserklärung durch Frau Weg, sondern erst beim Zugang der Willenserklärung bei Herrn Schütze bedingt durch den Fehler des Mitarbeiters Soski vor.

Als Anfechtungsgrund kommt daher die falsche Übermittlung des Angebots durch Herrn Soski in Betracht, wonach eine fehlerhafte Weitergabe der Willenserklärung durch einen Übermittlungsboten genauso anfechtbar ist, wie ein eigener Irrtum bei der Abgabe einer Willenserklärung (§ 120 BGB). Danach müsste eine Person zur Übermittlung einer Willenserklärung (Bote) eingesetzt worden sein, die aber die Willenserklärung versehentlich unrichtig weitergibt.

Herr Soski ist von Frau Weg als Bote zur Übermittlung ihres Kaufangebots an Herrn Schütze eingesetzt worden. Herr Soski hatte bei seinem Auftrag keinen eigenen Entscheidungsspielraum (keine Auswahl) für das Kaufangebot, da ihm Frau Weg ganz genau mitgeteilt hat, welches Angebot er in ihrem Namen übermitteln soll. Aus Herrn Soskis Auftreten war auch für Herrn Schütze klar erkennbar, dass Herr Soski keine eigene Willenserklärung abgegeben, sondern nur eine fremde Willenserklärung (von Frau Weg) weitergegeben hat.

Das Kaufangebot wurde auch unrichtig übermittelt, weil bei der Abgabe des Angebots (7 Figuren einer bestimmten TV-Serie) ein anderer Inhalt als beim Zugang des Angebots (7 Figuren einer anderen TV-Serie) vorlag. Das Kaufangebot wurde versehentlich unrichtig übermittelt, weil Herr Soski die Willenserklärung von Frau Weg unbewusst falsch weitergegeben hat. Ein Anfechtungsgrund liegt somit in der falschen Übermittlung des Kaufangebots vor. Frau Weg hat als Anfechtende die Anfechtung gegenüber dem Anfechtungsgegner Herrn Schütze erklärt (§ 143 Abs. 1 BGB), da sie deutlich gemacht hat, an diesem Kaufvertrag nicht festhalten zu wollen. Frau Weg hat die Anfechtung unverzüglich nach Kenntnis der falschen Übermittlung erklärt (§ 121 Abs. 1 BGB), indem sie Herrn Schütze sofort am gleichen Tag angerufen hat.

Ausschlussgründe für eine wirksame Anfechtung sind nicht ersichtlich. Insgesamt liegt somit eine wirksame Anfechtung des Kaufangebots vor.

Durch eine wirksame Anfechtung ist das angefochtene Rechtsgeschäft als von Anfang an nichtig anzusehen (§ 142 Abs. 1 BGB). Die Willenserklärung (Angebot) von Frau Weg ist also von Anfang an nichtig. Somit liegt eine von zwei erforderlichen Willenserklärungen für einen Kaufvertrag nicht (mehr) vor. Der Kaufvertrag ist damit nichtig.

b) Frau Weg könnte ihr Angebot zum Abschluss eines Kaufvertrages mit Herrn Kirch ebenfalls wirksam anfechten. Der Anfechtungsgrund der falschen Übermittlung liegt vor, da Herr Soski auch in diesem Fall als Bote das Kaufangebot der Frau Weg versehentlich unrichtig weitergegeben hat (§ 120 BGB).

Frau Weg hat zwar auch Herrn Kirch gegenüber die Anfechtung erklärt (§ 143 Abs. 1 BGB) und den Vertrag auch nicht allein dadurch bestätigt, dass sie das Schachspiel zunächst in der Verpackung behalten hat (§ 144 BGB).

Fraglich ist hier, ob Frau Weg die Anfechtungsfrist eingehalten hat. Die Anfechtung von Willenserklärungen wegen falscher Übermittlung muss ohne schuldhaftes Zögern (unverzüglich) nach Kenntnis vom Vorliegen eines Anfechtungsgrundes erfolgen (§ 121 Abs. 1 BGB). Der Begriff „unverzüglich" ist nicht mit dem Begriff „sofort" gleichzusetzen. Der Anfechtungsberechtigte soll ausreichend Zeit zum Überlegen und zur Einholung von Rechtsrat haben. Als allgemeine Obergrenze für unverzügliches Handeln gelten 14 Tage. Diese Frist hat Frau Weg weit überschritten, da sie erst 2 Monate nach Kenntnis von der falschen Übermittlung die Anfechtung gegenüber Herrn Kirch erklärt hat.

Wegen der Überschreitung der Anfechtungsfrist, liegt keine wirksame Anfechtung des Kaufangebots vor. Die Willenserklärung (Angebot) von Frau Weg und der Kaufvertrag bleiben wirksam.

 MERKE

In der Aufgabe geht es um den speziellen Anfechtungsgrund der falschen Übermittlung gemäß § 120 BGB und die Anfechtungsfrist bei Irrtumsanfechtungen (§ 121 BGB).

► § 120 BGB ist nur auf die unrichtige Übermittlung von Willenserklärungen durch einen Boten (Erklärungsboten oder Übermittlungsboten) anwendbar, also nicht auf fehlerhafte Willenserklärungen durch einen Stellvertreter nach § 164 BGB.

► Daher muss der Unterschied zwischen Stellvertreter und Boten genau beachtet werden: Der Stellvertreter gibt im Namen des Vertretenen eine eigene Willenserklärung ab, da er im Rahmen seiner Vertretungsbefugnis einen eigenen Entscheidungsspielraum hat (z. B. Handlungsspielraum bei Preisen oder der Auswahl des konkreten Kaufgegenstandes). Der Bote hingegen übermittelt nur eine fremde Willenserklärung (wie ein technisches Hilfsmittel oder wie ein Übersetzer) und hat dabei keinen eigenen Entscheidungsspielraum (z. B. Übergabe einer Bestellung, mündliche Wiederholung des konkreten Auftrages).

► Ob ein Bote oder ein Stellvertreter handelt, ist aus objektiver Sicht zu bewerten, indem man fragt: Wie tritt der Erklärende gegenüber dem Erklärungsempfänger auf (z. B. Erklärender lässt sich verschiedene Produkte zur Auswahl vorlegen = Stellvertreter; Erklärender überbringt eine Bestellung seines Auftraggebers = Bote)?

► § 120 BGB ist außerdem nur anwendbar, wenn der Bote die Willenserklärung unbewusst falsch übermittelt. Bei bewusster (absichtlicher) Falschübermittlung wird der Bote wie ein Stellvertreter ohne Vertretungsmacht behandelt und die §§ 177, 179 BGB werden entsprechend angewendet.

► Bei der Anfechtungsfrist muss beachtet werden, dass es noch eine weitere Anfechtungsfrist gibt (§ 124 BGB), die allerdings nur für die Anfechtung wegen arglistiger Täuschung und widerrechtlicher Drohung (§ 123 BGB) gilt. Beide Rechtsnormen dürfen nicht verwechselt werden, da sie unterschiedliche Fristen beinhalten.

 TIPP

► Immer erst die Aufgabenstellung lesen. Dann wird schnell klar, dass es hier nicht um Sachmängelhaftung oder einen Vertreter ohne Vertretungsmacht gehen kann.

► Aus der Aufgabenstellung geht auch hervor, dass der Kaufvertrag (zunächst) wirksam zu Stande gekommen ist. Ausführungen zum Vertragsschluss sollten daher nicht gemacht werden.

► Bei der wichtigen Frage, ob hier ein Bote oder ein Stellvertreter gehandelt hat, sollte man zunächst (gedanklich) prüfen, welche der beiden Möglichkeiten hier gegeben ist. In der Lösung prüft man dann den gewählten Begriff und begründet seine Entscheidung.

► Der Sachverhalt scheint wegen der 4 Personen und der umfangreichen Geschichte etwas schwierig zu sein. Man kann hier aber gut trainieren, wie man die wichtigen Informationen aus einem Sachverhalt herausliest. Mit dieser Fähigkeit kann man dann (fast) jede unbekannte Rechtsaufgabe verstehen und lösen.

- Die Sachverhaltsangaben weisen (wie immer) auf den richtigen Lösungsweg hin:

    - „... versehentlich ..." = unbewusste Falschübermittlung

    - „... nach 2 Monaten ..." = nicht unverzüglich (diese Information ist so eindeutig, dass man nicht lange überlegen muss)

    - „... in der Original-Verpackung ..." = keine Bestätigung des Kaufvertrages nach § 144 BGB.

- Unter b) können einzelne Prüfungspunkte für das Vorliegen einer wirksamen Anfechtung stark verkürzt werden, da sie Aufgabe a) entsprechen. Nur der Schwerpunkt der Anfechtungsfrist muss umfassender dargestellt werden.

Lösung zu Aufgabe 28: Arglistige Täuschung, Ausschlussfrist

a) Herr Otto könnte seine Annahme zum Abschluss eines Kaufvertrages wirksam angefochten haben. Für eine wirksame Anfechtung muss ein Anfechtungsgrund vorliegen (§ 121 BGB), die Anfechtung erklärt werden (§ 143 BGB), die Anfechtungsfrist eingehalten werden (§ 124 BGB), und die Anfechtung darf nicht ausgeschlossen sein (§ 144 BGB).

Als Anfechtungsgrund kommt die Anfechtung der Willenserklärung wegen arglistiger Täuschung (§ 123 Abs. 1 BGB) in Betracht.

Danach müsste durch eine Täuschung ein Irrtum beim Getäuschten hervorgerufen worden sein. Der Täuschende müsste arglistig gehandelt haben. Die Täuschung müsste die Ursache für die Abgabe der Willenserklärung sein. Eine Täuschung ist das bewusste Hervorrufen oder Aufrechterhalten eines Irrtums durch Vorspiegeln oder Entstellen von Tatsachen. Eine Täuschung liegt vor, da Herr Heinrich Tatsachen über das Foto vorgespiegelt und dadurch bei Herrn Otto einen Irrtum hervorgerufen hat.

Die Täuschung war auch ursächlich für Herrn Ottos Annahmeerklärung, da er die Kaufentscheidung wegen der angeblichen historischen Bedeutung des Fotos getroffen hat. Arglistiges Handeln des Täuschenden setzt bei ihm das Bewusstsein voraus, dass der Getäuschte aufgrund der Täuschung eine Willenserklärung dieser Art abgeben wird. Herrn Heinrich war klar, dass Herr Otto das Foto nur kaufen wird, wenn es für ihn von historischem Wert ist.

Eine arglistige Täuschung ist somit gegeben.

Herr Otto hat als Anfechtender die Anfechtung gegenüber dem Anfechtungsgegner Herrn Heinrich erklärt (§ 143 Abs. 1 BGB), da er zum Ausdruck gebracht hat, wegen der Täuschung an diesem Vertrag nicht festhalten zu wollen. Herr Otto müsste die Anfechtung innerhalb eines Jahres (§ 124 Abs. 1 BGB) ab der Entdeckung der Täuschung (§ 124 Abs. 2 BGB) erklären. Obwohl Herr Otto erst 6 Monate nach Erkennen der Täuschung die Anfechtung erklärt hat, ist die Anfechtungsfrist gewahrt.

Ausschlussgründe für eine wirksame Anfechtung sind nicht ersichtlich. Insgesamt liegt somit eine wirksame Anfechtung der Annahmeerklärung vor.

Durch eine wirksame Anfechtung ist das angefochtene Rechtsgeschäft als von Anfang an nichtig anzusehen (§ 142 Abs. 1 BGB). Die Willenserklärung (Annahme) des Herrn Otto ist also von Anfang an nichtig. Somit liegt eine von zwei erforderlichen Willenserklärungen für einen Kaufvertrag nicht (mehr) vor. Der Vertrag ist damit nichtig.

b) Frau Mathilde könnte ihre Annahmeerklärung zum Abschluss eines Kaufvertrages mit Herrn Heinrich wirksam angefochten haben. Der Anfechtungsgrund der arglistigen Täuschung liegt hier ebenfalls vor. Herr Heinrich hat durch seine Täuschung über das Buch einen Irrtum bei Frau Mathilde hervorgerufen hat. Herr Heinrich hat arglistig gehandelt und seine Täuschung war die Ursache für die Annahmeerklärung von Frau Mathilde (§ 123 BGB).

Frau Mathilde hat die Anfechtung innerhalb der Jahresfrist (§ 124 Abs. 1 BGB) ab der Entdeckung der Täuschung (§ 124 Abs. 2 BGB) auch gegenüber dem Anfechtungsgegner Herrn Heinrich erklärt, da sie ihn sofort nach Erkennen der Wahrheit angerufen hat. Die Anfechtung ist aber dadurch ausgeschlossen, dass seit der Abgabe der Annahmeerklärung 12 Jahre vergangen sind. Die Ausschlussfrist für eine Anfechtung beträgt 10 Jahre ab Abgabe der Willenserklärung.

Wegen der Überschreitung der Ausschlussfrist liegt keine wirksame Anfechtung der Kaufannahme vor. Die Willenserklärung von Frau Mathilde und der Kaufvertrag bleiben wirksam.

 MERKE

In der Aufgabe geht es um die spezielle Anfechtungsmöglichkeit wegen arglistiger Täuschung (§ 123 BGB) die Anfechtungsfrist (§ 124 Abs. 1 und 2 BGB) und die Ausschlussfrist (§ 124 Abs. 3 BGB).

► Die Täuschung kann durch aktives Tun, aber auch durch Verschweigen begangen werden. Das Verschweigen ist aber nur dann als Täuschung anzusehen, wenn der Täuschende eine Aufklärungspflicht gehabt hat (z. B. die Pflicht, auf schwerwiegende Schäden am Pkw hinzuweisen).

► Die Arglist ist gegeben, wenn der Täuschende vorsätzlich handelt.

► Bei § 124 Abs. 3 BGB ist zu beachten, dass die absolute Ausschlussfrist von 10 Jahren auch die Anfechtungsfrist von 1 Jahr (§ 124 Abs. 1 und 2 BGB) begrenzen kann (z. B. Getäuschter bemerkt die Täuschung erst 9 Jahre und 11 Monate nach Abgabe seiner Willenserklärung zum Vertragsschluss, Zeit für die Anfechtung: noch 1 Monat, da danach die 10 Jahre abgelaufen sind).

► § 121 Abs. 2 BGB enthält für die Irrtumsanfechtung (§§ 119, 120 BGB) die gleiche 10-jährige Ausschlussfrist wie § 124 Abs. 3 BGB.

 **TIPP**

- Der Anfechtungsgrund der arglistigen Täuschung wird immer nach dem gleichen Schema geprüft:
  - Vorliegen einer Täuschung,
  - deshalb Irrtum beim Getäuschten,
  - Täuschung ursächlich für Willenserklärung des Getäuschten und
  - Arglist beim Täuschenden.
- Aus der Aufgabenstellung und den fehlenden Angaben zur Höhe der Kaufpreise muss man erkennen, dass es nicht um Rechtsfragen zum Wucher gemäß § 138 Abs. 2 BGB geht.
- Die einzelnen Prüfungspunkte für das Vorliegen einer arglistigen Täuschung unter b) können noch kürzer formuliert werden, da das Überschreiten der Ausschlussfrist eine wirksame Anfechtung verhindert.

Lösung zu Aufgabe 29: Widerrechtliche Drohung

Herr Bischof könnte sein Schenkungsversprechen zum Abschluss eines Schenkungsvertrages wirksam anfechten. Für eine wirksame Anfechtung muss ein Anfechtungsgrund vorliegen (§ 121 BGB), die Anfechtung erklärt werden (§ 143 BGB), die Anfechtungsfrist eingehalten werden (§ 124 BGB), und die Anfechtung darf nicht ausgeschlossen sein (§ 144 BGB).

Als Anfechtungsgrund kommt die Anfechtung der Willenserklärung wegen widerrechtlicher Drohung (§ 123 Abs. 1 BGB) in Betracht. Dazu müsste eine Drohung vorliegen, die ursächlich für die Abgabe der Willenserklärung ist. Die Drohung müsste widerrechtlich sein und vom Drohenden vorsätzlich eingesetzt worden sein, um den Bedrohten zur Abgabe der gewünschten Willenserklärung zu drängen (§ 123 Abs. 1 BGB).

Eine Drohung liegt vor, wenn der Drohende dem Bedrohten ein empfindliches Übel in Aussicht stellt, welches der Drohende aus Sicht des Bedrohten beeinflussen kann. Als Übel ist jeder erhebliche Nachteil für den Bedrohten anzusehen, der ihn in eine Zwangssituation versetzt. Eine Drohung liegt vor, da Olivia Herrn Bischof mit einer Anzeige wegen Steuerhinterziehung gedroht hat, die mit erheblichen finanziellen und rechtlichen Nachteilen für Herrn Bischof verbunden wäre.

Eine Drohung ist dann widerrechtlich – also gegen die Rechtsordnung – wenn entweder das verwendete Mittel (Anzeige) oder der erstrebte Zweck (Schenkungsvertrag) oder das Mittel-Zweck-Verhältnis (Unterlassen der Anzeige gegen Schenkung) rechtswidrig ist.

Die Drohung mit einer Anzeige wegen Steuerhinterziehung ist – einzeln betrachtet – nicht widerrechtlich, da es erlaubt ist, auf Gesetzesverstöße hinzuweisen. Der angestrebte Zweck eines Schenkungsvertrages ist – für sich gesehen – ebenfalls nicht widerrechtlich, da die Rechtsordnung Schenkungen zulässt.

Fraglich ist, ob das Verhältnis von eingesetztem Mittel und angestrebtem Zweck unangemessen und damit widerrechtlich ist. Von der Widerrechtlichkeit ist auszugehen, wenn kein innerer Zusammenhang zwischen dem Mittel und dem Zweck besteht. Zwischen der angedrohten Anzeige und dem erstrebten Abschluss eines Schenkungsvertrages besteht keine innere Beziehung. Die Drohung war somit widerrechtlich.

Die Drohung war auch ursächlich für Herrn Bischoffs Schenkungsversprechen, da er ohne die in Aussicht gestellte Anzeige sein Auto nicht an Olivia verschenkt hätte. Außerdem hat Olivia vorsätzlich gehandelt, da sie absichtlich mit ihrer Drohung Herrn Bischof zur Abgabe des Schenkungsversprechens gebracht hat.

Eine widerrechtliche Drohung ist somit als Anfechtungsgrund gegeben.

Herr Bischof muss als Anfechtender die Anfechtung gegenüber der Anfechtungsgegnerin Olivia erklären (§ 143 Abs. 1 BGB). Die Anfechtung muss er innerhalb eines Jahres (§ 124 Abs. 1 BGB) nach Ende der unmittelbaren Zwangslage erklären (§ 124 Abs. 2 BGB). Durch die Übergabe der belastenden Kopien und die getroffene Schenkungsvereinbarung ist die Zwangssituation beendet worden. Ab diesem Moment hat Herr Bischoff 1 Jahr Zeit.

Ausschlussgründe für eine wirksame Anfechtung sind nicht ersichtlich.

Wenn Herr Bischof die Anfechtung wegen widerrechtlicher Drohung gegenüber Olivia fristgerecht erklärt, kann er den Schenkungsvertrag wirksam anfechten. Durch eine wirksame Anfechtung ist das angefochtene Schenkungsversprechen als von Anfang an nichtig anzusehen (§ 142 Abs. 1 BGB). Somit liegt eine von zwei erforderlichen Willenserklärungen für einen Schenkungsvertrag nicht (mehr) vor. Der Vertrag wäre damit nichtig.

 MERKE

In der Aufgabe geht es um die spezielle Anfechtungsmöglichkeit wegen widerrechtlicher Drohung (§ 123 BGB).

► Die rechtliche Herausforderung liegt in diesen Anfechtungsfällen regelmäßig in der Widerrechtlichkeit der Drohung, die sich aus dem Mittel, dem Zweck oder dem Mittel-Zweck-Verhältnis der Drohung ergeben kann.

- Die Widerrechtlichkeit kann – für sich betrachtet – bereits im verwendeten Mittel der Drohung liegen: z. B. Drohung mit rechtswidriger Körperverletzung.

- Die Widerrechtlichkeit kann – für sich betrachtet – auch im angestrebten Zweck der Drohung liegen: z. B. Drohen mit berechtigter Strafanzeige wegen Diebstahls (Mittel), um rechtswidrige Tätigkeit als Drogenkurier für den Drohenden zu erzwingen.

- Die Widerrechtlichkeit kann sich auch erst aus der Bewertung des Mittel-Zweck-Verhältnisses ergeben. Das ist der Fall wenn die beiden Elemente – für sich betrachtet – rechtmäßig sind, aber eine fehlende innere Beziehung beider Elemente vorliegt: z. B. Drohung mit berechtigter Strafanzeige wegen Subventionsbetruges (Mittel), um berechtigte Lohnerhöhung zu ehrhalten (Zweck). Ein nicht widerrechtliches Verhältnis liegt z. B. vor bei Drohung mit Strafanzeige wegen Sachbeschädigung (Mittel), wenn Schädiger Schuldanerkenntnis (Zweck) nicht abgibt.

 TIPP

- Zu beachten ist hier eine andere Art der Aufgabenstellung. Man wird aufgefordert, die Rolle eines Rechtskundigen einzunehmen und den Fall zu bewerten. Die Aufgabenstellung ändert aber nichts an der Lösungsmethode.

- An dieser Stelle muss eventuell die Formel „Wer will von Wem Was Woraus?" zur Hilfe genommen werden. Laut Sachverhalt will Bischof – zunächst – nur aus dem Schenkungsvertrag mit Olivia „raus". Und das geht nur über die Anfechtung nach § 123 BGB.

- Der Anfechtungsgrund der widerrechtlichen Drohung wird immer nach dem gleichen Schema geprüft:
  - Vorliegen einer Drohung
  - Widerrechtlichkeit der Drohung
  - Drohung ursächlich für Willenserklärung des Bedrohten
  - Vorsatz des Drohenden bzgl. Willenserklärung des Bedrohten.

- Aus den Informationen des Sachverhalts folgt, dass die grundsätzlich notwendige notarielle Beurkundung des Schenkungsversprechens nach § 518 Abs. 1 BGB nicht in der Lösung erwähnt werden muss, da die Übergabe des Autos diesen Formmangel geheilt hat (§ 518 Abs. 2 BGB). Außerdem liegt der Schwerpunkt klar bei der Anfechtung.

Lösung zu Aufgabe 30: Verjährung

a) Herr Beutel könnte die Zahlung verweigern, wenn der Kaufpreisanspruch von Herrn Reuel gegen ihn verjährt ist (§ 214 Abs. 1 BGB). Der Kaufpreisanspruch (§ 433 Abs. 2 BGB) würde dann zwar immer noch bestehen, er wäre aber gegen Herrn Beutel nicht mehr durchsetzbar.

Das BGB kennt keine spezielle Verjährungsfrist für Kaufpreisansprüche. Der Anspruch unterliegt daher der regelmäßigen Verjährung (§ 195 BGB). Die Verjährungsfrist beträgt 3 Jahre. Sie beginnt am Ende des Jahres, in dem der Anspruch entstanden ist (§ 199 Abs. 1 Nr. 1 BGB) und der Gläubiger Kenntnis von den Anspruchsumständen und dem Schuldner hat oder hätte haben müssen (§ 199 Abs. 1 Nr. 2 BGB).

Der Anspruch auf den Kaufpreis ist mit Kenntnis von Herrn Reuel am 04.04.2011 entstanden (1 Monat nach Vertragsschluss). Die dreijährige Verjährungsfrist hat somit am 31.12.2011 (24.00 Uhr) begonnen und endet am 31.12.2014 (24.00 Uhr). Am 07.07.2014 war die Kaufpreisforderung somit noch nicht verjährt.

Die bestehende Kaufpreiszahlung ist somit weiter durchsetzbar. Herr Beutel kann die Kaufpreiszahlung nicht verweigern.

b) Herr Weiß könnte die Zahlung verweigern, wenn der Kaufpreisanspruch von Herrn Reuel gegen ihn verjährt ist (§ 214 Abs. 1 BGB). Der Anspruch auf den Kaufpreis ist mit Kenntnis von Herrn Reuel am 11.01.2011 entstanden (1 Monat nach Vertragsschluss im Jahr 2010). Die dreijährige Verjährungsfrist hat somit am 31.12.2011 (24.00 Uhr) begonnen und endet am 31.12.2014 (24.00 Uhr). Am 07.07.2014 war die Kaufpreisforderung somit noch nicht verjährt.

Die bestehende Kaufpreiszahlung ist somit weiter durchsetzbar. Herr Weiß kann die Kaufpreiszahlung nicht verweigern.

c) Herr Bock könnte die Zahlung verweigern, wenn der Kaufpreisanspruch von Herrn Reuel gegen ihn verjährt ist (§ 214 Abs. 1 BGB). Der Anspruch auf den Kaufpreis ist mit Kenntnis von Herrn Reuel am 12.05.2010 entstanden (1 Monat nach Vertragsschluss). Die dreijährige Verjährungsfrist hat somit am 31.12.2010 (24.00 Uhr) begonnen und ist am 31.12.2013 (24.00 Uhr) abgelaufen. Am 07.07.2014 wäre die Kaufpreisforderung somit scheinbar verjährt.

Durch die Erhebung der Klage auf Zahlung des Kaufpreises am 01.12.2013 – und damit vor Ablauf der Verjährungsfrist – wurde die Verjährung jedoch gehemmt (§ 204 Abs. 1 Nr. 1 BGB). Im Zeitraum der Hemmung wird die Verjährung angehalten (§ 209 BGB). Die Hemmung endet 6 Monate nach der rechtskräftigen Entscheidung (§ 204 Abs. 2 Satz 1 BGB). Das Urteil wurde zwar bereits am 28.05.2014 rechtskräftig. Die Hemmung der Verjährung endet aber erst am 28.11.2014. Am 07.07.2014 war die Kaufpreisforderung somit noch nicht verjährt.

Die bestehende Kaufpreiszahlung ist somit weiter durchsetzbar. Herr Bock kann die Kaufpreiszahlung nicht verweigern.

d) Herr Grin könnte die Zahlung verweigern, wenn der Kaufpreisanspruch von Herrn Reuel gegen ihn verjährt ist (§ 214 Abs. 1 BGB). Der Anspruch auf den Kaufpreis ist mit Kenntnis von Herrn Reuel am 11.09.2010 entstanden (1 Monat nach Vertragsschluss). Die dreijährige Verjährungsfrist hat somit am 31.12.2010 (24.00 Uhr) begonnen und ist am 31.12.2013 (24.00 Uhr) abgelaufen. Am 07.07.2014 wäre die Kaufpreisforderung somit scheinbar verjährt.

Durch die Abschlagszahlung an Herrn Reuel am 13.04.2013 – und damit vor Ablauf der Verjährungsfrist – hat die Verjährung erneut begonnen, da damit der Schuldner Grin dem Gläubiger Reuel gegenüber den Kaufpreisanspruch anerkannt hat (§ 212 Abs. 1 Nr. 1 BGB). Die Verjährung hat am 14.04.2013 (§ 187 Abs. 1 BGB) komplett neu mit einer Verjährungsfrist von weiteren 3 Jahren begonnen und endet somit erst am 14.04.2016. Am 07.07.2014 war die Kaufpreisforderung somit noch nicht verjährt.

Die bestehende Kaufpreiszahlung ist somit weiter durchsetzbar. Herr Grin kann die Kaufpreiszahlung nicht verweigern.

e) Der Anspruch auf den Kaufpreis gegen Herrn Bolge ist mit Kenntnis von Herrn Reuel am 24.11.2006 entstanden (1 Monat nach Vertragsschluss). Die dreijährige Verjährungsfrist hat somit am 31.12.2006 (24.00 Uhr) begonnen und ist am 31.12.2009 (24.00 Uhr) abgelaufen. Am 07.07.2014 wäre die Kaufpreisforderung somit verjährt.

Herr Bolge kann seine nach der Verjährung geleistete Zahlung an Herrn Reuel vom 18.01.2014 trotzdem nicht zurückverlangen. Wer zur Befriedigung eines verjährten Anspruchs etwas leistet, kann diese Leistung nicht zurückfordern, selbst wenn seine Leistung in Unkenntnis der tatsächlichen Verjährung geschieht (§ 214 Abs. 2 BGB).

Der weiter bestehende Kaufpreisanspruch (§ 433 Abs. 2 BGB) ist zwar wegen der Verjährung gegen Herrn Bolge nicht durchsetzbar, wenn Herr Bolge seine Zahlungspflicht jedoch freiwillig erfüllt, kann er sich nicht auf die Verjährung berufen.

 MERKE

In der Aufgabe geht es um die regelmäßige Verjährung von Ansprüchen (§ 195 BGB), den Beginn der Verjährungsfrist (§ 199 BGB), die Hemmung der Verjährung (§§ 203 ff. BGB), den Neubeginn der Verjährung (§ 212 BGB) und die Wirkung der Verjährung (§ 214 BGB).

▸ Das BGB kennt eine Reihe von speziellen Verjährungsfristen. Nach der Klammerwirkung gehen diese Verjährungsfristen der regelmäßigen Verjährung aus dem Allgemeinen Teil des BGB (§ 195 BGB) vor.

▸ Die wichtigste Erkenntnis ist, dass der Eintritt der Verjährung nicht dazu führt, dass ein Vertrag unwirksam wird oder Ansprüche aus einem Vertrag jetzt nicht mehr bestehen. Die Verjährung bewirkt lediglich, dass die (immer noch) bestehenden Ansprüche vom Gläubiger nicht mehr gegen den Schuldner durchsetzbar sind, weil der Schuldner die Leistung verweigern kann (§ 214 BGB).

- Die Gründe für eine Hemmung der Verjährung (anhalten und dann weiterlaufen lassen) werden in den §§ 203 ff. BGB, insbesondere im Katalog des § 204 BGB ausführlich genannt.

- Die Gründe für einen Neubeginn der Verjährung (unterbrechen und dann von vorne neu beginnen) werden im § 212 BGB genannt.

 TIPP

- Aus den unterschiedlichen Aufgaben müssen zwingend unterschiedliche Lösungen folgen.

- Eine grafische Darstellung eines Zeitstrahls für die verschiedenen Zeitangaben kann für die Erarbeitung der Lösung sehr hilfreich sein.

- Die speziellen Verjährungsfristen des BGB sind schnell zu finden. Entweder befinden sie sich im Bereich der zu prüfenden Rechtsnormen (z. B. § 434 BGB Mangelhaftung – § 438 BGB Verjährung der Mängelansprüche) oder können über das Stichwort „Verjährung" im Sachverzeichnis des BGB ermittelt werden.

2. Schuldrecht

Lösung zu Aufgabe 1: Nachträgliche objektive Unmöglichkeit

a) Herr Lehmann könnte gegen Herrn Eckener einen Anspruch auf Übereignung der Postkarte aus einem wirksamen Kaufvertrag haben (§ 433 Abs. 1 BGB). Ein wirksamer Kaufvertrag zwischen Herrn Lehmann und Herrn Eckener über den Kauf dieser speziellen Postkarte liegt vor (§ 433 BGB). Der Übereignungsanspruch ist damit grundsätzlich gegeben (§ 433 Abs. 1 BGB).

Dieser Anspruch könnte allerdings daran scheitern, dass Herr Eckener die Postkarte nicht mehr übereignen kann, da sie verbrannt ist. Der Anspruch könnte also durch die Unmöglichkeit der Leistung ausgeschlossen sein (§ 275 Abs. 1 BGB). Der Leistungsausschluss wegen Unmöglichkeit setzt zunächst ein Schuldverhältnis zwischen Herrn Lehmann und Herrn Eckener voraus, welches durch den abgeschlossenen Kaufvertrag vorliegt.

Die Übereignungspflicht aus dem Kaufvertrag (§§ 433 Abs. 1 i. V. m. 929 Satz 1 BGB) müsste außerdem unmöglich sein. Die Unmöglichkeit ist immer dann gegeben, wenn niemand die entsprechende Leistung erbringen kann (objektive Unmöglichkeit). Unmöglichkeit liegt auch vor, wenn eine andere Person, aber nicht der Schuldner selbst, die Leistung erbringen kann (subjektive Unmöglichkeit).

Eine Unmöglichkeit liegt insbesondere dann vor, wenn es sich bei dem geschuldeten Gegenstand um eine Stückschuld oder eine konkretisierte Gattungsschuld handelt. Die Postkarte könnte eine Stückschuld sein. Eine Stückschuld liegt vor, wenn es den geschuldeten Gegenstand in dieser Form tatsächlich nur einmal gibt, also insbesondere bei gebrauchten Gegenständen und bei Unikaten (Einzelstücken). Die Postkarte ist ein gebrauchter Kaufgegenstand und damit eine Stückschuld.

Weder Herr Eckener noch jemand anders kann diese spezielle Postkarte übereignen, da sie verbrannt ist und somit nicht mehr existiert. Es ist daher eine objektive Unmöglichkeit gegeben. Da die Übereignung unmöglich ist, ist auch der Kaufvertragsanspruch auf die Eigentumsübertragung (§ 433 Abs. 1 BGB) ausgeschlossen (§ 275 Abs. 1 BGB).

Herr Lehmann hat gegen Herrn Eckener somit keinen Anspruch auf Übereignung der Postkarte (§ 433 Abs. 1 BGB).

b) Herr Eckener könnte gegen Herrn Lehmann einen Anspruch auf Zahlung des Kaufpreises aus einem wirksamen Kaufvertrag haben (§ 433 Abs. 2 BGB). Da zwischen beiden ein wirksamer Kaufvertrag vorliegt (§ 433 BGB), ist der Kaufpreisanspruch für Herrn Eckener entstanden (§ 433 Abs. 2 BGB).

Der Kaufpreisanspruch könnte allerdings dadurch entfallen sein, dass man bei einem gegenseitigen Vertrag von der Gegenleistung befreit wird, wenn der andere Vertragspartner wegen Unmöglichkeit (§ 275 BGB) nicht zu leisten braucht (§ 326 Abs. 1 Satz 1 BGB). Ein gegenseitiger Vertrag ist in Form eines Kaufvertrages gegeben, da hier Leistung (Übereignung des Kaufgegenstandes, § 433 Abs. 1 BGB) und Gegenleistung (Kaufpreiszahlung, § 433 Abs. 2) vereinbart worden sind.

Da die Übereignung der Postkarte unmöglich ist, wurde Herr Eckener von seiner Übereignungspflicht (§ 433 Abs. 1 BGB) befreit (§ 275 Abs. 1 BGB). Für die Unmöglichkeit der Übereignung, also für die Zerstörung der Postkarte durch das Feuer, war Herr Eckener nicht verantwortlich (§ 326 Abs. 2 Satz 1 BGB). Damit ist insgesamt auch der Anspruch von Herrn Eckener auf die Zahlung des Kaufpreises (§ 433 Abs. 2 BGB) entfallen (§ 326 Abs. 1 Satz 1 BGB).

 MERKE

In der Aufgabe geht es um die nachträgliche objektive Unmöglichkeit einer Leistung, die Stückschuld, den Ausschluss der Leistungspflicht nach § 275 Abs. 1 BGB und die Befreiung von der Gegenleistungspflicht nach § 326 Abs. 1 Satz 1 BGB.

► Die Unmöglichkeit ist der „schlimmste Fall" einer Leistungsstörung. Hier ist der Schuldner zwar zu einer Leistung verpflichtet, er kann die Leistung aber gar nicht erfüllen. Insoweit ist die Unmöglichkeit von den Leistungsstörungen „Schuldnerverzug" (Leistung ist verspätet) und „Schlechtleistung" (Leistung ist mangelhaft) zu unterscheiden.

► Die grundsätzliche Rechtsfolge der Unmöglichkeit ist, dass die Leistungspflicht ausgeschlossen wird, d. h. der Schuldner seine Leistung nicht mehr zu erbringen braucht (§ 275 BGB).

► Es handelt sich in der Aufgabe um einen Fall der nachträglichen Unmöglichkeit, weil der Umstand, der zu einer Unmöglichkeit der Leistung geführt hat, erst nach Vertragsschluss eingetreten ist. Die Unterscheidung zur anfänglichen Unmöglichkeit (Leistung war schon bei Vertragsschluss unmöglich) ist für mögliche Schadensersatzansprüche wichtig.

► Es handelt sich außerdem um einen Fall der objektiven Unmöglichkeit nach § 275 Abs. 1 BGB, da niemand diese Leistung erbringen kann. Als Folge geht der Anspruch des Vertragspartners auf die Leistung unter.

► Bei der subjektiven Unmöglichkeit nach § 275 Abs. 2 und 3 BGB besteht zumindest die theoretische Möglichkeit der Leistung. Der Schuldner kann seine Leistung aber verweigern, wenn sie ihm nicht zumutbar ist (Unvermögen des Schuldners). Hier geht also der Anspruch des Vertragspartners nicht automatisch unter, der bestehende Anspruch ist aber nicht mehr durchsetzbar, wenn der Schuldner die Unmöglichkeit ausdrücklich geltend macht (sog. Einrede).

► Bei Stückschulden ist die Unmöglichkeit unproblematisch feststellbar, da ein zerstörter Gegenstand mit besonderen, individuellen Merkmalen (z. B. Kunstwerk, gebrauchtes Auto) nicht „noch einmal" geleistet werden kann.

► Bei Unmöglichkeit einer Leistung entfällt gemäß 326 BGB grundsätzlich auch der Anspruch auf die Gegenleistung. Bei gegenseitigen Verträgen (z. B. Kauf-, Miet-, Werk-, Dienst- oder Darlehensvertrag) geht es dabei immer um den Anspruch auf Zahlung.

- Für die Lösung muss man zunächst die jeweilige Rechtsgrundlage (Woraus?) finden (§ 433 Abs. 1 bzw. 2 BGB) und auch nennen.

- Man sollte die Aufgabenstellung wieder zuerst lesen. Aus der Aufgabe b) ergibt sich die Lösung für Aufgabe a) insoweit, dass das Ergebnis nicht lauten kann: „Der Anspruch besteht weiter und ist nicht ausgeschlossen.". Bei diesem Ergebnis würde die Aufgabe b) keinen Sinn ergeben, da dann die Zahlungspflicht einfach nur festgestellt werden müsste.

- Auf die Frage nach möglichen Schadensersatzansprüchen muss in dieser Aufgabe nicht eingegangen werden. Zum einen ist danach nicht gefragt, zum anderen weist der Sachverhalt darauf hin, dass die Unmöglichkeit gerade nicht durch den Verkäufer verursacht worden ist („umfangreiche und moderne Brandschutzeinrichtungen").

- Bei Aufgaben zur Unmöglichkeit sollte man genau wissen, um welche spezielle Art der Unmöglichkeit es sich im vorliegenden Fall handelt, da die zu prüfenden Rechtsfolgen zum Teil unterschiedlich sind. Daher folgende Einteilung:

  - Anfängliche objektive Unmöglichkeit: Wegen eines Umstandes, der schon bei Vertragsschluss vorlag, kann niemand die vereinbarte Leistung erbringen (z. B. A verkauft B ein gebrauchtes Luftschiff, welches ohne Wissen der Vertragspartner bereits vor dem Vertragsschluss explodiert war).

  - Anfängliche subjektive Unmöglichkeit: Wegen eines Umstandes, der schon bei Vertragsschluss vorlag, kann zwar der Schuldner die vereinbarte Leistung nicht erbringen, eine andere Person könnte es aber (z. B. A verkauft B ein gebrauchtes Luftschiff; A vergisst zum Zeitpunkt des Vertragsschlusses, dass er dieses Luftschiff bereits vorher an C übereignet hatte).

  - Nachträgliche objektive Unmöglichkeit: Wegen eines Umstandes, der erst nach Vertragsschluss eintritt, kann niemand die vereinbarte Leistung erbringen (z. B. A verkauft B ein gebrauchtes Luftschiff, welches nach dem Vertragsschluss, aber vor der Übergabe an B explodiert).

  - Nachträgliche subjektive Unmöglichkeit: Wegen eines Umstandes, der erst nach Vertragsschluss eintritt, kann zwar der Schuldner die vereinbarte Leistung nicht erbringen, eine andere Person könnte es aber (z. B. A verkauft B ein gebrauchtes Luftschiff; A übereignet es nach Vertragsschluss aber noch vor der Übergabe an den C).

Lösung zu Aufgabe 2: Nachträgliche subjektive Unmöglichkeit

Frau Groß könnte gegen Frau Tahr einen Anspruch auf Übereignung der 20 Ringe aus einem wirksamen Kaufvertrag haben (§ 433 Abs. 1 BGB).

Ein wirksamer Kaufvertrag zwischen Frau Groß und Frau Tahr über den Kauf von 20 Ringen liegt vor (§ 433 BGB). Der Übereignungsanspruch ist damit grundsätzlich gegeben (§ 433 Abs. 1 BGB).

Dieser Anspruch könnte allerdings daran scheitern, dass Frau Tahr die Ringe nicht mehr übereignen kann, da sie sich auf dem Boden des Flusses befinden. Der Anspruch könnte also durch die Unmöglichkeit der Leistung ausgeschlossen sein (§ 275 BGB).

Dieser Leistungsausschluss setzt zunächst ein Schuldverhältnis zwischen Frau Groß und Frau Tahr voraus, welches durch den abgeschlossen Kaufvertrag vorliegt.

Die Übereignungspflicht aus dem Kaufvertrag (§§ 433 Abs. 1 i. V. m. 929 Satz 1 BGB) müsste außerdem unmöglich sein. Die Unmöglichkeit ist immer dann gegeben, wenn niemand die entsprechende Leistung erbringen kann (objektive Unmöglichkeit). Unmöglichkeit liegt außerdem vor, wenn eine andere Person, aber nicht der Schuldner selbst, die Leistung erbringen kann (subjektive Unmöglichkeit).

Eine Unmöglichkeit liegt insbesondere vor, wenn es sich bei dem geschuldeten Gegenstand um eine Stückschuld oder eine konkretisierte Gattungsschuld handelt. Die 20 Ringe sind zunächst keine Stückschuld, da diese Gegenstände keine Einzelstücke sind. Es könnte vielmehr eine Gattungsschuld vorliegen. Das ist der Fall, wenn ein Gegenstand geschuldet wird, von dem es eine Vielzahl gleichartiger Gegenstände gibt, also jeweils mehr als ein Stück existiert. Das ist hier gegeben. Die 20 Ringe stammen zwar aus einer konkreten Schmuckserie. Es existieren aber im Sortiment der Frau Tahr weitere Ringe dieser Serie von vergleichbarer Qualität (§ 243 Abs. 1 BGB).

Fraglich ist daher, ob die Übereignungspflicht von Frau Tahr doch nicht unmöglich geworden ist, weil Frau Tahr jederzeit noch einmal 20 Ringe aus der Serie an Frau Groß schicken könnte. Das wäre allerdings nicht der Fall, wenn sich der Kaufvertrag auf genau diese 20 mit der Spedition versendeten und versunkenen Ringe beschränkt hat (§ 243 Abs. 2 BGB). Durch eine genaue Bestimmung (Konkretisierung) der Leistungspflicht wird aus einer Gattungsschuld eine Stückschuld. Das setzt voraus, dass der Schuldner alles seinerseits Erforderliche für die Eingrenzung seiner Leistung auf bestimmte Gegenstände getan haben muss. Was der Schuldner zur Eingrenzung seiner Leistung tun muss, hängt von der Art der zu erbringenden Leistung ab.

Hier handelt es sich um eine sog. Schickschuld, da vereinbart wurde, dass Frau Tahr die Ware an Frau Groß versendet (§ 447 BGB). Bei der Schickschuld muss der Schuldner den Kaufgegenstand lediglich einer ausgewählten Transportperson übergeben, um seine Leistungspflicht genau zu bestimmen. Im dem Moment, als Frau Tahr das Warenpaket mit den 20 Ringen an die Spedition übergeben hat, würde aus der Gattungsschuld (20 Ringe aus der Serie) eine konkrete Stückschuld (diese 20 ausgewählten Ringe).

Die Übereignungspflicht von Frau Tahr beschränkt sich daher auf die an die Spedition übergebenen 20 Ringe. Auf die Möglichkeit einer erneuten Versendung von 20 Ringen kann deshalb nicht verwiesen werden, sodass die Leistung insoweit unmöglich wäre.

Frau Tahr kann die Ringe nicht übereignen, da sie sich auf dem Boden des Flusses befinden. Da eine Bergung der Ringe aber zumindest theoretisch durchführbar wäre, ist keine objektive Unmöglichkeit (§ 275 Abs. 1 BGB) gegeben. Da die Übereignung somit noch möglich ist, wäre der Anspruch auf die Eigentumsübertragung nicht ausgeschlossen (§ 275 Abs. 1 BGB) und Frau Groß hat weiterhin gegen Frau Tahr einen Kaufvertragsanspruch auf Übereignung der 20 Ringe (§ 433 Abs. 1 BGB).

Dieser Anspruch ist aber möglicherweise nicht mehr durchsetzbar. Frau Tahr könnte gegen den Anspruch von Frau Groß die sog. praktische Unmöglichkeit als Leistungsverweigerungsrecht vorbringen (subjektive Unmöglichkeit, § 275 Abs. 2 BGB). Bei der praktischen Unmöglichkeit kann der Schuldner die Leistung verweigern, wenn die Leistung einen Aufwand erfordert, der in einem groben Missverhältnis zum Leistungsinteresse des Gläubigers steht. Das ist hier der Fall, da die hohen Bergungskosten in keinem Verhältnis zu dem materiellen Wert der Ringe stehen. Frau Thar hat auf diesen Umstand ausdrücklich hingewiesen und damit die Einrede der Leistungsverweigerung gegenüber Frau Groß geltend gemacht.

Der Anspruch auf die Übereignung der Ringe ist somit nicht durchsetzbar.

Der Anspruch auf die Übereignung der Ringe (§ 433 Abs. 1 BGB) besteht zwar weiterhin, ist aber wegen der subjektiven Unmöglichkeit (§ 275 Abs. 2 BGB) nicht mehr durchsetzbar.

 MERKE

In der Aufgabe geht es um die nachträgliche subjektive Unmöglichkeit einer Leistung, die Konkretisierung einer Gattungsschuld in eine Stückschuld gemäß § 243 Abs. 2 BGB und den Ausschluss der Leistungspflicht nach § 275 Abs. 2 BGB.

▸ Es handelt sich hier auch um einen Fall der nachträglichen Unmöglichkeit, weil der Umstand, der die Leistung unmöglich gemacht hat, erst nach Vertragsschluss eingetreten ist.

▸ Es handelt sich allerdings um einen Fall der subjektiven Unmöglichkeit nach § 275 Abs. 2 BGB, da zwar der Schuldner die Leistung nicht erbringen kann, aber eine andere Person theoretisch dazu in der Lage wäre (Bergungsunternehmen).

▸ Wichtig ist in den Fällen der subjektiven Unmöglichkeit, dass der Anspruch auf die Leistung nicht wie bei der objektiven Unmöglichkeit nach § 275 Abs. 1 BGB automatisch untergeht. Der Anspruch bleibt grundsätzlich bestehen, ist jedoch nicht mehr durchsetzbar. Der Schuldner kann die Leistung verweigern, wenn sie nach den Voraussetzungen des § 275 Abs. 2 und 3 BGB unzumutbar ist. Auf diese Einrede muss sich der Schuldner gegenüber dem Gläubiger aber ausdrücklich berufen (vergleichbar mit der Einrede der Verjährung, § 214 Abs. 1 BGB).

► Bei Gattungsschulden existieren mehrere gleichartige Gegenstände (z. B. ein neuer Pkw eines bestimmten Herstellers), die untereinander austauschbar sind. Solange die Gattungsschuld noch nicht zu einer Stückschuld konkretisiert worden ist (z. B. Hersteller wählt einen Pkw für den Kunden aus und verschickt ihn an den Kunden), ist die Leistung nicht unmöglich, da man immer wieder eine neue Sache aus der Gattung auswählen kann (z. B. Hersteller hat noch keinen konkreten Pkw aus dem Bestand für den Kunden ausgewählt; wenn ein Brand mehrere Pkw zerstört, hat der Hersteller immer noch weitere Pkw aus der Gattung zur Verfügung und die Leistung ist weiterhin möglich).

► Zur Konkretisierung der Gattungsschuld muss der Schuldner zunächst aus der Gattung einen Gegenstand aussondern, indem er die Ware vom Rest der Gattung trennt und für den Kunden kennzeichnet (z. B. Pkw wird auf den Transportparkplatz abgestellt und eine Bestimmungsadresse angebracht).

► Der § 243 Abs. 2 BGB fordert darüber hinaus, dass der Schuldner seinerseits alles zur Leistung erforderliche getan haben muss. Was das genau bedeutet, hängt von der Art der Schuld und dem Leistungsort ab. Gemäß § 269 Abs. 1 BGB ist der Leistungsort der Ort, an dem der Schuldner die Leistung zu erbringen hat. Danach werden grundsätzlich folgende Leistungsorte unterschieden:

- Holschuld:
  Der Gläubiger muss sich die Ware beim Schuldner abholen (§ 269 Abs. 1 und 2 BGB). Für die Konkretisierung der Gattungsschuld in eine Stückschuld reicht hier neben der Aussonderung, dass der Schuldner den Gläubiger zur Abholung der Ware auffordert. Wenn die Ware danach zerstört wird, ist die Leistung unmöglich geworden.

- Bringschuld:
  Der Schuldner muss die Ware dem Gläubiger bringen. Für die Konkretisierung der Gattungsschuld in eine Stückschuld reicht hier neben der Aussonderung, dass der Schuldner dem Gläubiger die Ware an seinem Wohn- bzw. Unternehmenssitz anbietet. Wenn die Ware auf dem Weg zum Leistungsort (Ort des Gläubigers) zerstört wird, ist die Leistung noch nicht unmöglich geworden.

- Schickschuld:
  Wie im obigen Fall muss hier der Schuldner die Ware an den Gläubiger mithilfe einer unabhängigen Transportperson übersenden (§ 447 BGB). Für die Konkretisierung der Gattungsschuld in eine Stückschuld reicht neben der Aussonderung allein schon aus, dass der Schuldner die Ware an eine geeignete Transportperson übergibt. Wenn die Ware danach zerstört wird, ist die Leistung unmöglich geworden.

Eine wichtige Ausnahme gilt für den Verbrauchsgüterkauf. Nach § 474 Abs. 2 Satz 2 BGB gilt § 447 BGB nicht, wenn ein Unternehmer etwas an einen Verbraucher verkauft und der Unternehmer die Ware versendet. Der Leistungsort ist dann – wie bei der Bringschuld – erst beim Gläubiger (Verbraucher). Wenn die Ware auf dem Weg zum Gläubiger zerstört wird, ist die Leistung noch nicht unmöglich geworden.

 TIPP

- ▶ Vom Entfallen der Gegenleistungspflicht nach § 326 Abs. 1 Satz 1 BGB kann man auch in diesem Fall ausgehen. Man sollte in der Lösung aber nicht darauf eingehen, da danach nicht gefragt ist.

- ▶ Der Sachverhalt weist eindeutig auf alle wichtigen Voraussetzungen hin (z. B. subjektives Unvermögen, Missverhältnis der Bergungskosten, ausdrückliche Leistungsverweigerung).

- ▶ Die unter „Merke" genannte Besonderheit des Verbrauchsgüterkaufs muss hier nicht beachtet werden, da im Fall ein Kaufvertrag zwischen Unternehmerinnen (§ 14 BGB) vorliegt.

Lösung zu Aufgabe 3: Anfängliche subjektive Unmöglichkeit, Schadens- und Aufwendungsersatz

a) Herr Wern könnte gegen Herrn Waller einen Anspruch auf Schadensersatz statt der Leistung i. H. von 100 € haben (§ 311a Abs. 2 Satz 1 BGB).

Der Anspruch auf Schadensersatz statt der Leistung setzt zunächst ein wirksames Schuldverhältnis zwischen den Vertragsparteien voraus. Herr Wern und Herr Waller haben einen Kaufvertrag (§ 433 BGB) über die beiden Modelle abgeschlossen. Die Tatsache, dass beide Modelle bereits bei Vertragsschluss nicht mehr im Warenbestand des Herrn Waller waren und somit ein Leistungshindernis vorgelegen hat, hat auf die Wirksamkeit des Kaufvertrags keinen Einfluss (§ 311a Abs. 1 BGB).

Der Schadensersatzanspruch statt der Leistung setzt weiter voraus, dass der Schuldner wegen Unmöglichkeit (§ 275 BGB) nicht zu leisten braucht (§ 311a Abs. 1 BGB).

Die Übereignungspflicht aus dem Kaufvertrag (§§ 433 Abs. 1 i. V. m. 929 Satz 1 BGB) müsste also unmöglich sein. Die Unmöglichkeit ist immer dann gegeben, wenn niemand die entsprechende Leistung erbringen kann (objektive Unmöglichkeit). Unmöglichkeit liegt außerdem vor, wenn eine andere Person, aber nicht der Schuldner selbst, die Leistung erbringen kann (subjektive Unmöglichkeit).

Eine Unmöglichkeit liegt insbesondere vor, wenn es sich bei dem geschuldeten Gegenstand um eine Stückschuld oder eine konkretisierte Gattungsschuld handelt. Die Modelle stellen eine Stückschuld dar, da es diese Gegenstände in dieser Form tatsächlich nur einmal gibt.

Herr Waller kann diese speziellen Modelle nicht übereignen, da sie Frau Lisswatz gehören. Da Frau Lisswatz als Eigentümerin die Modelle theoretisch an Herrn Wern übereignen könnte, ist eine subjektive Unmöglichkeit gegeben, die Herr Waller selber nicht beseitigen kann.

Die Übereignung der Modelle (§ 433 Abs. 1 BGB) ist somit unmöglich.

Die Unmöglichkeit müsste anfänglich gewesen sein (§ 311a Abs. 1 BGB). Eine anfängliche Unmöglichkeit ist gegeben, wenn sie bereits bei Vertragsschluss vorgelegen hat. Weil die Modelle bereits vor Vertragsschluss im Eigentum der Frau Lisswatz gewesen sind, ist die Leistung anfänglich unmöglich.

Wegen der anfänglichen subjektiven Unmöglichkeit braucht Herr Waller die Modelle nicht mehr an Herrn Wern zu leisten (§§ 311a Abs. 1 i. V. m. 275 Abs. 1 BGB).

Ein Schadensersatzanspruch wäre ausgeschlossen, wenn Herr Waller bei Vertragsschluss nichts von der Unmöglichkeit gewusst hätte bzw. wenn Herr Waller seine Unkenntnis nicht verschuldet hätte. Eine Kenntnis des Schuldners vom Leistungshindernis bei Vertragsschluss bzw. das „Vertreten-Müssen" des Schuldners hinsichtlich seiner Unkenntnis wird immer dann angenommen, wenn der Schuldner sich nicht entlasten kann (§ 311a Abs. 2 Satz 2 BGB). Eine solche Entlastungsmöglichkeit ist im vorliegenden Fall nicht erkennbar. Selbst wenn Herr Waller keine genaue Kenntnis (mehr) von der Tatsache des vorherigen Verkaufs an Frau Lisswatz hatte, hat er zumindest diese Unkenntnis zu vertreten, da er als Händler für die sorgfältige Kontrolle seines Warenbestandes verantwortlich ist.

Herr Wern müsste durch die Unmöglichkeit der Leistung als Gläubiger einen Schaden erlitten haben. Hätte Herr Waller die Modelle an ihn übereignet, hätte Herr Wern zwei Modelle im Wert von 500 € zu einem Kaufpreis von 400 € bekommen. Der Schaden ist der Differenzbetrag zwischen tatsächlichem Gegenstandswert und vereinbartem Kaufpreis und beträgt daher 100 €.

Herr Wern hat gegen Herrn Waller daher einen Anspruch auf Schadensersatz statt der Leistung i. H. von 100 € (§ 311a Abs. 2 Satz 1 BGB).

b) Herr Wern könnte gegen Herrn Waller einen Anspruch auf Aufwendungsersatz für die Materialkosten i. H. von 120 € haben (§§ 311a Abs. 2 Satz 1, 284 BGB). Dazu müssten alle Voraussetzungen für einen Schadensersatzanspruch statt der Leistung vorliegen (§ 311a BGB). Der einzige Unterschied zum Schadensersatzanspruch ist, dass kein ersatzfähiger Schaden gegeben sein muss.

Wie unter Lösung a) dargelegt, sind die Voraussetzungen für einen solchen Schadensersatzanspruch gegeben. Die Materialkosten für die Schaukästen sind kein Schaden (i. S. v. § 311a BGB), da unter einem Schaden stets eine unfreiwillige Vermögensschädigung zu verstehen ist. Herr Wern hat die 120 € jedoch freiwillig bezahlt. Die freiwillig gezahlten Materialkosten müssten als Aufwendungen des Gläubigers gelten (§ 284 BGB). Herr Wern konnte diese Kosten im Vertrauen auf die Leistung aufwenden, da er davon ausgehen durfte, dass Herr Waller die Modelle an ihn übereignen werde. Somit hat Herr Wern Aufwendungen i. H. von 120 € gehabt (§ 284 BGB).

Der Aufwendungsersatz ist auch nicht ausgeschlossen, da Herr Wern die Schaukästen hätte nutzen können, wenn Herr Waller die Modelle übereignet hätte (§ 284 letzter Halbsatz BGB).

Da alle Voraussetzungen des Anspruchs erfüllt sind, hat Herr Wern gegen Herrn Waller einen Anspruch auf Aufwendungsersatz für die Materialkosten i. H. von 120 € (§§ 311a Abs. 2 Satz 1, 284 BGB).

 MERKE

In der Aufgabe geht es um die anfängliche subjektive Unmöglichkeit einer Leistung, den Schadensersatzanspruch nach § 311a BGB und den Aufwendungsersatzanspruch nach §§ 311a und 284 BGB.

► Geht es bei der Unmöglichkeit um Schadensersatz statt der Leistung, muss man darauf achten, dass es grundsätzlich 2 verschiedene Anspruchsgrundlagen gibt:

- zum einen – wie im vorliegenden Fall – den § 311a Abs. 1 BGB bei anfänglicher Unmöglichkeit,

- zum anderen die §§ 280 Abs. 1 und 3 sowie 283 Satz 1 BGB bei nachträglicher Unmöglichkeit (hier wären die beiden Modelle noch im Eigentum des Herrn Waller gewesen, aber z. B. nach Abschluss des Kaufvertrages noch vor der Übergabe zerstört worden).

► Die Unterscheidung der beiden Anspruchsgrundlagen ist wichtig für die Prüfung des Schadensersatzanspruchs:

- Gemeinsam ist beiden Anspruchsgrundlagen, dass ein wirksames Schuldverhältnis vorliegen muss und die Leistung des Schuldners unmöglich geworden sein muss.

- Beim Anspruch nach §§ 280 Abs. 1 und 3 sowie 282 Satz 1 BGB muss man einzeln prüfen, (1) ob eine Pflichtverletzung vorliegt, (2) der Schuldner diese zu vertreten hat (§§ 280 Abs. 1 Satz 2, 276 BGB) und (3) dem Gläubiger dadurch ein Schaden entstanden ist.

- Bei § 311a BGB muss eine Pflichtverletzung nicht direkt geprüft werden. Außerdem ist die Frage, ob der Gläubiger den Schaden zu vertreten hat, schon dann zu bejahen, wenn der Schuldner das Leistungshindernis kannte oder hätte kennen müssen (§ 311a Abs. 2 Satz 2 BGB).

► Auch die Rechtsfolgen der Unmöglichkeit bezüglich entstandener Schäden (Aufgabe a) und Aufwendungen (Aufgabe b) beim Gläubiger müssen genau unterschieden werden:

- Der Schadensersatzanspruch stützt sich auf §§ 280 Abs. 1 und 3 sowie 282 Satz 1 BGB (nachträgliche Unmöglichkeit) bzw. § 311a BGB (anfängliche Unmöglichkeit). Der Anspruch richtet sich auf den Ersatz der unfreiwilligen Vermögensschäden, welche durch die vom Schuldner zu vertretene Unmöglichkeit beim Gläubiger entstanden sind (z. B. entgangener Gewinn; Mehrkosten durch Beschaffung eines gleichwertigen, aber teureren Gegenstandes).

- Der Aufwendungsersatzanspruch stützt sich auf die Voraussetzungen des Schadensersatzanspruchs i. V. m. § 284 BGB. Hier geht es um die freiwilligen

Vermögensschäden, die dem Gläubiger entstanden sind, da er im Vertrauen auf die Leistung Aufwendungen hatte (z. B. hier im Fall, oder: Kosten eines speziellen Bilderrahmens für ein gekauftes Gemälde, welches später bei einem Brand zerstört wird).

TIPP

- ▶ Die Aufgabe muss genau gelesen werden. Dann wird klar, dass es hier nicht um die beiden gegenseitigen Hauptansprüche (Übereignung der Kaufsache und Kaufpreiszahlung) geht.

- ▶ Aus den unterschiedlichen Formulierungen der Aufgaben a) und b) ist der Lösungsweg klar vorgegeben. Das scheinbar einfache Ergebnis für b) „Herr Wern bekommt auch für die 120 € Schadensersatz (§ 311a Abs. 2 Satz 1 BGB)" kann nicht richtig sein, da ausdrücklich nach dem Aufwendungsersatz gefragt wird.

- ▶ Sollte die Aufgabe allgemeiner formuliert sein, z. B. „Erläutern Sie, ob Herr Wern Ansprüche bezüglich der 100 € und der 120 € gegen Hern Waller hat.", hilft das 4-W-Fragen-Schema weiter. Bei der Frage nach der Anspruchsgrundlage (4. Frage: Woraus?) muss man die beiden unterschiedlichen Rechtsgrundlagen herausfinden.

- ▶ Aus den Sachverhaltsangaben muss unbedingt die anfängliche Unmöglichkeit erkannt werden, da die Voraussetzungen des § 311a BGB zum Teil anders sind, als bei der nachträglichen Unmöglichkeit.

- ▶ Auf einen Anspruch auf Rückzahlung der 400 € darf man in der Lösung gar nicht eingehen, da der Kaufpreis laut Sachverhalt noch gar nicht bezahlt wurde.

- ▶ Da beim Aufwendungsersatzanspruch die gleichen Voraussetzungen wie beim Schadensersatzanspruch vorliegen müssen, kann unter b) auf die Lösung unter a) verwiesen werden.

Lösung zu Aufgabe 4: Lieferverzug, Mahnung, Verzugsschaden

a) Frau Würfel könnte gegen den Hersteller Sturm einen Anspruch auf Schadensersatz i. H. der Rechtsanwaltskosten (90 €) haben. (§§ 280 Abs. 1 und 2 sowie 286 BGB).

Der Anspruch setzt zunächst ein wirksames Schuldverhältnis zwischen den Parteien voraus. Frau Würfel und der Hersteller Sturm haben einen Kaufvertrag über 24 Wetterjacken geschlossen (§ 433 BGB). Ein Schuldverhältnis ist somit gegeben. Da Frau Würfel die Ware beider Hersteller in jedem Fall weiterhin bekommen möchte (Leistung), begehrt sie hier Schadensersatz neben der Leistung. Dafür müssten die Voraussetzungen des Schuldnerverzuges vorliegen (§§ 280 Abs. 2, 286 BGB).

Ein Schuldnerverzug ist gegeben, wenn der Hersteller Sturm auf einen fälligen und einredefreien Anspruch von Frau Würfel trotz Mahnung nicht leistet und er diese

Nichtleistung auch zu vertreten hat (§ 286 BGB). Der Schuldnerverzug setzt also zunächst voraus, dass ein fälliger und einredefreier Anspruch von Frau Würfel gegen den Hersteller Sturm besteht (§ 286 Abs. 1 BGB). Aus dem Kaufvertrag hat Frau Würfel einen Anspruch auf Übereignung des Kaufgegenstandes gegen den Hersteller Sturm (§ 433 Abs. 1 BGB).

Dieser Anspruch müsste fällig sein. Leistungen sind, wenn nichts anderes bestimmt wird, grundsätzlich sofort fällig (§ 271 Abs. 1 BGB). Von diesem Grundsatz können die Vertragsparteien abweichen und durch eine konkrete Vereinbarung einen anderen Fälligkeitszeitpunkt bestimmen (§ 271 Abs. 2 BGB). Das ist hier der Fall, da Frau Würfel und der Hersteller Sturm vereinbart haben, dass die Übereignung (Lieferung) der Ware nach Abruf durch Frau Würfel erfolgen soll. Frau Würfel hat diesen Abruf telefonisch getätigt. Somit ist der Anspruch in diesem Moment fällig geworden.

Dem fälligen Anspruch dürfen keine Einreden entgegenstehen. Eine dem Hersteller Sturm zustehende Einrede gegen den Übereignungsanspruch von Frau Würfel ist nicht ersichtlich. Die Möglichkeit der Einrede des nicht erfüllten Vertrages (§ 320 Abs. 1 BGB) steht dem Hersteller insbesondere nicht zu, da Frau Würfel ihrer Vertragspflicht bereits nachgekommen ist und den Kaufpreis schon bezahlt hat.

Frau Würfel hätte allerdings gegenüber dem Hersteller Sturm eine Mahnung bezüglich der Leistung aussprechen müssen (§ 286 Abs. 1 BGB). Eine Mahnung ist eine eindeutige und bestimmte Aufforderung des Gläubigers an den Schuldner, seine Leistung zu erbringen. In dem telefonischen Abruf der Ware ist keine ausdrückliche Mahnung von Frau Würfel an den Hersteller Sturm zu erkennen. Der Abruf diente lediglich dazu, die Fälligkeit der Leistung zu bestimmen. Ab dem Zeitpunkt des Abrufs war die Leistung (sofort) fällig. Die Mahnung erfolgte aber durch das Schreiben des Rechtsanwaltes im Namen von Frau Würfel, da der Hersteller Sturm hiermit ausdrücklich zur Übereignung der Ware aufgefordert wurde.

Der Hersteller Sturm hat auf die Mahnung nicht reagiert und die Ware nicht geleistet. Er müsste die Nichtleistung zu vertreten haben (§ 286 Abs. 4 BGB). Das „Vertreten-Müssen" des Schuldners wird immer dann angenommen, wenn er sich nicht entlasten kann. Da eine Entlastung für den Hersteller nicht ersichtlich ist, hat er die Verzögerung der Leistung zu vertreten. Im Ergebnis liegen alle Voraussetzungen vor und der Hersteller Sturm befindet sich im Verzug.

Außerdem müssen die Voraussetzungen einer Pflichtverletzung vorliegen. Hersteller Sturm müsste also eine Pflicht aus dem Schuldverhältnis verletzt haben, diese Pflichtverletzung zu vertreten und dadurch einen Schaden verursacht haben (§ 280 Abs. 1 BGB).

Hersteller Sturm hat eine Pflicht aus dem Kaufvertrag verletzt, da er die Kaufsache bei Fälligkeit nicht an Frau Würfel übereignet hat (§§ 433 Abs. 2 und 929 Satz. 1 BGB) und damit seiner Hauptleistungspflicht nicht nachgekommen ist. Im Rahmen des Verzuges wurde bereits festgestellt, dass der Hersteller Sturm seine Pflichtverletzung auch zu vertreten hat.

Fraglich ist, ob Frau Würfel durch die Pflichtverletzung einen Schaden erlitten hat. Der Schaden muss durch den Verzug entstanden sein (Verzugs- bzw. Verzögerungsschaden). Es muss also zu einem Vermögensschaden nach Eintritt des Verzuges bei Frau Würfel gekommen sein. Das ist hier allerdings nicht der Fall. Wie bereits festgestellt, hat das Mahnschreiben des Rechtsanwaltes Rausbold den Hersteller Sturm erst in Verzug gesetzt. Die Kosten für die Mahnung (§ 286 Abs. 1) sind daher noch kein Verzugsschaden, da zu diesem Zeitpunkt noch gar kein Verzug bestanden hat.

Somit sind die Voraussetzungen eines auf einer Pflichtverletzung beruhenden Schadens nicht gegeben. Frau Würfel hat gegen den Hersteller Sturm keinen Anspruch auf 90 € Schadensersatz.

b) Frau Würfel könnte gegen den Hersteller Orkan einen Anspruch auf Schadensersatz i. H. der Rechtsanwaltskosten (90 €) haben. (§§ 280 Abs. 1 und 2 sowie 286 BGB).

Frau Würfel und der Hersteller Orkan haben einen Kaufvertrag über 48 Mützen geschlossen (§ 433 BGB) und somit ein Schuldverhältnis. Die Voraussetzungen des Schuldnerverzuges liegen vor (§§ 280 Abs. 2 und 286 BGB). Es besteht ein fälliger und einredefreier Anspruch von Frau Würfel gegen den Hersteller Orkan auf Übereignung des Kaufgegenstandes aus dem Kaufvertrag (§ 433 Abs. 1 BGB). Dieser Anspruch ist fällig, da Leistungen grundsätzlich sofort zu erbringen sind (§ 271 Abs. 1 BGB). Einreden stehen nicht entgegen, insbesondere die Einrede des nicht erfüllten Vertrages (§ 320 Abs. 1 BGB), da Frau Würfel den Kaufpreis schon bezahlt hat. Frau Würfel hat gegenüber dem Hersteller Orkan eine Mahnung ausgesprochen, indem sie ihn 2 Monate nach Vertragsschluss per E-Mail eindeutig und bestimmt zur Leistung aufgefordert hat. Hersteller Orkan hat trotz der Mahnung die Ware nicht geleistet. Er hat die Nichtleistung auch zu vertreten (§ 286 Abs. 4 BGB), da er sich nicht entlasten kann.

Die Voraussetzungen einer Pflichtverletzung liegen ebenfalls vor (§ 280 Abs. 1 BGB). Hersteller Orkan hat eine Pflicht aus dem Kaufvertrag verletzt, da er die Kaufsache bei Fälligkeit nicht an Frau Würfel übereignet hat (§§ 433 Abs. 2 und 929 Satz 1 BGB). Diese Pflichtverletzung hat er auch zu vertreten. Frau Würfel hat durch die Pflichtverletzung einen Schaden erlitten. Hätte der Hersteller bei Fälligkeit an Frau Würfel geleistet, wären die Kosten für eine Beauftragung des Rechtsanwaltes nach Verzugseintritt nicht entstanden.

Frau Würfel hat gegen den Hersteller Orkan somit einen Anspruch auf 90 € Schadensersatz.

 MERKE

In der Aufgabe geht es um den Verzug des Schuldners (Lieferverzug), die Voraussetzungen für den Verzug (§ 286 BGB), insbesondere die Mahnung (§ 286 Abs. 1 BGB) und den Schadensersatzanspruch für den Verzögerungsschaden (§§ 280 Abs. 1 und 2).

▶ Im Unterschied zur Unmöglichkeit der Leistung (§ 275 BGB) kann bei der Leistungsstörung des Schuldnerverzuges (§ 286 BGB) die Leistung vom Schuldner noch erbracht werden, er leistet allerdings nicht rechtzeitig an den Gläubiger.

- Bei Vorliegen eines Schuldnerverzuges kann der Gläubiger folgende unterschiedliche Ansprüche gegen den Schuldner geltend machen (wenn die Voraussetzungen vorliegen):

  - die geschuldete Leistung weiter verlangen und daneben, also zusätzlich den Ersatz des Verzögerungsschadens gemäß §§ 280 Abs. 1 und 2 sowie 286 BGB bzw. Verzugszinsen gemäß §§ 288, 286 BGB geltend machen

  - auf die geschuldete Leistung verzichten und dafür gemäß §§ 280 Abs. 1 und 3 sowie 281 BGB Schadensersatz statt der Leistung verlangen

  - die vergeblich gemachten Aufwendungen an Stelle des Schadensersatzes statt der Leistung verlangen (§§ 280 Abs. 1 und 3, 281 und 284 BGB)

  - neben dem Schadensersatzanspruch vom Vertrag zurücktreten und den bereits geleisteten Kaufpreis zurückverlangen (§§ 323, 346 BGB).

- Beim Schadensersatzanspruch neben der Leistung (§§ 280 Abs. 1 und 2 sowie 286 BGB) hat der Gläubiger weiterhin Interesse an der verzögerten Leistung. Beim Schadensersatzanspruch statt der Leistung (§§ 280 Abs. 1 und 3 sowie 281 BGB) möchte der Gläubiger dagegen die Leistung nicht mehr haben.

- Die Voraussetzung der Mahnung (§ 286 Abs. 1 BGB) steht – wie in diesem Fall – oft im Mittelpunkt einer Rechtsaufgabe zum Verzug. Dies gilt insbesondere für die gesetzlich geregelten Fälle, in denen auf die Mahnung verzichtet wird und es trotzdem zum Verzug kommt (§ 286 Abs. 2 und 3 BGB).

 TIPP

- Die Aufgabe muss genau gelesen werden. Aus den unterschiedlichen Fragestellungen der Aufgaben a) und b) ist der Lösungsweg insoweit vorgegeben, dass es unterschiedliche Lösungen geben muss.

- Bei Fragen nach Schadensersatzansprüchen wegen Verzuges kommt es immer auf die Interessenlage des Gläubigers an, da (wie unter „Merke" geschildert) verschiedene Anspruchsgrundlagen möglich sind. Das 4-W-Fragen-Schema, speziell die Frage nach dem „Was will der Gläubiger?" hilft hier weiter. Die entscheidende Frage ist dabei: „Hat der Gläubiger trotz Verzuges weiter ein Interesse an der Leistung oder nicht?".

- Die Aufgabe a) zeigt ganz deutlich, wo die Vorteile einer schrittweisen Lösung (Lösungsweg-Darstellung) liegen:

  - Prüft man die Voraussetzungen für einen Schadensersatzanspruch Schritt für Schritt, wird klar, dass der Abruf der Ware einzig und allein die Fälligkeit der Leistung verursacht hat. Die notwendige Mahnung ist aber erst in dem anwaltlichen Schreiben zu sehen.

  - Prüft man Schritt für Schritt, wird außerdem klar, dass das anwaltliche Schreiben zwar eine Mahnung ist, die Kosten aber keinen Verzögerungsschaden darstellen.

- Der Sachverhalt enthält keine Fallen, aber Hürden: Aus der Sachverhaltsangabe „Mahnschreiben" kann unter Aufgabe a) schnell auf die notwendige „Mahnung" nach § 286 Abs. 1 BGB geschlossen werden. Damit darf man sich aber nicht zufrieden geben, weil die Tatsache einer vorliegenden Mahnung noch nichts über einen ersetzbaren Verzögerungsschaden aussagt. Man muss weiter genau prüfen.

- Bei der Lösung eines Falls wird vor allem der Lösungsweg bewertet. Man sollte unter a) daher nicht zu schnell zum Hauptproblem des nicht vorhandenen Verzögerungsschadens kommen, sondern Punkt für Punkt auch die anderen Voraussetzungen prüfen.

- Bei der Formulierung der Lösung kann unter b) die Ergebnis-Darstellung genutzt werden, da die einzelnen Voraussetzungen unter a) ausführlich geschildert wurden.

- Bei der Aufgabenstellung muss man beachten, dass die Fragen zwar mit „ja" oder „nein" beantwortet werden könnten, eine ausführliche Begründung des Ergebnisses aber ausdrücklich verlangt wird.

Lösung zu Aufgabe 5: Lieferverzug, Entbehrlichkeit der Mahnung

a) Herr Fleut könnte gegen Herrn Bohmann einen Anspruch auf Schadensersatz i. H. von 500 € haben (§§ 280 Abs. 1 und 2 sowie 286 BGB). Der Anspruch setzt zunächst ein wirksames Schuldverhältnis zwischen den Parteien voraus. Herr Fleut und Herr Bohmann haben einen Kaufvertrag über eine Kamera geschlossen (§ 433 BGB). Ein Schuldverhältnis ist somit gegeben.

Da Herr Fleut die Kamera in jedem Fall haben wollte, begehrt er hier Schadensersatz neben der inzwischen erfolgten Leistung. Dafür müssten die Voraussetzungen des Schuldnerverzuges vorliegen (§§ 280 Abs. 2 und 286 BGB). Ein Schuldnerverzug liegt vor, wenn Herr Bohmann auf einen fälligen und einredefreien Anspruch von Herrn Fleut trotz Mahnung nicht leistet und er diese Nichtleistung zu vertreten hat (§ 286 BGB).

Aus dem Kaufvertrag hat Herr Fleut einen Anspruch auf Übereignung des Kaufgegenstandes gegen Herrn Bohmann (§ 433 Abs. 1 BGB). Dieser Anspruch müsste fällig sein. Leistungen sind, wenn nichts anderes bestimmt wird, grundsätzlich sofort fällig (§ 271 Abs. 1 BGB). Von diesem Grundsatz können die Vertragsparteien abweichen und durch eine konkrete Vereinbarung einen anderen Fälligkeitszeitpunkt bestimmen (§ 271 Abs. 2 BGB). Das ist hier der Fall, da Herr Fleut und Herr Bohmann vereinbart haben, dass die Übereignung der Kamera genau am 20.07.2014 erfolgen sollte. Der Anspruch ist somit an diesem Datum fällig geworden.

Dem fälligen Anspruch dürfen keine Einreden entgegenstehen. Eine Herrn Bohmann zustehende Einrede gegen den Übereignungsanspruch von Herrn Fleut ist nicht ersichtlich. Insbesondere steht Herrn Bohmann die Möglichkeit der Einrede des nicht erfüllten Vertrages (§ 320 Abs. 1 BGB) nicht zu, da Herr Fleut seiner Vertragspflicht bereits nachgekommen ist und den Kaufpreis schon bezahlt hat. Herr Fleut hätte gegenüber Herrn Bohmann eine Mahnung bezüglich der Leistung aussprechen müssen (§ 286 Abs. 1 BGB). Eine Mahnung ist eine eindeutige und bestimmte Aufforderung des Gläubigers an den Schuldner, seine Leistung zu erbringen. Eine solche Mahnung ist im vorliegenden Fall nicht erfolgt, da Herr Fleut keinen weiteren Kontakt zu Herrn Bohmann aufnehmen konnte.

Eine Mahnung könnte hier aber ausnahmsweise entbehrlich sein (§ 286 Abs. 2 BGB). Ist für die Leistung eine Zeit nach dem Kalender bestimmt, muss der Gläubiger den Schuldner nicht mehr zur Leistung mahnen. Die beiden Vertragsparteien haben als Lieferzeitpunkt ausdrücklich den 20.07.2014 bestimmt. Die sonst erforderliche Mahnung war daher entbehrlich. Herr Bohmann hatte am 20.07.2014 und zum Zeitpunkt, als Herr Fleut eine vergleichbare Kamera gemietet hat, noch nicht geliefert.

Herr Bohmann müsste die Nichtleistung zu vertreten haben (§ 286 Abs. 4 BGB). Das „Vertreten-Müssen" des Schuldners wird immer dann angenommen, wenn er sich nicht entlasten kann. Da eine Entlastung für Herrn Bohmann nicht ersichtlich ist, hat er die Verzögerung der Leistung zu vertreten. Im Ergebnis liegen die Voraussetzungen vor und Herr Bohmann befindet sich im Verzug.

Außerdem müssen die Voraussetzungen einer Pflichtverletzung vorliegen, also eine vom Schuldner zu vertretende Pflicht aus dem Schuldverhältnis verletzt und dadurch einen Schaden verursacht worden sein (§ 280 Abs. 1 BGB). Herr Bohmann hat eine Pflicht aus dem Kaufvertrag verletzt, da er die Kaufsache bei Fälligkeit nicht an Herrn Fleut übereignet hat (§§ 433 Abs. 2 und 929 Satz 1 BGB) und damit seiner Hauptleistungspflicht nicht nachgekommen ist.

Im Rahmen des Verzuges wurde bereits festgestellt, dass Herr Bohmann diese Pflichtverletzung zu vertreten hat. Herr Fleut müsste durch die Pflichtverletzung einen Schaden erlitten haben. Der Schaden muss durch den Verzug entstanden sein. Es muss also bei Herrn Fleut zu einem Vermögensschaden nach Eintritt des Verzuges gekommen sein. Das ist hier der Fall. Hätte Herr Bohmann bei Fälligkeit an Herrn Fleut geliefert, wären die Mietkosten für eine andere Kamera nicht entstanden.

Somit sind die Voraussetzungen eines auf einer Pflichtverletzung beruhenden Schadens gegeben.

Herr Fleut hat gegen Herrn Bohmann einen Anspruch auf 500 € Schadensersatz.

b) Herr Fleut könnte gegen den Hersteller Puhl einen Anspruch auf Schadensersatz i. H. von 300 € haben (§§ 280 Abs. 1 und 2, 286 BGB).

Herr Fleut und der Hersteller Puhl haben einen Kaufvertrag über ein Fernglas geschlossen (§ 433 BGB) und somit ein Schuldverhältnis. Die Voraussetzungen des Schuldnerverzuges liegen mit Ausnahme einer Mahnung vor (§§ 280 Abs. 2, 286 BGB). Es besteht ein fälliger und einredefreier Anspruch von Herrn Fleut gegen den Hersteller Puhl auf Übereignung des Kaufgegenstandes aus dem Kaufvertrag (§ 433 Abs. 1 BGB). Dieser Anspruch ist fällig, da Herr Fleut und der Hersteller Puhl konkret vereinbart hatten, dass die Übereignung des Fernglases 10 Tage nach der Bestellung vom 07.07.2014, also am 17.07.2014 erfolgen sollte (§ 271 Abs. 2 BGB). Einreden stehen nicht entgegen, insbesondere die Einrede des nicht erfüllten Vertrages (§ 320 Abs. 1 BGB), da Herr Fleut den Kaufpreis schon bezahlt hat.

Herr Fleut hat gegenüber dem Hersteller Puhl allerdings keine Mahnung ausgesprochen, da er keinen Kontakt aufnehmen konnte. Die Mahnung könnte auch hier ausnahmsweise entbehrlich sein (§ 286 Abs. 2 BGB). Für die Leistung war eine Zeit nach dem Kalender nicht bestimmt (§ 286 Abs. 2 Nr. 1 BGB), da die Vertragsparteien kein konkretes Lieferdatum vereinbart hatten. Die Entbehrlichkeit einer Mahnung könnte aber daraus folgen, dass der Leistungszeitpunkt nach dem Kalender bestimmbar war (§ 286 Abs. 2 Nr. 2 BGB). Das setzt zunächst ein Ereignis voraus, von dem aus sich ein Leistungstermin kalendermäßig berechnen lässt. Das Ereignis war die Bestellung am 07.07.2014. Der Liefertermin sollte 10 Tage nach der Bestellung liegen. Somit lässt sich nach dem Kalender der 17.07.2014 als Lieferzeitpunkt bestimmen. Eine Mahnung war daher entbehrlich.

Hersteller Puhl hat die Ware nicht geliefert und diese Nichtleistung auch zu vertreten (§ 286 Abs. 4 BGB), da er sich nicht entlasten kann. Die Voraussetzungen einer Pflichtverletzung liegen ebenfalls vor (§ 280 Abs. 1 BGB). Hersteller Puhl hat eine Pflicht aus dem Kaufvertrag verletzt, da er die Kaufsache bei Fälligkeit nicht an Herrn Fleut übereignet hat (§§ 433 Abs. 2, 929 Satz 1 BGB). Diese Pflichtverletzung hat er zu vertreten. Herr Fleut hat durch die Pflichtverletzung einen Schaden erlitten. Hätte der Hersteller bei Fälligkeit an Herrn Fleut das Fernglas geleistet, wären die Kosten für die Miete eines Fernglases nach Verzugseintritt nicht entstanden.

Herr Fleut hat somit gegen den Hersteller Puhl einen Anspruch auf 300 € Schadensersatz.

 MERKE

In der Aufgabe geht es um den Verzug des Schuldners (Lieferverzug), die Voraussetzungen für den Verzug (§ 286 BGB), insbesondere die Entbehrlichkeit der Mahnung (§ 286 Abs. 2 BGB) und den Schadensersatzanspruch für den Verzögerungsschaden (§§ 280 Abs. 1 und 2).

- ▸ Die Entbehrlichkeit der Mahnung gemäß § 286 Abs. 2 Nr. 1 - 4 BGB (und bei Zahlungsverzug auch Abs. 3) ist nicht nur in der Praxis, sondern auch in den Prüfungsklausuren ein wichtiges Thema.

- ▸ Man muss sich merken, dass in diesen Fällen eine Mahnung unnötig ist, da der Schuldner entweder genau weiß, ab wann er in Verzug geraten wird oder der Schuldner keine Mahnung „verdient" hat.

- ▸ Die Entbehrlichkeit der Mahnung besteht in folgenden 5 Fällen:

  - § 286 Abs. 2 Nr. 1 BGB: Leistungszeitpunkt ist nach dem Kalender bestimmt (z. B. Aufgabe a; oder: Zahlungsdatum 20.09.2014; 2 Wochen nach Pfingsten 2014; 1 Woche vor dem Tag der deutschen Einheit)

  - § 286 Abs. 2 Nr. 2 BGB: von einem bestimmten Ereignis aus lässt sich der Leistungszeitpunkt nach dem Kalender bestimmen (z. B. Aufgabe b; oder: Zahlung innerhalb von 2 Wochen ab Zugang der Rechnung; Lieferung 4 Wochen nach Zahlungseingang)

- § 286 Abs. 2 Nr. 3 BGB: Mahnung zwecklos, wenn der Schuldner die Leistung ernsthaft und endgültig verweigert (z. B. Lieferung ist nach § 271 Abs. 1 BGB sofort fällig, Lieferant teilt Käufer ohne Begründung mit, dass er die Ware gar nicht liefern werde)

- § 286 Abs. 2 Nr. 4 BGB: sofortiger Verzug ohne Mahnung in besonderen Härtefällen (z. B. Lieferant verhindert treuwidrig eine Mahnung, indem er ganz bewusst täuscht und gegenüber dem Gläubiger die Leistung als bereits erbracht behauptet; oder: Leistung ist so dringend, dass eine Mahnung nicht verlangt werden kann)

- § 286 Abs. 3 BGB: bei Entgeltforderungen tritt der Verzug auch ohne Mahnung 30 Tage nach Fälligkeit und Rechnungszugang ein (z. B. Zahlung der Arztrechnung war sofort fällig, Rechnungszugang am 01.07.2014, Verzug tritt automatisch am 31.07.2014 ein).

TIPP

▸ Die Aufgabenstellung muss nach dem 4-W-Fragen-Schema genauer bestimmt werden. Danach will (Wer?) Herr Fleut (von Wem?) von den beiden Unternehmern (Was?) jeweils Schadensersatz der Mietkosten (Woraus?) aus dem Schadensersatzanspruch neben (!) der Leistung gemäß §§ 280 Abs. 1 und 2, 286 BGB (da er die Ware in jedem Fall und nicht nur für den Urlaub haben wollte).

▸ Fehlen scheinbar Sachverhaltsangaben – wie in Aufgabe a) das genaue Kaufdatum – ist der fehlende Hinweis für die Lösung auch nicht entscheidend. Die Fälligkeit der Leistung ergibt sich allein aus dem vereinbarten Lieferdatum.

▸ Wenn in Aufgaben zum Thema Verzug die Mahnung fehlt, muss man unbedingt die Ausnahmefälle aus § 286 Abs. 2 und 3 BGB prüfen. Das gilt auch für Sachverhalte, in denen die Tatsache der fehlenden Mahnung nicht ausdrücklich erwähnt wird. Man darf also nicht auf eine Mahnung schließen, wenn der Sachverhalt darüber keine Information beinhaltet (also nicht: „Von einer Mahnung kann ausgegangen werden.").

▸ Bei den Lösungen wird vor allem der Lösungsweg bewertet. Man sollte unter a) daher nicht zu schnell zum Hauptproblem der Entbehrlichkeit der Mahnung kommen, sondern Schritt für Schritt auch die anderen Voraussetzungen prüfen.

▸ Bei der Formulierung der Lösung kann unter b) die Ergebnis-Darstellung benutzt werden, da die einzelnen Voraussetzungen unter a) ausführlich geschildert wurden.

Lösung zu Aufgabe 6: Zahlungsverzug, Entbehrlichkeit der Mahnung, Verzugszinsen

a) Frau Mertinait könnte gegen Herrn Altmeister einen Anspruch auf Zinszahlung ab dem 01.08.2014 haben (§§ 288 Abs. 1, 286 Abs. 1 BGB). Ein Zinsanspruch wäre entstanden, wenn sich Herr Altmeister mit Ablauf des 31.07.2014 mit einer Geldschuld in Verzug befinden würde. Herr Altmeister schuldet Frau Mertinait den Kaufpreis aus dem zwischen ihnen geschlossenen Kaufvertrag (§ 433 Abs. 2 BGB) und hat damit eine Geldschuld.

Herr Altmeister müsste sich mit Ablauf des 31.07.2014 im Zahlungsverzug befunden haben (§ 286 BGB). Der Zahlungsverzug setzt zunächst voraus, dass ein fälliger und einredefreier Anspruch von Frau Mertinait gegen Herrn Altmeister besteht (§ 286 Abs. 1 BGB). Aus dem Kaufvertrag hat Frau Mertinait einen Anspruch auf die Zahlung des Kaufpreises gegen Herrn Altmeister (§ 433 Abs. 2 BGB).

Dieser Anspruch müsste fällig sein. Leistungen sind, wenn nichts anderes bestimmt wird, grundsätzlich sofort fällig (§ 271 Abs. 1 BGB). Das ist hier der Fall, da Frau Mertinait und Herr Altmeister zwar Zahlung auf Rechnung, aber keinen konkreten Zahlungszeitpunkt vereinbart haben. Dem fälligen Anspruch stehen keine Einreden entgegen. Insbesondere steht Herrn Altmeister keine Einrede des nicht erfüllten Vertrages (§ 320 Abs. 1 BGB) zu, da Frau Mertinait ihrer Vertragspflicht bereits nachgekommen ist und den Kaufgegenstand an ihn übereignet hat.

Frau Mertinait hätte gegenüber Herrn Altmeister eine Mahnung bezüglich der Leistung aussprechen müssen (§ 286 Abs. 1 BGB). Eine Mahnung ist eine eindeutige und bestimmte Aufforderung des Gläubigers an den Schuldner, seine Leistung zu erbringen. Frau Mertinait hatte Herrn Altmeister im Oktober 2014 zwar zur Zahlung des Kaufpreises per Brief aufgefordert und damit eine Mahnung ausgesprochen. Sie verlangt aber bereits Zinsen ab dem 01.08.2014. Durch den Brief war Herr Altmeister aber nicht bereits am 01.08.2014 in Zahlungsverzug geraten.

Eine Mahnung könnte hier aber ausnahmsweise entbehrlich sein (§ 286 Abs. 3 BGB). Bei Entgeltforderungen tritt der Verzug bereits 30 Tage nach Fälligkeit und Rechnungszugang ein. Die Zahlung war sofort fällig (§ 271 Abs. 1 BGB). Die Rechnung ist Herrn Altmeister am 01.07.2014 zugegangen (§ 130 BGB). Daher war er – 30 Tage später – bereits mit Ablauf des 31.07.2014 in Zahlungsverzug geraten, ohne dass es einer Mahnung bedurfte.

Frau Mertinait musste Herrn Altmeister auf die Wirkung der 30-Tage-Frist nicht ausdrücklich hinweisen (§ 286 Abs. 3 Satz 1 letzter Halbsatz BGB), da er nicht als Verbraucher (§ 13 BGB) sondern als Unternehmer (§ 14 BGB) aufgetreten ist.

Herr Altmeister hatte bis zum 31.07.2014 noch nicht gezahlt und diese Nichtleistung auch zu vertreten (§ 286 Abs. 4 BGB), da eine Entlastung für Herrn Altmeister nicht ersichtlich ist. Im Ergebnis liegen die Voraussetzungen vor und Herr Altmeister befindet sich seit dem 01.08.2014 im Zahlungsverzug.

Frau Mertinait hat somit gegen Herrn Altmeister einen Anspruch auf Zinszahlung ab dem 01.08.2014 (§§ 288 Abs. 1, 286 Abs. 1 BGB).

b) Grundsätzlich ist eine Mahnung gegenüber der Kundin Luise Sakul erforderlich. Im vorliegenden Fall könnte die Mahnung aber ausnahmsweise entbehrlich sein (§ 286 Abs. 2 Nr. 3 BGB). Die Schuldnerin müsste die Leistung ernsthaft und endgültig verweigert haben. Frau Sakul hat gegenüber Frau Mertinait eindeutig zum Ausdruck gebracht, dass sie den Kaufpreis unter keinen Umständen zahlen werde. Da eine Mahnung in dieser Situation vollkommen unnötig wäre, war sie hier entbehrlich.

c) Die Höhe der gesetzlichen Verzugszinsen bestimmen sich nach § 288 BGB. Bei Herrn Altmeister liegt der gesetzliche Zinssatz genau bei den von Frau Mertinait geforderten jährlich 8 % über dem Basiszinssatz, weil er kein Verbraucher, sondern ein Unternehmer ist (§§ 288 Abs. 2, 247 Abs. 1, 14 BGB). Bei Frau Sakul beträgt der gesetzliche Zinssatz dagegen 5 % über dem Basiszinssatz pro Jahr, weil sie eine Verbraucherin ist (§§ 288 Abs. 1, 247 Abs. 1, 13 BGB).

 MERKE

In der Aufgabe geht es um den Verzug des Schuldners (Zahlungsverzug), die Entbehrlichkeit der Mahnung (§ 286 Abs. 2 Nr. 3, Abs. 3 BGB) und den Anspruch auf Verzugszinsen (§§ 288 BGB).

► Die 30-Tage-Regelung des § 286 Abs. 3 BGB gilt ausschließlich für Entgeltforderungen. Damit sind alle Geldforderungen aus gegenseitigen Verträgen gemeint (z. B. Kaufpreis, Werklohn, Dienstvergütung; allerdings keine Schadensersatzansprüche).

► Ein Verbraucher (§ 13 BGB) muss in der Rechnung auf die Folgen der 30-Tage-Regelung ausdrücklich hingewiesen werden (z. B. in den AGB), damit der Zahlungsverzug nach Ablauf der 30 Tage auch ohne Mahnung beginnt (§ 286 Abs. 3 Satz 1 letzter Halbsatz BGB).

► Die 30-Tage-Regelung kommt erst gar nicht zur Anwendung, wenn eine Mahnung schon vorher ergangen ist oder die Mahnung aus den Gründen des § 286 Abs. 2 BGB bereits entbehrlich ist.

► Für den Zugang der Rechnung gelten die Regeln des § 130 BGB.

► Die Anspruchsgrundlage für Verzugszinsen ist § 288 BGB. Zwischen dem in dieser Norm genannten Begriff der „Prozentpunkte" und dem im allgemeinen Sprachgebrauch verwendeten Begriff „Prozent" gibt es keinen mathematischen Unterschied.

► Der Basiszinssatz (§ 247 Abs. 1 BGB) wird jeweils am 01.01. und 01.07. eines Jahres von der Deutschen Bundesbank im Bundesanzeiger bekannt gemacht. Bezugsgröße ist der Zinssatz für die aktuelle Hauptrefinanzierungsoperation der Europäischen Zentralbank. Der Basiszinssatz ist im BGB mit 3,62 % (Stand 01.09.2001) angegeben und beträgt aktuell -0,73 % (Stand 01.07.2014).

- ► Die einzelnen Aufgabenstellungen sind sehr zielgerichtet formuliert und müssen daher nur in dem geforderten Umfang beantwortet werden. Bei Aufgabe a) muss daher (noch) nicht auf die Höhe des Zinssatzes eingegangen werden (wegen Aufgabe c).

- ► Allein aus der Aufgabe c) kann man schon wichtige Hinweise für die Lösung der gesamten Aufgabe erkennen:

  - Aufgabe c) gibt die Antwort für die Aufgaben a) und b) insoweit vor, dass man in beiden Fällen am Ende zu einem Zinsanspruch kommen muss bzw. unter b) eine Mahnung entbehrlich ist.

  - Aufgabe c) weist ausdrücklich auf die „gesetzlichen" Zinssätze hin, sodass auf § 288 Abs. 3 BGB (höhere Zinssätze) nicht eingegangen werden muss.

  - Die Formulierung „Zinssätze" in Aufgabe c) lässt den Schluss zu, dass es für die in den Aufgaben a) und b) beteiligten Schuldner unterschiedliche Zinssätze geben muss.

- ► Aus dem Sachverhalt sind zum Teil die rechtlichen Problempunkte des Falls sofort erkennbar, da die beteiligten Personen ausdrücklich darauf hinweisen („noch nicht gemahnt"; „zu hoher Zinssatz"; „auf keinen Fall bezahlen").

- ► Bei diesem Sachverhalt ist es sehr wichtig, dass man den Fall nicht verbiegt oder etwas hineininterpretiert. Auf folgende Formulierung sollte man daher verzichten: „In Rechnungen wird gewöhnlich ein Zahlungsziel angegeben. Davon ist auch hier auszugehen, daher war ein Fälligkeitszeitpunkt genau bestimmt.".

- ► Die Lösung über die 30-Tage-Regelung gemäß § 286 Abs. 3 funktioniert zwar bei Aufgabe a), greift aber bei b) schon allein deshalb nicht, weil Frau Sakul „sofort" nach Erhalt der Rechnung bei Frau Mertinait anruft.

- ► Da bei den Lösungen vor allem der Lösungsweg bewertet wird, sollte man unter a) nicht zu schnell zum Hauptproblem der Entbehrlichkeit der Mahnung kommen, sondern Schritt für Schritt auch die anderen Voraussetzungen prüfen.

Lösung zu Aufgabe 7: Verspätete Leistung, Rücktritt vom Vertrag, Kaufpreisrückzahlung und Schadensersatz

a) Frau Jakob könnte gegen Herrn Hikaru einen Anspruch auf Rückzahlung des Kaufpreises i. H. von 1.200 € haben (§ 346 Abs. 1 BGB). Der Rückzahlungsanspruch könnte entstanden sein, wenn Frau Jakob von einem gesetzlichen Rücktrittsrecht (§ 346 Abs. 1 BGB) Gebrauch gemacht hat und wirksam vom Vertrag zurückgetreten wäre (§ 323 BGB).

Das gesetzliche Rücktrittsrecht könnte sich aus der Rücktrittsmöglichkeit wegen nicht erbrachter Leistung ergeben (§ 323 Abs. 1 BGB). Dafür müsste zunächst ein gegenseitiger Vertrag zwischen den beteiligten Parteien vorliegen. Frau Jakob und Herr Hikaru haben einen Kaufvertrag (§ 433 BGB) über ein Notebook und einen Beamer für einen Kaufpreis von 1.200 € abgeschlossen. Ein gegenseitiger Vertrag ist somit gegeben.

Herr Hikaru müsste als Schuldner eine fällige einredefreie Leistung nicht erbracht haben. Aus dem Kaufvertrag hat Frau Jakob einen Anspruch auf die Übereignung der Waren gegen Herrn Hikaru (§§ 433 Abs. 1, 929 Satz 1 BGB). Dieser Anspruch müsste fällig sein. Leistungen sind, wenn nichts anderes bestimmt wird, grundsätzlich sofort fällig (§ 271 Abs. 1 BGB). Von diesem Grundsatz können die Vertragsparteien abweichen und durch eine konkrete Vereinbarung einen anderen Fälligkeitszeitpunkt bestimmen (§ 271 Abs. 2 BGB). Das ist hier der Fall, da Frau Jakob und Herr Hikaru vereinbart haben, dass die Übereignung der Ware am 11.03.2014 erfolgen soll. Somit ist der Anspruch seit diesem Tag fällig geworden.

Diesem fälligen Anspruch stehen keine Einreden entgegen. Insbesondere steht Herrn Hikaru nicht die Einrede des nicht erfüllten Vertrages zu (§ 320 Abs. 1 BGB) zu, da Frau Jakob ihrer Vertragspflicht bereits nachgekommen ist und den Kaufpreis bezahlt hat. Die aus dem fälligen einredefreien Anspruch folgende Leistung dürfte der Schuldner nicht erbracht haben. Herr Hikaru hat die Ware nicht an Frau Jakob übereignet und damit die Leistung nicht erbracht.

Frau Jakob müsste als Gläubigerin dem Schuldner eine angemessene Frist zur Leistung gesetzt haben, welche dann erfolglos abgelaufen sein müsste (§ 323 Abs. 1 BGB). Frau Jakob hat Herrn Hikaru durch das Schreiben eine Frist von einem Monat gesetzt. Das ist eine angemessene Frist für die Lieferung der Waren. Herr Hikaru hat trotzdem nicht in dieser Frist geliefert. Somit hat Frau Jakob gegenüber Herrn Hikaru erfolglos eine angemessene Frist zur Leistung bestimmt.

Frau Jakob hat ein Rücktrittsrecht gegenüber Herrn Hikaru wegen nicht erbrachter Leistung (§ 323 Abs. 1 BGB), da die Voraussetzungen gegeben sind. Es sind keine Anhaltspunkte für einen Ausschluss des Rücktrittsrechts ersichtlich.

Der Rücktritt müsste gegenüber dem Vertragspartner erklärt werden, um wirksam zu sein (§ 349 BGB). Die Rücktrittserklärung ist eine einseitige Willenserklärung und muss durch den Vertragspartner nicht angenommen werden, um wirksam zu sein. Frau Jakob hat gegenüber Herrn Hikaru ausdrücklich erklärt, dass sie vom Vertrag zurücktritt. Die Tatsache, dass Herr Hikaru den Rücktritt abgelehnt hat, ändert nichts an der Wirksamkeit der vorliegenden Rücktrittserklärung. Da sämtliche Voraussetzungen für einen wirksamen Rücktritt vorliegen, hat Frau Jakob gegen Herrn Hikaru einen Anspruch auf Rückzahlung des Kaufpreises i. H. von 1.200 € (§ 346 Abs. 1 BGB).

b) Die Rechtsnorm für den Anspruch auf Rückzahlung ist § 346 Abs. 1 BGB.

c) Wenn Frau Jakob kein Interesse mehr an der verspäteten Leistung des Herrn Hikaru hat, könnte sie von ihm nicht nur die Kaufpreisrückzahlung, sondern auch noch Schadensersatz statt der Leistung für die Mietkosten i. H. von 500 € verlangen (§§ 280 Abs. 1 und 3, 281 BGB).

 MERKE

In der Aufgabe geht es um die verspätete Leistung des Schuldners, den Rücktritt vom Vertrag wegen nicht erbrachter Leistung (§ 323 Abs. 1 BGB), den Anspruch auf Rückzahlung des Kaufpreises (§ 346 Abs. 1 BGB) und den Schadensersatzanspruch statt der Leistung (§§ 280 Abs. 1 und 3, 281 BGB).

▸ Die Besonderheit der Aufgabe ist, dass die Gläubigerin wegen der Verspätung der Leistung im Ausgangsfall zu a) und in der Fallvariante c) gar nicht mehr an der Leistung interessiert ist.

▸ Sie möchte also keinen Anspruch neben dem eigentlichen Leistungsanspruch (Übereignung der Ware) geltend machen, sondern sie verlangt etwas anstatt der eigentlichen Leistung (Kaufpreisrückzahlung bzw. Schadensersatz).

▸ Bei diesen beiden Anspruchsgrundlagen ist der Begriff der „verspäteten Leistung" passender als der Begriff „Verzug", da die Voraussetzungen eines Verzuges gar nicht vorliegen müssen.

▸ Beim Anspruch auf Rückzahlung des Kaufpreises (§ 346 Abs. 1 BGB) wird bei der notwendigen Voraussetzung eines Rücktritts (§ 323 Abs. 1 BGB) nicht geprüft, ob ein Verzug gemäß § 286 BGB vorliegt. Es wird lediglich geprüft, ob der Schuldner die fällige Leistung nicht erbracht hat, obwohl der Gläubiger dafür eine Frist bestimmt hatte.

▸ Auch beim Schadensersatzanspruch statt der Leistung (§§ 280 Abs. 1 und 3, 281 BGB) müssen allein die genannten Voraussetzungen vorliegen und kein Verzug gegeben sein (§§ 280 Abs. 2, 286 BGB gelten hier also nicht). Daneben muss – wie immer nach § 280 Abs. 1 BGB – eine vom Schuldner zu vertretene Pflichtverletzung (hier: Ware nicht übereignet) und ein dadurch entstandener Schaden (hier: 500 € Mietkosten) vorliegen.

▸ Als Voraussetzung eines wirksamen Rücktritts ist erforderlich, dass der Rücktrittsberechtigte den Rücktritt auch ausdrücklich erklären muss (§ 349 BGB).

▸ Auch die möglichen Ausschlussgründe für einen Rücktritt muss man beachten (§ 323 Abs. 5 und 6 BGB).

▸ Die Anspruchsgrundlage unter b) ist tatsächlich § 346 Abs. 1 BGB, da nach dieser Rechtsnorm ein Anspruch auf Rückgewährung empfangener Leistungen bestimmt wird. § 323 BGB ermöglicht dagegen ausschließlich das Recht zum Rücktritt. Das ist aber kein konkreter Anspruch („auf Rücktritt"), sondern eine Rechtsgrundlage für die Gestaltung eines Rechtsverhältnisses. Das Rücktrittsrecht ist mit den Gestaltungsrechten Anfechtung oder Kündigung vergleichbar.

 TIPP

- ▶ Aus den Aufgaben b) und c) kann man für die Lösung der Aufgabe a) schließen, dass ein Rückzahlungsanspruch bestehen muss.

- ▶ Die Aufgaben b) und c) sind nur kurz zu beantworten, da die Anspruchsgrundlage bzw. der Anspruch nur genannt werden soll.

- ▶ Wird im Sachverhalt unter dem Prüfungspunkt „angemessene Fristsetzung" eine konkrete Frist genannt, kann man immer davon ausgehen, dass sie entweder eindeutig „angemessen" oder eindeutig „unangemessen" ist. Die Lösung des Rechtsfalls soll nämlich nicht durch unnötig lange Überlegungen und umfassende Auslegungen von unbestimmten Rechtsbegriffen erschwert werden. Hier war ein Monat daher eindeutig „angemessen".

- ▶ Zur besseren Übersicht sollte man einen Zeitstrahl mit allen Datumsangaben zeichnen.

Lösung zu Aufgabe 8: Nacherfüllung, Sachmangel, Beweislast

a) Frau Benzin könnte gegen Herrn Frank einen Anspruch auf Lieferung eines mangelfreien Gewehrs im Rahmen der Nacherfüllung haben (§§ 437 Nr. 1, 434, 439 BGB).

Der Anspruch auf eine mangelfreie Lieferung (Neulieferung) setzt einen wirksamen Kaufvertrag (§ 433 BGB) und einen Sachmangel bei Gefahrübergang (§ 434 BGB) voraus. Der Anspruch auf Neulieferung darf weder gesetzlich noch vertraglich ausgeschlossen sein. Außerdem müsste die Lieferung einer mangelfreien Sache möglich und durchsetzbar sein.

Frau Benzin und Herr Frank haben einen wirksamen Kaufvertrag über ein Gewehr vom Typ „Diopter 5" geschlossen. Das Gewehr ist als körperlicher Gegenstand eine Sache (§ 90 BGB). Das Gewehr müsste einen Sachmangel aufweisen (§ 434 BGB). Es könnte ein Mangel in der Beschaffenheit der Sache, die sog. Beschaffenheitsabweichung vorliegen (§ 434 Abs. 1 BGB).

Frau Benzin und Herr Frank haben weder eine bestimmte Beschaffenheit bezüglich der Visiereinrichtung der Kaufsache vereinbart (§ 434 Abs. 1 Satz 1 BGB), noch im Kaufvertrag eine bestimmte Verwendung der Kaufsache vorausgesetzt (§ 434 Abs. 1 Satz 2 Nr. 1 BGB). Insoweit liegt also (noch) keine Beschaffenheitsabweichung vor.

Eine Beschaffenheitsabweichung liegt allerdings auch dann vor, wenn sich die Kaufsache nicht für die gewöhnliche Verwendung eignet oder nicht die Beschaffenheit aufweist, die der Käufer üblicherweise von einer Sache der gleichen Art erwarten darf. Frau Benzin hätte erwarten können, dass man die Visiereinrichtung des Gewehrs verstellen kann, um damit gezielte Schüsse auf Klappscheiben abgeben zu können. Das entspricht auch der gewöhnlichen Verwendung eines Biathlon-Gewehrs.

Die Kaufsache weist somit nicht die übliche Beschaffenheit und damit einen Sachmangel auf. Der Sachmangel müsste bereits bei Gefahrübergang vorgelegen haben (§ 434 Abs. 1 Satz 1 BGB). Die Gefahr, dass eine Kaufsache zerstört oder beschädigt wird, geht mit Übergabe der Sache vom Verkäufer auf den Käufer über (§ 446 BGB). Da das Gewehr bereits beim ersten Training nicht funktionierte, ist davon auszugehen, dass der Mangel schon beim Gefahrenübergang vorhanden war (§ 476 BGB).

Da ein gesetzlicher oder vertraglicher Ausschluss der Gewährleistung nicht erkennbar ist, liegt ein Anspruch auf Lieferung einer mangelfreien Sache vor. Die Neulieferung ist auch möglich, da Frau Benzin ein Gewehr vom Typ „Diopter 5" aus der „Ruhpolding-Kollektion" gekauft hat. Herr Frank hat sich damit verpflichtet, ihr ein Gewehr von mittlerer Art und Güte aus der Gattung dieses Typs zu verkaufen (Gattungsschuld, § 243 Abs. 1 BGB). Er kann also aus seinem Warenbestand ein neues Gewehr dieses Typs mangelfrei liefern.

Frau Benzin hat somit gegen Herrn Frank einen Nacherfüllungsanspruch auf Lieferung eines mangelfreien Gewehrs des Typs „Diopter 5" (§§ 437 Nr. 1, 434, 439 BGB).

b) Frau Benzin hat gegen Herrn Frank einen Anspruch auf Nacherfüllung ausschließlich in Form der Mangelbeseitigung (§§ 437 Nr. 1, 434, 439 BGB). Sie hat zwar grundsätzlich ein Wahlrecht und könnte sich auch hier für die Neulieferung entscheiden, dagegen spricht aber, dass die Lieferung einer mangelfreien Sache unmöglich sein könnte (§ 275 Abs. 1 BGB). Bei dem Gewehr „Oberhof 1/1" handelt es sich um eine Stückschuld, da es ein exklusives Einzelstück ist. Da weder Herr Frank noch eine andere Person diese Sache mangelfrei leisten können, ist die Neulieferung objektiv unmöglich.

c) Da Frau Benzin behauptet hat, dass die Sachmängel bereits bei Übergabe der Gewehre bestanden haben, müsste sie es auch grundsätzlich beweisen. Allerdings wird bei einem Verbrauchsgüterkauf (§ 474 BGB) zwischen einem Unternehmer (Verkäufer) und einem Verbraucher (Käufer) die Beweislast zugunsten des Verbrauchers umgekehrt (§ 476 BGB). Zeigt sich ein Mangel innerhalb von 6 Monaten nach Gefahrübergang (Übergabe) wird gesetzlich vermutet, dass die Sache bereits bei Übergabe mangelhaft war. Die Beweislast liegt also bei Herrn Frank, der als Händler ein Unternehmer ist (§ 14 BGB) und nicht bei Frau Benzin, die hier als Verbraucher (§ 13 BGB) gehandelt hat.

 MERKE

In der Aufgabe geht es um die Leistungsstörung des Sachmangels in einem Kaufvertrag (§§ 434 ff. BGB), den speziellen Mangel der Beschaffenheitsabweichung (§ 434 Abs. 1 BGB), die Nacherfüllung in Form der Neulieferung (§ 439 BGB), die Unmöglichkeit der Nacherfüllung (§ 275 BGB) und die Beweislast beim Verbrauchsgüterkauf (§§ 475, 476 BGB).

▸ Bei dieser Leistungsstörung hat der Käufer zwar – anders als bei Unmöglichkeit und Verzug – die Kaufsache vom Verkäufer erhalten, die Sache weist allerdings einen Mangel auf.

▸ Der Verkäufer ist nach § 434 Abs. 1 Satz 2 BGB verpflichtet, dem Käufer die Kaufsache frei von Sach- und Rechtsmängeln zu übergeben. Daher hat der Käufer im Rahmen der sog. Gewährleistung eine Reihe von Rechten und Ansprüchen gegen den Verkäufer, falls die Kaufsache mit einem Mangel behaftet ist.

▸ Eine Kaufsache kann neben einer beweglichen Sache nach § 90 BGB auch ein Tier (§ 90a BGB), ein Grundstück, ein Recht (z. B. Markenrecht, Patentrecht) oder ein sonstiger Gegenstand (z. B. standardisierte Software) sein (§ 453 Abs. 1 BGB).

▸ Grundvoraussetzung für die Rechte des Käufers ist das Vorliegen eines Mangels (§ 437 BGB). Das Gesetz nennt den Sachmangel (§ 434 BGB) und den Rechtsmangel (§ 435 BGB).

▸ Ein Sachmangel gemäß § 434 BGB liegt in folgenden Fällen vor (man muss allerdings beachten, dass Abs. 1 eigentlich wörtlich beschreibt, wann kein Mangel vorliegt):

- § 434 Abs. 1 Satz 1 BGB: Abweichung von der vereinbarten Beschaffenheit; hier weicht die tatsächliche Beschaffenheit der Sache (Ist-Beschaffenheit) von der vertraglich vereinbarten Beschaffenheit (Soll-Beschaffenheit) ab (z. B. PC soll laut vertraglicher Vereinbarung für das Arbeiten mit einer bestimmten Software geeignet sein, was allerdings tatsächlich nicht funktioniert).

- § 434 Abs. 1 Satz 2 Nr. 1 BGB: Abweichung von der nach dem Vertrag vorausgesetzten Beschaffenheit; hier wurde im Vertrag zwar keine konkrete Beschaffenheit vereinbart, Verkäufer und Käufer sind aber beim Vertragsschluss von einer bestimmten Verwendung der Sache ausgegangen, für die sich die Sache dann aber nicht eignet (z. B. Verkäufer und Käufer gehen – ohne es konkret zu vereinbaren – beim Vertragsschluss davon aus, dass der PC für einen kabellosen Internetzugang geeignet ist, was allerdings tatsächlich nicht funktioniert, da ein dafür notwendiges Bauteil im PC fehlt).

- § 434 Abs. 1 Satz 2 Nr. 2 BGB: Abweichung von der üblichen Beschaffenheit; ist keine konkrete Beschaffenheit vereinbart worden und auch kein vertraglich vorausgesetzter Verwendungszweck erkennbar, liegt trotzdem ein Mangel vor, wenn die Sache sich nicht für die gewöhnliche Verwendung eignet und nicht die übliche Beschaffenheit einer Sache dieser Art aufweist (z. B. PC wird „kommentarlos" – also ohne konkrete Vereinbarung und ohne vorausgesetzte Verwendung – gekauft und das CD/DVD-Laufwerk des PC lässt sich nicht öffnen, obwohl diese Funktion gewöhnlich erwartet werden darf und üblicherweise bei PCs funktionieren muss).

- § 434 Abs. 1 Satz 3 BGB: Abweichung von der üblichen Beschaffenheit bezogen auf Eigenschaften, die durch öffentliche Äußerungen des Verkäufers oder des Herstellers zu erwarten waren; hier weicht die tatsächliche Beschaffenheit einer Sache von den im Vorfeld des Vertrages in der Werbung zugesagten Eigenschaften ab; obwohl diese öffentlichen Äußerungen nicht in den Vertrag einbezogen waren, liegt hier ein Mangel vor, wenn diese Eigenschaften dann tatsächlich nicht gegeben sind, es sei denn, dass ein Ausschlusstatbestand nach § 434 Abs. 1 Satz 3 BGB greift (z. B. Käufer erwirbt den PC, weil in der Werbung der geringe Stromverbrauch angepriesen wird; im Vertrag wird diese Eigenschaft nicht erwähnt; trotzdem liegt ein Mangel vor, wenn der Stromverbrauch viel höher ist, der Verkäufer von der Werbeaussage Kenntnis hatte bzw. haben musste, die Werbung beim Kauf nicht berichtigt war und die Eigenschaft für die Kaufentscheidung des Käufers wichtig war).

- § 434 Abs. 2 Satz 1 BGB: mangelhafte Montage; hier liegt der Mangel darin, dass der vereinbarte Aufbau der – ansonsten mangelfreien – Sache durch den Verkäufer unsachgemäß durchgeführt wird (z. B. PC-Komplett-Set wird vom Verkäufer angeliefert und aufgestellt, durch falsche Verkabelung werden Anschlussbuchsen beschädigt und der PC funktioniert nicht).

- § 434 Abs. 2 Satz 2 BGB: mangelhafte Montageanleitung (sog. „IKEA-Klausel"); hier liegt der Mangel darin, dass durch eine fehlerhafte Montageanleitung der Aufbau der – ansonsten mangelfreien – Sache nicht mangelfrei möglich ist, es sei denn, die Sache wurde trotzdem fehlerfrei montiert (z. B. die Aufbauanleitung des PC-Komplett-Sets mit Hinweisen zum Anschluss des Monitors, der Tastatur, der Maus und des Druckers fehlt oder ist nach gesundem Menschenverstand nicht nachvollziehbar, sodass der Aufbau misslingt).

- § 434 Abs. 3 BGB: Falschlieferung oder Zuweniglieferung; hier liegt der Mangel darin, dass entweder eine andere Sache oder eine zu geringe Menge geliefert wird (z. B. Käufer bestellt PC „GZK 8000", Verkäufer liefert falsch den PC „GZK 7000", oder: Käufer bestellt 12 Druckertintenpatronen, Verkäufer liefert nur 6 Druckertintenpatronen).

▶ Ein Rechtsmangel liegt gemäß § 435 BGB vor, wenn dritte Personen Rechte an der Kaufsache haben, die sie gegen den Käufer geltend machen können (z. B. Käufer kauft ein nach der vertraglichen Zusage nicht vermietetes Haus, welches tatsächlich aber vermietet ist, der Mieter kann gegen den Käufer Mietrechte geltend machen; oder: Käufer kauft unbelastetes Grundstück, auf welchem tatsächlich eine Grundschuld für eine Bank lastet, Bank kann Forderungen geltend machen).

▶ Ein Sachmangel muss nach § 434 Abs. 1 Satz 1 BGB bereits bei Gefahrübergang (Übergabe der Sache, § 446 BGB) vorliegen. Der Verkäufer hat mit Übergabe einer mangelfreien Sache seine Verpflichtung aus dem Kaufvertrag nach § 433 Abs. 1 BGB erfüllt. Er soll nicht weiter unbegrenzt für jeden zukünftigen Mangel haften müssen.

▶ Die Gewährleistungsrechte des Käufers können vertraglich oder gesetzlich ausgeschlossen sein.

▶ Eine der vielen Besonderheiten bei einem Verbrauchsgüterkauf nach § 474 BGB ist die Umkehrung der Beweislast gemäß § 476 BGB zugunsten des Verbrauchers in den ersten 6 Monaten nach Übergabe der Sache. Der Verbraucher würde in den meisten Mangelfällen wohl kaum beweisen können, dass der Sachmangel bereits bei Übergabe der Sache vorhanden war. Außerdem spricht viel für die gesetzliche Vermutung, dass eine Sache von Anfang an mangelhaft war, wenn sich bereits in den ersten 6 Monaten nach Übergabe ein Sachmangel zeigt.

▸ Die Beweislastumkehr gilt nicht für Rechtsmängel. Außerdem gilt sie nicht, wenn die Vermutung des anfänglichen Sachmangels mit der Art der Sache (z. B. bei gebrauchten Sachen) oder der Art des Mangels (z. B. bei typischen Verschleißerscheinungen) nicht vereinbar ist (§ 476 letzter Halbsatz BGB).

▸ Der Käufer kann bei Vorliegen eines Sachmangels nach § 437 BGB eine Reihe von Gewährleistungsrechten geltend machen.

▸ Wichtig ist dabei, dass der Käufer zunächst die vorrangigen Nacherfüllungs-rechte aus §§ 437 Nr. 1, 439 BGB geltend machen muss (Primär-Rechte). Erst wenn die Nacherfüllung gescheitert ist bzw. die Frist zur Nacherfüllung erfolg-los abgelaufen ist, kann der Käufer auf die nachrangigen Rechte aus §§ 437 Nr. 2 und 3 BGB (Sekundär-Rechte) zurückgreifen. Der Käufer kann dann entwe-der vom Vertrag zurücktreten (§§ 440, 323, 326 BGB) oder die Minderung des Preises (§ 441 BGB) oder Schadensersatz statt der Leistung verlangen (§§ 280, 281, 283, 311a BGB) oder Aufwendungsersatz fordern (§ 284 BGB). Der Scha-densersatz neben der Leistung für den sog. Mangelfolgeschaden (§ 280 BGB) ist nicht nachrangig und kann unmittelbar neben der Nacherfüllung verlangt werden.

▸ Im vorliegenden Fall geht es (allein) um den Nacherfüllungsanspruch nach §§ 437 Nr. 1, 439 BGB. Der Käufer kann hier gemäß § 439 Abs. 1 BGB aus-wählen, ob der Mangel beseitigt werden soll (Nachbesserung, Reparatur) oder eine mangelfreie Sache geliefert werden soll (Nachlieferung, Neulieferung). Alle erforderlichen Kosten für die Nacherfüllung hat nach § 439 Abs. 2 BGB der Verkäufer zu tragen.

▸ Zu beachten ist, dass der Anspruch auf Neulieferung an der Unmöglichkeit der Leistung (§ 275 Abs. 1 BGB) scheitern kann. Ist die mangelhafte Sache eine Stückschuld (z. B. Einzelstücke, gebrauchte Sachen) ist eine mangelfreie Liefe-rung unmöglich, da genau diese bestimmte Sache geschuldet wird. Bei einer Gattungsschuld nach § 243 Abs. 1 BGB (z. B. neue Sachen von vergleichbarer Art und Güte) ist die Neulieferung dagegen möglich, wenn nicht alle Sachen der Gattung mangelbehaftet sind (z. B. nicht möglich, wenn jedes der „Diop-ter 5"-Gewehre den gleichen Mangel hätte).

▸ Hat der Käufer sich für eine der beiden Möglichkeiten der Nacherfüllung ent-schieden, ist grundsätzlich auch § 439 Abs. 3 BGB zu beachten. Danach kann der Verkäufer die vom Käufer geforderte Nacherfüllungsart verweigern, wenn die dadurch entstehenden Kosten für den Verkäufer unverhältnismäßig hoch sind.

 TIPP

▸ Die Fragestellung zu a) muss genau beachtet werden. Es wird hier allein nach dem Nacherfüllungsanspruch in Form der Mangelbeseitigung gefragt. Daher muss auch nur auf diesen Anspruch und dessen Voraussetzungen eingegangen werden. Andere Gewährleistungsansprüche (z. B. Reparatur, Rücktritt und Rückzahlung des Kaufpreises, Preisminderung oder Schadensersatz) sollte man daher gar nicht erwähnen.

▸ Wird dagegen allgemeiner nach den Nacherfüllungsrechten gefragt, muss man beide Varianten des § 439 Abs. 1 BGB durchprüfen. Wird sogar noch allgemeiner nach den Gewährleistungsrechten (§ 437 BGB) gefragt, muss man alle unterschiedlichen Rechte und deren Voraussetzungen durchprüfen.

▸ Für die Lösung der Aufgabe b) muss man erkennen: Auch hier geht es ausschließlich um einen Nacherfüllungsanspruch aus § 439 BGB („vorrangiger Anspruch"). Im Ergebnis kann aber nicht (schon wieder) der Mangelbeseitigungsanspruch wie bei Aufgabe a) gemeint sein, sodass die Formulierung „Siehe Lösung unter a)" nicht richtig wäre.

▸ Bei der Prüfung des Vorliegens eines Mangels sollte man nicht nur einfach feststellen, dass „ein Mangel vorliegt". Man sollte vielmehr die genaue Art des Sachmangels herausfinden (z. B. Art der Beschaffenheitsabweichung) und in der Lösung formulieren, um zu zeigen, dass man dieses Thema verstanden hat (auch wenn danach nicht ausdrücklich gefragt wird).

▸ Bei der Beschaffenheitsabweichung ist zu beachten, dass entweder im Sachverhalt klare Hinweise zu finden sind, was die Vertragsparteien hinsichtlich der Eigenschaften und der Verwendung der Sache vereinbart bzw. vorausgesetzt haben oder die gewöhnliche Verwendung der Sache entscheidend ist (wie im Fall).

▸ Der mögliche Ausschluss der Gewährleistung (vertraglich oder gesetzlich) muss zwar immer beachtet werden, kann aber in der Lösung kurz formuliert werden, wenn keine Anhaltspunkte erkennbar sind.

▸ Im Sachverhalt sind wieder viele wichtige Hinweise zu beachten, z. B.:
  - „Freizeit-Biathletin" (= Verbraucher)
  - Beschreibung der Waffen als „Standardwaffe" (= Gattungsschuld) und „Sonderanfertigung" (= Stückschuld)
  - „am Tag nach dem Kauf" (= innerhalb der ersten 6 Monate)
  - Verstellbarkeit des Visiers (= gewöhnliche Verwendung).

Lösung zu Aufgabe 9: Nacherfüllung, Mangelbeseitigung, Verweigerung

a) Frau Schmidt könnte gegen Herrn Blehr einen Anspruch auf Beseitigung des Mangels im Rahmen der Nacherfüllung haben (§§ 437 Nr. 1, 434, 439 BGB).

Der Anspruch auf eine Mangelbeseitigung (Nachbesserung) setzt einen wirksamen Kaufvertrag (§ 433 BGB) und einen Sachmangel bei Gefahrübergang (§ 434 BGB) voraus. Der Anspruch auf die Beseitigung des Mangels darf weder gesetzlich noch vertraglich ausgeschlossen sein. Außerdem müsste die Mangelbeseitigung möglich und durchsetzbar sein.

Frau Schmidt und Herr Blehr haben einen wirksamen Kaufvertrag über ein Überwachungssystem „2095" geschlossen. Das System ist als körperlicher Gegenstand eine Sache (§ 90 BGB). Das System müsste einen Sachmangel aufweisen (§ 434 BGB). Es könnte ein Mangel in der Beschaffenheit der Sache, die sog. Beschaffenheitsabweichung, vorliegen (§ 434 Abs. 1 BGB).

Frau Schmidt und Herr Blehr haben eine Nachtsichtfunktion als bestimmte Beschaffenheit vereinbart (§ 434 Abs. 1 Satz 1 BGB). Da diese Funktion nicht ordnungsgemäß arbeitet, liegt eine Beschaffenheitsabweichung und damit ein Sachmangel vor. Der Sachmangel müsste bereits bei Gefahrübergang vorgelegen haben (§ 434 Abs. 1 Satz 1 BGB). Die Gefahr, dass eine Kaufsache mangelhaft ist oder wird, geht bei einem Versendungskauf bereits mit Übergabe der Sache an die Spedition auf den Käufer über (§ 447 Abs. 1 BGB). Da Frau Schmidt eine Verbraucherin (§ 13 BGB) und der Händler Blehr ein Unternehmer (§ 14 BGB) ist, handelt es sich bei dem vorliegenden Kaufvertrag aber um einen Verbrauchsgüterkauf (§ 474 BGB), bei dem der Gefahrübergang erst bei Übergabe der Sache an den Verbraucher stattfindet (§ 474 Abs. 2 BGB). Da die Nachtsichtfunktion schon in der ersten Nacht nach Lieferung nicht funktioniert hat, war das System wohl auch bei Gefahrübergang nicht mangelfrei. Da ein gesetzlicher oder vertraglicher Ausschluss der Gewährleistung nicht erkennbar ist, liegt ein Anspruch auf Beseitigung des Mangels vor. Die Mangelbeseitigung ist auch möglich, da Herr Blehr eine Reparatur – trotz der hohen Kosten – grundsätzlich durchführen könnte.

Fraglich ist allerdings, ob Herr Blehr die Beseitigung des Mangels mit dem Hinweis auf die extrem hohen Kosten trotzdem verweigern könnte. Der Verkäufer kann die vom Käufer geforderte Art der Nacherfüllung dann verweigern, wenn die dadurch entstehenden Kosten für den Verkäufer unverhältnismäßig hoch sind und durch die andere Art der Nacherfüllung keine Nachteile für den Käufer entstehen (§ 439 Abs. 3 Satz 1 BGB). Das ist hier der Fall, da sich Herr Blehr ausdrücklich auf diese tatsächlich sehr hohen Reparaturkosten berufen hat und Frau Schmidt durch die angebotene sofortige Neulieferung keine erkennbaren Nachteile hat.

Frau Schmidt hat somit gegen Herrn Blehr keinen Nacherfüllungsanspruch auf Beseitigung des Mangels an dem Überwachungssystem (§§ 437 Nr. 1, 434, 439 BGB).

b) Bei dieser Fallgestaltung handelt es sich nicht um einen Verbrauchsgüterkauf (§ 474 BGB), da zwei Unternehmer (§ 14 BGB) Vertragspartner sind. Es müssen daher die normalen Regeln des Versendungskaufs beachtet werden, wonach der Gefahrübergang bereits bei der Übergabe der Sache an die zur Versendung bestimmte Spedition stattgefunden hat (§ 447 Abs. 1 BGB). Zum Zeitpunkt der Übergabe an die Spedition „Doppelplus" war das System mangelfrei. Herr Blehr hat damit seine Verpflichtung aus dem Kaufvertrag erfüllt (§ 433 Abs. 1 Satz 2 BGB) und die Gefahr der Beschädigung oder Zerstörung der Sache ist bereits hier auf Frau Schmidt übergegangen.

Frau Schmidt hat somit gegen Herrn Blehr keinen Nacherfüllungsanspruch auf Neulieferung des Systems (§§ 437 Nr. 1, 434, 439 BGB).

 MERKE

In der Aufgabe geht es um den speziellen Sachmangel der Beschaffenheitsabweichung (§ 434 Abs. 1 BGB), die Nacherfüllung in Form der Mangelbeseitigung (§ 439 BGB), den Gefahrübergang beim Versendungskauf (§§ 447, 474 BGB) und die Verweigerungsmöglichkeit des Verkäufers (§ 439 Abs. 3 BGB).

► Der Sachmangel muss nach § 434 Abs. 1 Satz 1 BGB bereits bei Gefahrübergang vorliegen. Zu beachten ist, dass der Gefahrübergang beim Versendungskauf nach § 447 Abs. 1 BGB bereits bei der Übergabe der Sache vom Verkäufer an die zur Versendung bestimmte Person (z. B. Spedition) stattfindet.

► Das bedeutet, dass die Gefahr der Beschädigung oder Zerstörung der Sache schon dann auf den Käufer übergegangen ist (z. B. privater Verkäufer übergibt den verkauften PC-Monitor an seinem Wohnort, der 1.000 km vom Wohnort des Käufers entfernt ist, an eine Spedition; während des langen Transports wird der PC-Monitor beschädigt; der Verkäufer hat trotzdem eine mangelfreie Sache geliefert, da sie bei Gefahrübergang noch mangelfrei war; es bestehen keine Gewährleistungsrechte für den Käufer gegen den Verkäufer, da dieser seiner vertraglichen Verpflichtung der mangelfreien Übergabe nachgekommen ist).

► Beim Verbrauchsgüterkauf (§ 474 BGB) gilt dieser „frühe" Gefahrübergang des Versendungskaufs nach § 447 BGB allerdings nicht (§ 474 Abs. 2 BGB). Hier muss die Sache bei Übergabe an den Verbraucher (z. B. durch die Spedition) „noch immer" mangelfrei sein.

► Der Käufer hat zwar ein Wahlrecht bezüglich der Nacherfüllungsansprüche aus § 439 Abs. 1 BGB, es ist aber grundsätzlich § 439 Abs. 3 BGB zu beachten.

► Danach kann der Verkäufer die vom Käufer geforderte Nacherfüllungsart (Mangelbeseitigung oder Neulieferung) mit der Begründung verweigern, dass die dadurch entstehenden Kosten für den Verkäufer unverhältnismäßig hoch sind und durch die andere Art der Nacherfüllung keine Nachteile für den Käufer entstehen (§ 439 Abs. 3 Satz 1 BGB). Die Maßstäbe für die Verhältnismäßigkeit nennt § 439 Abs. 3 Satz 2 BGB. Dazu folgende Beispiele:

  - Verkäufer verweigert die geforderte kostenintensive Neulieferung eines sehr teuren PCs aus Ostasien, bei dem sich nur das Logo des Herstellers abgelöst hat, welches sich ohne großen Zeit- und Kostenaufwand wieder vom Verkäufer ankleben lässt.

- Verkäufer verweigert die geforderte kostenintensive Mangelbeseitigung bei einer sehr preiswerten PC-Maus, welche er dem Käufer kostengünstiger neu aus seinem Warenbestand liefern kann.

- Verkäufer verweigert sowohl die Neulieferung eines PC-Monitors aus Ostasien, als auch die kostenintensive Mangelbeseitigung, da beide Nacherfüllungsarten unverhältnismäßig hohe Kosten (Importkosten, Diagnose- und Reparaturkosten) verursachen. In diesem Ausnahmebeispiel kann der Käufer dann nur auf die nachrangigen Gewährleistungsrechte aus § 437 Nr. 2 und 3 BGB (Rücktritt, Minderung, Schadensersatz) zurückgreifen.

 TIPP

► Die Aufgabenstellung zu b) ist zielgerichtet formuliert, man muss daher nur auf die Problematik des Gefahrübergangs eingehen.

► Man sollte durch die Formulierung der Aufgabe b) erkennen, dass die Lösung für diesen Prüfungspunkt bei Aufgabe a) zu einem anderen Ergebnis führen muss.

► Der Verkäufer darf die Nacherfüllung nach § 439 Abs. 3 BGB nur dann verweigern, wenn er sich konkret auf unverhältnismäßige Kosten bezieht. Das bedeutet, dass der Sachverhalt zu dieser begründeten Verweigerung – wie hier – einen Hinweis enthalten muss („Er begründet seine Weigerung damit, dass …").

► Beim Versendungskauf nach § 447 BGB muss immer darauf geachtet werden, wer die Vertragspartner sind, da möglicherweise ein Verbrauchsgüterkauf nach § 474 BGB gegeben ist und der § 447 BGB gar nicht zur Anwendung kommt.

► Bei der Beschaffenheitsabweichung ist zu beachten, dass entweder im Sachverhalt klare Hinweise zu finden sind, was die Vertragsparteien hinsichtlich der Eigenschaften und der Verwendung der Sache vereinbart (wie im Fall) bzw. vorausgesetzt haben oder für die gewöhnliche Verwendung der Sache entscheidend ist.

Lösung zu Aufgabe 10: Nacherfüllung, Ausschluss der Gewährleistung

a) Herr Deckert könnte gegen Herrn Teirell einen Anspruch auf Beseitigung des Mangels im Rahmen der Nacherfüllung haben (§§ 437 Nr. 1, 434, 439 BGB).

Der Anspruch auf eine Mangelbeseitigung setzt einen wirksamen Kaufvertrag (§ 433 BGB) und einen Sachmangel bei Gefahrübergang (§ 434 BGB) voraus. Der Anspruch auf Mangelbeseitigung darf weder gesetzlich noch vertraglich ausgeschlossen sein. Er müsste möglich und durchsetzbar sein. Herr Deckert und Herr Teirell haben einen wirksamen Kaufvertrag über den Rasentraktor „Black Runner 2019" geschlossen. Der Traktor ist als körperlicher Gegenstand eine Sache (§ 90

BGB). Er müsste einen Sachmangel aufweisen (§ 434 BGB). Dies könnte ein Mangel in der Beschaffenheit der Sache, die sog. Beschaffenheitsabweichung, sein (§ 434 Abs. 1 BGB).

Herr Deckert und Herr Teirell haben eine bestimmte Beschaffenheit bezüglich der Kaufsache vereinbart (§ 434 Abs. 1 Satz 1 BGB), da die Scheinwerferfunktion im Kaufvertrag festgeschrieben wurde. Da der Scheinwerfer nicht funktioniert, weist die Kaufsache somit nicht die vereinbarte Beschaffenheit, sondern einen Sachmangel auf. Der Sachmangel lag bereits bei Gefahrübergang vor (§ 434 Abs. 1 Satz 1 BGB), da der Scheinwerfer schon vor der Übergabe defekt war.

Fraglich ist, ob die Gewährleistung ausgeschlossen ist, weil Herr Deckert den Mangel gesehen und geduldet hat. Die Gewährleistungsrechte des Käufers wegen eines Mangels sind dann gesetzlich ausgeschlossen, wenn der Käufer den Fehler beim Abschluss des Vertrags bereits kennt (§ 442 Abs. 1 Satz 1 BGB). Herr Deckert hatte zum Zeitpunkt des Vertragsschlusses eindeutig erkannt, dass der Scheinwerfer nicht funktioniert. Damit sind seine Gewährleistungsrechte wegen des Sachmangels ausgeschlossen.

Herr Deckert hat somit gegen Herrn Teirell keinen Nacherfüllungsanspruch auf Mangelbeseitigung (§§ 437 Nr. 1, 434, 439 BGB).

b) Der Gewährleistungsausschluss könnte sich aus der vertraglichen Vereinbarung zwischen Herrn Deckert und Frau König ergeben.

Anders als in Allgemeinen Geschäftsbedingungen von Unternehmen können in einem individuellen Vertrag zwischen Verbrauchern die Gewährleistungsrechte grundsätzlich ausgeschlossen werden. Danach hätte Herr Deckert als Käufer keinen Anspruch auf die Mangelbeseitigung.

Ein solcher Gewährleistungsausschluss ist allerdings dann unwirksam, wenn der Verkäufer den Mangel arglistig verschweigt (§ 444 BGB). Im vorliegenden Fall hat Frau König absichtlich nichts zu dem ihr bekannten Mangel gesagt und damit arglistig gehandelt.

Der vertraglich vereinbarte Ausschluss der Gewährleistung ist damit unwirksam.

c) Gegen den Mangelbeseitigungsanspruch könnte eine mögliche Verjährung des Anspruchs sprechen. Die Gewährleistungsrechte verjähren grundsätzlich 2 Jahre nach Ablieferung der Sache (§ 438 Abs. 1 Nr. 3, Abs. 2 BGB). Insoweit könnte Herr Deckert den Anspruch nicht mehr gegen Frau König durchsetzen.

Das arglistige Verschweigen eines Mangels führt allerdings dazu, dass die regelmäßige Verjährungsfrist von 3 Jahren zur Anwendung kommt (§§ 438 Abs. 3, 195 BGB). Diese Frist beginnt am Ende des Kalenderjahres, in welchem der Anspruch entstanden ist und der Gläubiger Kenntnis von den anspruchsbegründenden Umständen hat (§ 199 Abs. 1 BGB).

Die Verjährungsfrist von 3 Jahren beginnt also erst am Ende des Jahres, in welchem Herr Deckert den Mangel und das arglistige Schweigen erkannt hat, da er zu diesem Zeitpunkt Kenntnis von den Umständen hat, die einen Mangelbeseitigungsanspruch begründen. Der Anspruch ist somit nach 25 Monaten noch nicht verjährt. Herr Deckert kann also die Mangelbeseitigung von Frau König verlangen.

 **MERKE**

In der Aufgabe geht es um den gesetzlichen und vertraglichen Ausschluss der Gewährleistungsrechte.

▸ Durch das Gesetz ist die Gewährleistung in folgenden Fällen ausgeschlossen:

- § 442 Abs. 1 Satz 1 BGB: Kenntnis des Käufers vom Mangel; hier erkennt der Käufer den Mangel bereits bei Vertragsschluss, also nicht erst bei Gefahrübergang oder noch später und hat deshalb kein Recht auf Gewährleistung (z. B.: Bei den Vertragsverhandlungen sieht der Käufer, dass sich auf dem PC-Monitor ein großer Kratzer befindet. Kauft er das Gerät trotzdem, hat er keine Gewährleistungsrechte bezüglich des Kratzers.).

- § 442 Abs. 1 Satz 2 BGB: grob fahrlässige Unkenntnis des Käufers vom Mangel; hier erkennt der Käufer den Mangel bereits bei Vertragsschluss nur deshalb nicht, weil er die erforderliche Sorgfalt (§ 276 Abs. 2 BGB) in besonders schwerem Ausmaß vernachlässigt und hat daher kein Recht auf Gewährleistung (z. B.: Obwohl die Verkäuferin bei den Vertragsverhandlungen extra auf den Mangel des PC-Monitors hinweist, sieht der Käufer den großen Kratzer auf dem PC-Monitor nicht, weil er die ganze Zeit nur die attraktive Verkäuferin „anstarrt"; ein kontrollierender Blick auf den Monitor wäre aber dringend geboten gewesen; der Käufer hat wegen seiner groben Fahrlässigkeit keine Gewährleistungsrechte bezüglich des Kratzers.).

- Wenn der Verkäufer den Mangel arglistig verschwiegen oder eine Beschaffenheitsgarantie (§ 443 BGB) abgegeben hat, bestehen die Gewährleistungsansprüche trotz grob fahrlässiger Unkenntnis weiter (§ 442 Abs. 1 Satz 2 BGB) (z. B.: Verkäuferin weist ausdrücklich nicht auf den Mangel hin, damit der Käufer den Kratzer auf dem PC-Monitor nicht sieht und ihn kauft; oder: Verkäuferin gibt eine spezielle Garantie für die Mangelfreiheit der Bildfläche des PC-Monitors.).

- § 445 BGB: öffentliche Versteigerung eines Pfands; wenn der Käufer eine Sache kauft, die ihm Rahmen eines Pfandrechts öffentlich – also nicht gewerblich – versteigert wird (§ 383 Abs. 3 BGB), hat er kein Recht auf Gewährleistung, wenn diese Pfandsache Mängel aufweist (z. B.: Der Käufer kauft bei einer öffentlichen Versteigerung durch einen Gerichtsvollzieher einen PC-Monitor mit einem großen Kratzer, der als Pfandsache „zu Geld gemacht" werden soll; es bestehen keine Gewährleistungsrechte für den Käufer).

- Auch hier bleibt es bei den Gewährleistungsrechten, wenn der Verkäufer den Mangel arglistig verschwiegen hat oder eine Beschaffenheitsgarantie abgegeben hat (§§ 445 BGB).

- § 377 HGB: Verletzung der Untersuchungs- und Rügepflicht im Handelsrecht; ist der Kaufvertrag ein gegenseitiges Handelsgeschäft (§ 343 HGB), muss der Käufer die Kaufsache unverzüglich nach Lieferung auf Mängel untersuchen und entdeckte Mängel (egal ob sie als offene Mängel sofort oder verdeckte Mängel später erkannt werden) unverzüglich dem Verkäufer mitteilen; verletzt der Käufer diese Pflichten, hat er keine Gewährleistungsrechte (z. B. Kaufmann B hat von Kaufmann A 60 PC-Monitore geliefert bekommen, B kontrolliert die Ware bei Lieferung nicht und entdeckt daher auch nicht, dass ein Karton und der darin enthaltene Monitor beschädigt ist, obwohl dieser offene Mangel von außen gut erkennbar ist; oder: ein weiterer Monitor funktioniert nicht, B meldet diesen zunächst verdeckten Mangel an den Lieferanten A erst 2 Monate nachdem ein Kunde ihn darauf aufmerksam gemacht hat; in beiden Fällen hat B keine Gewährleistungsrechte).

- Auch hier bleibt es bei den Gewährleistungsrechten, wenn der Lieferant den Mangel arglistig verschwiegen hat (§§ 377 HGB).

▸ Durch vertragliche Vereinbarung können Verkäufer und Käufer die Gewährleistung grundsätzlich ausschließen, da die Gewährleistungsrechte aus §§ 437 ff. BGB nicht zwingend sind, sondern von den Vertragsparteien abgewählt werden können. In folgenden Fällen ist der vereinbarte Ausschluss der Gewährleistung allerdings unwirksam:

- § 444 BGB: Unwirksamer Haftungsausschluss bei Arglist und Garantie; der Ausschluss der Gewährleistung durch die Vertragsparteien ist unwirksam, wenn der Verkäufer einen Mangel arglistig verschwiegen oder er eine Beschaffenheitsgarantie (§ 443 BGB) bezüglich des vorliegenden Mangels abgegeben hat (z. B. Vereinbarung des Ausschlusses der Gewährleistung ist unwirksam, wenn der private Verkäufer einen verpackten, gebrauchten PC-Monitor anbietet und dabei genau weiß, dass sich auf der Bildfläche ein großer Kratzer befindet; oder: der Ausschluss ist unwirksam, wenn der private Verkäufer für die Mangelfreiheit der Bildfläche eine Garantie übernimmt und die Gewährleistung im Übrigen ausschließt).

- § 475 Abs. 1 BGB: Unwirksamer Haftungsausschluss beim Verbrauchsgüterkauf; der Ausschluss der Gewährleistung bei Kaufverträgen, in denen ein Unternehmer (§ 14 BGB) einem Verbraucher (§ 13 BGB) eine bewegliche Sache verkauft (Verbrauchsgüterkauf, § 474 BGB) ist unwirksam, da die in Abs. 1 genannten Rechte nicht zum Nachteil des Verbrauchers abgewählt werden dürfen (z. B. PC-Händler verkauft einem privaten Käufer PC-Monitor, der vertraglich vereinbarte Ausschluss der Gewährleistung ist unwirksam).

- § 309 Nr. 8b BGB: unwirksamer Haftungsausschluss bei unzulässiger AGB-Klausel; der Ausschluss der Gewährleistung durch Allgemeine Geschäftsbedingungen ist unwirksam, wenn der Verwender der AGB (Verkäufer) Ansprüche auf Gewährleistung bezüglich neu hergestellter Sachen grundsätzlich ausgeschlossen hat (z. B. gewerblicher Verkäufer verkauft privatem Käufer einen neuen, originalverpackten PC-Monitor, der in den AGB formulierte „Ausschluss jeder Gewährleistung" ist unwirksam).

▸ Bei arglistigem Verschweigen des Mangels ist für die Mangelgewährleistung die längere regelmäßige Verjährungsfrist nach §§ 438 Abs. 3, 195, 199 BGB anzuwenden.

TIPP

▸ Die Fragestellung zu c) gibt die Lösung zur Frage b) insoweit vor, dass das Ergebnis für b) einen Gewährleistungsanspruch bejaht, sonst würde die Frage c) keinen Sinn ergeben.

▸ Die Fragestellung c) enthält Hinweise (Zeitangabe „nach so langer Zeit"), die zur rechtlichen Problematik der Verjährung führen.

▸ Ergebnisorientiert muss man unter c) davon ausgehen, dass die Lösung nicht einfach zur Verjährung nach § 438 Abs. 1 Nr. 3, Abs. 2 BGB führen kann. Im Gegenteil: Hat man die Rechtsgrundlage der Verjährung erst gefunden, darf man sich nicht zu schnell zufrieden geben und muss weiterlesen. Dann findet man schnell den § 438 Abs. 3, der genau die Lösung für den Fall darstellt.

Lösung zu Aufgabe 11: Nacherfüllung, Montagemangel, Verjährung

a) Herr von Bern könnte gegen Herrn Pekka einen Anspruch auf Lieferung einer mangelfreien Sache im Rahmen der Nacherfüllung haben (§§ 437 Nr. 1, 434, 439 BGB). Der Anspruch auf Lieferung einer mangelfreien Sache setzt einen wirksamen Kaufvertrag (§ 433 BGB) und einen Sachmangel bei Gefahrübergang (§ 434 BGB) voraus. Der Anspruch auf Mangelbeseitigung darf weder gesetzlich noch vertraglich ausgeschlossen sein. Er müsste außerdem möglich und durchsetzbar sein.

Herr Von Bern und Herr Pekka haben einen wirksamen Kaufvertrag über das Bett „Vincent" geschlossen. Das Bett ist als körperlicher Gegenstand eine Sache (§ 90 BGB). Dieses müsste einen Sachmangel aufweisen (§ 434 BGB). Es könnte ein Mangel in der Beschaffenheit der Sache, die sog. Beschaffenheitsabweichung, vorliegen (§ 434 Abs. 1 BGB).

Herr von Bern und Herr Pekka haben weder eine bestimmte Beschaffenheit bezüglich der Kaufsache vereinbart (§ 434 Abs. 1 Satz 1 BGB), noch im Kaufvertrag eine bestimmte Verwendung der Kaufsache vorausgesetzt (§ 434 Abs. 1 Satz 2 Nr. 1 BGB). Da das Bett selbst keine Fehler hat, ist es auch für die gewöhnliche Verwendung geeignet (§ 434 Abs. 1 Satz 2 Nr. 2 BGB). Es liegt also keine Beschaffenheitsabweichung vor.

Der Sachmangel könnte im fehlerhaften Zusammenbau des Bettes liegen (§ 434 Abs. 2 Satz 1 BGB). Danach müsste die vereinbarte Montage durch den Verkäufer unsachgemäß durchgeführt worden sein. Das Bett wurde aufgrund der vertraglichen Vereinbarung von Herrn Pekka zusammengebaut. Dabei sind Herrn Pekka Fehler unterlaufen, die zum Zusammenbruch des Bettes geführt haben. Die unsachgemäße Montage gilt somit als Sachmangel.

Ein Gewährleistungsausschluss ist nicht erkennbar und die Neulieferung ist möglich, da Herr Pekka in der Lage ist, ein mangelfreies Bett vom Typ „Vincent" von mittlerer Art und Güte zu liefern (Gattungsschuld, § 243 Abs. 1 BGB).

Herr von Bern hat somit gegen Herrn Pekka einen Nacherfüllungsanspruch auf Neulieferung des Bettes „Vincent" (§§ 437 Nr. 1, 434, 439 BGB).

b) Der Neulieferungsanspruch könnte wegen Verjährung nicht mehr durchsetzbar sein. Gewährleistungsrechte verjähren grundsätzlich nach 2 Jahren. Die Verjährung beginnt allerdings nicht ab dem Kauf, sondern erst mit der Ablieferung der Sache (§§ 438 Abs. 1 Nr. 3, Abs. 2 BGB). Das Bett ist zwar auf den Tag genau 2 Jahre nach dem Kauf zusammengebrochen, es wurde aber erst 2 Wochen nach dem Kaufdatum abgeliefert und montiert. Daher ist die 2-jährige Verjährungsfrist noch nicht abgelaufen und der Neulieferungsanspruch noch durchsetzbar.

c) Auch für die Kommode war keine konkrete Beschaffenheit vereinbart, es wurde auch keine bestimmte Verwendung vorausgesetzt. Die Kommode eignet sich darüber hinaus für die gewöhnliche Verwendung und weist die übliche Beschaffenheit auf, die der Käufer erwarten darf. Der Sachmangel einer Beschaffenheitsabweichung liegt somit nicht vor (§ 434 Abs. 1 BGB).

Es könnte der Sachmangel der fehlerhaften Montageanleitung vorliegen (§ 434 Abs. 2 Satz 2 BGB). Die fehlerhafte und erst recht die fehlende Montageanleitung stellt zwar einen Sachmangel dar. Wenn die Montage der Sache trotzdem fehlerfrei gelingt, liegt kein Sachmangel vor (§ 434 Abs. 2 Satz 2 letzter Halbsatz BGB). Das ist hier der Fall, sodass im Ergebnis kein Sachmangel wegen einer fehlenden Montageanleitung vorliegt.

d) Auch für die Wetterstation war keine konkrete Beschaffenheit vereinbart, und es wurde auch keine bestimmte Verwendung vorausgesetzt. Fraglich ist, ob sich die mangelfreie Wetterstation ohne die Bedienungsanleitung für die gewöhnliche Verwendung eignet und die übliche Beschaffenheit aufweist, die ein Käufer erwarten darf (§ 434 Abs. Satz 2 Nr. 2 BGB). Die Nutzung der Wetterstation mit allen ihren Funktionen ist nur möglich, wenn die Bedienungsanleitung den Käufer befähigt, die Station in den üblichen Gebrauch nehmen zu können. Daher wäre bei deutschen Kunden eine deutschsprachige Bedienungsanleitung erforderlich. Die Wetterstation eignet sich somit nicht zur gewöhnlichen Verwendung und ist durch die finnische Bedienungsanleitung mangelhaft.

 MERKE

In der Aufgabe geht es um die speziellen Mängel der Beschaffenheitsabweichung gemäß § 434 Abs. 1 BGB, der fehlerhaften Montage und fehlerhaften Montageanleitung nach § 434 Abs. 2 BGB und um die Verjährung von Gewährleistungsrechten nach § 438 BGB.

► Die unsachgemäße Montage gilt auch dann als Sachmangel, wenn sie von den sog. Erfüllungsgehilfen des Verkäufers durchgeführt wird (§ 434 Abs. 2 Satz 1 BGB). Ein Erfüllungsgehilfe ist jeder, dessen sich der Verkäufer zur Erfüllung seiner vertraglichen Pflichten (hier: Montage) bedient (§ 278 BGB). Also jede Person, die mit Wissen und Wollen des Verkäufers für ihn tätig wird, ist ein Erfüllungsgehilfe (z. B. Verkäufer A setzt seinen Mitarbeiter B ein, um beim

Kunden C eine Satelliten-Schüssel zu montieren. Die unsachgemäße Montage des B gilt als Sachmangel und wird dem Verkäufer A zugerechnet.).

► Bei der mangelhaften Montageanleitung (sog. „IKEA-Klausel") sind unbedingt 2 Punkte zu beachten: Die Regelung gilt ausschließlich für Sachen zur Selbstmontage und die fehlerfreie Montage macht die Sache mangelfrei (§ 434 Abs. 2 Satz 2 letzter Halbsatz).

 TIPP

► Die Fragestellung zu b) gibt die Lösung zur Aufgabe a) insoweit vor, dass das Ergebnis für a) einen Gewährleistungsanspruch bejahen muss, sonst würde die Frage b) keinen Sinn ergeben.

► Bei den Fragestellungen c) und d) darf man nur die erfragten Aspekte prüfen.

► Bei der Lösung zu c) scheint die Prüfung des Beschaffenheitsmangels etwas überflüssig zu sein, da es doch „erkennbar" um einen Montageanleitungsmangel geht. Aber spätestens in der Aufgabe d) wird klar, dass man immer (!) Schritt für Schritt prüfen muss. Wenn man sich hier gleich auf die scheinbare Problematik stürzt, ob eine Bedienungsanleitung eine Art Montageanleitung ist, übersieht man die tatsächliche Lösung. Eine fehlende oder fehlerhafte Bedienungsanleitung führt nämlich zu der unter d) dargestellten Beschaffenheitsabweichung.

► Bei Fällen mit Verjährung muss man besonders aufmerksam sein. Man muss nämlich bei den Rechtsnormen zur Verjährung immer 2 Voraussetzungen beachten: die Verjährungsfrist und den Verjährungsbeginn.

Lösung zu Aufgabe 12: Nacherfüllung, Mangelbegriff, Werbung, Falsch- und Zuweniglieferung

a) Herr Konrad und Herr Kreu haben weder eine bestimmte Beschaffenheit bezüglich der Kaufsache vereinbart (§ 434 Abs. 1 Satz 1 BGB), noch im Kaufvertrag eine bestimmte Verwendung der Kaufsache vorausgesetzt, für die sich die Sache nicht eignet (§ 434 Abs. 1 Satz 2 Nr. 1 BGB). Die Fußballschuhe könnten mangelhaft sein, wenn sie sich nicht für die gewöhnliche Verwendung eignen oder nicht die übliche Beschaffenheit aufweisen, die ein Käufer erwarten darf (§ 434 Abs. 1 Satz 2 Nr. 2 BGB). Zur Beschaffenheit gehören dabei auch Eigenschaften, die der Käufer nach öffentlichen Äußerungen des Verkäufers in der Werbung über die Sache erwarten darf. Herr Kreu hat sich über die Zeitung insoweit öffentlich geäußert, dass die Fußballschuhe Stollen zum Wechseln besitzen. Durch diese Äußerung sind Wechselstollen als übliche Beschaffenheit der Fußballschuhe zu erwarten.

Die Beschaffenheitsabweichung ist ebenfalls nicht ausgeschlossen (§ 434 Abs. 1 Satz 3 BGB). Der Verkäufer Kreu kennt seine eigenen Werbeaussagen und er hat sie zum Zeitpunkt des Vertragsschlusses nicht durch eine andere Anzeige berichtigt. Außerdem hat die Werbung die Kaufentscheidung von Herrn Konrad insoweit beeinflusst, dass er die Fußballschuhe gerade wegen der Wechselstollen gekauft hat.

Die Fußballschuhe wurden somit nicht sachmangelfrei geliefert.

b) Es könnte sich hier um den Sachmangel einer Falschlieferung handeln (§ 434 Abs. 3 BGB). Dieser Mangel liegt vor, wenn der Verkäufer eine andere Sache geliefert hat. Zwischen Herrn Konrad und Herrn Kreu war vertraglich ein bestimmtes Fußballtrikot vereinbart worden. Herr Kreu hat dann aber ein Trikot einer anderen Mannschaft, mit einer anderen Farbe und einer anderen Rückennummer geschickt. Somit hat er eine andere Kaufsache geleistet.

Das Fußballtrikot wurde daher nicht sachmangelfrei geliefert.

c) In diesem Fall könnte es sich um den Sachmangel der Zuweniglieferung handeln (§ 434 Abs. 3 BGB). Dieser Mangel liegt vor, wenn der Verkäufer eine zu geringe Menge geliefert hat. Zwischen Herrn Konrad und Herrn Kreu war vertraglich ein Paar, also 2 Schienbeinschützer, vereinbart worden. Herr Kreu hat dann aber nur einen einzelnen Schienbeinschützer versendet. Somit hat er eine zu geringe Menge geleistet.

Die Schienbeinschützer wurden daher nicht sachmangelfrei geliefert.

 MERKE

In der Aufgabe geht es um die speziellen Sachmängel der Beschaffenheitsabweichung bei öffentlichen Äußerungen (§ 434 Abs. 1 BGB), der Falschlieferung und der Zuweniglieferung (§ 434 Abs. 3 BGB).

► Bei der Beschaffenheitsabweichung bezüglich öffentlicher Äußerungen muss man die Ausschlusstatbestände am Ende von § 434 Abs. 1 Satz 3 BGB beachten.

► Danach liegt trotz öffentlicher Äußerungen zu Eigenschaften der Kaufsache kein Sachmangel vor, wenn

  - der Verkäufer die Werbeaussagen des Herstellers oder die Aussagen der Gehilfen des Verkäufers nicht kannte oder nicht kennen musste (z. B. Verkäufer hat keine Kenntnis und auch keine fahrlässige Unkenntnis von den Werbeaussagen eines Computerherstellers zum Stromverbrauch seines neuen Notebooks in einer kurzfristigen und bisher unüblichen Online-Werbekampagne; dieser Hersteller ist zudem nur einer von vielen Lieferanten für das große Angebotssortiment des Verkäufers).

  - die Werbeaussage zum Zeitpunkt des Kaufvertragsschlusses bereits in gleichwertiger Weise berichtigt war (z. B. im neuen Werbekatalog war der Stromverbrauch eines Notebooks bei Vertragsschluss bereits nach oben korrigiert; der Käufer hat sich auf den geringen Verbrauch aus dem veralteten Prospekt bezogen).

  - die in der Werbeaussage benannte Eigenschaft die Kaufentscheidung des Käufers gar nicht beeinflusst hat (z. B. Käufer kauft das Notebook nur wegen des Designs; der falsch angegebene Stromverbrauch interessiert ihn gar nicht).

► Die Falschlieferung muss man als Sachmangel einfach „hinnehmen". Im vorliegenden Fall ist es auch noch nachvollziehbar, da hier zum Nachteil des Käufers falsch geliefert wurde. Bemerkenswert ist aber, dass auch die Falschlieferung zum Vorteil des Käufers ein Sachmangel ist (z. B. Käufer bestellt sich einen Kleinwagen mit minimaler Ausstattung, Verkäufer liefert eine Luxuslimousine mit exklusiver Ausstattung; wegen der Falschlieferung liegt ein Sachmangel vor, oder anders: die Luxuslimousine ist ein „mangelhafter Kleinwagen").

 TIPP

► Die Aufgabenstellungen sind nur auf den Aspekt des Sachmangels gerichtet und müssen auch nur insoweit gelöst werden. Ausführungen zu möglichen Gewährleistungsrechten oder Hinweise auf die Möglichkeit des 14-tägigen begründungsfreien Widerrufsrechts bei Fernabsatzverträgen sollte man daher unterlassen.

► Ergebnisorientiert kann man bei 3 Aufgaben von 3 unterschiedlichen Sachmängeln ausgehen.

Lösung zu Aufgabe 13: Rücktritt

a) Frau Barockmann könnte ein Recht auf Rücktritt vom Kaufvertrag gegen Frau Regenbogen haben (§§ 437 Nr. 2, 434, 326 Abs. 5 BGB). Das Rücktrittsrecht setzt einen wirksamen Kaufvertrag (§ 433 BGB) und einen Sachmangel bei Gefahrübergang (§ 434 BGB) voraus. Die Gewährleistung darf weder gesetzlich noch vertraglich ausgeschlossen sein. Außerdem müsste eine Fristsetzung wegen Unmöglichkeit der Nacherfüllung entbehrlich sein (§ 326 Abs. 5 BGB). Das Rücktrittsrecht darf nicht ausgeschlossen (§ 326 Abs. 5 i. V. m. § 323 BGB) oder wegen Verjährung unwirksam sein (§ 218 BGB).

Frau Barockmann und Frau Regenbogen haben einen wirksamen Kaufvertrag über den Kater „Yoda" geschlossen. Der Kater müsste einen Sachmangel aufweisen (§ 434 BGB). Er ist zwar als Tier keine Sache, jedoch werden auf Tiere die für Sachen geltenden Rechtsnormen entsprechend angewendet (§ 90 a BGB).

Frau Barockmann und Frau Regenbogen haben weder eine bestimmte Beschaffenheit bezüglich des Katers vereinbart (§ 434 Abs. 1 Satz 1 BGB), noch im Kaufvertrag eine bestimmte Verwendung vorausgesetzt, für die sich der Kater nicht eignet (§ 434 Abs. 1 Satz 2 Nr. 1 BGB). Eine Beschaffenheitsabweichung liegt allerdings auch dann vor, wenn sich die Kaufsache nicht für die gewöhnliche Verwendung eignet oder nicht die Beschaffenheit aufweist, die der Käufer üblicherweise von einer Sache der gleichen Art erwarten darf. Frau Barockmann hätte erwarten können, dass der Kater ein normales Hörvermögen besitzt und keine ihn behindernde Schwäche hat.

Die Kaufsache weist somit nicht die übliche Beschaffenheit und damit einen Sachmangel auf. Der Sachmangel lag bei Gefahrübergang vor (§ 434 Abs. 1 Satz 1 BGB), da die Hörschwäche bereits seit der Geburt bestanden hat. Es ist weder ein gesetzlicher oder vertraglicher Ausschluss des Gewährleistungsrechts erkennbar.

Die erforderliche Bestimmung einer angemessenen Frist zur Nacherfüllung (§ 323 Abs. 1 BGB) könnte für Frau Barockmann entbehrlich sein (§ 326 Abs. 5 BGB). Die Entbehrlichkeit einer Fristbestimmung liegt immer dann vor, wenn der Schuldner wegen Unmöglichkeit der Nacherfüllung nicht zu leisten braucht (§ 275 BGB). Frau Regenbogen könnte von der Nacherfüllung wegen objektiver Unmöglichkeit (§ 275 Abs. 1 BGB) befreit sein.

Frau Barockmann und Frau Regenbogen haben einen Kaufvertrag geschlossen, demnach liegt ein Schuldverhältnis vor. Die Nacherfüllung wäre unmöglich, wenn niemand die entsprechende Leistung erbringen kann (objektive Unmöglichkeit). Eine Unmöglichkeit liegt insbesondere vor, wenn es sich bei dem geschuldeten Gegenstand um eine Stückschuld handelt, bei der eine Sache nach individuellen Merkmalen konkret bestimmt ist.

Frau Regenbogen und Frau Barockmann haben sich genau auf den Kater „Yoda" geeinigt. Es liegt also eine Stückschuld vor. Der Kater kann aber weder neu geliefert werden, noch kann der Mangel der Sehschwäche durch eine Behandlung beseitigt werden. Daher ist die Nacherfüllung objektiv unmöglich geworden (§ 275 Abs. 1 BGB) und eine Fristbestimmung entbehrlich (§ 326 Abs. 5 BGB).

Es sind weder Ausschlussgründe für das Rücktrittsrecht noch Gründe für eine Unwirksamkeit des Rücktrittsrechts ersichtlich. Frau Barockmann hat somit ein Recht auf Rücktritt vom Kaufvertrag gegen Frau Regenbogen (§§ 437 Nr. 2, 434, 326 Abs. 5 BGB).

b) Frau Barockmann müsste den Rücktritt gegenüber Frau Regenbogen ausdrücklich erklären (§ 349 BGB). Die Rücktrittserklärung ist eine einseitige Willenserklärung und muss durch den Vertragspartner nicht angenommen werden, um wirksam zu sein. Selbst wenn Frau Regenbogen mit dem Rücktritt nicht einverstanden ist, wäre die Rücktrittserklärung wirksam und der Anspruch auf Rückzahlung des Kaufpreises (§ 346 Abs. 1 BGB) würde Frau Barockmann zustehen.

c) Frau Rosamunde könnte ein Recht auf Rücktritt vom Kaufvertrag gegen Frau Regenbogen haben (§§ 437 Nr. 2, 434, 323 BGB). Es liegen bezüglich der Katze „Fini" ein wirksamer Kaufvertrag, ein Sachmangel bei Gefahrübergang und kein Gewährleistungsausschluss vor. Zur Begründung kann auf die Darstellung zu Kater „Yoda" verwiesen werden, da insoweit kein Unterschied zu der Katze „Fini" besteht.

Frau Rosamunde müsste Frau Regenbogen eine angemessene Frist zur Nacherfüllung bestimmt haben. Diese Frist müsste erfolglos abgelaufen sein (§ 323 Abs. 1 BGB). Zwar hat Frau Rosamunde die Nacherfüllung in Form der Neulieferung verlangt, sie hat aber dabei keine Frist für die Nacherfüllung gesetzt. Eine Fristsetzung könnte allerdings im vorliegenden Fall entbehrlich sein (§ 323 Abs. 2 Nr. 1 BGB). Sie ist entbehrlich, wenn der Schuldner seine Leistung ernsthaft und endgültig verweigert hat. Da Frau Regenbogen gegenüber Frau Rosamunde erklärt hat, keine andere Katze aus dem Wurf zu liefern, ist eine Fristbestimmung entbehrlich.

Es sind weder Ausschlussgründe für das Rücktrittsrecht noch Gründe für eine Unwirksamkeit des Rücktrittsrechts ersichtlich. Frau Rosamunde hat somit ein Recht auf Rücktritt vom Kaufvertrag gegen Frau Regenbogen (§§ 437 Nr. 2, 434, 323 BGB).

 **MERKE**

In der Aufgabe geht es um das Recht auf Rücktritt vom Vertrag bei Vorliegen von Sachmängeln gemäß §§ 437 Nr. 2, 434, 323, 326 BGB.

▸ Beim Rücktritt möchte sich der Käufer aufgrund eines vertraglichen oder gesetzlichen Rücktrittsrechts ganz vom Vertrag lösen.

▸ Das gesetzliche Rücktrittsrecht ist kein Rechtsanspruch, sondern ein Gestaltungsrecht und gehört zu den nachrangigen Gewährleistungsrechten.

▸ Der Käufer kann daher bei Sachmängeln nicht einfach zurücktreten. Er muss grundsätzlich dem Verkäufer die Möglichkeit einräumen, die Kaufsache mangelfrei zu leisten und ihm dafür eine angemessene Frist setzen (§ 323 Abs. 1 BGB), wenn die Nacherfüllung noch möglich ist.

▸ Als Rechtsgrundlagen für einen Rücktritt vom Vertrag kommen – wie im vorliegenden Fall – 2 Möglichkeiten in Betracht. Entscheidend ist dabei, ob die Nacherfüllung nach § 439 BGB noch möglich oder unmöglich (§ 275 BGB) ist:

- noch möglich: Rechtsgrundlage für den Rücktritt ist dann §§ 437 Nr. 2, 434, 323 BGB (Aufgabe c).

- unmöglich: Rechtsgrundlage für den Rücktritt ist dann §§ 437 Nr. 2, 434, 326 Abs. 5 BGB (Aufgabe a).

▸ Der Hauptunterschied zwischen beiden Rechtsgrundlagen ist, dass der Käufer bei der möglichen Nacherfüllung dem Verkäufer gemäß § 323 Abs. 1 BGB eine angemessene Frist zur Nacherfüllung setzten muss und der Käufer erst zurücktreten kann, wenn diese Frist erfolglos abgelaufen ist. Bei der unmöglichen Nacherfüllung wird diese Fristsetzung dagegen nach § 326 Abs. 5 BGB als entbehrlich angesehen, da eine Frist sinnlos wäre.

▸ Man muss beachten, dass auch die grundsätzlich notwendige Fristsetzung nach § 323 Abs. 1 BGB bei möglicher Nacherfüllung in Ausnahmefällen entbehrlich sein kann. Dies gilt, wenn:

- der Verkäufer die vom Käufer gewählte oder einzig mögliche Art der Nacherfüllung ernsthaft und endgültig verweigert hat (§ 323 Abs. 2 Nr. 1 BGB) (z. B. Verkäufer lehnt die einzig mögliche Neulieferung eines Notebooks unbegründet ab).

- besondere Umstände vorliegen, die unter Abwägung der beiderseitigen Interessen der Vertragspartner einen sofortigen Rücktritt ohne Fristsetzung rechtfertigen (§ 323 Abs. 2 Nr. 3 BGB) (z. B. Verkäufer hat den Mangel am Notebook arglistig verschwiegen und damit das Vertrauensverhältnis zum Käufer zerstört).

- der Verkäufer beide Arten der Nacherfüllung gemäß § 439 Abs. 3 BGB berechtigt verweigert (§ 440 Satz 1 BGB) (z. B. Verkäufer lehnt Neulieferung und Mangelbeseitigung bezüglich eines chinesischen Notebooks wegen unverhältnismäßig hoher Import- und Reparaturkosten ab).

- die vom Käufer gewählte oder einzig mögliche Art der Nacherfüllung fehlgeschlagen oder unzumutbar ist (§ 440 Satz 1 und 2 BGB) (z. B. Verkäufer hat zweimal erfolglos versucht, die Klappfunktionen des Notebooks zu reparieren; oder: wegen arglistigem Verschweigen des Mangels ist Fristsetzung unzumutbar).

▸ Das Rücktrittsrecht kann im Übrigen ausgeschlossen sein, wenn

- der Mangel unerheblich ist (§ 323 Abs. 5 Satz 2 BGB). Es wird allerdings vermutet, dass ein Mangel grundsätzlich erheblich ist (z. B. wenn sich auf der Unterseite des Notebooks ein kleiner Kratzer befindet, den man während des Betriebs gar nicht und sonst nur ganz schwach erkennen kann).

- der Käufer für den Umstand, der ihn zum Rücktritt berechtigen würde, allein oder weit überwiegend verantwortlich ist (§ 323 Abs. 6, 1. Fall BGB) (z. B. wenn der Käufer den Riss auf dem Bildschirm dadurch verursacht hat, dass er das Notebook fallen gelassen hat).

- der vom Verkäufer nicht zu vertretende Umstand zu einer Zeit eintritt, zu welcher der Käufer mit der Annahme der Sache in Verzug ist (§ 323 Abs. 6, 2. Fall BGB) (z. B. wenn der Verkäufer das Notebook zum vereinbarten Termin beim Käufer abliefern wollte, der Käufer nicht anwesend war und damit mit der Annahme des Gerätes in Verzug geriet, § 293 BGB; auf dem Rückweg wird das Notebook beschädigt, weil der Verkäufer unverschuldet von einem Fahrradfahrer angefahren wurde).

▸ Das Rücktrittsrecht kann auch unwirksam sein, wenn die Nacherfüllung zwar möglich, aber inzwischen verjährt ist (§ 218 Abs. 1 Satz 1 BGB). Die Unwirksamkeit des Rücktritts ergibt sich auch dann, wenn der Verkäufer zwar wegen Unmöglichkeit (§ 275 BGB) oder berechtigter Verweigerung der Nacherfüllung (§ 439 Abs. 3 BGB) „praktisch" nicht mehr nacherfüllen müsste, der „theoretische" Nacherfüllungsanspruch aber inzwischen verjährt wäre (§ 218 Abs. 1 Satz 2 BGB).

 TIPP

▸ Wird nach einem Rücktrittsrecht gefragt, muss man zunächst vorab überlegen, auf welcher Rechtsgrundlage der Rücktritt beruhen könnte: § 323 BGB oder § 326 Abs. 5 BGB? Man muss dann nur fragen, ob die Nacherfüllung noch möglich (Aufgabe c, § 323 BGB) oder unmöglich (Aufgabe a, § 326 Abs. 5 BGB) ist.

▸ Hier muss man „die Weichen gleich richtig stellen", da beide Rechtsgrundlagen zwar viele Gemeinsamkeiten haben, aber auch unterschiedliche Voraussetzungen zu prüfen sind. Im vorliegenden Fall sind die Hinweise zu dieser Frage eindeutig zu erkennen.

- Bei der Lösung eines Falls zum Rücktritt kann man zum großen Teil auf die Prüfungsschritte zum Nacherfüllungsanspruch und zur Unmöglichkeit zurückgreifen. Dabei gibt es keine Besonderheiten zu beachten.

- Man muss bei Rücktrittsfällen genau auf die Aufgabenstellung achten. Neben der einfachen Frage nach einem Rücktrittsrecht, kann auch nach dem Rückzahlungsanspruch des Käufers (Aufgabe b) oder nach der Kaufpreisforderung des Verkäufers gefragt werden, wenn der Käufer vom Vertrag zurückgetreten ist.

- Bei Aufgabe c) muss man zunächst ergebnisorientiert erkennen, dass hier ein anderer Lösungsweg als unter a) zu finden ist. Trotzdem kann und sollte man unter c) auf die vergleichbaren Lösungsschritte verweisen.

- An dieser Aufgabe kann man im Übrigen gut erkennen, wie wichtig es ist, die verschiedenen „Bausteine" des Schuldrechts zu erkennen und zusammenzusetzen zu können, also für die Lösung anwenden zu können (Sachmangel, Nacherfüllung, Unmöglichkeit, Rücktritt usw.).

Lösung zu Aufgabe 14: Minderung

a) Frau Bebel könnte ein Recht auf Minderung des Kaufpreises gegen Herrn Lueh haben (§§ 437 Nr. 2, 441 Abs. 1 Satz 1, 434, 323 BGB). Das Minderungsrecht setzt einen wirksamen Kaufvertrag (§ 433 BGB) und einen Sachmangel bei Gefahrübergang (§ 434 BGB) voraus. Die Gewährleistung darf weder gesetzlich, noch vertraglich ausgeschlossen sein. Außerdem müsste eine angemessene Frist bestimmt, aber erfolglos abgelaufen sein (§ 323 Abs. 1 BGB). Das Minderungsrecht darf nicht ausgeschlossen (§ 323 BGB) oder wegen Verjährung unwirksam sein (§ 218 BGB).

Frau Bebel und Herr Lueh haben einen wirksamen Kaufvertrag über die Kommode „Emma" geschlossen. Die Kommode müsste einen Sachmangel aufweisen (§ 434 BGB). Die beiden haben eine bestimmte Beschaffenheit der Kommode vereinbart, da Herr Lueh eine leichte Beweglichkeit der Schubladen ausdrücklich vertraglich zugesagt hat (§ 434 Abs. 1 Satz 1 BGB). Da die Schubladen schwer zu bewegen sind, liegt eine Abweichung von der vereinbarten Beschaffenheit und damit ein Sachmangel vor.

Der Sachmangel lag bei Gefahrübergang vor (§ 434 Abs. 1 Satz 1 BGB). Da der Mangel bereits kurz nach der Ablieferung aufgetreten ist, ist davon auszugehen, dass er auch schon bei der Ablieferung bestanden hat (§ 476 BGB). Es ist weder ein gesetzlicher oder vertraglicher Ausschluss des Gewährleistungsrechts erkennbar.

Frau Bebel müsste Herrn Lueh eine angemessene Frist zur Nacherfüllung bestimmt haben. Diese Frist müsste erfolglos abgelaufen sein (§ 323 Abs. 1 BGB). Frau Bebel hat die Nacherfüllung von Herrn Lueh verlangt und ihm dafür 2 Wochen Zeit gegeben. Der Zeitraum ist angemessen, da in dieser Zeit eine Reparatur oder eine Neulieferung aus dem Warenbestand des Herrn Lueh unproblematisch möglich gewesen wäre. Die Frist ist ohne Erfolg abgelaufen.

Es sind weder Ausschlussgründe für das Minderungsrecht noch Gründe für eine Unwirksamkeit des Rücktrittsrechts ersichtlich. Frau Bebel hat somit ein Recht auf Minderung des Kaufpreises gegen Herrn Lueh (§§ 437 Nr. 2, 441 Abs. 1 Satz 1, 434, 323 BGB).

b) Der geminderte Kaufpreis wird berechnet, indem man den Wert der Sache mit Mangel (200 €) mit dem vereinbarten Kaufpreis (300 €) multipliziert und dann durch den Wert der Sache ohne Mangel (400 €) teilt (§ 441 Abs. 3 BGB). Im Ergebnis beträgt der geminderte Kaufpreis 150 € (200 • 300 : 400).

c) Frau Bebel müsste die Minderung gegenüber Herrn Lueh ausdrücklich erklären (§ 441 Abs. 1 Satz 1 BGB). Die Minderungserklärung ist eine einseitige Willenserklärung und muss durch den Vertragspartner nicht angenommen werden, um wirksam zu sein. Selbst wenn Herr Lueh mit der Minderung nicht einverstanden ist, wäre die Minderungserklärung wirksam und der Anspruch auf Rückzahlung des zu viel gezahlten Kaufpreises (§ 441 Abs. 4 BGB) würde Frau Bebel zustehen.

d) Herr Lueh könnte sich auf die Verjährung des Minderungsrechts berufen. Aus der Verjährung des Nacherfüllungsanspruchs folgt nicht nur die Verjährung des Rücktrittsrechts, sondern auch die Verjährung des Minderungsrechts (§ 218 Abs. 1 Satz 1 BGB). Der Nacherfüllungsanspruch verjährt 2 Jahre nach Ablieferung der Sache (§ 438 Abs. 1 Nr. 3 und Abs. 2 BGB). Damit ist 3 Jahre nach Lieferung des Kinderbetts nicht nur die Nacherfüllung, sondern auch die Minderung verjährt.

 MERKE

In der Aufgabe geht es um das Recht auf Minderung des Kaufpreises bei Vorliegen von Sachmängeln gemäß §§ 437 Nr. 2, 441, 434, 323, 326 BGB.

▸ Bei der Minderung möchte der Käufer die mangelhafte Sache zwar behalten, aber für den geringeren Wert der mangelhaften Sache einen finanziellen Ausgleich haben.

▸ Die wichtigste Erkenntnis für das Minderungsrecht ist: Es müssen die gleichen Voraussetzungen wie beim Rücktrittsrecht vorliegen. Die Rechtsnorm des § 441 BGB nennt diese Voraussetzungen zwar nicht ausdrücklich, es folgt aber aus dem Wortlaut der Norm: „Statt zurückzutreten …" (§ 441 Abs. 1 BGB).

▸ Die Prüfung eines Minderungsrechts setzt sich also aus den gleichen Prüfungsschritten wie beim Rücktritt und damit auch wie bei der Nacherfüllung und ggf. bei der Unmöglichkeit zusammen.

▸ Der Käufer kann – wie beim Rücktritt – nicht einfach den Kaufpreis mindern, sondern muss grundsätzlich dem Verkäufer die Gelegenheit zur Nacherfüllung in einer angemessenen Frist einräumen (§ 323 Abs. 1 BGB), wenn sie noch möglich ist.

▸ Auch hinsichtlich der Rechtsgrundlagen für eine Minderung des Kaufpreises kommen wieder 2 Möglichkeiten in Betracht. Entscheidend ist, ob die Nacherfüllung nach § 439 BGB noch möglich oder unmöglich (§ 275 BGB) ist:

- noch möglich: Rechtsgrundlage für die Minderung ist dann §§ 437 Nr. 2, 441, 434, 323 BGB (Aufgabe a)

- unmöglich: Rechtsgrundlage für die Minderung ist dann §§ 437 Nr. 2, 441 434, 326 Abs. 5 BGB

▶ Unter den gleichen Voraussetzungen wie beim Rücktritt kann auch bei der Minderung die grundsätzlich notwendige Fristsetzung nach § 323 Abs. 1 BGB bei möglicher Nacherfüllung in Ausnahmefällen entbehrlich sein und das Minderungsrecht ausgeschlossen sein.

▶ Die Unwirksamkeit der Minderung wegen Verjährung regelt sich auch nach § 218 BGB.

 TIPP

▶ Die Lösung eines Falls aus dem Minderungsrecht ist keine „zusätzliche Herausforderung" bei den Gewährleistungsrechten. Man muss lediglich wissen, dass die Prüfungsschritte beim Minderungsrecht denen beim Rücktrittsrecht entsprechen und nur die Rechtsfolgen unterschiedlich sind. Man prüft im Prinzip die Voraussetzungen eines Rücktrittsrechts und kommt zum Ergebnis, dass dann der Kaufpreis gemindert werden kann.

▶ Es gelten daher die Hinweise zum Rücktritt, insbesondere zur Vorab-Frage, ob eine Nacherfüllung noch möglich ist (hier Aufgabe a) und welche Rechtsgrundlage daher geprüft werden muss (§ 323 Abs. 1 oder 326 Abs. 5 BGB).

▶ Bei Fällen zur Minderung muss genau auf die Aufgabenstellung geachtet werden. Neben der einfachen Frage nach einem Minderungsrecht, kann auch nach dem Rückzahlungsanspruch des Käufers gemäß § 441 Abs. 4 BGB gefragt werden, wenn der Käufer bereits bezahlt hat. Es kann aber auch nach der Kaufpreisforderung des Verkäufers bezüglich des wegen der Minderung noch nicht gezahlten Kaufpreises gefragt werden.

▶ Die einfache Berechnungsformel für den geminderten Kaufpreis (Aufgabe b) sollte man sich einprägen, da die entsprechende Rechtsnorm § 441 Abs. 3 BGB „etwas unglücklich" formuliert ist.

▶ Sowohl Aufgabe b) als auch Aufgabe c) lassen den Schluss zu, dass unter a) von einem bestehenden Minderungsrecht auszugehen ist.

▶ Der Sachverhalt und die Aufgaben liefern – wie immer – die wichtigen Daten und Hinweise für die Lösung, welche unbedingt berücksichtigt werden müssen:

- Wenn man sich bei Aufgabe b) allein auf § 441 Abs. 3 Satz 2 BGB beruft und danach den geminderten Kaufpreis nur schätzt, würde man die 3 angegebenen Geldsummen ignorieren.

- Wenn man die Frage d) damit beantwortet, dass Herr Bebel zunächst die angemessene Frist zur Nacherfüllung setzen muss, übersieht man den Hinweis in der Aufgabenstellung d) und die Angabe von „3 Jahren" im Sachverhalt, die für die Lösung dann sinnlos wären.

Lösung zu Aufgabe 15: Schadensersatz statt der Leistung und neben der Leistung

a) Herr Waldhorn könnte einen Anspruch auf Schadensersatz statt der Leistung gegen Frau Eich i. H. von 3.000 € für die Reparatur des Geländewagens haben (§§ 437 Nr. 3, 280 Abs. 1 und 3, 281 Abs. 1 Satz 1 BGB). Der Schadensersatzanspruch setzt einen wirksamen Kaufvertrag (§ 433 BGB), eine mangelhafte Leistung (§§ 280 Abs. 3 BGB) durch einen Sachmangel bei Gefahrübergang (§ 434 BGB) und eine erfolglose Fristsetzung zur Nacherfüllung (§ 281 Abs. 1 Satz 1 BGB) voraus. Außerdem muss eine Pflichtverletzung vorliegen (§ 280 Abs. 1 BGB).

Herr Waldhorn und Frau Eich haben einen wirksamen Kaufvertrag über den Geländewagen „Steiner" geschlossen. Der Geländewagen ist eine Sache (§ 90 BGB) und müsste einen Sachmangel aufweisen (§ 434 BGB). Die beiden Vertragspartner haben keine bestimmte Beschaffenheit des Geländewagens vereinbart (§ 434 Abs. 1 Satz 1 BGB). Eine Beschaffenheitsabweichung ist aber auch dann gegeben, wenn der Kaufvertrag eine bestimmte Verwendung voraussetzt, für die sich der Geländewagen aber nicht eignet (§ 434 Abs. 1 Satz 2 Nr. 1 BGB). Beide sind beim Abschluss des Kaufvertrages davon ausgegangen, dass sich der Geländewagen durch den Allradantrieb auch für Fahrten auf schwierigem Waldboden eignet. Wegen des defekten Allradantriebs liegt eine Abweichung von dieser vorausgesetzten Beschaffenheit und damit ein Sachmangel vor.

Der Sachmangel lag bei Gefahrübergang bereits vor (§ 434 Abs. 1 Satz 1 BGB). Da er bereits eine Woche nach der Lieferung aufgetreten ist, ist davon auszugehen, dass er auch schon bei der Lieferung bestanden hat (§ 476 BGB).

Es ist weder ein gesetzlicher oder vertraglicher Ausschluss des Gewährleistungsrechts erkennbar. Herr Waldhorn müsste Frau Eich eine angemessene Frist zur Nacherfüllung bestimmt haben. Diese Frist müsste erfolglos abgelaufen sein (§ 281 Abs. 1 Satz 1 BGB). Herr Waldhorn hat zwar die Nacherfüllung in Form der Mangelbeseitigung von Frau Eich verlangt. Er hat allerdings dabei keine Frist für die Nacherfüllung gesetzt. Eine Fristsetzung könnte im vorliegenden Fall entbehrlich sein (§ 281 Abs. 2 Nr. 1 BGB). Die Fristsetzung ist dann entbehrlich, wenn der Schuldner seine Leistung ernsthaft und endgültig verweigert hat. Da Frau Eich gegenüber Herrn Waldhorn erklärt hat, unter keinen Umständen eine Mangelbeseitigung durchzuführen, ist eine Fristbestimmung entbehrlich.

Außerdem müssen die Voraussetzungen einer Pflichtverletzung vorliegen. Frau Eich müsste also eine Pflicht aus dem Schuldverhältnis verletzt haben, diese Pflichtverletzung zu vertreten haben und dadurch einen Schaden verursacht haben (§ 280 Abs. 1 BGB). Frau Eich hat eine Pflicht aus dem Schuldverhältnis „Kaufvertrag" verletzt (§ 280 Abs. 1 Satz 1 BGB), da sie die Kaufsache nicht sachmangelfrei an Herrn Waldhorn übereignet hat (§§ 433 Abs. 1, 929 Satz 1 BGB) und damit der Hauptleistungspflicht nicht nachgekommen ist. Diese Pflichtverletzung hat Frau Eich zu vertreten. Es wird stets davon ausgegangen, dass ein Schuldner seine Pflichtverletzung zu vertreten hat, wenn er sich nicht rechtfertigen kann (§ 281 Abs. 1 Satz 2 BGB). Eine Rechtfertigungsmöglichkeit ist weder von Frau Eich vorgebracht wurden, noch sonst ersichtlich.

Fraglich ist, ob Herrn Waldhorn durch die Pflichtverletzung ein Schaden entstanden ist. Hätte Frau Eich einen mangelfreien Geländewagen mit funktionierendem Allradantrieb geliefert, würden keine Reparaturkosten i. H. von 3.000 € entstehen. Herrn Waldhorn ist damit ein Schaden in Höhe der Kosten für die Mangelbeseitigung entstanden. Er hat damit einen Anspruch auf Schadensersatz statt der Leistung gegen Frau Eich i. H. von 3.000 € für die Reparatur des Geländewagens (§§ 437 Nr. 3, 280 Abs. 1 und 3, 281 Abs. 1 Satz 1 BGB).

b) Herr Waldhorn könnte einen Anspruch auf Schadensersatz neben der Leistung gegen Frau Eich i. H. von 100 € für die Reparatur des Anhängers haben (§§ 437 Nr. 3, 280 Abs. 1 BGB).

Ist durch einen Mangel an der Kaufsache eine andere Sache des Käufers beschädigt worden, handelt es sich um einen Mangelfolgeschaden. Der Schadensersatzanspruch bezüglich des Mangelfolgeschadens setzt voraus, dass Frau Eich eine Pflicht aus dem Schuldverhältnis verletzt hat, sie diese Pflichtverletzung zu vertreten hat und sie dadurch einen Schaden verursacht hat (§ 280 Abs. 1 BGB).

Frau Eich hat – wie unter a) bereits festgestellt – die Pflicht aus dem Schuldverhältnis „Kaufvertrag" verletzt (§ 280 Abs. 1 Satz 1 BGB), den Geländewagen sachmangelfrei an Herrn Waldhorn zu übereignen (§§ 433 Abs. 1, 929 Satz 1 BGB). Diese Pflichtverletzung hat Frau Eich zu vertreten (§ 281 Abs. 1 Satz 2 BGB). Durch diese Pflichtverletzung ist Herrn Waldhorn ein Schaden entstanden. Hätte Frau Eich einen mangelfreien Geländewagen mit funktionierendem Allradantrieb geliefert, wäre der Anhänger nicht beschädigt worden und die Reparaturkosten i. H. von 100 € nicht entstanden. Herrn Waldhorn ist damit ein Schaden in Höhe der Kosten für die Beseitigung des Mangelfolgeschadens entstanden.

Er hat damit einen Anspruch auf Schadensersatz neben der Leistung gegen Frau Eich i. H. von 100 € für die Reparatur des Anhängers (§§ 437 Nr. 3, 280 Abs. 1 BGB).

 MERKE

In der Aufgabe geht es um den vertraglichen Schadensersatzanspruch statt der Leistung gemäß §§ 437 Nr. 3, 280 Abs. 1 und 3, 281 Abs. 1 Satz 1 BGB und den vertraglichen Schadensersatzanspruch neben der Leistung für den Mangelfolgeschaden gemäß §§ 437 Nr. 3, 280 Abs. 1 BGB.

► Da es 4 unterschiedliche vertragliche Ansprüche auf Schadensersatz gibt, wirkt dieses spezielle Gewährleistungsrecht etwas unübersichtlich. Man muss die Ansprüche aber genau unterscheiden, weil bei jeder Anspruchsgrundlage unterschiedliche Voraussetzungen geprüft werden müssen.

► Zunächst werden die Schadensersatzansprüche danach unterschieden, ob es um den unmittelbaren Schaden an der gekauften Sache oder den mittelbaren

Schaden an einer anderen Sache oder einem anderen Rechtsgut des Käufers geht:

- unmittelbarer Mangelschaden: Schadensersatz statt der Leistung; als nachrangiges Gewährleistungsrecht (Aufgabe a)

- mittelbarer Mangelfolgeschaden: Schadensersatz neben der Leistung; kann neben den anderen Gewährleistungsrechten verlangt werden (Aufgabe b)

▶ Innerhalb des Anspruchs auf Schadensersatz statt der Leistung muss man dann noch unterscheiden, ob die Nacherfüllung noch möglich ist, also der Sachmangel noch behoben werden kann:

- noch möglich: Anspruchsgrundlage für den Schadensersatz ist dann §§ 437 Nr. 3, 280 Abs. 1 und 3, 281 Abs. 1 Satz 1 BGB (Aufgabe a)

- unmöglich: Anspruchsgrundlage bestimmt sich danach, ob die Unmöglichkeit der Nacherfüllung vor oder nach Vertragsschluss eingetreten ist:

  · bei anfänglicher Unmöglichkeit §§ 437 Nr. 3, 311a Abs. 2 BGB

  · bei nachträglicher Unmöglichkeit §§ 437 Nr. 3, 280 Abs. 1 und 3, 283 Satz 1 BGB

▶ Diese Übersicht zeigt, dass die verschiedenen Ansprüche auf Schadensersatz keine besonderen Voraussetzungen erfordern. Vielmehr geht es um die – bereits bekannten – Voraussetzungen für das Recht auf Nacherfüllung (§§ 437 Nr. 1, 439, 434 BGB), das Vorliegen einer Unmöglichkeit (§ 311a oder § 275 BGB) und die Pflichtverletzung (§ 280 BGB).

▶ Der Schadensersatzanspruch statt der Leistung bei möglicher Nacherfüllung enthält – genau wie das Rücktritts- und Minderungsrecht nach § 323 BGB – die besondere Voraussetzung der Fristsetzung. Der Käufer muss dem Verkäufer also grundsätzlich eine angemessene Frist zur Nacherfüllung setzen und diese muss erfolglos abgelaufen sein (§ 281 Abs. 1 Satz 1 BGB). Diese Fristbestimmung ist allerdings – ähnlich wie in § 323 Abs. 2 BGB – entbehrlich, wenn

- der Verkäufer die vom Käufer gewählte oder einzig mögliche Art der Nacherfüllung ernsthaft und endgültig verweigert (§ 281 Abs. 2., 1. Fall BGB) (z. B. die grundlose Ablehnung von Frau Eich in Aufgabe a).

- besondere Umstände vorliegen, die unter Abwägung der beiderseitigen Interessen der Vertragspartner einen sofortigen Schadensersatzanspruch ohne Fristsetzung rechtfertigen (§ 281 Abs. 2., 1. Fall BGB) (z. B. wenn Frau Eich vom mangelnden Allradantrieb genau gewusst und es trotzdem arglistig verschwiegen hätte, obwohl sie Herrn Waldhorns Interesse daran kannte).

- der Verkäufer beide Arten der Nacherfüllung gemäß § 439 Abs. 3 BGB berechtigt verweigert (§ 440 Satz 1 BGB) (z. B. wenn Frau Eich Neulieferung und Mangelbeseitigung bezüglich des Geländewagens berechtigt mit dem Hinweis auf unverhältnismäßig hohe Nacherfüllungskosten abgelehnt hätte).

- die vom Käufer gewählte oder einzig mögliche Art der Nacherfüllung fehlgeschlagen oder unzumutbar ist (§ 440 Satz 1 und 2 BGB) (z. B. wenn Frau Eich zweimal erfolglos versucht hätte, die Allradfunktionen des Geländewagens zu reparieren).

▶ Liegen die Voraussetzungen für einen Schadensersatzanspruch vor, kann der Käufer folgenden Schadensersatz für den unmittelbaren Mangelschaden verlangen:

- kleiner Schadensersatz: mangelhafte Sache bleibt beim Käufer; der Verkäufer leistet die Differenz aus dem Vergleich zwischen dem Wert der mangelfreien Sache und dem Wert der mangelhaften Sache. Beim kleinen Schadensersatz werden auch die Kosten für die Mangelbeseitigung ersetzt (wie in Aufgabe a).

- großer Schadensersatz: Verkäufer erhält die Sache zurück; Käufer bekommt den Kaufpreis, alle durch den Mangel entstandenen Kosten und auch entgangenen Gewinn (z. B. wenn Geländewagen bei Verkauf durch Herrn Waldhorn eine höhere Summe als den ursprünglichen Kaufpreis gebracht hätte). Der große Schadensersatz statt der „ganzen" Leistung kann allerdings nur verlangt werden, wenn der Mangel erheblich ist (§ 281 Abs. 1 Satz 3 BGB).

▶ Der Käufer kann anstelle des Schadensersatzes statt der Leistung auch den Aufwendungsersatz nach §§ 437 Nr. 3, 284 BGB beanspruchen. Hier muss der Verkäufer die Aufwendungen ersetzen, die der Käufer freiwillig im Vertrauen auf den Erhalt einer mangelfreien Leistung gemacht hat (z. B. wenn Herr Waldhorn für die Nutzung des Geländewagens in seinem Wald einige Bäume hat fällen lassen. Da er die so freigelegte Fahrstrecke ohne den Allradantrieb nicht nutzen kann, waren die hohen Kosten für das Fällen der Bäume nutzlos aufgewendet worden).

 TIPP

▶ Der Bearbeiter-Hinweis muss unbedingt beachtet werden. Schadensersatzansprüche aus unerlaubter Handlung nach § 823 BGB sind also nicht zu prüfen.

▶ Die Lösung b) ist zwar inhaltlich ähnlich der Lösung a), die einzelnen Lösungsschritte sind aber etwas anders aufgebaut. Das liegt daran, dass beim Anspruch auf Schadensersatz neben der Leistung (also für den Mangelfolgeschaden) einfach nur die Voraussetzungen einer Pflichtverletzung nach § 280 Abs. 1 BGB geprüft werden müssen. Beim Schadensersatz statt der Leistung fordert dagegen § 280 Abs. 3 BGB, dass die zusätzlichen Voraussetzungen der §§ 281, 282 oder 283 BGB vorliegen müssen.

▶ Grundsätzlich stellt die Lösung eines Falls zum Anspruch auf Schadensersatz keine „zusätzliche Herausforderung" zu den anderen Gewährleistungsrechten dar. Man muss – nach dem unter „Merke" dargestellten Schema – lediglich wissen, welchen der 4 Schadensersatzansprüche man prüfen will.

▸ Die einzelnen Voraussetzungen zur Nacherfüllung, zur Unmöglichkeit, zur Fristsetzung und zur Pflichtverletzung sind bei der Lösung eines Falls zum Schadensersatz nicht anders zu prüfen (es sind die gleichen bekannten „Bausteine").

▸ Aus den unterschiedlichen Aufgabenstellungen zu a) und b) sollte man erkennen, dass zumindest unterschiedliche Anspruchsgrundlagen geprüft werden müssen.

Lösung zu Aufgabe 16: Allgemeine Geschäftsbedingungen

a) Gemäß § 305 Abs. 1 BGB sind AGB alle für eine Vielzahl von Verträgen vorformulierten Vertragsbedingungen, die von einer Vertragspartei, dem sog. Verwender, bei Vertragsschluss gestellt werden.

Fraglich erscheint hier, dass Herr Silber betont hat, dass er diese Klauseln nur einmal für Herrn Meyerwisch verwenden will. Außerdem hat nicht Herr Silber diese AGB vorformuliert hat, sondern der Branchenverband.

Von einer Vielzahl von Verträgen ist grundsätzlich auszugehen, wenn der Verwender beabsichtigt, mindestens drei Verträge mit diesen AGB abzuschließen. Bei einem Verbrauchervertrag führt gemäß § 310 Abs. 3 Nr. 2 BGB auch schon die einmalige Verwendung von vorformulierten Klauseln zur Anwendung des AGB-Rechts. Da Herr Meyerwisch ein Verbraucher ist (§ 13 BGB) und Herr Silber ein Unternehmer (§ 14 BGB), liegt ein Verbrauchervertrag (Verbrauchsgüterkauf nach § 474 BGB) vor. Die einmalige Verwendung der Klauseln spricht daher nicht gegen das Vorliegen von AGB.

Vertragsbedingungen gelten dann als vorformuliert, wenn sie vor Vertragsschluss bereits schriftlich oder elektronisch formuliert sind und gemäß § 305 Abs. 1 Satz 3 BGB nicht einzeln ausgehandelt werden. Dabei spielt es keine Rolle, ob der Verwender oder jemand anderes die AGB vorformuliert hat. Die AGB des Branchenverbandes waren bei Vertragsschluss elektronisch vorformuliert.

Im Ergebnis gelten die Klauseln auf dem Ausdruck als AGB des Herrn Silber.

b) Gemäß § 305 Abs. 2 BGB sind AGB nur dann wirksam, wenn sie als Bestandteil in den Vertrag einbezogen wurden. Eine wirksame Einbeziehung der AGB in den Vertrag setzt voraus, dass der Verwender vor oder spätestens bei Vertragsschluss auf die AGB hinweist, der Vertragspartner die Möglichkeit der Kenntnisnahme hat und mit den AGB einverstanden ist.

Hier hat Herr Silber als Verwender der AGB Herrn Meyerwisch erst nach dem Vertragsschluss die Kenntnisnahme ermöglicht. Die AGB sind daher nicht wirksam.

c) Gemäß § 305b BGB gelten individuelle Vereinbarungen vor den AGB. Da Herr Meyerwisch und Herr Bloß einen individuellen Liefertermin vereinbart hatten, muss Herr Bloß die Rüttelmaschine am 05.10.2012 zur Vermietung liefern. Die AGB-Klausel 1 mit 2-wöchigen Lieferzeiten tritt dahinter zurück.

d) Gemäß § 305c Abs. 1 BGB sind überraschende AGB-Klauseln unwirksam. Eine überraschende Klausel liegt dann vor, wenn der Verwender eine ungewöhnliche Geschäftsbedingung stellt, mit welcher der Vertragspartner vernünftigerweise nicht zu rechnen brauchte. Von einer überraschenden Klausel ist insbesondere dann auszugehen, wenn der Versuch einer Überrumpelung des Vertragspartners zu erkennen ist.

Herr Meyerwisch wollte ausschließlich die Rüttelmaschine mieten. Die AGB-Klausel 2 ist für ihn daher überraschend und unwirksam, da er nicht damit rechnen musste, für zwei weitere Geräte Miete zahlen zu müssen.

e) Problematisch ist bei der AGB-Klausel 3, dass man sie so auslegen kann, dass der Kunde das Baugerät in jedem Fall reinigen muss. Man kann sie aber auch so deuten, dass der Kunde das Baugerät genau in dem verschmutzten Zustand zurückgeben kann, in dem er es bekommen hat. Die Klausel ist daher nicht eindeutig, sondern mehrdeutig.

Grundsätzlich sind die AGB zwar objektiv auszulegen (wie nach §§ 133, 157 BGB), ist die Klausel allerdings mehrdeutig, kommt § 305c Abs. 2 BGB zur Anwendung. Danach gehen Zweifel bei der Auslegung einer Klausel zu Lasten des Verwenders. Da der Verwender die AGB stellt, hat er – im Gegensatz zum Vertragspartner – die Möglichkeit, eindeutige Formulierungen zu benutzen, um Ungenauigkeiten zu vermeiden.

Zu Lasten von Herrn Bloß als Verwender ist die AGB-Klausel 3 so zu verstehen, dass Herr Meyerwisch die Rüttelmaschine ungereinigt zurückgeben kann, wenn sich die Verschmutzung nicht vergrößert hat.

f) Gemäß § 309 Nr. 6 BGB sind die AGB unwirksam, die dem Verwender den Anspruch auf Zahlung einer Vertragsstrafe im Falle des Zahlungsverzuges des Vertragspartners ermöglichen.

Die AGB-Klausel 4 ist daher unwirksam.

g) Gemäß § 308 Nr. 2 BGB wäre die AGB-Klausel 5 unwirksam, wenn die Nachfrist im vorliegenden Fall als unangemessen lang zu werten wäre.

Bei der Vermietung von Baugeräten an Privatpersonen möchte der Mieter die Geräte meist nur für einen kurzen Zeitraum nutzen. Herr Meyerwisch hatte eine Mietzeit von einer Woche vereinbart. Eine Nachfrist von bis zu 4 Wochen für die Reparatur oder den Austausch eines nicht funktionierenden Gerätes ist daher unangemessen lang.

Die AGB-Klausel 5 ist somit unwirksam.

h) Gemäß § 307 Abs. 1 BGB sind die AGB unwirksam, die den Vertragspartner entgegen dem Gebot von Treu und Glauben (§ 242 BGB) unangemessen benachteiligen. Nach § 307 Abs. 2 Nr. 1 BGB ist eine Klausel insbesondere dann unangemessen benachteiligend und unwirksam, wenn sie mit wesentlichen Grundgedanken der gesetzlichen Regelung, von der durch die Klausel abgewichen werden soll, nicht zu vereinbaren ist.

Ein wesentlicher Grundgedanke im Haftungsrecht ist, dass eine Haftung immer bei einem Verschulden der Pflichtverletzung in Frage kommt (§§ 280 Abs. 1 Satz 2, 276 Abs. 1 Satz 1 BGB). Durch die AGB-Klausel 6 wird allerdings eine verschuldensunabhängige Haftung vereinbart, die Herrn Meyerwisch für jeden Schaden während der

Mietzeit verantwortlich macht, egal ob er den Schaden tatsächlich verschuldet hat oder nicht.

Die AGB-Klausel 6 ist daher unangemessen benachteiligend und unwirksam.

i) Gemäß § 307 Abs. 2 Nr. 2 BGB ist eine Klausel dann unangemessen benachteiligend und unwirksam, wenn durch sie wesentliche Rechte oder Pflichten, die sich aus der Natur des Vertrages ergeben soweit eingeschränkt werden, dass die Erreichung des vertraglichen Zwecks gefährdet ist. Eine solche Benachteiligung liegt insbesondere dann vor, wenn die Klausel die Haftung des Verwenders bei Nichterfüllung seiner vertraglichen Pflichten ausschließt.

Herr Bloß ist aus dem Mietvertrag verpflichtet, Herrn Meyer die Nutzung der Rüttelmaschine zu gewähren (§ 535 Abs. 1 Satz 1 BGB). Die Nutzung ist aber nur möglich, wenn das Gerät funktioniert. Durch die AGB-Klausel 7 wird die Pflicht des Vermieters zu sehr eingeschränkt und der vertragliche Zweck, nämlich die Nutzung des Gerätes, gefährdet.

Die AGB-Klausel 7 ist daher unangemessen benachteiligend und unwirksam.

 MERKE

In der Aufgabe geht es um das Recht der Allgemeinen Geschäftsbedingungen gemäß §§ 305 ff. BGB, insbesondere um die Frage der rechtlichen Wirksamkeit von AGB-Klauseln.

▸ AGB werden nicht nur genutzt, um Verträge zu vereinheitlichen. Leider versucht der Verwender oft, den Vertragspartner damit rechtlich zu „übervorteilen". Daher hat das AGB-Recht einige rechtliche Hürden für die Wirksamkeit von AGB-Klauseln aufgestellt.

▸ Zu beachten ist zunächst der Anwendungsbereich des AGB-Rechts nach § 310 BGB:

  - Nach § 310 Abs. 4 BGB wird es in einigen Rechtsgebieten (z. B. Familien-, Erb- und Gesellschaftsrecht) gar nicht angewendet.

  - Bei AGB gegenüber Unternehmern werden gemäß § 310 Abs. 1 BGB die Rechtsnormen zur Einbeziehung von AGB (§ 305 Abs. 2 und 3 BGB) und zur Inhaltskontrolle aus den §§ 308, 309 BGB nicht angewendet, da sich Unternehmer mit AGB auskennen sollten und nicht wie ein Verbraucher geschützt werden müssen. Die Generalklausel § 307 BGB zur Inhaltskontrolle von AGB gilt aber auch zwischen Unternehmen.

  - Bei Verbraucherverträgen (Unternehmer und Verbraucher) regelt § 310 Abs. 3 BGB einige Besonderheiten zum erweiterten Schutz des Verbrauchers, wie die Anwendung des AGB-Rechts bei einmaliger Verwendung von AGB (§ 310 Abs. 3 Nr. 2 BGB, dazu Aufgabe a).

▸ Neben dem Anwendungsbereich und den in § 305 Abs. 1 BGB genannten formalen Anforderungen an eine AGB ist die erste große Hürde die wirksame Einbeziehung der AGB in einen Vertrag nach § 305 Abs. 2 BGB. Hier wird genau beschrieben, auf welche Weise AGB Vertragsbestandteil werden. Die Voraussetzung, dass der Vertragspartner mit der Geltung der AGB einverstanden sein muss (§ 305 Abs. 2 letzter Halbsatz BGB) ist schon dann – zumindest durch schlüssige Willenserklärung – erfüllt, wenn ein Vertrag abgeschlossen wird.

▶ Neben den wichtigen Sonderregeln in §§ 305b und c BGB zur Geltung von AGB ist die zweite große Hürde die Inhaltskontrolle der AGB gemäß §§ 307, 308, 309 BGB. In den §§ 308, 309 BGB hat das AGB-Recht eine Art „Katalog unwirksamer AGB-Klauseln" aufgestellt, aus dem erkennbar ist, ob eine Klausel – trotz Vertragsfreiheit – verboten ist. Der Unterschied zwischen den beiden Katalogen ist folgender:

- § 309 BGB (Klauselverbote ohne Wertungsmöglichkeit) zählt eine Reihe von eindeutig unwirksamen Klauseln auf, deren Formulierung und Inhalt nicht mehr bewertet werden müssen (z. B. AGB-Klausel 4 im Fall; oder: Reiseveranstalter-AGB erlaubt jederzeit eine Erhöhung des Reisepreises nach der Buchung, § 309 Nr. 1 BGB verbietet dagegen Preiserhöhungen innerhalb der ersten 4 Monate nach Vertragsschluss).

- § 308 BGB (Klauselverbote mit Wertungsmöglichkeit) fordert dagegen eine Bewertung des Inhalts der AGB-Klausel. In den einzelnen Klauselverboten werden sog. unbestimmte Rechtsbegriffe verwendet („zumutbar", „unangemessen lang", „nicht hinreichend bestimmt"), deren Vorliegen konkret für den Einzelfall bewertet werden muss. Das bedeutet, dass die Klausel an sich nicht verboten ist – sonst würde sie als Klauselverbot in § 309 BGB zu finden sein –, sondern sich das Verbot aus der konkreten Bewertung ergibt (z. B. ist die AGB-Klausel 5 im Fall – Nachfristsetzung – nicht automatisch verboten, sondern nur, weil die Wertung eine unangemessene Länge der Nachfrist ergeben hat; oder: die Reiseveranstalter-AGB erlaubt eine Änderung des Reiseziels, nach § 308 Nr. 4 BGB ist diese Klausel unwirksam, wenn sich aus der Bewertung ergibt, dass dieser Änderungsvorbehalt für den Reisenden unzumutbar ist).

▶ Da beide Kataloge nicht alle unwirksamen AGB-Klauseln erfassen können, gibt es noch eine „letzte" Hürde, die Generalklausel des § 307 BGB. Danach sind AGB-Klauseln allgemein unwirksam, wenn sie den Vertragspartner treuwidrig (§ 242 BGB) unangemessen benachteiligen.

▶ Die in § 307 Abs. 2 BGB genannten beiden Regelbeispiele zeigen etwas genauer, was unter „unangemessener Benachteiligung" zu verstehen ist:

- Nach § 307 Abs. 2 Nr. 1 BGB ist eine Klausel unwirksam, wenn sie mit wesentlichen Grundgedanken einer gesetzlichen Regelung nicht zu vereinbaren ist (z. B. die AGB-Klausel 6 im Fall; oder: Vermieter-AGB schließt fristlose Kündigung durch den Mieter aus; aus den §§ 314, 543 BGB folgt aber der grundsätzliche Rechtsgedanke, dass ein Dauerschuldverhältnis bei Vorliegen eines wichtigen Grundes auch ohne Frist gekündigt werden darf).

- Nach § 307 Abs. 2 Nr. 2 BGB ist eine Klausel unwirksam, wenn die wesentlichen Rechte und Pflichten aus einem Vertrag durch die Klausel so eingeschränkt werden, dass der Vertragszweck in Gefahr ist (z. B. die AGB-Klausel 7 im Fall; oder: Werkvertrag-AGB eines Ingenieurs schließt eine Haftung für Konstruktionsfehler aus; der Zweck des Vertrages, die Herstellung eines sachmängelfreien Werks nach §§ 631, 633 BGB ist durch diese Klausel gefährdet).

▶ Wenn AGB-Klauseln die Hürde der §§ 305b, 305c, 307 ff. BGB nicht überwunden haben, sind die einzelnen Klauseln gemäß § 306 BGB unwirksam, aber der Vertrag bleibt – mit Ausnahme von § 306 Abs. 3 BGB – weiter wirksam. Es gelten dann nach § 306 Abs. 2 BGB statt der unwirksamen Klausel die gesetzlichen Regeln.

 TIPP

▶ Die Auseinandersetzung mit dem AGB-Recht kann – wie hier – durch einen reinen AGB-Fall gefordert werden. AGB tauchen allerdings auch „versteckt" in Vertragsrechtsfällen auf, wenn nach dem Ausschluss von Ansprüchen und Rechten gefragt wird (z. B. Ausschluss der Gewährleistung, Ausschluss der Haftung, Ausschluss der Kaufpreiszahlung). Man muss dann an dieser Stelle prüfen, ob die genannte AGB-Klausel zum Ausschluss führt.

▶ Wie immer kommt es für den Aufbau der Lösung auf die Aufgabenstellung an. Im vorliegenden Fall wurden die Aufgaben sehr gezielt gestellt. Wird dagegen allgemein nach der Wirksamkeit von AGB gefragt, sollte man folgende Lösungsschritte einhalten (= Hürden für AGB):

1. Sind die im Fall genannten Bestimmungen überhaupt AGB? (§ 305 Abs. 1 BGB)

2. Sind die AGB überhaupt Vertragsbestandteil geworden? (§§ 305 Abs. 2 und 3, 305a, 310 BGB)

3. Sind die AGB-Klauseln überraschend bzw. mehrdeutig (§ 305c BGB) oder gibt es eine vorrangige Individualvereinbarung (§ 305b BGB)?

4. Sind die AGB-Klauseln inhaltlich wirksam? Lösungsschritte in folgender „umgekehrter" Reihenfolge:

   · Sind die Kataloge §§ 309, 308 BGB überhaupt anwendbar? (§ 310 BGB)

   · Liegt ein Klauselverbot ohne Wertung vor? (§ 309 BGB)

   · Liegt ein Klauselverbot mit Wertung vor? (§ 308 BGB)

   · Liegt allgemein eine unangemessene Benachteiligung (§ 307 Abs. 1 BGB), insbesondere ein Regelbeispiel (§ 307 Abs. 2 Nr. 1 und 2 BGB) vor?

▶ Man muss bei den ersten beiden Fragen mit „ja" antworten können, um zur nächsten Frage zu gelangen. Ab der dritten Frage muss die Antwort dagegen „nein" heißen, um zur nächsten Frage zu kommen (Ausnahme § 310 BGB: Wenn mit „ja" geantwortet wird, geht es weiter; wenn mit „nein" geantwortet wird, überspringt man §§ 308, 309 BGB und macht mit der Frage zu § 307 BGB weiter).

▸ Wird nur allgemein nach der Wirksamkeit einer AGB-Klausel gefragt, muss man ergebnisorientiert meist davon ausgehen, dass es sich um AGB handelt, die zumindest wirksam in den Vertrag einbezogen sind. Wenn man an dieser Stelle schon eine Unwirksamkeit der AGB annimmt, kommt man gar nicht mehr zur nächsten Hürde, der inhaltlichen Prüfung der AGB.

▸ Aus der Formulierung zur Aufgabe a) muss man erkennen, dass es mehr als eine Rechtsnorm für die Lösung gibt.

▸ Da der Sachverhalt zu Aufgabe b) keine inhaltlichen Angaben zu den AGB des Herrn Silber macht, muss man erkennen, dass die Wirksamkeit der AGB von einer anderen Voraussetzung als der Inhaltskontrolle abhängen muss.

▸ Die verschiedenen Zeitangaben im Sachverhalt sind für die Lösung unbedingt zu berücksichtigen.

Lösung zu Aufgabe 17: Deliktische Haftung

a) Herr Flinn könnte einen Anspruch auf Schadensersatz gegen Herrn Kluh i. H. von 3.000 € für die Reparatur der Eingangstür wegen einer unerlaubten Handlung haben (§ 823 Abs. 1 BGB).

Der deliktische Schadensersatzanspruch wegen unerlaubter Handlung setzt die Verletzung eines Rechtsguts des Geschädigten durch die Handlung des Schädigers voraus. Die Rechtsgutverletzung muss rechtswidrig sein, vom Schädiger verschuldet sein und den Schaden verursacht haben (§ 823 Abs. 1 BGB). Durch die Beschädigung der Eingangstür müsste ein Rechtsgut des Herrn Flinn verletzt sein. Die Eingangstür der Spielhalle steht im Eigentum des Herrn Flinn. Somit ist sein Eigentum verletzt.

Die Rechtsgutverletzung müsste durch eine Handlung des Schädigers verursacht worden sein. Als Handlung kommt sowohl ein Tun als auch ein Unterlassen in Betracht. Die Beschädigung der Eingangstür wurde durch das unachtsame Hineinfahren des Herrn Kluh verursacht. Es liegt daher ein aktives Tun und somit eine Handlung vor.

Die Rechtsgutverletzung müsste rechtswidrig sein. Eine Rechtswidrigkeit liegt vor, wenn keine Gründe ersichtlich sind, die eine Rechtsgutverletzung rechtfertigen würden. Da ein Rechtfertigungsgrund hier nicht erkennbar ist, ist die Eigentumsverletzung rechtswidrig. Der Schädiger müsste die Rechtsgutverletzung verschuldet haben, also vorsätzlich oder fahrlässig gehandelt haben. Ein vorsätzliches Handeln, bei dem der Schädiger weiß, was er tut und das auch so will, ist nicht ersichtlich.

Ein fahrlässiges Handeln liegt vor, wenn der Schädiger die im Verkehr erforderliche Sorgfalt außer Acht lässt (§ 276 Abs. 2 BGB). Herr Kluh hätte seine Geschwindigkeit den besonderen Straßenverhältnissen anpassen müssen. Da er diese gebotene Sorgfalt nicht beachtet hat, ist er gegen die Eingangstür gefahren. Herr Kluh hat somit fahrlässig gehandelt.

Außerdem müsste Herr Flinn einen auf der Rechtsgutverletzung beruhenden Schaden erlitten haben. Ein Schaden ist jede erlittene Vermögensminderung. Eine solche Minderung ergibt sich aus dem Vergleich der Vermögenslage des Geschädigten vor und nach der Rechtsgutverletzung. Durch die Beschädigung der Eingangstür ist Herrn Flinn eine Vermögenseinbuße in Form der Reparaturkosten i. H. von 3.000 € entstanden.

Da somit alle Voraussetzungen vorliegen, hat Herr Flinn gegen Herrn Kluh einen Anspruch auf Schadensersatz i. H. von 3.000 € für die Reparatur der Eingangstür (§ 823 Abs. 1 BGB).

b) Herr Flinn könnte einen Anspruch auf Schadensersatz gegen Herrn Nort i. H. von 300 € für die Tierarztkosten wegen einer unerlaubten Handlung haben (§ 823 Abs. 1 BGB). Durch die Verletzung des Hundes, der hier wie eine Sache anzusehen ist (§ 90a BGB), ist auch hier das Eigentum und damit ein Rechtsgut des Herrn Flinn verletzt. Die Rechtsgutverletzung ist durch die Tritte des Herrn Nort gegen den Hund und somit durch eine Handlung des Schädigers verursacht worden.

Die Rechtsgutverletzung müsste rechtswidrig sein. Es ist fraglich, ob die Handlung des Herrn Nort gegen den Hund gerechtfertigt sein könnte. Als Rechtfertigungsgrund kommt Notwehr in Betracht (§ 227 Abs. 1 BGB). Herr Nort müsste einem gegenwärtigen rechtswidrigen Angriff ausgesetzt gewesen sein (§ 227 Abs. 2 BGB). Der Angriff müsste von einem Menschen ausgehen. Da der Angriff vom Hund „Pollux" ausging, lag keine Notwehrsituation vor und Herr Nort ist insoweit nicht gerechtfertigt.

Herr Nort könnte wegen einer Notstandslage gerechtfertigt sein (§ 228 BGB), da die Gefahr für Herrn Nort von einer Sache, also dem Hund „Pollux", ausging. Die Schädigung des Hundes müsste zur Abwehr der Gefahr allerdings erforderlich gewesen sein. Erforderlich ist eine Schädigung, wenn kein milderes Mittel die Gefahr auf die gleiche geeignete Weise hätte abwenden können. Es ist nicht ersichtlich, dass Herr Nort den aggressiven Hund in dieser Situation durch ein milderes Mittel hätte abwehren können. Die Handlung und die Verletzung des Hundes zur Abwehr der Gefahr waren somit erforderlich.

Die Verletzung des Hundes dürfte nicht außer Verhältnis zu der Gefahr stehen, die vom Hund ausging. Für Herrn Nort bestand Gefahr für seinen Körper und seine Gesundheit. Im Vergleich zu diesen Rechtsgütern steht die Verletzung des Hundes, also – streng genommen – die Beschädigung einer Sache, nicht außer Verhältnis zu der abgewendeten Gefahr. Es ist davon auszugehen, dass Herr Nort vom Vorliegen einer Notstandssituation wusste und sich lediglich verteidigen wollte. Damit ist Verletzung des Hundes gerechtfertigt.

Die Rechtsgutverletzung ist somit nicht rechtswidrig.

Herr Flinn hat keinen Anspruch auf Schadensersatz gegen Herrn Nort i. H. von 300 € für die Tierarztkosten (§ 823 Abs. 1 BGB).

c) Herr Flinn könnte einen Anspruch auf Schadensersatz gegen Samuel i. H. von 30 € für die Kosten bezüglich der Neonröhre wegen einer unerlaubten Handlung haben (§ 823 Abs. 1 BGB).

Die Zerstörung der Neonröhre ist ebenfalls als Eigentums- und damit Rechtsgutverletzung zu Lasten von Herrn Flinn anzusehen. Die Rechtsgutverletzung ist durch Samuels Ballwurf und somit durch eine Handlung des Schädigers verursacht worden.

Ein Rechtfertigungsgrund ist nicht ersichtlich, die Handlung war daher rechtswidrig. Samuel müsste die Rechtsgutsverletzung verschuldet haben. Ein Verschulden könnte allerdings wegen seines Alters ausgeschlossen sein. Personen, die das 7. Lebensjahr noch nicht vollendet haben, sind für Schäden, die sie anderen Personen zufügen, nicht verantwortlich (§ 828 BGB). Da Samuel erst 6 Jahre alt ist, kann er für seine schädigende Handlung nicht verantwortlich gemacht werden.

Herr Flinn hat somit keinen Anspruch auf Schadensersatz gegen Samuel i. H. von 30 € (§ 823 Abs. 1 BGB).

 MERKE

In der Aufgabe geht es um das Recht der unerlaubten Handlung (Deliktsrecht) und den deliktischen Schadensersatzanspruch aus dem Grundtatbestand des § 823 Abs. 1 BGB, die Rechtswidrigkeit und die Verschuldensfähigkeit.

► Das Deliktsrecht geht davon aus, dass die Person, die einen Schaden verursacht, gegenüber der geschädigten Person verantwortlich ist und für den Schaden haften muss. Es gehört zur gesetzlichen Haftung, da sich die Haftungsgrundlage ausschließlich aus dem Gesetz (BGB) ergibt.

► Der entscheidende Unterschied zur übrigen Haftung im Schuldrecht (z. B. nach § 280 BGB) ist also, dass es bei der deliktischen Haftung keine Rolle spielt, ob die beteiligten Personen in einem Schuldverhältnis (z. B. Vertragsverhältnis) stehen (z. B. Fahrradfahrer fährt schuldhaft einen Passanten auf dem Gehweg an; keine vertragliche, aber deliktische Haftung nach § 823 BGB).

► Im Prinzip bestehen die vertragliche und die deliktische Haftung sogar nebeneinander. Bei der Haftung wegen einer vertraglichen Pflichtverletzung (§ 280 BGB) ist daher davon auszugehen, dass daneben auch eine deliktische Haftung (§ 823 BGB) vorliegt (z. B. wenn der Taxifahrer seinen Fahrgast durch einen von ihm verschuldeten Unfall verletzt, haftet er aus dem abgeschlossenen Vertrag, aber auch deliktisch, weil sein Verhalten eine unerlaubte Handlung nach § 823 BGB darstellt)

► Der Haupttatbestand der deliktischen Haftung ist die unerlaubte Handlung gemäß § 823 Abs. 1 BGB, der bei Vorliegen der dort genannten Tatbestandsmerkmale den Schadensersatzanspruch begründet.

► Zu den haftungsbegründenden Voraussetzungen gehört zunächst die Verletzung eines in § 823 Abs. 1 BGB genannten Rechts oder Rechtsguts. Dazu zählen:

- Leben: Tötung eines Menschen
- Körper: Eingriff in die körperliche Unversehrtheit
- Gesundheit: Hervorrufen eines krankhaften Zustandes
- Freiheit: Einschränkung der Fortbewegungsfreiheit
- Eigentum: Entzug oder Schädigung von Sachen (das Vermögen selbst nicht! Vermögensschäden sind nur erfasst, wenn sie die Folge einer Rechtsgutverletzung nach § 823 Abs. 1 BGB sind, z. B. Aufgabe a bis c)
- Sonstige Rechte: dingliche Rechte (z. B. Pfandrecht), Schutzrechte (z. B. Markenrecht), Persönlichkeitsrecht (z. B. Ehre), Recht am eingerichteten und ausgeübten Gewerbebetrieb (z. B. Streik)

▸ Weiterhin muss die Rechtsgutverletzung durch eine Handlung des Schädigers verursacht worden sein. Das Rechtsgut kann dabei durch aktives Tun, allerdings auch durch ein Unterlassen verletzt werden. Ein Unterlassen gilt allerdings nur dann als „Handlung" i. S. d. § 823 BGB, wenn der Schädiger eine Garantenstellung hat, aus der er verpflichtet ist, einen Schaden zu verhindern. Eine Garantenstellung kann sich aus einem Vertrag (z. B. Betreuungsvertrag einer Tagesmutter, Garant für Unversehrtheit der Kinder), aus der Verantwortlichkeit für Gefahrenquellen (z. B. Hundebesitzer, Garant für Passanten) oder aus pflichtwidrigem Vorverhalten (z. B. Unfallverursacher, Garant für weitere Unversehrtheit des Unfallopfers) ergeben. Verhindert der Garant trotz Erforderlichkeit und Zumutbarkeit eines Handelns die Schädigung nicht, ist sein Unterlassen wie ein aktives Tun zu werten.

▸ Die Handlung ist dann für die Rechtsgutverletzung ursächlich, wenn man das Tun des Schädigers nicht „hinwegdenken" kann (beim Unterlassen: „hinzudenken"), ohne dass es zur Verletzung des Rechtsguts kommt (z. B. wenn Herr Kluh im vorliegenden Fall nicht gegen die Eingangstür gefahren wäre, wäre das Eigentum von Herrn Flinn nicht verletzt worden).

▸ Weiteres Tatbestandsmerkmal ist die Rechtswidrigkeit der Rechtsgutverletzung (§ 823 Abs. 1 BGB „widerrechtlich"). Wird eine Person geschädigt, ist grundsätzlich von der Rechtswidrigkeit auszugehen. Sollte allerdings ein Rechtfertigungsgrund vorliegen, ist die Schädigung nicht rechtswidrig. Als Rechtfertigungsgründe kommen in Betracht: Notwehr (§ 227 BGB), Defensivnotstand (§ 228 BGB), Selbsthilfe (§ 229 BGB) und die ausdrückliche bzw. mutmaßliche Einwilligung des Geschädigten.

▸ Außerdem muss die Rechtsgutverletzung vom Schädiger verschuldet sein. Das setzt zunächst eine Verschuldensfähigkeit beim Schädiger voraus. Für Minderjährige wird nach § 828 BGB für verschiedene Altersabstufungen und unter bestimmten Voraussetzungen ein Verschulden abgelehnt. Für Volljährige gilt § 827 BGB, der ein Verschulden ausschließt, wenn der Schädiger den Schaden zu einem Zeitpunkt geistiger Störungen verursacht hat.

▸ Das Verschulden kann sich entweder aus vorsätzlichem oder aus fahrlässigem Handeln des Schädigers ergeben. Vorsatz bezeichnet das Wissen und Wollen

(Absicht) der Schädigung und das Bewusstsein, rechtswidrig zu handeln (z. B. wenn der Grundstückseigentümer einen Ball absichtlich in die Fensterscheibe des verhassten Nachbarn schießt). Fahrlässigkeit liegt dagegen gemäß § 276 Abs. 2 BGB vor, wenn der Schädiger zwar die Schädigung nicht wollte, aber die erforderliche Sorgfalt nicht beachtet, die man von ihm in einer bestimmten Situation erwarten konnte (z. B. wenn der Grundstückseigentümer einen Ball versehentlich in die Fensterscheibe des verhassten Nachbarn schießt, weil er nicht richtig aufgepasst hat).

► Als letztes Tatbestandsmerkmal muss der entstandene Schaden durch die Rechtsgutverletzung verursacht worden sein. Auch hier geht es – wie bei der Ursache-Wirkung-Beziehung zwischen Handlung und Rechtsgutverletzung – darum, dass die Rechtsgutverletzung nicht weggedacht werden kann, ohne dass es zu einem Schaden kommt (z. B. die Verletzung des Eigentums führt zu einer Vermögensminderung).

► Die konkrete Art und der Umfang des Schadensersatzes bestimmt sich dann aus einer Reihe von Rechtsnormen: § 249 Abs. 1 BGB (Wiederherstellung), § 249 Abs. 2 BGB (Kosten für Wiederherstellung), § 251 BGB (Wertersatz bei Unmöglichkeit der Wiederherstellung), § 253 BGB (Entschädigung für Nicht-vermögensschäden, z. B. Schmerzensgeld), § 254 BGB (Berücksichtigung des Mitverschuldens des Geschädigten) und §§ 842 bis 846 (Sonderregeln bei Körperverletzung und Tötung).

► Neben dem Grundtatbestand des § 823 Abs. 1 BGB gibt es eine Reihe weiterer Anspruchsgrundlagen bei unerlaubter Handlung. Die wichtigsten sind:

- § 823 Abs. 2 BGB: Verletzung eines Gesetzes, welches den Geschädigten schützen soll (z. B. § 263 Strafgesetzbuch StGB dient dem Schutz des Vermögens eines Geschädigten vor Betrug; § 223 StGB dient dem Schutz der körperlichen Unversehrtheit vor Körperverletzung)

- § 826 BGB: vorsätzliche sittenwidrige Schädigung, die zu einem reinen Vermögensschaden führt, der von § 823 Abs. 1 BGB eben nicht erfasst wird (z. B. bewusste Schädigung des Geschäftsinhabers durch seinen Prokuristen)

- § 831 BGB: Haftung des Geschäftsherrn für unerlaubte Handlungen seines Verrichtungsgehilfen (z. B. Beschädigung eines Kundenfahrzeuges durch den mit der Reparatur beauftragten Mitarbeiter führt zur Haftung des Werkstattinhabers)

 TIPP

► Aus dem Hinweis, dass die vertraglichen und deliktischen Haftungen nebeneinander stehen, muss man folgenden Schluss ziehen: Wird in einem Haftungsfall, bei dem die Beteiligten in einem Schuldverhältnis stehen (Vertrag) allgemein nach den Schadensersatzansprüchen des Geschädigten gefragt, müssen sowohl die vertraglichen Ansprüche als auch die deliktischen Ansprüche geprüft werden.

- Insoweit sollte man genau auf die Aufgabenstellung und die Bearbeitungshinweise achten (z. B.: „Hat Frau einen vertraglichen Schadensersatzanspruch?" oder „Deliktische Ansprüche sind nicht zu prüfen"). Ansonsten ist eine unerlaubte Handlung immer dann zu prüfen, wenn kein Schuldverhältnis (Vertrag) zwischen den Beteiligten besteht.

- Die Prüfung des Grundtatbestands der unerlaubten Handlung (§ 823 Abs. 1 BGB) ist eine „dankbare" Aufgabe, da alle Voraussetzungen in dieser Norm genannt sind und bei der Lösung einfach Schritt für Schritt durchgeprüft werden müssen.

- Die Aufgaben a) bis c) zeigen auch, dass man bei einer schrittweisen Lösung automatisch auf die Probleme des Falls stößt (Rechtswidrigkeit, Verschulden).

3. Sachenrecht

Lösung zu Aufgabe 1: Eigentumserwerb vom Berechtigten

a) Herr Goldhaar (Erwerber) könnte das Eigentum an der Erstausgabe von der Eigentümerin Frau Abendstern (Veräußerer) erworben haben. Die Rechtsgrundlage für den Eigentumserwerb an beweglichen Sachen ist § 929 Satz 1 BGB. Danach müssten sich der Veräußerer und der Erwerber wirksam über den Eigentumsübergang geeinigt haben (§ 929 Satz 1 BGB).

Die Einigung setzt zwei übereinstimmende Willenserklärungen der Parteien voraus, die darauf gerichtet sind, dass das Eigentum an der Sache übertragen werden soll. Eine solche Einigungserklärung kann ausdrücklich, aber auch durch schlüssiges Verhalten abgegeben werden.

Aus dem Verhalten von Frau Abendstern und Herrn Goldhaar beim Überbringen des Buches ist schlüssig erkennbar, dass sie sich darüber einig waren, dass das Buch in das Eigentum des Herrn Goldhaar übergehen soll.

Weiterhin müsste das Buch an Herrn Goldhaar übergeben worden sein (§ 929 Satz 1 BGB). Die Übergabe setzt voraus, dass der Erwerber den Besitz an der Sache durch den Veräußerer erlangt. Der Besitz ist die tatsächliche Herrschaft über eine Sache (§ 854 Abs. 1 BGB). Frau Abendstern hat Herrn Goldhaar die tatsächliche Gewalt über das Buch verschafft und es daher übergeben.

Außerdem müssen sich der Veräußerer und der Erwerber im Zeitpunkt der Übergabe immer noch über den Eigentumsübergang einig sein. Da ein Widerruf der Einigungserklärungen nicht vorlag, waren sich die Parteien bei der Vollendung der Übergabe noch einig. Frau Abendstern müsste zudem zur Eigentumsübertragung berechtigt sein. Als Eigentümerin ist sie verfügungsbefugt, da sie mit ihrem Eigentum nach Belieben verfahren kann (§ 903 BGB).

Herr Goldhaar hat damit das Eigentum an der Erstausgabe von der Eigentümerin Frau Abendstern gemäß § 929 Satz 1 BGB erworben.

b) Frau Lichtkranz könnte das Eigentum an dem Buch von der Eigentümerin Frau Abendstern erworben haben. Als Rechtsgrundlage für den Eigentumserwerb kommt zunächst § 929 Satz 1 BGB in Betracht. Veräußerer und Erwerber haben sich am Telefon wirksam darüber geeinigt, dass das Buch in das Eigentum von Frau Lichtkranz übergehen soll (§ 929 Satz 1 BGB). Das Buch müsste an Frau Lichtkranz übergeben worden sein (§ 929 Satz 1 BGB). Eine Übergabe zum Zweck des Eigentumsübergangs hat allerdings nicht stattgefunden.

Frau Lichtkranz könnte das Eigentum an dem Buch aber dadurch erworben haben, dass sich das Buch zum Zeitpunkt des Telefonats bereits bei ihr befunden hat. Die Rechtsgrundlage dafür ist § 929 Satz 2 BGB. Auch danach wird grundsätzlich eine Einigung über den Eigentumsübergang vorausgesetzt. Diese Einigung liegt – wie bereits festgestellt – vor. Dann müsste der Erwerber zum Zeitpunkt der Einigung bereits Besitzer der Sache gewesen sein. Frau Lichtkranz hatte bereits die tatsächliche Gewalt über das Buch, als sie sich mit Frau Abendstern über den Eigentumsübergang geeinigt hat. Während der Einigung war sie somit bereits im Besitz der Sache.

Veräußerer und Erwerber waren zum Zeitpunkt der Einigung über den Erwerb (immer noch) über den Eigentumsübergang einig und Frau Abendstern war zur Eigentumsübertragung berechtigt. Frau Lichtkranz hat damit das Eigentum an dem Buch von der Eigentümerin Frau Abendstern gemäß § 929 Satz 1 und 2 BGB erworben.

c) Die Rondel-Bank könnte das Eigentum an der Gesamtausgabe von der Eigentümerin Frau Abendstern erworben haben. Als Rechtsgrundlage für den Eigentumserwerb kommt § 929 Satz 1 BGB in Betracht. Veräußerer und Erwerber haben sich wirksam über den Eigentumsübergang geeinigt (§ 929 Satz 1 BGB). Auch hier hat keine Übergabe vom Veräußerer an den Erwerber zum Zweck des Eigentumsübergangs stattgefunden, da Frau Abendstern die Gesamtausgabe weiterhin in ihrem Besitz behalten sollte (§ 929 Satz 1 BGB).

Die Rondel-Bank könnte das Eigentum von Frau Abendstern aber dadurch erworben haben, dass die fehlende Übergabe durch die Vereinbarung eines sog. Besitzkonstituts ersetzt wurde. Die Rechtsgrundlage dafür ist §§ 929 Satz 1, 930 BGB. Auch hier wird grundsätzlich eine Einigung über den Eigentumsübergang vorausgesetzt. Diese Einigung liegt – wie bereits festgestellt – vor.

Der Veräußerer müsste außerdem im Besitz der Sache geblieben sein. Frau Abendstern bleibt unmittelbarer Besitzer (§ 854 BGB) der Gesamtausgabe. Frau Abendstern und die Bank müssten weiterhin ein Rechtsverhältnis (Besitzmittlungsverhältnis) vereinbart haben, aus dem sich ergeben muss, dass die Bank als Erwerber den mittelbaren Besitz an der Sache erlangt (§ 868 BGB). Wenn eine Partei (Frau Abendstern) berechtigt ist, die Sache einer anderen Partei (Bank) zu nutzen und unmittelbar zu besitzen, ist auch die andere Partei (Bank) als Besitzer anzusehen, und zwar als mittelbarer Besitzer (§ 868 BGB). Die Parteien haben vereinbart, dass Frau Abendstern die Bücher weiter nutzen und unmittelbar besitzen darf. Die Bank hat durch diese Vereinbarung den mittelbaren Besitz an den Büchern erlangt (§ 868 BGB). Durch die Vereinbarung der Sicherheitsübereignung liegt somit ein Besitzmittlungsverhältnis vor.

Der Veräußerer müsste bezüglich der Sache einen Fremdbesitzerwillen haben. Ein solcher Wille liegt vor, wenn der Veräußerer die Sache nicht für sich (Eigenbesitz), sondern für den Erwerber besitzen will. Das ist hier der Fall, da Frau Abendstern die Bücher für die Bank besitzen will. Veräußerer und Erwerber waren sich zum Zeitpunkt der Vereinbarung der Sicherheitsübereignung immer noch über den Eigentumsübergang einig und Frau Abendstern war zur Eigentumsübertragung berechtigt.

Die Rondel-Bank hat damit das Eigentum an der Gesamtausgabe von der Eigentümerin Frau Abendstern gemäß §§ 929 Satz 1, 930 BGB erworben.

d) Herr Strahlstern könnte das Eigentum an dem Manuskript von der Eigentümerin Frau Abendstern erworben haben. Als Rechtsgrundlage für den Eigentumserwerb kommt § 929 Satz 1 BGB in Betracht. Veräußerer und Erwerber haben sich wirksam über den Eigentumsübergang geeinigt (§ 929 Satz 1 BGB). Auch hier hat keine Übergabe vom Veräußerer an den Erwerber zum Zweck des Eigentumsübergangs stattgefunden, da Herr Strahlstern das Manuskript selber aus dem Museum abholen sollte (§ 929 Satz 1 BGB).

Herr Strahlstern könnte das Eigentum aber dadurch erworben haben, dass die fehlende Übergabe durch die Abtretung des Herausgabeanspruchs an ihn ersetzt wird. Die Rechtsgrundlage dafür ist §§ 929 Satz 1, 931 BGB. Auch danach wird grundsätzlich eine Einigung über den Eigentumsübergang vorausgesetzt. Diese Einigung liegt – wie bereits festgestellt – vor. Außerdem muss ein Dritter im Besitz der Sache sein. Das Manuskript befindet sich im unmittelbaren Besitz des Museums und damit eines Dritten. Darüber hinaus müsste der Veräußerer einen Herausgabeanspruch gegen den Dritten haben und diesen an den Erwerber abgetreten haben.

Frau Abendstern hat gegen das Museum einen Anspruch auf Herausgabe der Sache bei Ende des Mietverhältnisses aus dem Mietvertrag (§§ 546 Abs. 1, 985 BGB). Die Vereinbarung, nach der Herr Strahlstern sich das Manuskript selbst abholen soll, ist als Abtretung (§ 398 BGB) des Herausgabeanspruchs an Herrn Strahlstern zu sehen. Veräußerer und Erwerber waren sich zum Zeitpunkt der Abtretung des Rückgabeanspruchs über den Eigentumsübergang einig und Frau Abendstern war zur Eigentumsübertragung berechtigt.

Herr Strahlstern hat somit das Eigentum an dem Manuskript von der Eigentümerin Frau Abendstern gemäß §§ 929 Satz 1, 931 BGB erworben.

 MERKE

In der Aufgabe geht es um den Eigentumserwerb an beweglichen Sachen vom Berechtigten nach § 929 Satz 1 BGB und um die Ersetzung der Übergabe nach §§ 929 Satz 2, 930 und 931 BGB.

► Die Eigentumsübertragung an beweglichen Sachen ist auf unterschiedliche Weise möglich. Die generelle Rechtsgrundlage ist § 929 Satz 1 BGB, die neben der Einigung über den Eigentumsübergang noch die tatsächliche Übergabe der Sache fordert.

► Die Einigung erfordert je eine Willenserklärung des Veräußerers und des Erwerbers, aus denen hervorgeht, dass das Eigentum übertragen werden soll. Es entsteht dadurch ein sachenrechtlicher Vertrag (dinglicher Vertrag) zwischen den Parteien, den man aber unbedingt von dem schuldrechtlichen Vertrag (z. B. Kaufvertrag) trennen muss (Trennungsprinzip).

► Die Übergabe nach § 929 Satz 1 BGB ist dann der Vollzug der Einigung und erfordert die Besitzerlangung des Erwerbers. Diese Übergabe wird in einigen Fällen (z. B. Aufgabe b) bis d) ersetzt.

► Die Einigung muss auch noch zum Zeitpunkt des Vollzuges des Erwerbs bestehen. Das bedeutet umgekehrt, dass die Willenserklärungen zur Einigung über den Eigentumsübergang – die der Übergabe vorausgehen – noch von beiden Seiten widerrufen werden könnten. Das ist eine Besonderheit des sachenrechtlichen Vertrages gegenüber dem verpflichtenden, schuldrechtlichen Vertrag (z. B. Kaufvertrag), bei dem nach Vertragsschluss grundsätzlich kein Widerruf möglich ist (z. B. bei Aufgabe a) waren sich die Parteien zwar über den Eigentumsübergang einig, Frau Abendstern hätte aber diese Einigung vor der Übergabe widerrufen können; bei Aufgabe b) wäre ein solcher Widerruf dagegen nicht möglich gewesen, da der Eigentumsübergang bereits mit der Einigung vollzogen war.).

▸ Die Eigentumsübertragung bei unbeweglichen Sachen (Grundstücken) setzt nach § 873 Abs. 1 BGB auch eine Einigung zwischen dem Erwerber und dem Veräußerer voraus (sog. Auflassung nach § 925 BGB). Außerdem ist – als Übergabe – die Eintragung der Rechtsänderung in das Grundbuch erforderlich.

▸ Neben den genannten Möglichkeiten des Eigentumserwerbs kann man Eigentum auch per Gesetz erwerben: §§ 937 ff. BGB (Ersitzung), §§ 946 bis 948 BGB (Verbindung und Vermischung von Sachen), § 959 BGB (Verarbeitung) oder §§ 965 ff. BGB (Fund).

 TIPP

▸ Im Sachverhalt gibt es keine Hinweise darauf, ob die Käufer in Aufgabe a), b) und d) den Kaufpreis bereits gezahlt haben. Daraus muss man den Schluss ziehen, dass die Kaufpreiszahlung auf die Frage des Eigentumserwerbs keinen Einfluss hat (Ausnahme: Im Rahmen der Einigung nach § 929 BGB kann man in der Zahlung des Kaufpreises die schlüssige Willenserklärung des Käufers erkennen, dass er das Eigentum haben will).

▸ Die beliebte Lösung „Solange der Käufer das Buch nicht bezahlt hat, ist er nicht der Eigentümer." ist also (mit Ausnahme des Eigentumsvorbehaltskaufs) nie richtig und missachtet das „leidige" Abstraktionsprinzip.

▸ Die Frage, ob Jemand Eigentümer geworden ist, taucht oft im Zusammenhang mit der Prüfung des Herausgabeanspruchs nach § 985 BGB auf, da eine Voraussetzung dieses Anspruchs ist, dass es sich beim Anspruchsteller um den Eigentümer der Sache handelt.

▸ Die einzelnen Aufgaben waren insoweit nicht so problematisch, da hier immer der berechtigte Eigentümer dem Erwerber das Eigentum verschafft hat.

▸ Die Lösungsschritte vor allem zu Aufgabe a) sind umfangreich ausformuliert und können „im Ernstfall" der Prüfung kürzer dargestellt werden.

Lösung zu Aufgabe 2: Eigentumserwerb, Abstraktionsprinzip, Eigentumsvorbehalt

a) Herr Klies könnte gegen Frau Pahlin einen Anspruch auf Herausgabe der Figuren haben (§ 985 BGB). Danach müssten Frau Pahlin Besitzer und Herr Klies Eigentümer der Figuren sein. Frau Pahlin hat die tatsächliche Herrschaft über die Figuren und ist daher Besitzer der Sache (§ 854 Abs. 1 BGB). Herr Klies war zunächst der Eigentümer der Figuren. Fraglich ist allerdings, ob Herr Klies sein Eigentumsrecht an den Figuren dadurch verloren hat, dass er sie an Frau Pahlin veräußert hat.

Herr Klies als berechtigter Veräußerer und Frau Pahlin als Erwerber haben sich bei der Abholung der Figuren wirksam über den Eigentumsübergang geeinigt, da – spätestens hier – beide zum Ausdruck gebracht haben, dass das Eigentum übergehen soll. Die Figuren wurden dann auch übergeben (§ 929 Satz 1 BGB). Vom Bestehen der Einigung im Zeitpunkt der Übergabe ist auszugehen. Ein Widerruf der Einigungserklärung nach der Übergabe wäre nicht mehr wirksam.

Frau Pahlin hat damit das Eigentum an den Figuren erworben (§ 929 Satz 1 BGB). Fraglich ist, ob die bisher nicht erfolgte Zahlung des Kaufpreises daran etwas ändert. Nach dem sog. Trennungsprinzip (Abstraktionsprinzip) wird das schuldrechtliche Verpflichtungsgeschäft (Kaufvertrag nach § 433 BGB) von dem sachenrechtlichen Erfüllungsgeschäft (Übereignung nach § 929 BGB) strikt getrennt.

Im Kaufvertrag sind die beiden Parteien lediglich eine Verpflichtung zur Zahlung des Kaufpreises (§ 433 Abs. 2 BGB) und zur Übereignung der Figuren (§ 433 Abs. 1 BGB) eingegangen. Das Eigentum erwerben beide Parteien aber erst durch die Erfüllung dieser Verpflichtung, also durch die entsprechenden zwei Eigentumsübertragungen (Geld und Sache, § 929 BGB). Der Eigentumsübergang bezüglich der Figuren hat – wie bereits festgestellt – schon stattgefunden. Dadurch hat Herr Klies seine Verpflichtung wirksam erfüllt und Frau Pahlin ist Eigentümerin der Figuren geworden. Daran ändert auch die Tatsache nichts, dass Frau Pahlin ihrer Verpflichtung zur Zahlung noch nicht nachgekommen ist. Da er nicht mehr Eigentümer ist, hat Herr Klies keinen Anspruch auf Herausgabe der Figuren gegen Frau Pahlin.

b) Herr Klies könnte gegen Herrn Knopfmann einen Anspruch auf Herausgabe der Figuren haben (§ 985 BGB). Danach müssten Herr Knopfmann Besitzer und Herr Klies Eigentümer der Figuren sein. Herr Knopfmann hat die tatsächliche Herrschaft über die Figuren und ist daher Besitzer der Sache.

Herr Klies könnte sein Eigentumsrecht an den Figuren dadurch verloren haben, dass er sie an Herrn Knopfmann übereignet hat (§ 929 Abs. 1 BGB). Danach müssten sich der Veräußerer und der Erwerber zunächst wirksam über den Eigentumsübergang geeinigt haben (§ 929 Satz 1 BGB).

Die Einigung setzt zwei übereinstimmende Willenserklärungen der Parteien voraus, die darauf gerichtet sind, dass das Eigentum an der Sache übertragen werden soll. In diesem Zusammenhang erscheint fraglich, wie die Geschäftsunfähigkeit des Herrn Knopfmann zu berücksichtigen ist. Es ist davon auszugehen, dass Herr Knopfmann beim Abschluss des Kaufvertrages vorübergehend geschäftsunfähig war und damit sowohl seine Willenserklärung, als auch der Kaufvertrag nichtig waren (§ 105 Abs. 2 BGB).

Die Nichtigkeit betrifft damit aber nur das schuldrechtliche Verpflichtungsgeschäft. Dieses Rechtsgeschäft wird aber nicht nur vom sachenrechtlichen Erfüllungsgeschäft getrennt (Trennungsprinzip), sondern die Wirksamkeit der getrennten Rechtsgeschäfte wird abstrakt, also unabhängig voneinander, betrachtet (Abstraktionsprinzip). Das bedeutet, dass die Unwirksamkeit des Kaufvertrages sich nicht auf die Wirksamkeit des Erfüllungsgeschäfts (Eigentumsübertragung) auswirkt. Da Herr Knopfmann bei der Abgabe seiner Willenserklärung zur Eigentumsübertragung (wieder) geschäftsfähig war, ist die Einigung wirksam. Da die Figuren auch übergeben wurden (§ 929 Satz 1 BGB) und vom Bestehen der Einigung im Zeitpunkt der Übergabe auszugehen ist, hat Herr Knopfmann das Eigentum an den Figuren erworben (§ 929 Satz 1 BGB). Da er nicht mehr Eigentümer ist, hat Herr Klies keinen Anspruch auf Herausgabe der Figuren gegen Herrn Knopfmann.

c) Herr Klies könnte gegen Frau Iddel einen Anspruch auf Herausgabe der Figuren haben (§ 985 BGB). Danach müssten Frau Iddel Besitzer und Herr Klies Eigentümer der Figuren sein. Frau Iddel hat die tatsächliche Herrschaft über die Figuren und ist daher Besitzer der Sache.

Herr Klies könnte sein Eigentumsrecht an den Figuren dadurch verloren haben, dass er sie an Frau Iddel übereignet hat (§ 929 Abs. 1 BGB). Danach müssten sich der Veräußerer und der Erwerber zunächst wirksam über den Eigentumsübergang geeinigt haben (§ 929 Satz 1 BGB).

Die Einigung setzt zwei übereinstimmende Willenserklärungen der Parteien voraus, die darauf gerichtet sind, dass das Eigentum an der Sache übertragen werden soll. Dabei kann die Einigung auch unter einer Bedingung erfolgen. Das ist hier der Fall, da ein Eigentumsvorbehalt vereinbart wurde, nach dem das Eigentum an den Figuren erst bei vollständiger Zahlung aller Raten auf Frau Iddel übergehen soll (§ 449 Abs. 1 BGB). Da Frau Iddel diese aufschiebende Bedingung (§ 158 Abs. 1 BGB) nicht erfüllt hat, ist sie trotz bereits erfolgter Übergabe (noch) nicht Eigentümerin der Figuren geworden. Herr Klies hat somit einen Anspruch auf Herausgabe der Figuren gegen Frau Iddel.

d) Um den Herausgabeanspruch gegen Frau Iddel geltend machen zu können, muss Herr Klies gemäß § 449 Abs. 2 BGB zunächst wirksam vom Kaufvertrag zurücktreten.

 MERKE

In der Aufgabe geht es um den Herausgabeanspruch nach § 985 BGB, den Eigentumserwerb an beweglichen Sachen vom Berechtigten nach § 929 Satz 1 BGB, das Trennungs- und Abstraktionsprinzip und den Eigentumsvorbehalt nach § 449 BGB.

▸ Das in der Lösung ausführlich erläuterte Trennungsprinzip muss so verstanden werden: Der Erwerb einer Sache ist nur scheinbar ein einziges Rechtsgeschäft. Rechtlich betrachtet sind es sogar drei eigenständige Rechtsgeschäfte, die unabhängig nebeneinander existieren: 1. Kaufvertrag nach § 433 BGB; 2. Eigentumsübertragung der Sache nach § 929 BGB; 3. Eigentumsübertragung der „Sache" Geld nach § 929 BGB.

▸ Der Grund für diese „umständliche" Betrachtungsweise ist u. a., dass beim Kauf eines Grundstücks oder einer noch herzustellenden Sache durch das Verpflichtungsgeschäft bereits eine rechtliche Bindung der Vertragspartner erreicht wird, ohne dass der Kaufgegenstand gleich übergeben werden muss.

▸ Wenn man aber die einzelnen Rechtsgeschäfte trennt, ist es auch konsequent, dass die Wirksamkeit der einzelnen Rechtsgeschäfte unabhängig voneinander betrachtet wird (Aufgabe b).

- Die klare Trennung kann man übrigens auch daran erkennen, dass das Verpflichtungsgeschäft ein Thema des Schuldrechts (2. Buch des BGB) und das Erfüllungsgeschäft ein Thema des Sachenrechts (3. Buch des BGB) ist.

- Ergänzend muss Folgendes hinzugefügt werden: Bei Unwirksamkeit des Kaufvertrages hat der Käufer die Sache ohne Rechtsgrund erhalten, denn der Vertrag ist nichtig. Damit ist der Käufer gemäß § 812 Abs. 1 BGB aber ungerechtfertigt bereichert. Der Verkäufer hat somit einen Anspruch auf Herausgabe der Sache nach § 812 Abs. 1 Satz 1, 1. Fall BGB.

- Die Einigung über den Eigentumsübergang kann auch unter einer Bedingung erfolgen. Der wichtigste Anwendungsfall ist der Kauf unter Eigentumsvorbehalt nach §§ 433, 449, 929, 158 BGB. Hier einigen sich die Parteien, dass das Eigentum erst unter der aufschiebenden Bedingung der vollständigen Kaufpreiszahlung übergehen soll. Der Käufer hat dann die Sache zwar schon durch die Übergabe nach § 929 Satz 1 BGB in seinem Besitz, wird aber erst bei endgültiger Zahlung zum Eigentümer.

 TIPP

- Hier war der klassische Herausgabeanspruch nach § 985 BGB gefragt. Diese Anspruchsgrundlage ist sehr „überschaubar" und dient meistens nur als Einstieg in ein sachenrechtliches Problem, welches dann meist unter der Voraussetzung „Eigentümer" zu finden ist.

- Das etwas komplizierte Abstraktionsprinzip muss man so „hinnehmen" und sich vor allem die Auswirkungen auf die Lösung eines Falles einprägen.

- Die Hinweise im Sachverhalt sind wieder besonders wichtig:

  - Wenn Herr Knopfmann einmal betrunken und einmal nüchtern war, muss das für die Lösung Folgen haben.

  - Wenn im Sachverhalt und in der Aufgabe der Rechtsbegriff der Geschäftsunfähigkeit genannt wird, ist – ohne weitere Diskussionen – davon auszugehen, dass Herr Knopfmann in dieser Situation geschäftsunfähig war.

- Zum Aufbau der Lösung ist unter a) zu beachten, dass hier die Begründung mit dem Hinweis auf das Trennungsprinzip „hinterher geschoben" wird. In der Aufgabe b) wird das Problem aber beim Prüfungspunkt „Einigung" angesprochen.

Lösung zu Aufgabe 3: Eigentumserwerb vom Nichtberechtigten

a) Herr Niwotzki könnte gegen Herrn Plattner einen Anspruch auf Herausgabe des Tennisschlägers haben (§ 985 BGB). Danach müssten Herr Plattner Besitzer und Herr Niwotzki Eigentümer des Schlägers sein. Herr Plattner hat die tatsächliche Herrschaft über den Schläger und ist daher Besitzer. Herr Niwotzki war ursprünglich der Eigentümer des Schlägers. Herr Niwotzki könnte sein Eigentumsrecht dadurch verloren haben, dass Herr Fleischer den Schläger an Herrn Plattner veräußert hat (§ 929 Satz 1 BGB).

Fraglich ist beim Eigentumserwerb, ob Herr Fleischer überhaupt berechtigt war, das Eigentum an Herrn Plattner zu übertragen. Als Berechtigter gilt der Eigentümer der Sache (§ 903 BGB). Der Nichteigentümer ist dagegen Berechtigter, wenn er durch ein Gesetz oder durch Ermächtigung des Eigentümers (§ 185 BGB) zur Eigentumsübertragung verfügungsbefugt ist. Herr Fleischer ist weder der Eigentümer des Schlägers gewesen, noch war er durch Gesetz oder Ermächtigung verfügungsbefugt.

Herr Plattner könnte das Eigentum am Schläger allerdings von Herrn Fleischer als Nichtberechtigtem gutgläubig erworben haben (§§ 929 Satz 1, 932 Abs. 1 Satz 1 BGB). Dafür müssten zunächst die Voraussetzungen des Eigentumsübergangs mit Ausnahme der Berechtigung vorliegen (§ 929 Satz 1 BGB). Herr Plattner und Herr Fleischer haben sich wirksam über den Eigentumsübergang geeinigt. Der Schläger ist übergeben worden. Vom Bestehen der Einigung im Zeitpunkt der Übergabe ist auszugehen.

Außerdem müssen die Voraussetzungen des gutgläubigen Erwerbs gegeben sein (§ 932 BGB). Danach müsste die fehlende Berechtigung dadurch überwunden werden, dass ein rechtsgeschäftlicher Erwerb zwischen dem Nichtberechtigten und dem Erwerber vorliegt, der Erwerber gutgläubig davon ausgeht, dass der Nichteigentümer der Eigentümer ist und der gutgläubige Erwerb nicht ausgeschlossen ist (§ 935 Abs. 1 BGB).

Ein rechtsgeschäftlicher Erwerb liegt vor, da die Eigentumsübertragung zwischen Herrn Fleischer und Herrn Plattner als Rechtsgeschäft anzusehen ist (§ 929 BGB).

Der Erwerber muss außerdem zum Zeitpunkt des Erwerbs gutgläubig gewesen sein. Der gute Glaube ist gegeben, wenn der Erwerber weder positive Kenntnis, noch grob fahrlässige Unkenntnis vom Nichteigentum des Veräußerers hat (§ 932 Abs. 2 BGB). Herr Plattner wusste nicht, dass Herr Fleischer nicht der Eigentümer des Schlägers war. Es gab auch keinen Anlass für ihn, am Eigentum des Herrn Fleischer zu zweifeln, sodass ihm die Wahrheit auch nicht grob fahrlässig unbekannt geblieben ist. Im Gegenteil: Aus dem Besitz (§ 1006 Abs. 1 Satz 1 BGB) und der Tatsache, dass Herr Fleischer ihm den Schläger gegeben hat, konnte Herr Plattner keinen anderen Schluss ziehen und war somit gutgläubig.

Weiterhin dürfte der Schläger seinem Eigentümer, Herrn Niwotzki, nicht abhandengekommen sein (§ 935 Abs. 1 BGB). Als abhandengekommen gilt eine Sache, wenn der Eigentümer seinen unmittelbaren Besitz unfreiwillig verloren hat. Das ist hier nicht der Fall, da Herr Niwotzki einen Leihvertrag mit Herrn Fleischer abgeschlossen hatte (§ 598 BGB) und den unmittelbaren Besitz am Schläger daher freiwillig auf Herrn Fleischer übertragen hat. Der gutgläubige Erwerb ist somit nicht wegen Abhandenkommens der Sache ausgeschlossen.

Demnach hat Herr Plattner das Eigentum am Schläger gutgläubig vom Nichtberechtigten, Herrn Fleischer erworben (§§ 929 Satz 1, 932 Abs. 1 Satz 1 BGB). Herr Niwotzki ist somit nicht (mehr) der Eigentümer des Schlägers. Er hat daher keinen Anspruch auf Herausgabe der Sache gegen Herrn Plattner.

b) Herr Niwotzki könnte gegen Frau Quelle einen Anspruch auf Herausgabe der Tennisbälle haben (§ 985 BGB). Der ursprüngliche Eigentümer Niwotzki könnte sein Eigentumsrecht dadurch verloren haben, dass die Besitzerin Frau Quelle das Eigentum am Schläger gutgläubig vom Nichtberechtigten Herrn Fleischer erworben hat (§§ 929 Satz 1, 932 Abs. 1 Satz 1 BGB).

Die Voraussetzungen des Eigentumsübergangs mit Ausnahme der Berechtigung liegen vor (§ 929 Satz 1 BGB). Die Eigentumsübertragung zwischen Herrn Fleischer und Frau Quelle ist ein Rechtsgeschäft. Von der Gutgläubigkeit kann auch bei Frau Quelle ausgegangen werden. Problematisch ist hier, wie die Tatsache zu bewerten ist, dass Herr Fleischer die Tennisbälle ohne Wissen des Herrn Niwotzki mitgenommen hat. Die Tennisbälle könnten dadurch ihrem Eigentümer Niwotzki abhandengekommen sein (§ 935 Abs. 1 BGB).

Eine Sache ist abhandengekommen, wenn der Eigentümer seinen unmittelbaren Besitz unfreiwillig verloren hat. Das ist insbesondere dann gegeben, wenn die Sache dem Eigentümer gestohlen worden ist (§ 935 Abs. 1 Satz 1 BGB). Das ist hier der Fall, da Herr Fleischer die Tennisbälle gestohlen hat. Der gutgläubige Erwerb ist somit wegen Abhandenkommens der Sache ausgeschlossen.

Demnach hat Frau Quelle das Eigentum an den Tennisbällen nicht gutgläubig vom Nichtberechtigten, Herrn Fleischer erworben. Herr Niwotzki ist somit weiterhin der Eigentümer der Tennisbälle. Er hat daher einen Anspruch auf Herausgabe der Sache gegen Frau Quelle.

c) Herr Niwotzki könnte gegen Frau Koch einen Anspruch auf Herausgabe der 100 € haben (§ 985 BGB). Der ursprüngliche Eigentümer Niwotzki könnte sein Eigentumsrecht dadurch verloren haben, dass die Besitzerin, Frau Koch, die 100 € gutgläubig vom Nichtberechtigten Herrn Fleischer erworben hat (§§ 929 Satz 1, 932 Abs. 1 Satz 1 BGB).

Die Voraussetzungen des Eigentumsübergangs mit Ausnahme der Berechtigung liegen vor (§ 929 Satz 1 BGB). Die Eigentumsübertragung zwischen Herrn Fleischer und Frau Koch ist ein Rechtsgeschäft. Von der Gutgläubigkeit kann auch bei Frau Koch ausgegangen werden. Auch hier ist fraglich, wie es zu bewerten ist, dass Herr Fleischer das Geld einfach genommen hat. Das Geld könnte seinem Eigentümer Niwotzki durch Diebstahl abhandengekommen sein (§ 935 Abs. 1 BGB).

Die Regeln über den Ausschluss des gutgläubigen Erwerbs von abhandengekommenen Sachen (§ 935 Abs. 2 BGB) finden jedoch keine Anwendung, wenn es sich bei den abhandengekommenen Sachen um Geld, Inhaberpapiere oder öffentlich versteigerte Sachen handelt (§ 935 Abs. 2 BGB). Da es sich hier um Geld handelt, ist der gutgläubige Erwerb nicht wegen Abhandenkommens der Sache ausgeschlossen.

Demnach hat Frau Koch das Eigentum an den 100 € gutgläubig vom Nichtberechtigten Herrn Fleischer erworben. Herr Niwotzki ist somit nicht (mehr) der Eigentümer des Geldes. Er hat daher keinen Anspruch auf Herausgabe der 100 € gegen Frau Koch.

 **MERKE**

In der Aufgabe geht es um den Herausgabeanspruch nach § 985 BGB, den Eigentumserwerb an beweglichen Sachen vom Nichtberechtigten nach § 929 Satz 1, 932 Abs. 1 Satz 1 BGB und die beiden Ausnahmetatbestände nach § 935 BGB.

► Beim gutgläubigen Erwerb vom Nichtberechtigten nach §§ 932, 933, 934 BGB soll der Rechts- und Wirtschaftsverkehr und der gute Glaube des Erwerbers geschützt werden.

► Gerade weil der Rechtsverkehr geschützt werden soll, muss es sich beim gutgläubigen Erwerb um ein Rechtsgeschäft zwischen dem Nichteigentümer und dem Erwerber handeln. Das bedeutet, dass der Eigentumserwerb per Gesetz nicht gutgläubig möglich ist (z. B. wenn der Sohn einen Tennisschläger von seinem Vater erbt, obwohl sein Vater nicht der Eigentümer war; der gute Glaube des Erben macht ihn nicht zum Eigentümer, da kein rechtsgeschäftlicher, sondern ein gesetzlicher Erwerb vorliegt).

► Neben der im Fall behandelten Variante des gutgläubigen Erwerbs nach §§ 929 Satz 1, 932 Abs. 1 Satz 1 BGB gibt es abhängig von der Art des Erwerbs noch weitere Möglichkeiten: § 932 Abs. 1 Satz 2 BGB (zum Erwerb nach § 929 Satz 2 BGB); § 933 BGB (zu § 930 BGB) und § 934 BGB (zu § 931 BGB).

► Im Rahmen des guten Glaubens spricht man dann von grob fahrlässiger Unkenntnis gemäß § 932 Abs. 2 BGB, wenn die im Verkehr erforderliche Sorgfalt in ungewöhnlich hohem Ausmaß verletzt wird und der Erwerber das nicht beachtet, was jedem hätte auffallen müssen (z. B. beim Erwerb eines Autos handelt derjenige Erwerber grobfahrlässig, der sich nicht den Fahrzeugschein oder den Fahrzeugbrief vorlegen lässt).

► Für die Frage, ob der gutgläubige Erwerb durch ein Abhandenkommen nach § 935 Abs. 1 BGB ausgeschlossen sein kann, ist allein entscheidend, ob der ursprüngliche Eigentümer seinen unmittelbaren Besitz (§ 854 BGB) freiwillig (z. B. durch Vermieten oder Verleihen) oder unfreiwillig verloren hat.

► Die Gutgläubigkeit des Erwerbers wird in den Fällen des Abhandenkommens nach § 935 Abs. 1 BGB nicht geschützt.

► Die Regelung nach § 935 Abs. 2 BGB, die auch bei Abhandenkommen von Sachen einen gutgläubigen Erwerb zulässt, gilt ausschließlich für Geld (staatlich anerkannte Zahlungsmittel, aber auch gültige Briefmarken als Geldersatz), Inhaberpapiere (z. B. Eintrittskarten, Inhaberaktien) und öffentlich versteigerte Sachen (z. B. Pfandsachen).

► Den „Verlierern" beim gutgläubigen Erwerb bleiben dann zumindest Schadensersatzansprüche gegen Herrn Fleischer (aus dem Leihvertrag: Herr Niwotzki oder dem Kaufvertrag: Frau Quelle).

► Eine besondere Regelung zum gutgläubigen Erwerb gibt es im Handelsrecht in § 366 HGB. Gerade im Handelsverkehr gibt es die Situation, dass ein Nichteigentümer (z. B. Kommissionär) eine fremde Sache im eigenen Namen verkauft. Um den Erwerber zu schützen, erweitert § 366 HGB deshalb den gutgläubigen Erwerb vom Nichtberechtigten. Hier reicht es schon aus, dass der Erwerber im guten Glauben darüber ist, dass der Nichtberechtigte über die Sache verfügen darf. Im Unterschied zu § 932 BGB weiß also der Erwerber, dass der Veräußerer nicht der Eigentümer ist. Er glaubt aber an dessen Verfügungsbefugnis, weil der Veräußerer ein Kaufmann ist und die Sache im Rahmen seines Handelsgewerbes veräußert (z. B. Tennisclub-Betreiberin Koch verkauft – als Kauffrau i. S. d. HGB – gebrauchte Tennisschläger von Clubmitgliedern auf Kommission; Herr Plattner erwirbt bei ihr einen gebrauchten Schläger von Frau Quelle; Frau Quelle hatte ihn allerdings nicht zum Verkauf, sondern zum Bespannen bei Frau Koch gelassen; gutgläubiger Erwerb, wenn Herr Plattner zwar einen Namensaufkleber „Frau Quelle" an dem Schläger gesehen hat, aber davon ausgegangen ist, dass Frau Koch den Schläger verkaufen durfte).

 TIPP

- Bei Fällen zum gutgläubigen Erwerb vom Nichtberechtigten sollte man immer die Prüfungsreihenfolge: 1. §§ 929 - 931 BGB; 2. §§ 932 - 934 BGB; 3. § 935 Abs. 1 BGB; 4. § 935 Abs. 2 BGB berücksichtigen.

- Sollte der Sachverhalt keine Hinweise zur Gutgläubigkeit des Erwerbers enthalten, so kann stets nach § 1006 Abs. 1 Satz 1 BGB vom Besitz des Nichteigentümers auf sein Eigentum geschlossen werden. Man muss auf alle Hinweise genau achten. In diesem Zusammenhang ist Herr Plattner als „neues Mitglied" des Tennisclubs kaum in der Lage, genau zu wissen, welche Schläger Herrn Fleischer gehören.

- Man muss bei dieser Aufgabe erkennen, dass 3 verschiedene Fälle auch 3 unterschiedliche Lösungen (nicht zwingend unterschiedliche Ergebnisse) zur Folge haben.

- Die Formulierung der Lösung b) und c) könnten kürzer gefasst werden. Man sollte hier vor allem umfassend auf die Problematik des § 935 BGB eingehen.

Lösung zu Aufgabe 4: Herausgabeanspruch, Recht zum Besitz

a) Frau Adam könnte gegen Herrn Lemm einen Anspruch auf Herausgabe des Rucksacks haben (§ 985 BGB). Danach müssten Herr Lemm der Besitzer und Frau Adam Eigentümer des Rucksacks sein. Herr Lemm hat die tatsächliche Herrschaft über den Rucksack und ist daher unmittelbarer Besitzer der Sache (§ 854 BGB). Frau Adam hat die rechtliche Herrschaft über den Rucksack und ist daher Eigentümer.

Die Voraussetzungen des Herausgabeanspruchs sind somit gegeben (§ 985 BGB).

Der unmittelbare Besitzer dürfte außerdem kein Recht zum Besitz gegenüber dem Eigentümer haben (§ 986 BGB). Herr Lemm könnte ein Besitzrecht gegen Frau Adam aus dem zwischen ihnen geschlossenen Leihvertrag (§ 598 BGB) haben

(§ 986 Abs. 1 Satz 1, 1. Fall BGB). Der Verleiher ist danach verpflichtet, dem Entleiher den Gebrauch der Sache unentgeltlich zu gewähren (§ 598). Der Entleiher ist dagegen verpflichtet, die geliehene Sache nach Ablauf der vereinbarten Zeit der Leihe zurückzugeben (§ 604 Abs. 1 BGB). Da von den vereinbarten 4 Wochen erst eine Woche vorbei ist, darf Herr Lemm den Rucksack immer noch nutzen. Er hat somit ein Recht zum Besitz gegenüber Frau Adam.

Frau Adam hat gegen Herrn Lemm damit keinen Anspruch auf Herausgabe des Rucksacks.

b) Frau Adam könnte gegen Frau Reh einen Anspruch auf Herausgabe des Zelts haben (§ 985 BGB). Frau Reh hat die tatsächliche Herrschaft über das Zelt und ist daher unmittelbarer Besitzer der Sache (§ 854 BGB). Frau Adam hat die rechtliche Herrschaft über das Zelt und ist daher Eigentümer.

Die Voraussetzungen des Herausgabeanspruchs sind somit gegeben (§ 985 BGB).

Der unmittelbare Besitzer dürfte außerdem kein Recht zum Besitz gegenüber dem Eigentümer haben (§ 986 BGB). Frau Reh könnte ein Besitzrecht gegen Frau Adam aus dem zwischen ihnen geschlossenen Mietvertrag (§ 535 BGB) haben (§ 986 Abs. 1 Satz 1, 1. Fall BGB). Der Vermieter ist danach verpflichtet, dem Mieter den Gebrauch der Sache gegen Zahlung der Miete zu überlassen (§ 535 BGB). Das Mietverhältnis endet mit dem Ablauf der vereinbarten Mietzeit (§ 542 Abs. 2 BGB). Das Mietverhältnis war bereits mit Ende der letzten Woche beendet. Damit hat Frau Reh kein Recht zum Besitz.

Frau Adam hat daher gegen Frau Reh einen Anspruch auf Herausgabe des Zelts.

c) Frau Adam könnte gegen Herrn Klark einen Anspruch auf Herausgabe der Iso-Matte haben (§ 985 BGB). Danach müssten Herr Klark Besitzer und Frau Adam Eigentümer der Iso-Matte sein. Herr Klark hat die tatsächliche Herrschaft über die Matte, welche ihm von Herrn Dick übergeben wurde. Er ist daher der unmittelbare Besitzer der Sache (§ 854 BGB). Frau Adam hat die rechtliche Herrschaft über die Matte und ist daher Eigentümer.

Die Voraussetzungen des Herausgabeanspruchs sind somit gegeben (§ 985 BGB).

Der unmittelbare Besitzer dürfte außerdem kein Recht zum Besitz gegenüber dem Eigentümer haben (§ 986 BGB). Ein Recht zum Besitz könnte sich für Herrn Klark aus dem zwischen ihm und Herrn Dick geschlossenen Leihvertrag (§ 598 BGB) ergeben. Aus diesem Leihverhältnis entsteht jedoch für Herrn Klark kein unmittelbares Recht zum Besitz gegenüber dem Eigentümer, weil Frau Adam an diesem Rechtsverhältnis nicht beteiligt ist.

Es könnte allerdings ein abgeleitetes Recht zum Besitz für Herrn Klark gegenüber Frau Adam vorliegen (§ 986 Abs. 1 Satz 1, 2. Fall BGB). Das abgeleitete Besitzrecht setzt voraus, dass der mittelbare Besitzer gegenüber dem Eigentümer zum Besitz berechtigt ist. Durch die Übergabe zur Leihe an Herrn Klark müsste Herr Dick zum mittelbaren Besitzer der Sache geworden sein. Wenn jemand berechtigt ist, die Sache eines anderen zu nutzen und unmittelbar zu besitzen, gilt der andere als mittelbarer Besitzer (§ 868 BGB). Herr Dick ist somit (nur noch) mittelbarer Besitzer der Matte. Herr Dick ist außerdem aus seinem Leihverhältnis mit Frau Adam ihr gegenüber zum Besitz berechtigt (§§ 986 Abs. 1 Satz 1, 1. Fall, 598 BGB).

Die Voraussetzungen für ein abgeleitetes Recht zum Besitz liegen somit vor.

Allerdings müsste Herr Dick als mittelbarer Besitzer dem Eigentümer gegenüber zur Überlassung des Besitzes an den unmittelbaren Besitzer befugt gewesen sein. Aus dem Leihvertrag zwischen Frau Adam und Herrn Dick ist eine solche Befugnis nicht ersichtlich. Ohne die Befugnis des Verleihers darf der Entleiher den Gebrauch der Sache keinem Dritten überlassen (§ 603 Satz 2 BGB).

Herr Klark hat daher kein abgeleitetes Recht zum Besitz gegen Frau Adam.

Frau Adam könnte zunächst die Herausgabe der Sache von Herrn Klark an Herrn Dick verlangen. Da Herr Dick den Besitz nicht wieder übernehmen will, kann Frau Adam die Herausgabe von Herrn Klark direkt an sich selbst verlangen (§ 986 Abs. 1 Satz 2 BGB).

 MERKE

In der Aufgabe geht es um den Herausgabeanspruch nach § 985 BGB und das Recht zum Besitz nach § 986 BGB.

▸ In dieser Aufgabe wird der entscheidende Unterschied zwischen dem Schuldrecht (2. Buch des BGB) und dem Sachenrecht (3. Buch des BGB) deutlich. Während das Schuldrecht sich mit den Rechtsbeziehungen zwischen Rechtssubjekten (Vertragsparteien) beschäftigt, geht es im Sachenrecht um die Rechtsbeziehungen zu Rechtsobjekten (Sachen). Die schuldrechtlichen Rechtsbeziehungen beschränken sich dabei stets nur auf das Verhältnis zwischen den beteiligten Vertragsparteien (relative Rechte). Die sachenrechtlichen Rechtsbeziehungen haben dagegen eine uneingeschränkte Wirkung gegenüber jedermann (absolute Rechte). Daher war in der Aufgabe c) Herr Dick zwar schuldrechtlich (vertraglich) verpflichtet, Herrn Klark die Matte zu überlassen. Die relative Rechtsbeziehung zwischen diesen beiden Vertragsparteien hat aber keine Auswirkungen auf das absolut wirkende sachenrechtliche Eigentumsrecht und damit den Herausgabeanspruch von Frau Adam.

▸ Das Recht zum Besitz nach § 986 Abs. 1 Satz 1, 1. Fall BGB kann sich aus Verträgen (z. B. Kaufvertrag, Mietvertrag, Leihvertrag) oder aus sachenrechtlichen Rechten (z. B. Pfandrecht) ergeben.

▸ Beim unbefugten abgeleiteten Recht zum Besitz nach § 986 Abs. 1 Satz 2 BGB kann die Herausgabe der Sache zwar vom unmittelbaren Besitzer an den mittelbaren Besitzer verlangt werden. Der weitergehende Herausgabeanspruch gegen den (ehemaligen mittelbaren) Besitzer setzt allerdings wieder voraus, dass kein Recht zum Besitz besteht (z. B. hätte in der Aufgabe c) Frau Adam von Herrn Klark die Herausgabe an Herrn Dick verlangen können. Sie hätte aber gegen Herrn Dick erst nach Ablauf der vereinbarten Leihfrist einen Herausgabeanspruch geltend machen können, wenn er die Matte wieder von Herrn Klark zurückgenommen und noch die restlichen 2 Wochen behalten hätte.).

- Die Regelungen der §§ 985, 986 BGB sind wichtig für das gesetzliche Schuldverhältnis (Eigentümer-Besitzer-Verhältnis), aus dem sich eine Reihe von Nebenansprüchen ergibt (z. B. Schadensersatz, Nutzungsherausgabe), wenn der Besitzer kein Recht zum Besitz hatte (§§ 987 ff. BGB).

 TIPP

- Man muss hier zunächst erkennen, dass es um das Recht zum Besitz und nicht um das Eigentum geht. Die beliebte Lösung zu Aufgabe c), nach der Herr Klark die Matte gutgläubig nach § 932 BGB vom Nichteigentümer Dick erworben hat, ist daher nicht richtig.

- Man sollte sich die Rechtsgrundlagen, aus denen sich ein Recht zum Besitz nach § 986 BGB ergeben könnte, genau durchlesen. Dann findet man z. B. auch die Norm des § 603 Satz 2 BGB, welche die unberechtigte Überlassung einer geliehenen Sache an Dritte ausdrücklich verbietet.

- Die Aufgabe ist ein gutes Beispiel dafür, dass die Lösung oft sehr einfach ist. Man muss einfach nur in der Lage sein, die Voraussetzungen von Rechtsnormen (hier §§ 985, 986 BGB) lesen und auf den Fall anwenden zu können. In der Aufgabe c) wird das ganz deutlich: Alle Hinweise aus dem Sachverhalt zielen allein auf § 986 Abs. 1 Satz 1, 2. Fall BGB und vor allem § 986 Abs. 2 Satz 2 BGB ab.

- Man muss auch bei dieser Aufgabe erkennen, dass 3 unterschiedliche Fälle auch 3 unterschiedliche Lösungen (nicht zwingend unterschiedliche Ergebnisse) zur Folge haben.

4. Handelsrecht

Lösung zu Aufgabe 1: Kaufmann

a) Herr David wäre ein Kaufmann, wenn er mit seinem Unternehmen ein Gewerbe betreibt, welches ein Handelsgewerbe ist (§ 1 HGB – Handelsgesetzbuch). Zunächst müssen die Voraussetzungen für ein Gewerbe vorliegen. Ein Gewerbe ist jede äußerlich erkennbare, selbstständige, aber nicht freiberufliche, planmäßig auf Dauer angelegte, erlaubte, mit Gewinnerzielungsabsicht durchgeführte Tätigkeit. Äußerlich erkennbar ist eine Tätigkeit dann, wenn man in der Öffentlichkeit so in Erscheinung tritt, dass Dritte aufmerksam werden. Das Unternehmen des Herrn David ist für Dritte, vor allem seine Kunden, erkennbar. Von der Selbstständigkeit ist auszugehen, wenn die Tätigkeit nicht weisungsgebunden durchgeführt wird. Rechtlich selbstständig ist, wer im Wesentlichen frei seine Tätigkeit gestalten und seine Arbeitszeit bestimmen kann (§ 84 Abs. 1 Satz 2 HGB). Herr David führt sein Unternehmen als Inhaber nicht weisungsgebunden, sondern selbstständig.

Die Tätigkeit darf nicht zu den freien Berufen zählen. Ein freier Beruf liegt vor, wenn die persönliche Leistungserbringung im Vordergrund der Tätigkeit steht, wie bei Ärzten oder Anwälten (§ 1 Abs. 2 Satz 2 PartGG – Partnerschaftsgesellschaftsgesetz). Steht dagegen der Einsatz von Kapital und sachlichen Betriebsmitteln im Vordergrund, liegt grundsätzlich keine freiberufliche Tätigkeit vor. Das ist beim Handel mit Medizingeräten der Fall.

Eine planmäßig auf Dauer angelegte Tätigkeit liegt vor, wenn die Tätigkeit nicht nur gelegentlich durchgeführt wird, sondern auf eine gewisse Dauer angelegt ist. Es müssen daher regelmäßig Geschäfte abgeschlossen werden. Herr David betreibt sein Unternehmen nicht gelegentlich, sondern er schließt regelmäßig eine Vielzahl von Geschäften ab.

Die Tätigkeit müsste rechtlich erlaubt sein. Sie darf nicht gegen Gesetze (§ 134 BGB) oder die guten Sitten (§ 138 BGB) verstoßen. Verstößt die Tätigkeit gegen Vorschriften des öffentlichen Rechtes (z. B. Befugnis zum Gewerbebetrieb), berührt das die handelsrechtliche Anerkennung als Gewerbe nicht (§ 7 HGB). Der Handel mit Medizingeräten ist eine erlaubte Tätigkeit.

Der Zweck der Tätigkeit muss auf eine Gewinnerzielung gerichtet sein. Die Tätigkeit muss daher entgeltlich und anbietend sein. Entscheidend ist dabei nicht die aktuelle Gewinnerzielung, sondern zumindest eine Tätigkeit mit Gewinnerzielungsabsicht. Das Unternehmen von Herrn Matt ist auf Gewinnerzielung angelegt.

Das Unternehmen von Herrn David ist somit als Gewerbe anzusehen.

Als Kaufmann würde Herr David allerdings nur gelten, wenn er ein Gewerbe betreibt, das ein Handelsgewerbe ist (§ 1 Abs. 2 HGB). Fraglich ist daher zunächst, ob Herr David das Gewerbe betreibt. Betrieben wird ein Gewerbe von der Person, in deren Namen die zum Gewerbe gehörenden Rechtsgeschäfte abgeschlossen werden. Als Inhaber schließt Herr David die Rechtsgeschäfte des Unternehmens in seinem Namen ab und betreibt daher das Gewerbe.

Ein Gewerbe ist kein Handelsgewerbe, wenn entweder Art oder Umfang des Gewerbes einen in kaufmännischer Weise eingerichteten Geschäftsbetrieb nicht erfordern (§ 1 Abs. 2 HGB). Die Art des Geschäftsbetriebes erfordert eine kaufmännische Einrichtung u. a. bei schwierigen und vielfältigen Geschäftsvorgängen, umfangreicher Korrespondenz und Inanspruchnahme von Krediten in erheblichem Umfang. Der Umfang des Geschäftsbetriebes erfordert eine kaufmännische Einrichtung u. a. bei hohen Umsatzzahlen, großer Mitarbeiterzahl, mehreren Niederlassungen und großem Betriebsvermögen.

Die kaufmännische Einrichtung dient dann einer ordentlichen und übersichtlichen Geschäftsführung z. B. durch kaufmännische Buchführung, Einstellung kaufmännisch ausgebildeten Personals oder Inventarisierungsmaßnahmen. Das Unternehmen von Herrn David erfordert wegen seiner Größe, der Mitarbeiterzahl und seiner umfangreichen und vielfältigen Geschäfte einen in kaufmännischer Weise eingerichteten Geschäftsbetrieb.

Herr David betreibt somit ein Gewerbe, das als Handelsgewerbe anzusehen ist (§ 1 HGB). Er ist damit ein Kaufmann (Ist-Kaufmann).

b) Vom Vorliegen eines Gewerbes kann zwar auch bei Herrn Matt ausgegangen werden, allerdings stellt sein Unternehmen kein Handelsgewerbe, sondern ein sog. Kleingewerbe dar, weil es nach Art oder Umfang des Gewerbes keinen in kaufmännischer Weise eingerichteten Geschäftsbetrieb erfordert (§ 1 Abs. 2 HGB). Die Geschäftsvorgänge sind übersichtlich, es gibt keine Mitarbeiter, nur eine Niederlassung und nur geringe Umsätze. Aus der Summe dieser Anhaltspunkte ist erkennbar, dass eine ordentliche Geschäftsführung auch ohne kaufmännische Einrichtung mit Buchführung oder kaufmännischem Personal möglich ist.

c) Herr David könnte Herrn Matt in dieser Situation wie einen „echten" Kaufmann behandeln, wenn Herr Matt nach den gewohnheitsrechtlichen Regeln des Scheinkaufmanns und dem Grundsatz von Treu und Glauben (§ 242 BGB) als Kaufmann gilt.

Ein Scheinkaufmann ist derjenige, der durch sein öffentliches Auftreten entgegen den tatsächlichen Verhältnissen im kaufmännischen Rechts- und Geschäftsverkehr in zurechenbarer Weise den Anschein eines Kaufmanns erweckt. Dazu müsste zunächst der Rechtsschein bestehen, dass es sich bei Herrn Matt um einen Kaufmann handelt. Herr Matt müsste bei Herrn David das Vertrauen erweckt haben, dass sein Rollstuhl-Unternehmen nach Art und Umfang einen kaufmännischen Geschäftsbetrieb erfordere. Das hat Herr Matt mit seinen übertriebenen Beschreibungen getan, sodass bei Herrn David der Rechtsschein entstanden ist, dass Herr Matt ein Kaufmann ist.

Der Rechtsschein müsste durch Herrn Matt veranlasst worden sein. Herr Matt hat ganz bewusst auf Herrn David eingewirkt, um diesen Rechtsschein zu erzeugen. Hätte er nicht übertrieben, sondern die tatsächlichen Geschäftsverhältnisse offen gelegt, wäre der Rechtsschein nicht entstanden. Herr David müsste außerdem schutzbedürftig sein. Die Schutzbedürftigkeit ist gegeben, wenn Herr David die tatsächlichen Geschäftsverhältnisse weder positiv gekannt, noch grobfahrlässig nicht gekannt hat. Herr David kannte Herrn Matt und sein Unternehmen vor dem Gespräch nicht. Er konnte daher weder wissen, noch bei gegebener Sorgfalt erkennen, dass Herr Matt eine Kleingewerbetreibender und damit kein Kaufmann ist. Somit ist Herr David auch schutzbedürftig. Weiterhin müsste Herr David den Zulieferervertrag im Vertrauen auf den Rechtsschein abgeschlossen haben. Herr David ist nach den Schilderungen des Herrn Matt von dessen Kaufmannseigenschaft ausgegangen. Daher war der Rechtsschein ursächlich für den Vertrag.

Da die Voraussetzungen gegeben sind, gilt Herr Matt nach den gewohnheitsrechtlichen Regeln des Scheinkaufmanns und dem Grundsatz von Treu und Glauben (§ 242 BGB) als Kaufmann. Herr David kann ihn daher wie einen Kaufmann nach den Rechtsnormen des HGB behandeln.

d) Herr Matt könnte sein Unternehmen als Kann-Kaufmann betreiben. Nach § 2 HGB kann ein Kleingewerbetreibender die Kaufmannseigenschaft dadurch erwerben, dass seine Firma (Name des Unternehmens) im Handelsregister eingetragen wird. Herr Matt müsste sein Unternehmen also im Handelsregister eintragen lassen.

e) Zur Gründung einer GmbH ist die Eintragung in das Handelsregister zwingend erforderlich. Die GmbH gilt auch als Handelsgesellschaft und damit als Kaufmann (§ 6 Abs. 1 HGB). Dagegen spricht auch nicht, dass Herr Matt nur ein Kleingewerbe betreibt und er deshalb gerade kein Kaufman ist (§ 1 Abs. 2 HGB). Eine GmbH gilt unabhängig von ihrem Unternehmensgegenstand als Kaufmann. Selbst wenn die GmbH gar kein Gewerbe betreiben würde, gilt sie aufgrund ihrer Rechtsform als Form-Kaufmann (§ 6 Abs. 2 HGB, § 13 Abs. 3 GmbH-Gesetz).

Durch die Gründung einer GmbH wäre die Kaufmannseigenschaft – für die GmbH – gegeben.

 MERKE

In der Aufgabe geht es um den Kaufmannsbegriff, das Handelsgewerbe gemäß § 1 HGB, den Ist-Kaufmann nach § 1 HGB, den Kann-Kaufmann nach § 1 Abs. 2 und § 2 HGB, den Form-Kaufmann nach § 6 HGB und den gewohnheitsrechtlich anerkannten Scheinkaufmann.

► Da das Handelsrecht nach HGB als Sonderprivatrecht für Kaufleute gilt, muss es sich bei den „Mitspielern" um Kaufleute handeln. Die Kaufmannsarten werden in den §§ 1 bis 6 HGB unterschieden.

► Die Voraussetzungen für den Begriff des Handelsgewerbes finden sich zwar nicht im HGB aber in den §§ 15 Abs. 2 Satz 1 und 18 Abs. 1 Nr. 1 Satz 2 EStG Einkommenssteuergesetz (mit Ausnahme der „legalen Tätigkeit").

► Zu beachten ist, dass beim Ist-Kaufmann (Aufgabe a) die Eintragung in das Handelsregister keine Voraussetzung für die Anerkennung als Handelsgewerbe und Kaufmann ist, obwohl nach § 29 HGB eine Eintragungspflicht für alle Kaufleute besteht. Das bedeutet: Der Ist-Kaufmann „ist Kaufmann", wenn er beginnt, sein Handelsgewerbe zu betreiben. Die spätere Eintragung in das Handelsregister hat nur noch rechtsbezeugende bzw. rechtserklärende (deklaratorische) Wirkung. Beim Kann-Kaufmann nach § 2 HGB ist es dagegen erst die Eintragung in das Handelsregister, die ihn zum Kaufmann macht. Hier liegt dann eine rechtserzeugende bzw. rechtsbegründende (konstitutive) Wirkung der Eintragung vor.

- Ob ein kaufmännischer Geschäftsbetrieb vorliegt, der nach Art und Umfang eine kaufmännische Einrichtung erfordert, ist anhand unterschiedlicher Indizien festzustellen (Aufgabe a). Nicht die einzelnen Anhaltspunkte, sondern die Gesamtschau auf das Unternehmen entscheidet über die Erforderlichkeit. Ob ein Unternehmen tatsächlich in der erforderlichen Weise eingerichtet ist, ist im Übrigen nicht erheblich.

- Nach § 6 Abs. 1 HGB sind Kaufleute auch alle Handelsgesellschaften (z. B. Offene Handelsgesellschaft – OHG und Kommanditgesellschaft – KG). Zu beachten ist, dass sich die Kaufmannseigenschaft einer OHG oder KG meistens bereits aus § 1 HGB (Ist-Kaufmann) ergibt, da sie üblicherweise ein Handelsgewerbe betreiben. Für den – seltenen, aber möglichen – Fall, dass die Handelsgesellschaft nur ein Kleingewerbe betreibt und nicht im Handelsregister eingetragen ist, stellt § 6 Abs. 1 klar, dass die Handelsgesellschaft dann trotzdem wie ein Kaufmann behandelt wird.

- Die Regelung des § 6 Abs. 1 HGB gilt auch für Kapitalgesellschaften (z. B. GmbH, Aktiengesellschaft – AG, Kommanditgesellschaft auf Aktien – KGaA) und für Genossenschaften (§ 6 Abs. 2 HGB) und zwar unabhängig davon, ob diese Gesellschaften ein Gewerbe betreiben oder nicht (z. B. auch wenn die Ausbildung kein Gewerbe im Sinne des HGB ist, ist eine Ausbildungs-GmbH trotzdem Kaufmann).

- Die Anerkennung des Scheinkaufmanns ist handelsrechtliches Gewohnheitsrecht (Folge: zu lernendes Wissen). Es hat die Konsequenz, dass der Scheinkaufmann in einer Situation, die nach dem HGB für ihn ungünstig ist, nicht auf seine mangelnde Kaufmannseigenschaft und die daraus folgende Nichtanwendbarkeit des HGB verweisen darf (z. B. wenn Herr Matt als Scheinkaufmann eine vertragliche Pflicht gegenüber Herrn David verletzt hat, kann er sich bei der Beurteilung der Fahrlässigkeit nicht auf den milderen Sorgfaltsmaßstab des § 276 Abs. 2 BGB berufen, da er als Kaufmann zu behandeln ist, gilt für ihn der strengere Sorgfaltsmaßstab eines ordentlichen Kaufmanns nach § 347 Abs. 1 BGB).

 TIPP

- Die Aufgabe zeigt „leider", dass man auch mal etwas wissen muss und die gesetzlichen Rechtsgrundlagen nicht immer alles offenbaren (Aufgabe a): legale Tätigkeit; Aufgabe b): Scheinkaufmann aus Gewohnheitsrecht).

- Die Anwendung des HGB setzt in einigen Rechtsnormen die Kaufmannseigenschaft bei beiden Beteiligten (z. B. § 377 HGB), ansonsten bei einem Beteiligten (z. B. § 362 HGB) voraus. Daher muss in der Lösung auf die Kaufmannseigenschaft eingegangen werden.

- Liegen zu den im Fall beteiligten Unternehmen keine konkreten Hinweise im Sachverhalt vor, kann man von Kaufleuten ausgehen. Auch nach HGB wird aus dem Betreiben eines Gewerbes vermutet, dass es ein Handelsgewerbe ist

(Negativ-Formulierung „es sei denn" in § 1 Abs. 2 HGB). Ansonsten sollte man sich nur mit den problematischen Voraussetzungen des Falls (z. B. „planmäßig auf Dauer angelegt" bei Gelegenheitstätigkeit; Kleingewerbe) in der Lösung auseinandersetzen (in der Aufgabe war dagegen die ausführliche Erläuterung des Kaufmannsbegriffs gefragt).

► Der „merkwürdig" wirkende Hinweis, dass keines der beiden Unternehmen im Handelsregister eingetragen ist, darf nicht als „unrealistische Situation" hinterfragt werden. Er dient lediglich dazu, die beliebte Lösung, dass im vorliegenden Fall „von einer Eintragung im Handelsregister ausgegangen werden kann", zu verhindern.

Lösung zu Aufgabe 2: Prokura

a) Die Erteilung einer Prokura muss ausdrücklich und persönlich durch einen Kaufmann erfolgen. Als Kaufmann gilt der Inhaber des Handelsgeschäfts oder sein gesetzlicher Vertreter (§ 48 Abs. 1 HGB). Die Erteilung der Prokura ist zwar als eintragungspflichtige Tatsache zur Eintragung in das Handelsregister anzumelden (§ 53 Abs. 1 HGB). Die Eintragung hat allerdings keine rechtsbegründende (konstitutive) Wirkung, sondern nur rechtserklärende (deklaratorische) Wirkung, sodass die Erteilung der Prokura auch ohne Eintragung wirksam wäre.

Danach ist der Mitarbeiter Fußeisen der neue Prokurist geworden. Der Geschäftsführer Diruhn ist der gesetzliche Vertreter der GmbH (§ 35 Abs. 1 GmbHG), die wiederum als Kaufmann anzusehen ist (§ 6 HGB). Der Geschäftsführer hat für die GmbH Herrn Fußeisen ausdrücklich die Prokura erteilt.

Herr Buchenschild kann nicht der neue Prokurist geworden sein, da die Prokura nicht persönlich durch den gesetzlichen Vertreter des Kaufmanns, sondern durch die Prokuristin Bilan erteilt worden ist. Die Prokuristin ist jedoch keine gesetzliche Stellvertreterin, sondern eine rechtsgeschäftliche Stellvertreterin durch Erteilung einer Vollmacht (= Prokura).

Frau Ilmig kann ebenfalls nicht die neue Prokuristin geworden sein, da die Prokura ausdrücklich erteilt werden muss (§ 48 Abs. 1 HGB). Eine schlüssige Erteilung einer Prokura durch Duldung oder durch Schweigen ist daher nicht möglich.

b) Durch die Erteilung einer Gesamtprokura (§ 48 Abs. 2 HGB) müssten beide Prokuristen bei jedem Rechtsgeschäft gemeinschaftlich handeln, z. B. Verträge gemeinsam unterschreiben. Die Gesamtprokura ist eine zulässige Beschränkung der Prokura, die im Handelsregister eingetragen werden muss.

c) Die Prokura ermächtigt zu allen gerichtlichen und außergerichtlichen Geschäften und Rechtshandlungen, die der Betrieb eines Handelsgewerbes mit sich bringt (§ 49 Abs. 1 HGB). Der Prokurist kann danach alle Geschäfte tätigen, die der Betrieb irgendeines Handelsgewerbes mit sich bringt. Es muss sich somit nicht zwingend um Geschäfte handeln, die etwas mit den bisherigen Handelsgeschäften des Unternehmens zu tun haben. Das bedeutet, dass die Prokuristin den bisherigen Unternehmensgegenstand des Handels mit Bergbauausrüstung auf andere Handelsgewerbe erweitern kann. Sie kann daher auch alle Geschäfte tätigen, die der Handel mit Marzipan, Staubsaugern und Wein mit sich bringt.

d) Die Prokura umfasst keine sog. Grundlagengeschäfte, die kraft Gesetzes dem Kaufmann vorbehalten sind (Prinzipalgeschäfte). Damit sind grundsätzlich alle Geschäfte gemeint, die die Grundlagen des Handelsgewerbes betreffen. Dazu gehört auch die Umbenennung des Unternehmensnamens (Firma), weil der Kaufmann unter diesem Namen im Geschäftsverkehr rechtsverbindlich auftritt. Die Änderung der Firma würde das Unternehmen in seinem Kern betreffen und wäre daher durch den Kaufmann selbst durchzuführen (§§ 29, 31 HGB).

Die Umfirmierung durfte die Prokuristin daher nicht durchführen.

e) Die Prokura ist insoweit gesetzlich beschränkt, dass ein Prokurist grundsätzlich keine Grundstücke des Unternehmens veräußern oder belasten darf, es sei denn, dass er dazu ausdrücklich durch den Kaufmann befugt wurde (§ 49 Abs. 2 HGB). Da eine solche gesonderte Verfügungsbefugnis durch den Geschäftsführer der GmbH nicht vorliegt, durfte die Prokuristin das Grundstück des Unternehmens nicht veräußern.

f) Ein wirksamer Kaufvertrag zwischen der GmbH und dem Zulieferer Filkili setzt zwei übereinstimmende Willenserklärungen (Angebot und Annahme) voraus. Fraglich ist, ob die Prokuristin das Angebot des Zulieferers wirksam angenommen hat. Die Annahmeerklärung der Prokuristin führt nur dann zu einem Vertrag mit der GmbH, wenn die Prokuristin die GmbH dabei wirksam vertreten hat (§ 164 Abs. 1 BGB). Dazu müsste die Prokuristin Vertretungsmacht haben. Das setzt voraus, dass die Prokura wirksam erteilt wurde und die Prokuristin im Rahmen ihrer gesetzlichen Vertretungsbefugnis gehandelt hat. Die Prokura wurde ihr erteilt. Dieser Kaufvertrag ist kein dem Kaufmann vorbehaltenes Grundlagengeschäft und keine Grundstücksveräußerung (§ 49 Abs. 2 HGB). Vielmehr gehört der Kauf von Zulieferteilen zu den Geschäften, die der Betrieb des Unternehmens mit sich bringt (§ 49 Abs. 1 HGB). Fraglich ist allerdings, wie sich die Beschränkung der Vertretungsmacht durch den Geschäftsführer auf Verträge bis 200.000 € auswirkt.

Eine Beschränkung des Umfangs der Prokura ist im Innenverhältnis zwischen Kaufmann und Prokurist grundsätzlich erlaubt. Der Geschäftsführer konnte daher den inhaltlichen Umfang der Prokura durch genaue Vorgaben und Grenzen gegenüber der Prokuristin einschränken. Entscheidend ist aber, dass eine Beschränkung des Umfangs der Prokura im Außenverhältnis gegenüber Dritten unwirksam ist (§ 50 Abs. 1 HGB). Dies gilt insbesondere für die Beschränkung, dass nur gewisse Geschäfte oder Geschäfte nur unter gewissen Umständen getätigt werden dürfen (§ 50 Abs. 2 HGB).

Die Beschränkung, dass Kaufverträge von der Prokuristin ohne zusätzliche Genehmigung des Geschäftsführers nur bis zu einer Höhe von 200.000 € durchgeführt werden dürfen, ist daher gegenüber dem Zulieferer unwirksam.

Die Prokuristin hat daher mit Vertretungsmacht gehandelt. Da sie auch eine eigene Willenserklärung gegenüber dem Zulieferer abgegeben und im Namen der GmbH gehandelt hat, liegt eine wirksame Stellvertretung vor (§ 164 Abs. 1 BGB).

Durch die wirksame Annahmeerklärung der Prokuristin ist ein wirksamer Kaufvertrag zwischen der GmbH und dem Zulieferer zu Stande gekommen.

 **MERKE**

In der Aufgabe geht es um die Prokura nach §§ 48 ff. HGB als umfassendste Form der Vertretung eines Kaufmanns, die Erteilung der Prokura gemäß § 48 HGB, den Umfang der Prokura nach § 49 HGB und die Beschränkung der Prokura nach § 50 HGB.

► Da Kaufleute kaum alle Geschäfte ihres Unternehmens selber tätigen können, spielt die Stellvertretung des Kaufmanns im Handelsrecht, aber auch in den Prüfungen eine entscheidende Rolle.

► Die beiden wichtigsten Formen der kaufmännischen Stellvertretung sind die Prokura nach §§ 48 ff. HGB und die Handlungsvollmacht nach §§ 54 ff. HGB. Man sollte sich merken, dass der Prokurist dabei der „Super-Stellvertreter" ist und der Handlungsbevollmächtigte eher dem „normalen Stellvertreter" aus dem BGB entspricht, der gewöhnliche Geschäfte des Handelsgewerbes vornehmen darf.

► Wichtig ist die Erkenntnis, dass die normalen Stellvertretungsregeln nach §§ 164 ff. BGB auch für die Stellvertretung im Handelsrecht gelten, da die §§ 48 ff. HGB nur spezielle Regelungen zum Begriff der „Vertretungsmacht" enthalten. Das bedeutet, dass alle anderen Fragen, wie z. B. die Voraussetzungen und Wirkung der Stellvertretung (§ 164 BGB) oder die Wirkung des Vertreters ohne Vertretungsmacht (§§ 177 ff. BGB) nach dem BGB behandelt werden.

► Die Erteilung der Prokura muss zwar ausdrücklich, aber nicht zwingend schriftlich erfolgen. Mit der Erteilung der Prokura darf der Prokurist bereits im Rahmen seiner Befugnis nach § 49 HGB handeln, auch wenn er noch nicht im Handelsregister eingetragen ist (rein rechtsbezeugende Wirkung der Eintragung).

► Die Prokura kann durch den Kaufmann jederzeit formlos widerrufen werden (§ 52 Abs. 1 HGB). Mit der Beendigung des zugrundeliegenden Rechtsverhältnisses (z. B. Kündigung des Arbeitsvertrages des Prokuristen) endet die Prokura automatisch (§ 168 Satz 1 BGB).

► Neben der Einzelprokura (§ 48 Abs. 1 HGB) und der echten Gesamtprokura (§ 48 Abs. 2 HGB) gibt es die

- gemischte Gesamtprokura: Hier besitzt ein Prokurist Einzelprokura und zusätzlich gemeinsam mit einem zweiten Prokuristen Gesamtprokura, sodass der weitere Prokurist nicht allein tätig werden kann.

- unechte Gesamtprokura: Hier ist der Prokurist nur zusammen mit einem Gesellschafter bzw. einem gesetzlichen Vertreter vertretungsbefugt (z. B. § 125 Abs. 3 HGB).

- Filialprokura: Hat der Kaufmann Zweigniederlassungen, kann die Prokura auf einzelne Zweigniederlassungen beschränkt werden, wenn die Zweigniederlassungen unterschiedliche Unternehmensnamen (Firmen) führen (§ 50 Abs. 3 HGB).

- Um dritte Geschäftspartner und den handelsrechtlichen Rechtsverkehr vor Beschränkungen zu schützen, ist der Umfang der Prokura im Außenverhältnis in den §§ 49, 50 BGB gesetzlich festgelegt.

- In der Regelung nach § 49 Abs. 1 HGB, wonach der Prokurist zu allen Geschäften ermächtigt ist, die der „Betrieb eines (= irgendeines) Handelsgewerbes" mit sich bringt, zeigt sich der große Unterschied zur Handlungsvollmacht nach §§ 54 ff. HGB. Die Handlungsvollmacht gilt nämlich nur für Geschäfte die der „Betrieb eines derartigen Handelsgewerbes" mit sich bringt (§ 54 Abs. 1 HGB) (z. B. hätte in der Aufgabe ein Handlungsbevollmächtigter den Handel mit Marzipan-Produkten usw. nicht einführen können, da das nicht zum bisherigen Unternehmensgegenstand der GmbH gehört).

- Für die Prokura und die Handlungsvollmacht gilt allerdings gleichermaßen die Beschränkung, dass keine Geschäfte vorgenommen werden dürfen, die per Gesetz dem Kaufmann vorbehalten sind. Zu diesen ungewöhnlichen (im Gegensatz zu den in § 54 Abs. 1 HGB genannten „gewöhnlichen") Grundlagengeschäften gehören z. B. Veräußerung oder Einstellung des Handelsgewerbes, Unterzeichnung des Jahresabschlusses oder der Steuererklärung, Beantragung von Handelsregistereintragungen, Beantragung der Insolvenz.

- Neben dem Prokuristen und dem Handlungsbevollmächtigten gibt es den Laden- bzw. Lagerangestellten nach § 56 HGB. Sie alle gelten als unselbstständige Hilfspersonen des Kaufmanns, weil sie kaufmännische Angestellte sind.

- Die selbstständigen Hilfspersonen des Kaufmanns sind der Handelsvertreter (§ 84 HGB), der Handelsmakler (§ 93 HGB), der Kommissionär (§ 383 HGB), der Frachtführer (§ 407 HGB), der Spediteur (§ 453 HGB), der Lagerhalter (§ 467 HGB) und der Vertragshändler (nicht im HGB geregelt).

 TIPP

- Aus dem Hinweis zur Anwendung der Stellvertretungsregeln nach §§ 164 ff. BGB folgt, dass man in Aufgaben zur Vertretung des Kaufmanns wieder das „gute, alte" Lösungsschema der Stellvertretung durchprüfen muss (1. Vertretungsmacht? 2. eigene Willenserklärung des Stellvertreters? 3. im Namen des Vertretenen?). Die Aufgabe f) zeigt, an welcher Stelle die kaufmännische Stellvertretung (z. B. Prokura) eine Rolle spielt (Prüfungspunkt „Vertretungsmacht").

- In der Lösung müssen die einzelnen Voraussetzungen genau genannt, geprüft und dann eindeutig formuliert werden. Die beliebte Lösung zu Aufgabe a) „Herr Diruhn hat als Kaufmann die Prokura erteilt (siehe § 49 Abs. 1 HGB)" dürfte daher nicht richtig sein, da Herr Diruhn weder Kaufmann, noch Inhaber des Handelsgewerbes (nach § 49 Abs. 1 HGB) ist. Als Geschäftsführer ist er der gesetzliche Vertreter der als Kaufmann zu behandelnden GmbH. In dieser Funktion hat er gemäß § 49 Abs. 1 HGB die Prokura erteilt.

▸ Auch die beliebten Verwechslungen zwischen HGB und BGB sollte man vermeiden, wenn man Rechtsnormen zitiert.

▸ In der Aufgabe a) muss man nicht nur begründen, warum Herr Fußeisen Prokurist geworden ist, sondern auch anhand der umfangreichen Hinweise zu den beiden anderen Personen und der Aufgabenstellung („ausführliche" Begründung) erkennen, dass eine umfangreiche Lösung notwendig ist.

▸ Die Aufgabenstellung a) weist klar darauf hin, dass einer der 3 „Kandidaten" in jedem Fall Prokurist geworden ist, da nicht nach dem „ob" gefragt wird.

Lösung zu Aufgabe 3: Handelsregister, positive und negative Publizität

a) Der Prokurist Keil hat die KG insoweit wirksam vertreten, dass er eine eigene Willenserklärung gegenüber Herrn Silbermann abgegeben und im Namen der KG gehandelt hat (§ 164 Abs. 1 BGB). Da die Prokura zum Zeitpunkt des Vertragsschlusses bereits wirksam durch Frau Ecke widerrufen war (§ 52 Abs. 1 HGB), handelte Herr Keil jedoch ohne Vertretungsmacht. Frau Ecke hat den Vertrag auch nicht nachträglich genehmigt, sondern auf den Widerruf der Prokura verwiesen (§ 177 Abs. 1 BGB).

Problematisch erscheint, dass Herr Keil zu diesem Zeitpunkt noch im Handelsregister als Prokurist eingetragen war, worauf Herr Silbermann sich auch ausdrücklich beruft. Zugunsten des Vertragspartners Silbermann könnte die negative Publizität des Handelsregisters gemäß des § 15 Abs. 1 HGB sprechen, wonach sich ein gutgläubiger Dritter grundsätzlich auf das Schweigen des Handelsregisters verlassen kann. Solange eine in das Handelsregister einzutragende Tatsache nicht eingetragen und bekanntgemacht ist, kann sie von demjenigen, in dessen Angelegenheiten sie einzutragen war, einem Dritten nicht mit dem Hinweis auf die tatsächlichen Gegebenheiten entgegengesetzt werden, es sei denn, dass sie diesem bekannt war (§ 15 Abs. 1 HGB).

Es müssten die Voraussetzungen des § 15 Abs. 1 HGB gegeben sein.

Zunächst muss es sich beim Widerruf der Prokura um eine eintragungspflichtige Tatsache handeln. Eintragungspflichtige Tatsachen sind wirklich geschehene Vorgänge, die nach dem HGB in das Handelsregister eingetragen werden müssen. Der Widerruf der Prokura ist in gleicher Weise wie die Erteilung zur Eintragung beim Handelsregister anzumelden (§ 53 Abs. 2 HGB) und daher eine eintragungspflichtige Tatsache.

Die eintragungspflichtige Tatsache darf zudem nicht in das Handelsregister eingetragen oder bekannt gemacht worden sein (§ 15 Abs. 1 HGB). Der Widerruf der Prokura ist beim Vertragsschluss am 20.09.2014 weder im Handelsregister eingetragen noch bekanntgemacht worden. Außerdem müsste der Dritte, also der Vertragspartner Silbermann, gutgläubig gehandelt haben. Das bedeutet, dass er keine Kenntnis bezüglich der nicht eingetragenen Tatsache haben darf. Herr Silbermann wusste nichts vom Widerruf der Prokura und hat daher im guten Glauben gehandelt.

Die Voraussetzungen des § 15 Abs. 1 HGB liegen somit vor. Frau Ecke kann Herrn Silbermann nicht entgegen halten, dass Herr Keil nicht mehr der Prokurist war. Herr Silbermann kann sich dagegen auf das Schweigen des Handelsregisters verlassen.

Herr Keil hat insoweit die KG gegenüber Herrn Silbermann wirksam vertreten.

b) Das Ergebnis stellt sich dann anders dar. Hier kann sich Herr Silbermann nicht auf § 15 Abs. 1 HGB berufen. Auf das Schweigen des Handelsregisters soll sich der wissende und bösgläubige Dritte nicht berufen können. Wer Kenntnis von den tatsächlichen Gegebenheiten hat, verdient keinen besonderen Schutz. Herr Silbermann war in dieser Fallvariante nicht gutgläubig, da er die nicht eingetragene Tatsache des Widerrufs der Prokura genau kannte.

c) Hier kann sich Herr Silbermann trotzdem auf das Schweigen des Handelsregisters verlassen. Die Rechtsnorm des § 15 Abs. 1 HGB fordert von Dritten keine konkrete Kenntnis der Handelsregistereintragungen. Der Schutz der negativen Publizität des Handelsregisters ist kein konkreter, sondern ein genereller Vertrauensschutz.

d) Eine Haftung als Komplementär (§§ 161 Abs. 2, 128 Satz 1, HGB) kommt nur in Betracht, wenn sich die Vertragspartner auf die falsche Eintragung in das Handelsregister berufen könnten.

Die Rechtsgrundlage ist § 15 Abs. 3 HGB, die positive Publizität des Handelsregisters. Danach kann sich ein Dritter demjenigen gegenüber, in dessen Angelegenheiten die Tatsache einzutragen war, auf die bekanntgemachte Tatsache berufen, auch wenn die einzutragende Tatsache unrichtig bekanntgemacht ist, es sei denn, dass der Dritte die Unrichtigkeit kannte (§ 15 Abs. 3 HGB).

Es müssten zunächst die Voraussetzungen des § 15 Abs. 3 HGB vorliegen.

Der Eintritt eines neuen Kommanditisten in eine KG ist eine eintragungspflichtige Tatsache (§§ 161 Abs. 2, 107 HGB). Diese Tatsache ist unrichtig bekanntgemacht worden, da Herr Markus nicht als Kommanditist, sondern als Komplementär in das Handelsregister eingetragen und es auch so bekanntgemacht wurde.

Die unrichtige Bekanntmachung müsste Frau Ecke als Kauffrau auch zurechenbar sein, d. h. sie muss sie mitverursacht haben. Die Zurechenbarkeit liegt vor, wenn die Eintragung bzw. Bekanntmachung durch den Kaufmann veranlasst worden ist. Das bedeutet nicht, dass der Kaufmann den Fehler veranlasst haben muss. Frau Ecke hat die Eintragung und Bekanntmachung mit ihrer Anmeldung veranlasst und damit auch die falsche Eintragung und Bekanntmachung zumindest mitverursacht, da es ohne ihre Anmeldung nicht zur fehlerhaften Bekanntmachung gekommen wäre. Außerdem müssten die Dritten, also die Vertragspartner gutgläubig handeln. Das bedeutet, dass sie keine Kenntnis bezüglich der tatsächlichen Gegebenheiten haben dürfen. Wissen Dritte nichts davon, dass Herr Markus nicht Komplementär sondern Kommanditist werden sollte, handeln sie im guten Glauben.

Die Voraussetzungen des § 15 Abs. 3 HGB wären dann gegeben. Die fehlerhaft bekanntgemachte Tatsache, dass Herr Markus der Komplementär der KG ist, würde gegenüber Vertragspartnern der KG gelten.

e) Frau Meiles könnte sich gemäß § 15 Abs. 2 Satz 2 HGB auf ihre Unkenntnis berufen. Ist eine Tatsache eingetragen und bekanntgemacht worden, so muss ein Dritter sie zwar gegen sich gelten lassen (§ 15 Abs. 2 Satz 1 HGB), allerdings gilt dies nicht bei Rechtshandlungen, die innerhalb von fünfzehn Tagen nach der Bekanntmachung vorgenommen werden, sofern der Dritte beweist, dass er die Tatsache weder kannte noch kennen musste (§ 15 Abs. 2 Satz 2 HGB).

Wie bereits festgestellt, ist der Widerruf der Prokura eine eintragungspflichtige Tatsache. Diese Tatsache war zum Zeitpunkt des Vertragsschlusses in das Handelsregister eingetragen und bekannt gemacht worden. Beim Vertragsschluss war die „Schonfrist" von 15 Tagen nach Bekanntmachung noch nicht abgelaufen.

Frau Meiles hatte innerhalb der Frist keine Kenntnis von der Bekanntmachung gehabt. Fraglich ist jedoch, ob sie die Tatsache hätte kennen müssen und sie ihre Unkenntnis fahrlässig verursacht hat. Nach dem Sorgfaltsmaßstab für einen ordentlichen Kaufmann (§ 347 Abs. 1 HGB) kann man von Frau Meiles zumindest verlangen, dass sie sich im Handelsregister erkundigt oder während ihrer Abwesenheit zumindest einen Vertreter damit beauftragt. Sie hat somit ihre Sorgfaltspflichten nicht beachtet und fahrlässig gehandelt.

Damit kann sie sich nicht auf die Schonfrist und ihre Unkenntnis berufen.

 MERKE

In der Aufgabe geht es um die Wirkung von richtigen und unrichtigen Eintragungen im Handelsregister, die negative Publizität und die positive Publizität des Handelsregisters nach § 15 HGB.

- Das Handelsregister soll als öffentliches Verzeichnis der Sicherheit und Vereinfachung des Geschäftsverkehrs dienen.

- Die zentrale Rechtsnorm für diese Sicherheitsfunktion des Handelsregisters ist § 15 HGB, der die Publizität (Offenkundigkeit) des Handelsregisters regelt. Aus dieser Publizität entsteht der öffentliche Glaube an die Richtigkeit des Handelsregisters.

- Diese Norm zeigt zum einen, inwieweit man auf Eintragungen im Handelsregister vertrauen kann (§ 15 Abs. 1, Abs. 2 Satz 2, Abs. 3 HGB) und zum anderen, inwieweit man Eintragungen berücksichtigen muss (§ 15 Abs. 2 Satz 1 HGB).

- Der § 15 Abs. 1 HGB (Aufgabe a) schützt das allgemeine Vertrauen darauf, dass alle eintragungspflichtigen Tatsachen, die nicht eingetragen und bekanntgemacht sind, auch nicht wirklich existieren. Diese negative Publizität hat zur Folge, dass man sich auf das (Ver-)Schweigen des Handelsregisters verlassen kann.

- Eintragungspflichtige Tatsachen sind z. B. die Anmeldung oder Änderung der Firma (§§ 29, 31 HGB), Anmeldung einer Personenhandelsgesellschaft (§ 106 Abs. 2 HGB), Auflösung der Gesellschaft und Ausscheiden von Gesellschaftern (§ 143 Abs. 2 und 3 HGB).

- Beim Wortlaut des § 15 Abs. 1 HGB sollte man beachten, dass es dort zwar „eingetragen und bekanntgemacht" heißt, dass dieses „und" aber als „oder" zu verstehen ist. Das bedeutet, wenn entweder nur die Eintragung oder nur die Bekanntmachung fehlt, schützt § 15 Abs. 1 HGB immer den gutgläubigen Dritten.

- Im Übrigen muss sich der gutgläubige Dritte bei § 15 Abs. 1 HGB nicht auf das Verschweigen der eintragungsfähigen Tatsache berufen. Er kann sich auch auf die tatsächlichen Gegebenheiten beziehen, da er ein Wahlrecht hat (z. B. hätte Herr Silbermann einen für ihn ungünstigen Vertrag mit dem Prokuristen Keil abgeschlossen, hätte er auch auf den tatsächlichen Widerruf der Prokura verweisen können; durch die fehlende Zustimmung von Frau Ecke wäre so kein Vertrag zu Stande gekommen).

- Der § 15 Abs. 3 HGB (Aufgabe d) schützt den Dritten dadurch, dass auch falsche Bekanntmachungen grundsätzlich als richtig gelten (positive Publizität).

- Auch hier muss man zum Wortlaut der Norm erklären, dass § 15 Abs. 3 HGB nicht nur die fehlerhafte Bekanntmachung meint, sondern das Auseinanderfallen von Bekanntmachung und tatsächlichen Verhältnissen. Eine fehlerhafte Eintragung und entsprechende Bekanntmachung sind daher auch von dieser Rechtsnorm erfasst (z. B. Aufgabe d).

- Nicht aus dem Wortlaut der Norm erkennbar ist das Erfordernis der Zurechenbarkeit der fehlerhaften Bekanntmachung. Der Grund dafür ist, dass es nicht richtig sein kann, dass ein Kaufmann alle fehlerhaften Eintragungen und Bekanntmachungen des Registergerichts gegen sich gelten lassen muss. Daher soll die Eintragung durch den Kaufmann mindestens veranlasst worden sein (z. B. durch die Anmeldung beim Handelsregister). Grundsätzlich ist Kaufleuten aufgrund ihrer Sorgfaltspflicht nämlich zumutbar, dass sie ihre beantragte Eintragung kontrollieren.

- Bei § 15 Abs. 2 Satz 1 HGB beruft sich der Kaufmann selbst (nicht der Dritte) auf die positive Publizität des Handelsregisters. Er beruft sich nämlich darauf, dass die Eintragung und die Bekanntmachung richtig und für den Dritten bindend sind. Die einzige „Chance" für den Dritten ist dann § 15 Abs. 2 Satz 2 HGB (Aufgabe e).

 TIPP

- Bei der Aufgabe a) und den Fragen b) und c) muss es unterschiedliche Lösungen geben.

- Bei den Fragen muss man erkennen, was inhaltlich genau gefragt wird. Bei Aufgabe e) sind z. B. Ausführungen zum Vertragsschluss und der Stellvertretung überflüssig, weil nur nach der Problematik der 15-Tagesfrist gefragt wird.

- Bei § 15 HGB muss man unbedingt die einzelnen Absätze auseinanderhalten (siehe dazu die Hinweise unter „Merke").

- Bei Handelsrechtsaufgaben sind Kenntnisse aus dem Gesellschaftsrecht sehr hilfreich.

- Bei der Frage, was ein Kaufmann in bestimmten Situationen tun müsste, ist der hohe Sorgfaltsmaßstab eines ordentlichen Kaufmanns nach § 347 Abs. 1 HGB immer ein gutes Argument für die Lösung.

---

5. Arbeitsrecht

Lösung zu Aufgabe 1: Lohnfortzahlung bei Krankheit

a) Moritz Fischer könnte gegen seinen Arbeitgeber Baum für die Zeit seiner ersten Arbeitsunfähigkeit einen Anspruch auf Arbeitsentgelt haben. Da zwischen beiden ein Arbeitsverhältnis besteht, könnte Moritz Fischer einen Entgeltanspruch aus dem Arbeitsvertrag haben (§ 611 BGB).

Der Arbeitsvertrag setzt für einen Vergütungsanspruch allerdings die Leistung von Diensten voraus (§ 611 BGB). Da die Arbeitsleistung von Moritz Fischer wegen der Erkrankung unmöglich geworden ist, wurde auch Bauer Baum von seiner Vergütungspflicht befreit (§§ 275, 326 Abs. 1 Satz 1 BGB).

Aus dem Arbeitsvertrag (allein) hat Moritz Fischer somit keinen Anspruch auf Arbeitsentgelt. Der Anspruch auf Arbeitsentgelt könnte sich aus dem Arbeitsvertrag i. V. m. einem Entgeltfortzahlungsanspruch für den Krankheitsfall ergeben (§ 3 Abs. 1 Satz 1 EntgeltfortzahlungsG – Entgeltfortzahlungsgesetz).

Dieser Anspruch setzt voraus, dass das EntgeltfortzahlungsG anwendbar ist, der Arbeitnehmer aufgrund einer Krankheit arbeitsunfähig ist, die Arbeitsunfähigkeit nicht durch den Arbeitnehmer verschuldet wurde und der Anspruch für den entsprechenden Zeitraum besteht.

Das EntgeltfortzahlungsG ist anwendbar, da Moritz Fischer als Arbeitnehmer beim Arbeitgeber Baum tätig ist (§ 1 EntgeltfortzahlungsG).

Eine Krankheit liegt vor, da die schwere Kopfverletzung des Moritz Fischer ein regelwidriger, körperlicher Zustand ist, der einer Heilbehandlung bedarf. Die Krankheit müsste die alleinige Ursache für die Arbeitsunfähigkeit sein (§ 3 Abs. 1 Satz 1 EntgeltfortzahlungsG). Als arbeitsunfähig gilt ein Arbeitnehmer, wenn er objektiv nicht in der Lage ist, seine Pflichten aus dem Arbeitsvertrag zu erfüllen (Unmöglichkeit nach § 275 BGB). Infolge der schweren Kopfverletzung war Moritz Fischer nicht fähig, seine Arbeit als Melker zu leisten.

Der Arbeitnehmer dürfte seine Arbeitsunfähigkeit nicht selbst verschuldet haben (§ 3 Abs. 1 Satz 1 EntgeltfortzahlungsG). Für das Verschulden kommt es nicht auf den strengen Verschuldensmaßstab des BGB an, wonach ein Verschulden nicht nur bei vorsätzlichem, sondern bereits bei fahrlässigem Handeln vorliegt (§ 276 BGB). Das EntgeltfortzahlungsG fordert vielmehr ein Verschulden des Arbeitnehmers gegen sich selbst. Das Verschulden nach dem EntgeltfortzahlungsG setzt also voraus, dass der Arbeitnehmer einen grob fahrlässigen Verstoß gegen seine eigenen Gesundheitsinteressen begeht. Das wäre gegeben, wenn sich der Arbeitnehmer nicht so verhält, wie es aus der Sicht eines normalen und verständigen Menschen zu erwarten wäre. Das ist hier nicht der Fall. Ein erfahrener Fußballer ist grundsätzlich in der Lage, die Gesundheitsrisiken seines Sports einzuschätzen und zu steuern. Eine Unachtsamkeit und leichte Fahrlässigkeit führen daher nicht zum Verschulden der Krankheit durch den Arbeitnehmer. Ein Verschulden durch Moritz Fischer liegt somit nicht vor.

Insgesamt besteht damit für Moritz Fischer ein Anspruch auf Entgeltfortzahlung gegen den Arbeitgeber Baum für seine erste Arbeitsunfähigkeit. Obwohl Moritz Fischer insgesamt 8 Wochen arbeitsunfähig war, beträgt der Zeitraum für die vom Arbeitgeber Baum zu gewährende Entgeltfortzahlung 6 Wochen (§ 3 Abs. 1 Satz 1 EntgeltfortzahlungsG). Die Entgeltfortzahlungspflicht des Arbeitgebers beginnt allerdings erst, wenn das Arbeitsverhältnis 4 Wochen ununterbrochenen besteht (Karenzzeit nach § 3 Abs. 3 EntgeltfortzahlungsG). In den ersten 4 Wochen war Moritz Fischer bereits 2 Wochen arbeitsunfähig. Da aber in der Karenzzeit noch gar kein Entgeltfortzahlungsanspruch gegen den Arbeitgeber bestanden hat, werden diese Krankheitstage auch nicht auf die Maximalhöhe von 6 Wochen angerechnet. Wird die Grenze von 4 Wochen während der Krankheit überschritten, besteht ab diesem Zeitpunkt der volle Anspruch auf die Entgeltfortzahlung für die weitere Dauer der Arbeitsunfähigkeit bis höchstens 6 Wochen. In diesen 6 Wochen bekommt Moritz Fischer nach dem Lohnausfallprinzip 100 % seines Arbeitsentgelts (§ 4 Abs. 1 EntgeltfortzahlungsG).

b) Moritz Fischer hat wegen der zweiten Arbeitsunfähigkeit (Kopfschmerzen) einen Anspruch auf Krankengeld gegen seine Krankenkasse (§ 44 SGB V – Sozialgesetzbuch V). Fortsetzungs- oder Folgeerkrankungen bezüglich der bereits durch den Arbeitgeber entgoltenen Krankheit begründen keinen neuen Anspruch auf Entgeltfortzahlung gegen den Arbeitgeber (Umkehrschluss aus § 3 Abs. 1 Satz 2 EntgeltfortzahlungsG). Es bleibt daher insgesamt bei der Entgeltfortzahlung von höchstens 6 Wochen für dieselbe Erkrankung. Da Moritz Fischer bereits 6 Wochen Entgeltfortzahlung vom Arbeitgeber für dieselbe Erkrankung erhalten hat, muss der Arbeitgeber bei Arbeitsunfähigkeit aufgrund einer Spätfolge nicht wieder Entgeltfortzahlung leisten.

Die Ausnahmeregelungen des EntgeltfortzahlungsG, die auch eine Entgeltfortzahlung für dieselbe Erkrankung erlauben, greifen im vorliegenden Fall nicht. Die Arbeitsunfähigkeit wegen einer Folgeerkrankung ist weder 6 Monate nach Ende der ersten Erkrankung aufgetreten (§ 3 Abs. 1 Satz 2 Nr. 1 EntgeltfortzahlungsG), noch sind seit Beginn der Ersterkrankung 12 Monate vergangen, in denen der Arbeitnehmer mehrfach wegen derselben Krankheit arbeitsunfähig war (§ 3 Abs. 1 Satz 2 Nr. 2 EntgeltfortzahlungsG).

c) Moritz Fischer hat wegen der dritten Arbeitsunfähigkeit (Grippe) einen Anspruch auf Entgeltfortzahlung gegen seinen Arbeitgeber Baum (§ 3 Abs. 1 Satz 1 und 2 EntgeltfortzahlungsG). Bei der Grippe handelt es sich um eine neue Erkrankung, welche einen erneuten Anspruch auf Entgeltfortzahlung bis zu 6 Wochen auslöst.

d) Grundsätzlich muss der Arbeitnehmer dem Arbeitgeber zwar unverzüglich die Tatsache der Arbeitsunfähigkeit und die voraussichtliche Dauer mitteilen (§ 5 Abs. 1 Satz 1 EntgeltfortzahlungsG). Den ärztlichen Nachweis müsste er dem Arbeitgeber dagegen erst vorlegen, wenn die Arbeitsunfähigkeit länger als 3 Kalendertage andauert. Dann besteht die Verpflichtung, den Nachweis an dem darauffolgenden Arbeitstag vorzulegen (§ 5 Abs. 1 Satz 2 EntgeltfortzahlungsG).

Die Arbeitsunfähigkeit von Moritz Fischer dauert länger als 3 Kalendertage von Montag bis Mittwoch. Da davon auszugehen ist, dass für ihn der darauffolgende Tag ein Arbeitstag ist, muss der ärztliche Nachweis am Donnerstag beim Arbeitgeber vorliegen.

e) Dem Arbeitgeber steht ein Leistungsverweigerungsrecht zu, wenn der Arbeitnehmer den erforderlichen Nachweis der Arbeitsunfähigkeit nicht vorlegt (§ 7 Abs. 1 Nr. 1 EntgeltfortzahlungsG). Bauer Baum kann also die Zahlung des Arbeitsentgelts bis dahin zurückhalten.

 MERKE

In der Aufgabe geht es um die Entgeltfortzahlung im Krankheitsfall nach dem EntgeltfortzahlungsG, die Voraussetzungen nach § 3 EntgeltfortzahlungsG, den Zeitraum nach § 4 EntgeltfortzahlungsG und die Nachweispflicht gemäß § 5 EntgeltfortzahlungsG.

- Die Entgeltfortzahlung im Krankheitsfall gehört zur Gruppe der arbeitsrechtlichen Regelungen, die eine Ausnahme vom Grundsatz des § 611 BGB darstellen, dass es ohne geleistete Arbeit auch kein Arbeitsentgelt gibt.

- Weitere wichtige Regelungen dieser Entgeltfortzahlungs-Gruppe sind: vorübergehende Leistungsverhinderung des Arbeitnehmers (§ 616 BGB), Urlaubsentgelt (§ 1 BurlG – Bundesurlaubsgesetz), Mutterschaftsgeld (§ 11 MuSchG – Mutterschutzgesetz), Annahmeverzug des Arbeitgebers (§§ 615, 293 BGB), Unmöglichkeit der Arbeit durch Arbeitgeberverschulden (§ 326 Abs. 2 BGB) und Betriebsrisiko des Arbeitgebers (§ 615 BGB).

- Die Krankheit muss die alleinige Ursache für die Arbeitsunfähigkeit sein (wie Aufgabe a). Dieser Ursache-Wirkungs-Zusammenhang fehlt z. B., wenn der Arbeitnehmer während einer streikbedingten Unternehmensstilllegung erkrankt.

- Der Arbeitnehmer darf seine Arbeitsunfähigkeit nicht verschuldet haben. Vom Verschulden ist nicht auszugehen bei allgemeinen Erkrankungen, bei Schwangerschaftsabbruch (§ 3 Abs. 2 EntgeltfortzahlungsG), grundsätzlich auch bei Suchterkrankungen (z. B. rückfälliger Alkoholabhängigkeit) und sogar bei Selbstmordversuch. Vom Verschulden kann dagegen ausgegangen werden bei vorsätzlichen und grobfahrlässigen Arbeits- oder Verkehrsunfällen und bei leichtsinnigen, ungeübten oder extrem gefährlichen Sport- und Freizeitaktivitäten. Entscheidend sind dabei immer die Umstände des Einzelfalls (z. B. Eishockey wird nicht als extrem gefährliche Sportart eingestuft, der Arbeitnehmer, der allerdings dabei nur mit Schlittschuhen, einem Schläger und einer Badehose bekleidet Verletzungen davonträgt, hat seine Arbeitsunfähigkeit selbst verschuldet).

- Bei § 5 Abs. 1 Satz 2 EntgeltfortzahlungsG muss man beachten, dass der „darauffolgende Arbeitstag", welcher den 3 Kalendertagen folgt, nicht immer zwingend der 4. Tag der Erkrankung ist. Handelt es sich bei diesem 4. Tag nicht um einen Arbeitstag, verschiebt sich die Nachweispflicht bis zum nächsten tatsächlichen Arbeitstag. Im Übrigen ist der Arbeitgeber gemäß § 5 Abs. 1 Satz 3 EntgeltfortzahlungsG berechtigt, den Nachweis früher zu verlangen.

- Das Krankengeld wird von der Krankenkasse i. H. von 70 % des Regelentgelts (§ 47 SGB V) für längstens 78 Wochen (§ 48 SGB V) gezahlt.

TIPP

▸ Bei umfangreichen Aufgabenstellungen wie in Aufgabe a) wird der zweite Teil der Aufgabe (Zeitraum) und der dritte Teil (Entgelthöhe) oft „übersehen". Man muss die Aufgaben aber genau lesen und dann im geforderten Umfang lösen.

▸ Die Aufgabe b) gibt die Lösung für Aufgabe a) insoweit vor, dass ein Anspruch entstanden sein muss, da die Aufgabe b) sonst keinen Sinn ergeben würde.

▸ Beim Sachverhalt des Falls und den Aufgaben muss man besonders auf die Zeitangaben achten, da sie für die Lösung wichtig sind.

▸ Die Hürde (nicht „Falle") der 4-wöchigen Karenzzeit erkennt und überwindet man nur, wenn man die Rechtsnorm des § 3 EntgeltfortzahlungsG komplett gelesen hat und am Ende auf Abs. 3 trifft. Man muss die gefundene Rechtsnorm also – wie immer – genau lesen oder zumindest alle Absätze „anlesen".

▸ Die Notwendigkeit des ärztlichen Nachweises der Arbeitsunfähigkeit (§ 7 EntgeltfortzahlungsG) darf man nicht als eine Voraussetzung für die Entstehung des Entgeltfortzahlungsanspruchs prüfen, sondern erst bei der Frage der Durchsetzbarkeit des entstandenen Anspruchs.

▸ Bei der immer wieder gestellten Frage nach dem erforderlichen Umfang der Lösung, gibt der Sachverhalt insoweit Hinweise, dass die rechtlichen Probleme durch die ablehnenden Behauptungen des Bauern Baum klar benannt und damit vorgegeben werden.

▸ Die offensichtlichen Voraussetzungen (Arbeitnehmereigenschaft, Krankheit) darf man in der Lösung dagegen kurz abhandeln.

Lösung zu Aufgabe 2: Befristung

a) Die Befristung mit Herrn Fuchs ist gemäß § 14 Abs. 1 Satz 1 TzBfG – Teilzeit- und Befristungsgesetz wirksam. Es liegt ein sachlicher Grund für die Befristung gemäß § 14 Abs. 1 Satz 2 Nr. 3 TzBfG vor, da Herr Fuchs einen anderen Arbeitnehmer vertreten soll.

Gegen die Wirksamkeit der Befristung spricht nicht, dass die Dauer der Befristung unbestimmt ist. Eine kalendermäßige Befristung, bei der ein konkreter Befristungszeitraum genau festgelegt werden muss (Zeitbefristung), fordert § 14 Abs. 1 TzBfG nicht. Der Befristungsgrund liegt hier vielmehr in der Erfüllung eines bestimmten Zwecks (Zweckbefristung).

Gegen die Wirksamkeit spricht auch nicht, dass Herr Fuchs früher bereits 2 Jahre im Unternehmen EAH gearbeitet hat. Zum einen gilt die 2-Jahresgrenze des § 14 Abs. 2 TzBfG nicht für die Zweckbefristung nach Abs. 1. Zum anderen gilt auch nicht die Einschränkung des 14 Abs. 2 Satz 2 TzBfG, nach der ein Arbeitnehmer, der bereits einmal beim selben Arbeitgeber tätig war (egal ob befristet oder unbefristet) nicht mehr befristet eingestellt werden kann. Diese Einschränkung gilt nämlich nur für eine erneute zeitliche Befristung ohne sachlichen Grund.

b) Die Befristung mit Frau Schulli ist gemäß § 14 Abs. 2 Satz 1 TzBfG unwirksam. Es liegt kein sachlicher Grund für eine Befristung vor. Eine Befristung ohne sachlichen Grund ist zwar grundsätzlich möglich, allerdings nur bis zu einer Dauer von 2 Jahren. Diese zeitliche Grenze wurde überschritten.

c) Die Befristung mit Herrn John ist gemäß § 14 Abs. 2 Satz 1 TzBfG ebenfalls unwirksam. Durch die erneute Verlängerung der zeitlichen Befristung ist die Grenze von 2 Jahren zwar noch nicht überschritten, allerdings ist eine weitere Grenze für die zeitliche Befristung, dass die ursprüngliche Befristung höchstens dreimal verlängert werden darf. Es handelt sich aber bei Herrn John bereits um die 4. Verlängerung der zeitlichen Befristung. Die Grenze der Verlängerungen wurde somit überschritten.

d) Die Befristung mit Frau Maniko ist gemäß § 14 Abs. 2a Satz 1 TzBfG wirksam. Bei Neugründungen von Unternehmen, die keine Umstrukturierung eines bestehenden Unternehmens darstellen (§ 14 Abs. 2a Satz 2 TzBfG), ist eine zeitliche Befristung ohne sachlichen Grund bis zu einer Dauer von 4 Jahren erlaubt. Die Neugründung des unabhängigen Unternehmens GCJ lässt daher eine 3-jährige Befristung zu.

e) Die Befristung mit Herrn Rauch ist gemäß § 14 Abs. 3 TzBfG wirksam. Bei Arbeitnehmern, die älter als 52 Jahre und mindestens 4 Monate beschäftigungslos waren, kann der Arbeitgeber das Arbeitsverhältnis ohne sachlichen Grund bis zu 5 Jahre befristen. Diese Voraussetzungen liegen bei Herrn Rauch vor.

f) Bei einer wirksamen Befristung endet das Arbeitsverhältnis ohne die Notwendigkeit einer Kündigung durch den Arbeitgeber automatisch mit dem Ablauf der Frist bzw. mit Erreichen des Zwecks (§ 15 Abs. 1 und 2 TzBfG). Daher finden die Kündigungsschutzvorschriften keine Anwendung. Eine Arbeitnehmerin kann sich daher nicht auf den Kündigungsschutz (§ 9 MuSchG – Mutterschutzgesetz) berufen.

g) Nach § 14 Abs. 4 TzBfG bedarf die Befristung eines Arbeitsverhältnisses zu ihrer Wirksamkeit der Schriftform (§ 126 Abs. 1 BGB). Die Nichteinhaltung dieser Regelung führt zum einen zu Unwirksamkeit der Befristung und zum anderen dazu, dass der Arbeitsvertrag damit als auf unbestimmte Zeit geschlossen, also als unbefristet gilt (§ 16 Satz 1 TzBfG).

h) Ein wirksam befristeter Arbeitsvertrag kann nicht ordentlich, also fristgemäß gekündigt werden, es sei denn, dass diese Kündigungsmöglichkeit ausdrücklich im Einzel-Arbeitsvertrag oder im Tarifvertrag vereinbart worden ist (§ 15 Abs. 3 TzBfG).

 MERKE

In der Aufgabe geht es um die Befristung von Arbeitsverhältnissen nach § 14 TzBfG, die Möglichkeit der Zweckbefristung (mit sachlichem Grund) und der Zeitbefristung (ohne sachlichen Grund) und die Folge einer unwirksamen Befristung.

► Gemäß § 620 Abs. 3 BGB können Arbeitsverträge auch auf bestimmte Zeit abgeschlossen, also befristet werden. Das TzBfG regelt die Voraussetzungen der

Befristung eines Arbeitsverhältnisses genau, um den Arbeitgebern die Grenzen der Zulässigkeit von Befristungen aufzuzeigen.

▸ Die entscheidende Rechtsgrundlage ist § 14 TzBfG. Sie zeigt zum einen, welche sachlichen Gründe eine Befristung rechtfertigen (§ 14 Abs. 1 Satz 2 Nr. 1 bis 7 TzBfG) und zum anderen, welche Einschränkungen es für eine zeitliche Befristung gibt (§ 14 Abs. 2 TzBfG).

▸ Bei unwirksamen Befristungen (z. B. kein sachlicher Grund, keine Schriftform, Missachtung der zeitlichen Grenzen), gilt das Arbeitsverhältnis als auf unbestimmte Zeit geschlossen (§ 16 Satz 1 TzBfG). Das Gleiche gilt, wenn das Arbeitsverhältnis nach Fristablauf oder Zweckerreichung mit Wissen des Arbeitgebers fortgesetzt wird und er dem unbefristeten Arbeitsverhältnis nicht unverzüglich widerspricht oder die Zweckerreichung unverzüglich mitteilt (§ 15 Abs. 5 TzBfG).

 TIPP

▸ Man muss sich mit allen Hinweisen zu den Personen auseinandersetzten und die Hinweise in der Lösung „verarbeiten" (z. B. alle Angaben zu Herrn Fuchs in Aufgabe a).

▸ Bei der Frage nach der Rechtsgrundlage („Woraus?") kommt man schnell zu § 14 TzBfG und hat damit den „Lösungsschlüssel" gefunden.

▸ Die Bedeutung des stets gutgemeinten Tipps, dass man jetzt „nur noch richtig lesen können muss", wird bei § 14 TzBfG besonders deutlich. Man muss nämlich genau lesen können, sonst übersieht man leicht, dass die zeitliche (kalendermäßige) Befristung für die Anwendung des § 14 Abs. 1 TzBfG gar keine Rolle spielt (Aufgabe a). Auch der Satz 2 in Abs. 2 der Rechtsnorm wird oft nicht richtig gelesen oder es wird übersehen, dass damit nur die zeitlichen Befristungen gemeint sind („Eine Befristung nach Satz 1 ...").

▸ Bei den unterschiedlichen Personen und unterschiedlichen Umständen der Befristung sollte man erkennen, dass es unterschiedliche Lösungen geben muss, die möglicherweise in den verschiedenen Absätzen des § 14 TzBfG zu finden sind.

Lösung zu Aufgabe 3: Verhaltensbedingte ordentliche Kündigung

a) Der Kündigungsschutz nach dem KSchG steht den beiden Arbeitnehmern nur dann zu, wenn das KSchG sachlich auf das Unternehmen des Arbeitgebers Morro anwendbar ist (§ 23 Abs. 1 KSchG) und wenn das KSchG persönlich auf die gekündigten Arbeitnehmer Freimann und Kassini anwendbar ist (§ 1 KSchG).

Der sachliche Anwendungsbereich das KSchG ergibt sich aus § 23 Abs. 1 KSchG. Danach findet der Kündigungsschutz nach den Maßstäben des KSchG nur Anwendung auf Arbeitnehmer, die in Betrieben mit mehr als zehn Arbeitnehmern arbeiten (§ 23 Abs. 1 Satz 2 und 3 KSchG).

Als Arbeitnehmer gelten zunächst alle Vollzeitmitarbeiter. Dazu kommen die Teilzeitmitarbeiter, die bei der Berechnung der Arbeitnehmerzahl mit einem Wert von 0,5 bei Arbeitszeiten unter 20 Wochenstunden berücksichtigt werden. Die zu ihrer Berufsausbildung beschäftigten (Auszubildende) werden nicht mitgerechnet (§ 23 Abs. 1 Satz 3 und 4 KSchG).

Im Unternehmen Tacagat arbeiten 9 Vollzeitmitarbeiter und 4 Teilzeitmitarbeiter unter 20 Stunden. Damit ergibt sich eine Gesamtzahl von 11 Arbeitnehmern (9 + 4 • 0,5). Im Unternehmen arbeiten mehr als zehn Arbeitnehmer und das KSchG ist somit sachlich anwendbar.

Die persönliche Anwendbarkeit des KSchG ergibt sich aus § 1 Abs. 1 KSchG. Danach kommt das KSchG nur dann zur Anwendung, wenn die gekündigten Arbeitnehmer länger als sechs Monate ohne Unterbrechung bei dem Arbeitgeber beschäftigt sind. Da beide Arbeitnehmer als langjährige Mitarbeiter jeweils länger als 6 Monate im Unternehmen beschäftigt sind, ist das KSchG damit auch in persönlicher Hinsicht anwendbar.

Im Ergebnis ist das KSchG bei den vorliegenden Kündigungen anwendbar und kann als Prüfungsmaßstab für die Wirksamkeit der Kündigungen herangezogen werden.

b) Nach dem KSchG bedürfen wirksame Kündigungen einer sozialen Rechtfertigung (§ 1 Abs. 1 KSchG). Eine soziale Rechtfertigung könnte sich für den Arbeitgeber aus Gründen ergeben, die in der Person oder im Verhalten des Arbeitnehmers liegen oder durch dringende betriebliche Erfordernisse geboten sind (§ 1 Abs. 2 KSchG).

Da Herr Morro den beiden Arbeitnehmern wegen der Nichteinhaltung der Pausenzeiten gekündigt hat, liegt der Grund für die Kündigung im Verhalten der Arbeitnehmer. Eine verhaltensbedingte Kündigung wäre sozial gerechtfertigt, wenn der Arbeitnehmer gegen arbeitsrechtliche Pflichten verstoßen hat (Pflichtverletzung), diese Pflichtverletzung auch in Zukunft erwartet werden kann (Negativprognose) und dem Interesse des Arbeitgebers Vorrang zu geben ist (Interessensabwägung).

Ein geeigneter Grund für eine verhaltensbedingte Kündigung liegt dann vor, wenn der Arbeitnehmer eine Hauptpflicht oder eine Nebenpflicht aus dem Arbeitsverhältnis verletzt hat (§§ 280, 611, 241 Abs. 2 BGB) und er diese Verletzung zu vertreten hat (§§ 280 Abs. 1 Satz 2, 276 BGB).

Beide Arbeitnehmer haben ihre Pflicht aus dem Arbeitsverhältnis mit Herrn Morro dadurch verletzt, dass sie durch die überzogene Mittagspause die Arbeitszeiten nicht eingehalten haben. Sie sind damit ihrer arbeitsrechtlichen Hauptpflicht, der Leistung unselbstständiger Dienste (Arbeitstätigkeit, § 611 BGB) in dieser Zeit nicht nachgekommen. Ein geeigneter Kündigungsgrund liegt somit vor. Beide haben bei dieser Pflichtverletzung, wenn auch nicht vorsätzlich, zumindest fahrlässig gehandelt und ihre Handlung daher zu vertreten (§ 276 BGB).

Eine Prognose müsste ergeben, dass vergleichbare Pflichtverletzungen durch die Arbeitnehmer auch zukünftig zu erwarten sind und die verhaltensbedingte Kündigung daher solche Vertragsverletzungen ausschließen soll. Eine solche Negativprognose ist grundsätzlich dann gegeben, wenn der Arbeitnehmer sich trotz erfolgter Abmahnung erneut pflichtwidrig verhalten hat. Das bedeutet, dass vor einer verhaltensbedingten Kündigung grundsätzlich eine Abmahnung erforderlich ist (wie in § 314 Abs. 2 Satz 1 BGB). Eine wirksame Abmahnung des Arbeitgebers liegt vor, wenn darin auf die genaue Art, den Ort und die Zeit des Fehlverhaltens hingewiesen wird (Hinweis), zur künftigen Vermeidung des Fehlverhaltens aufgefordert wird (Ermahnung) und vor den arbeitsrechtlichen Folgen im Wiederholungsfall konkret gewarnt wird (Warnung).

Ob eine wirksame Abmahnung für Herrn Freimann vorliegt, ist hier fraglich. Es fehlt das Element der Warnung, da ihm von Herrn Morro keine Konsequenzen bei wiederholten Pflichtverletzungen angedroht wurden. Herr Freimann hat also eine Ermahnung und keine Abmahnung erhalten. Die Voraussetzung einer Negativprognose und einer vorhergehenden Abmahnung ist zwar bei besonders schwerwiegenden Pflichtverletzungen entbehrlich (wie in §§ 314 Abs. 2 Satz 2, 323 Abs. 2 Nr. 3 BGB). Eine schwere Verletzung im Vertrauensbereich oder eine Pflichtverletzung, die es dem Arbeitgeber unzumutbar macht, dem Arbeitnehmer mit einer Abmahnung eine Bewährungschance zu geben, ist im vorliegenden Fall jedoch nicht erkennbar.

Wegen der fehlenden Negativprognose durch die mangelnde Abmahnung ist die verhaltensbedingte Kündigung des Herrn Freimann nicht sozial gerechtfertigt und damit unwirksam.

c) Frau Kassini hat die gleiche Pflichtverletzung wie Herr Freimann begangen, sodass auch bei ihr ein mindestens fahrlässig verschuldeter, geeigneter Kündigungsgrund vorliegt. Ob die Voraussetzung einer Negativprognose, insbesondere einer wirksamen Abmahnung für Frau Kassini vorliegt, ist ebenfalls fraglich. Das Schreiben von Herrn Morro enthält zwar alle notwendigen Elemente einer Abmahnung, da hier zusätzlich die Kündigung bei wiederholter Pflichtverletzung ausdrücklich angedroht wurde. Problematisch ist allerdings, dass Frau Kassini die Abmahnung für das Nichtbeachten des Rauchverbots erhalten hat. Eine Abmahnung deckt als Vorstufe einer Kündigung nur gleichartiges Fehlverhalten ab. Durch eine Abmahnung soll dem Arbeitnehmer klar gemacht werden, dass er mit einer Kündigung zu rechnen hat, wenn er seine Pflichtverletzung auf die gleiche Art und Weise wiederholt. Frau Kassini hat allerdings durch die Nichteinhaltung der Arbeitszeit eine ganz andere Art der Pflichtverletzung begangen, die von der vorherigen Abmahnung nicht erfasst wird. Es liegt somit keine gültige Abmahnung für eine Kündigung wegen der Nichteinhaltung der Arbeitszeit vor.

Eine Abmahnung war auch hier nicht entbehrlich. Wegen der fehlenden Negativprognose durch die nicht vorhandene Abmahnung für ein gleichartiges Fehlverhalten ist die verhaltensbedingte Kündigung von Frau Kassini nicht sozial gerechtfertigt und damit unwirksam.

d) Die gesetzliche Kündigungsfrist beträgt grundsätzlich 4 Wochen zum 15. oder zum Ende eines Kalendermonats (§ 622 Abs. 1 BGB). Abhängig von der Dauer der Betriebszugehörigkeit des Arbeitnehmers verlängert sich die gesetzliche Kündigungsfrist gestaffelt nach dem 2. Jahr der Beschäftigung. Ab diesem Zeitpunkt kann dann auch nur noch zum Monatsende gekündigt (§ 622 Abs. 2 Satz 1 Nr. 1 bis 7 BGB).

Herr Freimann ist seit 12 Jahren im Unternehmen. Herr Morro könnte ihn daher mit einer Frist von 5 Monaten zum Ende des Kalendermonats kündigen (§ 622 Abs. 2 Satz 1 Nr. 5 BGB). Die Tatsache, dass Herr Freimann bereits seit dem 18. Lebensjahr im Unternehmen Tacagat tätig ist, ändert an dieser Kündigungsfrist nichts. Die gesetzliche Regelung, nach der bei der Berechnung der Beschäftigungsdauer die Zeiten, welche vor der Vollendung des 25. Lebensjahrs des Arbeitnehmers liegen, nicht zu berücksichtigen sind (§ 622 Abs. 2 Satz 2 BGB), findet keine Anwendung mehr. Der Europäische Gerichtshof hat 2010 festgestellt, dass diese Regelung eine Altersdiskriminierung für jüngere Arbeitnehmer darstellt und daher gegen höherrangiges europäisches Recht verstößt. Bei der Berechnung der Kündigungsfristen wird sie daher nicht mehr berücksichtigt.

e) Auch für Herrn Lama gilt grundsätzlich die gesetzliche Kündigungsfrist (§ 622 Abs. 1 BGB). Da im vorliegenden Fall allerdings eine erlaubte Probezeit von höchstens 6 Monaten vereinbart wurde, kann Herr Morro während dieser Probezeit das Arbeitsverhältnis mit einer Frist von 14 Tagen kündigen (§ 622 Abs. 3 BGB).

f) Herr Freimann kann das Arbeitsverhältnis mit der gesetzlichen Kündigungsfrist von 4 Wochen zum 15. oder zum Ende eines Kalendermonats kündigen (§ 622 Abs. 1 BGB). Die Verlängerung der Kündigungsfrist durch die Dauer der Betriebszugehörigkeit gilt nicht für den Arbeitnehmer, sondern allein für den Arbeitgeber (§ 622 Abs. 2 Satz 1 BGB).

 MERKE

In der Aufgabe geht es um die ordentliche Kündigung von Arbeitsverhältnissen gemäß § 622 BGB, insbesondere die verhaltensbedingte Kündigung, die Anwendbarkeit des KSchG nach §§ 1 Abs. 1, 23 Abs. 1 KSchG, die soziale Rechtfertigung einer verhaltensbedingten Kündigung gemäß § 1 Abs. 2 KSchG und die Kündigungsfristen nach § 622 KSchG.

► Die ordentliche (fristgemäße) Kündigung eines Arbeitsverhältnisses durch den Arbeitgeber ist unter folgenden Voraussetzungen wirksam:

- wirksame Kündigungserklärung in Schriftform (§§ 623, 126 BGB) und Zugang der Kündigung beim Arbeitnehmer (z. B. nach § 130 BGB)

- kein besonderer Kündigungsschutz (z. B. nach § 9 Mutterschutzgesetz – MuSchG)

- Anhörung des Betriebsrats (§ 102 Betriebsverfassungsgesetz – BetrVG)

- kein allgemeiner Kündigungsschutz nach dem KSchG

  · KSchG nicht anwendbar (§§ 1, 23 KSchG) oder

  · soziale Rechtfertigung (§ 1 KSchG) oder

  · Kündigungsschutzklage zu spät erhoben (innerhalb von 3 Wochen nach Kündigungszugang, §§ 4, 7 KSchG)

► Die Einhaltung der vereinbarten oder gesetzlichen Kündigungsfrist ist grundsätzlich auch eine Voraussetzung für eine Kündigung. Bei einer fehlerhaften

Kündigungsfrist wird die Kündigung allerdings nicht unwirksam. Die Wirksamkeit der Kündigung wird vielmehr auf den richtigen Kündigungszeitpunkt verschoben.

▸ Für eine ordentliche Kündigung ist im Gegensatz zur außerordentlichen Kündigung nach § 626 BGB kein Kündigungsgrund erforderlich. In Unternehmen, in denen das KSchG zur Anwendung kommt, muss allerdings ein verhaltensbedingter, personenbedingter oder dringender betriebsbedingter Kündigungsgrund gegeben sein (§ 1 Abs. 1 und 2 KSchG). Liegt ein solcher Grund nicht vor, gilt die Kündigung als sozial ungerechtfertigt und somit unwirksam.

▸ Die 3 möglichen Arten der ordentlichen Kündigung werden dadurch unterschieden, dass die Gründe für eine verhaltens- oder personenbedingte Kündigung aus dem Bereich des Arbeitnehmers kommen, während die Gründe für eine betriebsbedingte Kündigung aus dem Bereich des Arbeitgebers kommen.

▸ Ein verhaltensbedingter Kündigungsgrund liegt im Verhalten des Arbeitnehmers. Er liegt dann vor, wenn der Arbeitnehmer seine Handlungen, die zu einer Pflichtverletzung führen, künftig jederzeit verändern könnte (z. B. Schlechtleistung, Arbeitsverweigerung, Unpünktlichkeit). Ein personenbedingter Kündigungsgrund liegt dagegen in der Person des Arbeitnehmers. Hier ist der Arbeitnehmer nicht ohne Weiteres in der Lage, den Grund für die Kündigung abzustellen (z. B. Gefängnisaufenthalt, Fahrerlaubnisentzug, Suchterkrankung). Der Unterschied zwischen beiden Kündigungsgründen liegt also allein in der Steuerbarkeit für den Arbeitnehmer.

▸ Eine Kündigung darf nur dann nach den Maßstäben des KSchG auf ihre soziale Rechtfertigung und Wirksamkeit überprüft werden, wenn das KSchG nach dem sachlichen (§ 23 Abs. 1 KSchG) und persönlichen (§ 1 Abs. 1 KSchG) Anwendungsbereich überhaupt anwendbar ist (Aufgabe a).

▸ Die Wirksamkeit einer verhaltensbedingten Kündigung muss immer durch eine 3-stufige Prüfung ermittelt werden. Nur wenn alle 3 Stufen zu Gunsten des Arbeitgebers sprechen, ist die Kündigung sozial gerechtfertigt (§ 1 Abs. 2 KSchG):

- 1. Pflichtverletzung: Hat der Arbeitnehmer eine arbeitsrechtliche Pflichtverletzung verschuldet? (Haupt- und Nebenpflichten)

- 2. Negativprognose: Ist die Kündigung unbedingt erforderlich? Ergibt sich die Erforderlichkeit aus der Negativprognose einschließlich einer gleichartigen Abmahnung? (Schwerpunkte: Abmahnungsbegriff, gleichartiges Fehlverhalten)

- 3. Interessensabwägung: Gibt es kein milderes Mittel als die Kündigung zur Vermeidung zukünftiger Pflichtverletzungen? Ist das Arbeitgeberinteresse höher zu bewerten als das Arbeitnehmerinteresse? (Unter Berücksichtigung des konkreten Einzelfalls werden in die Abwägung die Schwere der Pflichtverletzung, die Wiederholungsgefahr, die Anzahl der bisherigen Pflichtverletzungen, der Verschuldungsgrad und die Länge der Kündigungsfrist einbezogen.)

- Eine besonders schwerwiegende Pflichtverletzung, die eine Abmahnung ausnahmsweise entbehrlich machen würde (Aufgabe b) wäre gegeben, wenn z. B. die beiden Arbeitnehmer durch die „Verlängerung der Mittagspause" vorsätzlich einen großen Schaden an einem Forschungsprojekt verursacht hätten.

- Eine Abmahnung wäre unzumutbar, wenn z. B. die beiden Mitarbeiter erklären würden, dass sie ihr Fehlverhalten auf keinen Fall ändern werden und in Zukunft immer so lange Mittagspausen machen werden.

- Die ungültige Regelung des § 622 Abs. 2 Satz 2 BGB (Beschäftigungszeiten erst ab dem 25. Lebensjahr) steht noch im BGB, wird aber nicht mehr angewendet.

 TIPP

- Man muss unbedingt erkennen, dass einige Voraussetzungen der Kündigungserklärung (Schriftform, Zugang) keine besonderen Probleme des Arbeitsrechts sind. Hier geht es vielmehr um Fragen des Allgemeine Teils des BGB (§§ 126, 130 BGB). Im KSchG findet man dazu nichts.

- Bei umfassenden Aufgabenstellungen, in denen allgemein nach der Wirksamkeit einer Kündigung gefragt wird, muss man unbedingt Schritt für Schritt die Wirksamkeitsvoraussetzungen durchprüfen. Man stößt dann automatisch auf die besonderen Probleme des Kündigungsfalls.

- Bei der Frage, um welche der 3 Arten einer ordentlichen Kündigung es sich handelt, sollte man genau aufpassen. Man muss an dieser Stelle die „Weichen richtig stellen" und darf z. B. eine verhaltensbedingte Kündigung nicht mit einer personenbedingten Kündigung verwechseln, da die soziale Rechtfertigung der verschiedenen Arten an unterschiedliche Voraussetzungen geknüpft ist (z. B. Kündigungsgrund Alkoholmissbrauch während der Arbeitszeit: besteht keine Alkoholabhängigkeit, ist es eine verhaltensbedingte Kündigung; besteht dagegen eine Alkoholerkrankung ist es eine personenbedingte Kündigung).

- Ob für die Lösung eines Kündigungsfalls eine umfangreiche Interessensabwägung verlangt werden kann, erscheint fraglich. Dazu müsste der Sachverhalt zumindest sehr viele Hinweise zu den in den Lernhinweisen geschilderten Indizien enthalten (z. B. Schwere der Pflichtverletzung).

- Bei allen Kündigungsfällen sind die Sachverhaltsangaben besonders zu berücksichtigen. Hier waren die Hinweise für die Anwendbarkeit des KSchG („langjährige Mitarbeiter"), für die Kündigungsfristen („mit 18 Jahren"; Anzahl der Mitarbeiter) und für die Voraussetzungen einer Abmahnung besonders wichtig (Inhalt der Schreiben).

Lösung zu Aufgabe 4: Personenbedingte ordentliche Kündigung

a) Es handelt sich in allen drei Fällen um eine personenbedingte ordentliche Kündigung. Der Kündigungsgrund beruht jeweils auf mangelnden persönlichen Eigenschaften und Fähigkeiten der Arbeitnehmer. Diese mangelnde Eignung ist für die Arbeitnehmer nicht ohne Weiteres veränderbar und nicht steuerbar.

b) Der Betriebsrat des Unternehmens muss vor jeder Kündigung eines Arbeitnehmers angehört werden (§ 102 Abs. 1 Satz 1 Betriebsverfassungsgesetz – BetrVG). Wird die Kündigung vom Arbeitgeber ohne diese Anhörung ausgesprochen, ist die Kündigung unwirksam (§ 102 Abs. 1 Satz 3 BetrVG). Das ist hier der Fall. Die Kündigung von Herrn Wier ist also schon deshalb unwirksam, weil Herr Müller die Anhörung des Betriebsrats versäumt hat.

c) Der Betriebsrat muss dem Arbeitgeber seinen Widerspruch oder seine Bedenken gegen eine ordentliche Kündigung schriftlich und begründet spätestens innerhalb einer Woche nach der Information durch den Arbeitgeber mitteilen (§ 102 Abs. 2 Satz 1, Abs. 3 BetrVG). Sollte sich der Betriebsrat in dieser Wochenfrist nicht äußern, gilt sein Schweigen als Zustimmung zur Kündigung (§ 102 Abs. 2 Satz 2 BetrVG).

Der Betriebsrat des Unternehmens hat sich nicht innerhalb einer Woche geäußert und damit der Kündigung zugestimmt. Der spätere Widerspruch des Betriebsrats hat somit für die Wirksamkeit der Kündigung keine Bedeutung.

d) Die frist- und formgerechte Kündigung von Frau Stark wäre wirksam, wenn Herr Müller den Betriebsrat ordnungsgemäß angehört hätte (§ 102 Abs. 1 BetrVG) und bei Anwendbarkeit des allgemeinen Kündigungsschutzes (§§ 1, 23 KSchG) die Kündigung sozial gerechtfertigt wäre (§ 1 Abs. 1 und 2 KSchG).

Der Betriebsrat wurde angehört. Er hat der Kündigung von Frau Stark innerhalb der Wochenfrist begründet widersprochen (§ 102 Abs. 3 Nr. 4 BetrVG). Dieser Widerspruch hat jedoch keinen Einfluss auf die Wirksamkeit einer Kündigung durch den Arbeitgeber. Das Anhörungsrecht ist lediglich ein Mitwirkungsrecht des Betriebsrats bzw. eine Mitteilungspflicht des Arbeitgebers. Herr Müller hat durch die Anhörung des Betriebsrats diesem Mitwirkungsrecht entsprochen, sodass die Kündigung insoweit wirksam wäre.

Das KSchG ist sachlich anwendbar, da im Unternehmen „Ereignishorizont" mehr als 10 Arbeitnehmer beschäftigt sind (§ 23 Abs. 1 KSchG). Da der Betriebsrat aus 3 Mitgliedern besteht, sind im Unternehmen zwischen 21 und 50 Arbeitnehmer beschäftigt (§ 9 Satz 1 BetrVG). Das KSchG ist auch persönlich anwendbar, da das Arbeitsverhältnis von Frau Stark länger als 6 Monate im Unternehmen bestanden hat (§ 1 Abs. 1 KSchG). Die Tatsache, dass Frau Stark solange arbeitsunfähig ist, ändert daran nichts. Für die Dauer des Arbeitsverhältnisses kommt es nicht auf die tatsächlich geleistete Arbeitszeit an.

Die Kündigung müsste nach dem KSchG sozial gerechtfertigt sein (§ 1 Abs. 1 und 2 KSchG). Da es sich im vorliegenden Fall um eine personenbedingte Kündigung wegen lang andauernder Krankheit der Arbeitnehmerin handelt, ist eine soziale Rechtfertigung unter folgenden Voraussetzungen gegeben: Es muss eine negative Gesundheitsprognose zum Zeitpunkt der Kündigung vorliegen (Negativprognose);

durch die Fehlzeiten muss es zu einer erheblichen Beeinträchtigung der betrieblichen Belange kommen (betriebliche Störung) und dadurch muss dem Interesse des Arbeitgebers Vorrang zu geben sein (Interessenabwägung).

Die Negativprognose müsste ergeben, dass der Gesundheitszustand auch in Zukunft zu krankheitsbedingten Fehlzeiten führen wird. Entscheidend für diese Prognose ist der Zeitpunkt der Kündigung. Wegen der bereits lang andauernden Krankheit ist nicht abzusehen, ob und wann mit einer Verbesserung des Gesundheitszustands und einer Wiederherstellung der vollständigen Arbeitsfähigkeit zu rechnen ist. Wegen der vergangenen Fehlzeiten ist eher davon auszugehen, dass Frau Stark auch in Zukunft gar nicht oder häufig nicht als Arbeitskraft zur Verfügung stehen wird.

Die krankheitsbedingten Fehlzeiten von Frau Stark müssten die betrieblichen Belange des Unternehmens „Ereignishorizont" erheblich beeinträchtigt haben. Die Überstunden der anderen Mitarbeiter zur Erledigung der Arbeitsaufgaben von Frau Stark stellen eine zusätzliche Belastung dar und beeinträchtigen auf Dauer die personellen Belange. Die Beschäftigung eines Zeitarbeitnehmers stellt einen nicht unerheblichen zusätzlichen Kostenfaktor für das Unternehmen dar. Damit sind die betrieblichen Interessen insgesamt erheblich beeinträchtigt.

Bei der anschließenden Interessensabwägung sind unter Berücksichtigung der Einzelfallumstände das Interesse des Arbeitnehmers an einer Weiterbeschäftigung und die Zumutbarkeit der Belastung für den Arbeitgeber zu bewerten. Die Kündigung ist dabei immer als das allerletzte mögliche Mittel für den Arbeitgeber anzusehen. Das bedeutet, dass es kein milderes Mittel als die endgültige Kündigung geben darf. Ein solches milderes Mittel ist hier trotz des Widerspruchs des Betriebsrats nicht erkennbar. Weder eine Weiterbeschäftigung an einem anderen Arbeitsplatz (§ 1 Abs. 2 Satz 2 Nr. 1b KSchG), noch eine Umschulung, noch eine Änderungskündigung mit geänderten Arbeitszeiten (§ 1 Abs. 2 Satz 3, § 2 KSchG) oder eine betriebliche Eingliederung (§ 84 Abs. 2 Sozialgesetzbuch – SGB IX) sind beim aktuellen Gesundheitszustand möglich.

Herrn Müller sind die Fehlzeiten von 10 Monaten bei einem bestehenden Arbeitsverhältnis von insgesamt nur 12 Monaten und die damit verbundenen erheblichen betrieblichen Störungen nicht zumutbar.

Frau Stark ist zwar nicht für ihre Erkrankung verantwortlich. Auf der anderen Seite kann sie ihre arbeitsvertraglichen Pflichten nicht erfüllen und damit den Zweck des Arbeitsverhältnisses nicht erreichen. Die Interesseabwägung führt daher zum Ergebnis, dass dem Interesse des Arbeitgebers Vorrang zu geben ist.

Die Kündigung ist somit sozial gerechtfertigt (§ 1 Abs. 1 und 2 KSchG) und damit insgesamt wirksam.

e) Da der Betriebsrat der Kündigung ordnungsgemäß widersprochen hat, führt die Erhebung der Kündigungsschutzklage dazu, dass Frau Stark von Herrn Müller die Weiterbeschäftigung im Unternehmen bis zum rechtskräftigen Gerichtsurteil verlangen kann (§ 102 Abs. 5 Satz 1 BetrVG).

 **MERKE**

In der Aufgabe geht es um die ordentliche Kündigung von Arbeitsverhältnissen gemäß § 622 BGB, insbesondere die personenbedingte Kündigung, die Anhörung des Betriebsrats nach § 102 BetrVG und die soziale Rechtfertigung einer personenbedingten Kündigung gemäß § 1 Abs. 2 KSchG.

▶ Der hauptsächliche Anwendungsfall für eine personenbedingte Kündigung ist die Kündigung eines Arbeitnehmers wegen einer Erkrankung.

▶ Neben der Arbeitsunfähigkeit wegen lang andauernder Krankheit (Aufgabe d) wäre eine personenbedingte Kündigung auch wegen häufiger Kurzerkrankungen oder krankheitsbedingter Leistungsminderung des Arbeitnehmers möglich. Häufige Kurzerkrankungen sind dann ein Kündigungsgrund, wenn die Fehlzeiten ein für den Arbeitgeber unzumutbares Ausmaß erreichen. Eine Leistungsminderung durch Krankheit ist dann ein Kündigungsgrund, wenn der Arbeitnehmer trotz Anwesenheit erheblich hinter den zu erwartenden Arbeitsleistungen zurückbleibt.

▶ Wichtig ist, dass die negative Gesundheitsprognose zum Kündigungszeitpunkt bestehen muss, eine nachträgliche „schnelle Heilung" des gekündigten Arbeitnehmers ändert an der Wirksamkeit einer Kündigung nichts.

▶ Die Wirksamkeit einer personenbedingten Kündigung muss immer durch eine 3-stufige Prüfung ermittelt werden (nicht nur bei krankheitsbedingter Kündigung). Nur wenn alle 3 Stufen zu Gunsten des Arbeitgebers sprechen, ist die Kündigung sozial gerechtfertigt (§ 1 Abs. 2 KSchG):

  - 1. Negativprognose: Ist der Arbeitnehmer mit seinen persönlichen Eigenschaften und Fähigkeiten geeignet, zukünftig seine arbeitsrechtlichen Pflichten zu erfüllen? (Prognosezeitpunkt: Zugang der Kündigung)

  - 2. Betriebsstörung: Werden betriebliche Belange durch die mangelnde persönliche Eignung erheblich beeinträchtigt? (konkrete Störungen betriebsorganisatorischer oder finanzieller Art)

  - 3. Interessensabwägung: Ist eine endgültige Kündigung verhältnismäßig oder gibt es ein milderes Mittel? Ist dem Arbeitgeber das Festhalten am Arbeitsverhältnis unzumutbar oder überwiegt das Interesse des Arbeitnehmers am Bestand des Arbeitsverhältnisses? (Einzelfallabwägung unter Berücksichtigung von z. B. anderen Beschäftigungsmöglichkeiten, dem Alter, der störungsfreien Betriebszugehörigkeit)

▶ Vor jeder ordentlichen (§ 622 BGB), außerordentlichen (§ 626 BGB) oder Änderungskündigung (§ 2 KSchG) muss ein im Unternehmen vorhandener Betriebsrat zwingend vom Arbeitgeber angehört werden (§ 102 Abs. 1 Satz 1 BetrVG), sonst ist die Kündigung unwirksam (§ 102 Abs. 1 Satz 3 BetrVG).

▶ Allerdings ist § 102 BetrVG nicht so zu verstehen, dass der Arbeitgeber zu einer wirksamen Kündigung auch die ausdrückliche Zustimmung des Betriebsrats benötigt. Die Überschrift des § 102 BetrVG „Mitbestimmung bei Kündigungen" wird oft missverstanden.

► Selbst der Widerspruch des Betriebsrats (§ 102 Abs. 3 BetrVG) kann den Arbeitgeber nicht an einer Kündigung hindern. Der Widerspruch bewirkt allerdings einen Weiterbeschäftigungsanspruch für den Arbeitnehmer bis zur Beendigung des Arbeitsgerichtsprozesses, wenn der Arbeitnehmer gegen die Kündigung nach dem KSchG klagt (§ 102 Abs. 5 Satz 1 KSchG). Gegen den Weiterbeschäftigungsanspruch kann der Arbeitgeber nur durch eine einstweilige gerichtliche Verfügung vorgehen (§ 102 Abs. 5 Satz 2 Nr. 1 bis 3 KSchG).

 TIPP

► Die Sachverhaltsangaben „form- und fristgerecht gekündigt" oder „ordnungsgemäß informiert" sind als Hinweise zu verstehen, dass hier keine rechtlichen Probleme zu finden sind und man sich daher in der Lösung mit diesen Punkten nicht ausführlich auseinandersetzen muss.

► Der Sachverhalt enthält zwar keine konkrete Angabe der Mitarbeiterzahl für die sachliche Anwendbarkeit des KSchG (§ 23 Abs. 1 KSchG). Man sollte aber aus der Größe des Betriebsrats auf die Anzahl der Arbeitnehmer kommen. Diese Information hätte sonst keine Bedeutung, da sie für die anderen Aufgaben des Falls unwichtig ist.

► Aus dem Fehlen von Hinweisen kann man Schlüsse ziehen. Der Sachverhalt enthält z. B. keine genauen Informationen darüber, ob die Kündigung von Herrn Wier sozial gerechtfertigt wäre. Also kann es auf diese Frage nicht ankommen und die Unwirksamkeit der Kündigung müsste sich aus einem anderen Prüfungspunkt ergeben: hier bereits aus der versäumten Betriebsratsanhörung.

► Aus dem Vorhandensein von Hinweisen kann man allerdings auch Schlüsse ziehen. Aus den umfangreichen Hinweisen zur Krankheit von Frau Stark und zu den Folgen für das Unternehmen muss man schließen, dass der Widerspruch des Betriebsrats die Kündigung nicht bereits unwirksam machen kann. Die Hinweise zu Frau Stark würden sonst keinen Sinn ergeben.

Lösung zu Aufgabe 5: Betriebsbedingte ordentliche Kündigung

a) Herr Wailand könnte in den vorliegenden Fällen eine betriebsbedingte ordentliche Kündigung erklären (§ 622 BGB i. V. m. § 1 Abs. 1 und 2 KSchG). Der betriebsbedingte Grund für die Kündigung müsste aus dem Bereich des Arbeitgebers kommen. Es müssten dringende betriebliche Erfordernisse vorliegen, die einer Weiterbeschäftigung der Arbeitnehmer entgegenstehen. Unter diesen Erfordernissen sind innerbetriebliche oder außerbetriebliche Umstände zu verstehen.

Es liegen dringende betriebliche Gründe vor, da wegen der finanziellen Probleme des Zoos aufgrund der fallenden Umsätze der Personalbereich verkleinert werden soll. Durch den Wegfall von Arbeitsplätzen können einige Arbeitnehmer nicht mehr weiterbeschäftigt werden.

b) Herr Wailand darf Herrn Delles nicht ordentlich kündigen, da er unter besonderem Kündigungsschutz steht. Gemäß § 15 Abs. 1 Satz 1 KSchG ist die ordentliche Kündigung von Mitgliedern der JAV unzulässig.

c) Herr Wailand darf Frau Ellen nicht ordentlich kündigen, da sie ebenfalls unter besonderem Kündigungsschutz steht. Gemäß § 9 Abs. 1 Satz 1 MuSchG ist die ordentliche Kündigung von Frauen während der Schwangerschaft und bis zu 4 Monaten nach der Entbindung unzulässig.

d) Die Gegenargumente der Marketingabteilung haben auf die Wirksamkeit der Kündigung keinen Einfluss. Ein Arbeitgeber ist in seinen unternehmerischen Entscheidungen grundsätzlich frei. Er kann für sein Unternehmen allein entscheiden, ob er den Zweck, den Aufbau, die Abläufe und die Personalstruktur ändert. Gegenüber den Arbeitnehmern und auch gegenüber dem Arbeitsgericht muss er die Notwendigkeit und Zweckmäßigkeit der betriebsbedingten Kündigungen nicht rechtfertigen, solange er nicht unsachlich und willkürlich handelt.

e) Herr Wailand könnte zwei Mitarbeitern der Marketingabteilung nur dann wirksam betriebsbedingt kündigen, wenn die Kündigung nach dem KSchG sozial gerechtfertigt wäre (§ 1 Abs. 1 und 2 KSchG). Der allgemeine Kündigungsschutz nach dem KSchG steht den Arbeitnehmern allerdings nur dann zu, wenn das KSchG sachlich auf das Unternehmen des Arbeitgebers Wailand anwendbar ist (§ 23 Abs. 1 KSchG) und wenn das KSchG persönlich auf die gekündigten Arbeitnehmer anwendbar ist (§ 1 KSchG).

Im Zoo arbeiten mit 60 Mitarbeitern mehr als 10 Arbeitnehmer, sodass das KSchG sachlich anwendbar ist (§ 23 Abs. 1 KSchG). In persönlicher Hinsicht findet das KSchG auf Herrn Kähn keine Anwendung, da sein Arbeitsverhältnis noch nicht 6 Monate besteht (§ 1 KSchG). Herr Wailand kann somit Herrn Kähn ohne Berücksichtigung der sozialen Rechtfertigung nach dem KSchG kündigen. Herr Wailand müsste nur beachten, dass die Kündigung nicht gegen die guten Sitten (§ 138 BGB) oder den Grundsatz von Treu und Glauben (§ 242 BGB) verstößt (§ 13 KSchG). Wegen der nachvollziehbaren betriebsbedingten Gründe ist ein solcher Verstoß nicht erkennbar.

Für die anderen 3 Arbeitnehmer wäre die betriebsbedingte Kündigung sozial gerechtfertigt, wenn ein dringendes betriebliches Erfordernis für eine Kündigung vorliegt (betriebsbedingter Grund), keine milderes Mittel als die Kündigung zur Verfügung steht (Erforderlichkeit) und der sozial am wenigsten benachteiligte Arbeitnehmer ausgewählt wurde (ordnungsgemäße Sozialauswahl).

Ein dringendes betriebliches Erfordernis liegt vor, da durch die unternehmerischen Einsparungen die Marketingabteilung verkleinert wird und genau 2 Arbeitsplätze wegfallen.

Die betriebsbedingte Kündigung müsste verhältnismäßig sein und ihr darf kein milderes Mittel entgegenstehen. Ein milderes Mittel wäre die Versetzung der Arbeitnehmer auf einen anderen gleichwertigen oder schlechteren Arbeitsplatz im Unternehmen. Das KSchG setzt nämlich voraus, dass die dringenden betrieblichen Erfordernisse einer Weiterbeschäftigung in dem Betrieb, also nicht auf dem konkreten Arbeitsplatz, entgegenstehen (§ 1 Abs. 2 Satz 1 KSchG). Eine solche Versetzung (z. B. zu den Tierpflegern) ist aber nicht möglich, zumal auch in den anderen Abteilungen Arbeitsplätze wegfallen.

Zu ihrer Wirksamkeit setzt die betriebsbedingte Kündigung außerdem eine ordnungsgemäße Sozialauswahl voraus (§ 1 Abs. 3 Satz 1 KSchG). Danach darf der Arbeitgeber von vergleichbaren Arbeitnehmern ausschließlich denjenigen kündigen, welche durch die Kündigung die wenigsten sozialen Nachteile zu erwarten haben. Zunächst müsste Herr Wailand feststellen, welche der 3 übrigen Arbeitnehmer aus der Marketingabteilung vergleichbar sind. Eine Vergleichsgruppe bilden ausschließlich Arbeitnehmer, deren Tätigkeit ähnlich ist und die auf einer gleichen Rangordnung stehen (horizontale Sozialauswahl). Herr Bischoff, Frau Jutahni und Frau Lembert befinden sich als gleichberechtigte Mitarbeiter der Marketingabteilung auf derselben Ebene und sind somit grundsätzlich vergleichbar. Fraglich ist, ob die besondere Qualifikation des Herrn Bischoff etwas an seiner Einbeziehung in die Sozialauswahl ändert.

Arbeitnehmer sind nicht in die Sozialauswahl einzubeziehen, wenn an ihrer Weiterbeschäftigung ein berechtigtes betriebliches Interesse besteht, weil sie über besondere Kenntnisse und Fähigkeiten verfügen (§ 1 Abs. 3 Satz 2 KSchG). Das ist hier der Fall, da Herr Wailand an den Fähigkeiten des Arbeitnehmers Bischoff im Bereich Webdesign und Internetpflege ein berechtigtes Interesse für seine Marketingabteilung hat. Die Tatsache, dass Frau Jutahni die Nichte von Herrn Wailand ist, liegt dagegen nicht im betrieblichen Interesse.

Für die Sozialauswahl müsste Herr Wailand nunmehr die Sozialdaten der beiden Arbeitnehmerinnen vergleichen, die noch gekündigt werden könnten. Zu berücksichtigen sind dabei die Dauer der Betriebszugehörigkeit, das Lebensalter und die Unterhaltspflichten (ggf. eine Schwerbehinderung, § 1 Abs. 3 Satz 1 KSchG). Nach welchem Punktesystem Herr Wailand konkret die einzelnen Sozialdaten bewertet, kann im vorliegenden Fall dahingestellt bleiben, da die Sozialdaten von Frau Lembert in allen 3 Bereichen höher zu bewerten sind als die von Frau Jutahni. Für die jüngere Frau Jutahni, die noch nicht so lang durch ein Unternehmen geprägt ist und keine Unterhaltspflichten hat, ist die betriebsbedingte Kündigung sozial gesehen weniger nachteilig. Sie ist weniger auf den Arbeitsplatz angewiesen als ihre Kollegin Frau Lembert.

Im Ergebnis darf Herr Wailand Herrn Kähn und Frau Jutahni betriebsbedingt kündigen.

 MERKE

In der Aufgabe geht es um die ordentliche Kündigung von Arbeitsverhältnissen gemäß § 622 BGB, insbesondere die betriebsbedingte Kündigung, den besonderen Kündigungsschutz bestimmter Personengruppen und die soziale Rechtfertigung einer betriebsbedingten Kündigung gemäß § 1 Abs. 2 und 3 KSchG.

► Ein Kündigungsgrund aus dem Bereich des Arbeitgebers kann durch dringende betriebliche Erfordernisse zu einer sozial gerechtfertigten Kündigung führen.

- Die Wirksamkeit einer betriebsbedingten Kündigung muss immer durch eine 3-stufige Prüfung ermittelt werden. Nur wenn alle 3 Stufen zu Gunsten des Arbeitgebers sprechen, ist die Kündigung sozial gerechtfertigt (§ 1 Abs. 2 KSchG):

  - 1. Betriebsbedingter Grund: Liegt ein dringendes betriebliches Erfordernis vor, das einer Weiterbeschäftigung entgegensteht? (innerbetriebliche Gründe, z. B. Rationalisierung, Auslagerung, Produktionsverlagerung; außerbetriebliche Gründe: z. B. Auftragsrückgang, Absatzschwierigkeiten, Wirtschaftskrise)

  - 2. Erforderlichkeit: Gibt es kein milderes Mittel als die endgültige Kündigung? (z. B. Versetzung, Umschulung, Kurzarbeit, Überstundenabbau, Änderungskündigung)

  - 3. Sozialauswahl: Welchen Arbeitnehmer trifft eine Kündigung sozial gesehen geringer? Welcher Arbeitnehmer ist auf seinen Arbeitsplatz sozial gesehen stärker angewiesen? (Bildung einer Vergleichsgruppe, Vergleich der Sozialdaten Betriebszugehörigkeit, Lebensalter, Unterhaltspflichten, Schwerbehinderung nach Punktesystem)

- Die unternehmerischen Entscheidungen sind durch Artikel 14 des Grundgesetzes (Eigentumsfreiheit) geschützt. Daher werden die betriebswirtschaftlichen Entscheidungen auch nicht hinsichtlich ihrer Richtigkeit und Erforderlichkeit von den Gerichten überprüft.

- Von der Sozialauswahl können gemäß § 1 Abs. 3 Satz 2 KSchG Arbeitnehmer wegen ihrer Kenntnisse, Fähigkeiten und Leistungen (Funktions- und Leistungsträger) herausgenommen werden, wenn es im berechtigten betrieblichen Interesse liegt. Die besonderen Gründe müssen also etwas mit der Tätigkeit im Unternehmen zu tun haben. Zur Sicherung einer ausgewogenen Personalstruktur können nach dieser Rechtsnorm z. B. auch junge, ledige und erst kurz im Unternehmen befindliche Arbeitnehmer von der Sozialauswahl ausgesondert werden.

- Für einige Arbeitnehmer besteht in einigen Gesetzen ein besonderer Kündigungsschutz (Aufgabe b) und c). Diese Personen können gar nicht oder nur unter bestimmten Voraussetzungen ordentlich gekündigt werden. Eine außerordentliche Kündigung (§ 626 BGB) ist dagegen grundsätzlich möglich.

- Beispiele für besonderen Kündigungsschutz:

  - Schwangere und Mütter bis zum 4. Monat nach der Entbindung (§ 9 Abs. 1 Satz 1 MuSchG)

  - Mitglieder des Betriebsrats und der JAV (§ 15 Abs. 1 Satz 1 KSchG)

  - schwerbehinderte Menschen nur mit Zustimmung des Integrationsamts (§§ 2, 85 Sozialgesetzbuch IX – SGB IX) mit den Ausnahmen §§ 90, 91 SGB IX

  - Arbeitnehmer in Elternzeit (§ 18 Bundeselterngeld- und Elternzeitgesetz – BEEG)

- Datenschutzbeauftragte (§ 4f Abs. 3 Satz 5 und 6 Bundesdatenschutzgesetz – BDSG)

 TIPP

- ► Aus der unterschiedlichen Formulierung der einzelnen Aufgaben sollte man erkennen, dass der Schwerpunkt der Gesamtaufgabe die Aufgabe e) ist („ausführlich").

- ► Wenn unter d) nur auf die Problematik der sozialen Rechtfertigung eingegangen werden soll, sind in der Lösung keine Ausführungen zu anderen Kündigungsvoraussetzungen notwendig (z. B. Form, Frist, Anhörung des Betriebsrats).

- ► In der Aufgabe d) sieht man am Beispiel des Arbeitnehmers Kähn gut, wie wichtig es ist, eine Lösung Schritt für Schritt zu erarbeiten. Überspringt man hier den Prüfungspunkt „Anwendbarkeit des KSchG" würde Herr Kähn in die Sozialauswahl geraten und hätte dabei so „gute Karten", dass er nicht gekündigt werden könnte. Und das wäre ein fehlerhaftes Ergebnis, da das KSchG und die Sozialauswahl bei ihm gar nicht zur Anwendung kommen.

- ► Die Angabe von Sozialdaten zu allen Marketingmitarbeitern ist nicht als Falle zu verstehen, weil am Ende doch nur die Daten von zwei Mitarbeitern verglichen werden mussten. Es sind aber notwendige Hürden, da die Lösung sonst zu offensichtlich gewesen wäre.

Lösung zu Aufgabe 6: Außerordentliche Kündigung

a) Da die Kündigung ohne Einhaltung der Kündigungsfrist erklärt wurde, handelt sich im vorliegenden Fall um eine außerordentliche Kündigung (§ 626 BGB).

Eine außerordentliche Kündigung ist wirksam, wenn die schriftliche Kündigung zugegangen ist, der Betriebsrat ordnungsgemäß angehört wurde, kein besonderer Kündigungsschutz besteht, ein wichtiger Kündigungsgrund vorliegt, der dem Arbeitgeber eine Weiterbeschäftigung unzumutbar macht und die Kündigungserklärungsfrist eingehalten wurde.

Die Kündigung ist Frau Trehs durch die Übergabe am 06.06.2014 zugegangen. Die erforderliche Schriftform wurde eingehalten (§ 623 BGB). Außerdem hat Herr Adam eindeutig im Schreiben erklärt, dass das Arbeitsverhältnis fristlos beendet werden soll (§ 626 BGB).

Die Angabe des Kündigungsgrundes in der Kündigungserklärung ist grundsätzlich nicht erforderlich. Der wichtige Grund für eine außerordentliche Kündigung muss nur auf Verlangen des Gekündigten unverzüglich schriftlich mitgeteilt werden (§ 626 Abs. 2 Satz 3 BGB). Der entsprechenden Aufforderung durch Frau Trehs ist Herr Adam ohne schuldhaftes Zögern nachgekommen.

Der Betriebsrat der Fluggesellschaft muss auch vor einer außerordentlichen Kündigung eines Arbeitnehmers angehört werden (§ 102 Abs. 1 Satz 1 BetrVG). Diese Anhörung wurde ordnungsgemäß durchgeführt. Der Betriebsrat hat sich innerhalb der 3-tägigen Frist geäußert (§ 102 Abs. 2 Satz 3 BetrVG) und der Kündigung sogar ausdrücklich zugestimmt.

Ein besonderer Kündigungsschutz könnte sich für Frau Trehs durch ihre ehemalige Mitgliedschaft im Betriebsrat der Fluggesellschaft ergeben, da Betriebsratsmitglieder innerhalb eines Jahres nach Beendigung ihrer Amtszeit grundsätzlich nicht gekündigt werden dürfen (§ 15 Abs. 1 Satz 2 KSchG). Dieser besondere Kündigungsschutz gilt allerdings nur für eine ordentliche (fristgemäße) Kündigung. Eine außerordentliche Kündigung wäre dagegen möglich, wenn der Betriebsrat dieser Kündigung zugestimmt hat (§ 15 Abs. 1 Satz 2 KSchG, § 103 Abs. 1 BetrVG). Durch die erfolgte Zustimmung des Betriebsrats ist eine außerordentliche Kündigung von Frau Trehs bei Vorliegen eines wichtigen Grundes daher grundsätzlich möglich.

Inhaltlich wäre eine außerordentliche Kündigung von Frau Trehs wirksam, wenn ein wichtiger Grund vorliegt, der es Herrn Adam unzumutbar macht, sie zumindest bis zum nächsten ordentlichen Kündigungstermin weiter zu beschäftigen (§ 626 Abs. 1 BGB). Ein wichtiger Grund ist gegeben, wenn geeignete Tatsachen vorliegen, die eine fristlose Kündigung grundsätzlich rechtfertigen würden.

Zu den Treuepflichten eines Arbeitnehmers gehört die Verschwiegenheitspflicht bezüglich der Geschäfts- und Betriebsgeheimnisse. Der Verrat von Geheimnissen an einen Konkurrenten zum Eigennutz des Arbeitnehmers stellt sogar eine Straftat dar (§ 17 Abs. 1 Gesetz gegen den unlauteren Wettbewerb – UWG). Gegen diese Treuepflicht hat Frau Trehs mehrfach verstoßen, sodass ein an sich geeigneter wichtiger Kündigungsgrund vorliegt.

Eine außerordentliche Kündigung muss darüber hinaus verhältnismäßig sein. Unter Berücksichtigung der Einzelfallumstände und der gegenseitigen Interessen muss die Pflichtverletzung daher so erheblich sein, dass eine Fortsetzung des Arbeitsverhältnisses bis zum Ablauf einer Kündigungsfrist dem Arbeitgeber nicht zumutbar ist (§ 626 Abs. 1 BGB).

Die Unzumutbarkeit für den Arbeitgeber müsste sich zunächst aus einer Negativprognose ergeben. Diese Prognose müsste zeigen, dass vergleichbare Pflichtverletzungen durch den Arbeitnehmer auch zukünftig zu erwarten sind und nur durch eine außerordentliche Kündigung ausgeschlossen werden können. Eine solche Negativprognose ist grundsätzlich dann gegeben, wenn sich der Arbeitnehmer trotz erfolgter Abmahnung erneut pflichtwidrig verhalten hat. Das bedeutet, dass auch vor einer außerordentlichen Kündigung grundsätzlich eine Abmahnung erforderlich wäre (wie in § 314 Abs. 2 Satz 1 BGB). Eine solche Abmahnung liegt allerdings nicht vor. Eine vorhergehende Abmahnung ist bei besonders schwerwiegenden Pflichtverletzungen allerdings entbehrlich (wie in §§ 314 Abs. 2 Satz 2, 323 Abs. 2 Nr. 3 BGB). Das ist der Fall bei einer schweren Verletzung im Vertrauensbereich oder einer Pflichtverletzung, die es dem Arbeitgeber unzumutbar macht, dem Arbeitnehmer mit einer Abmahnung eine Bewährungschance zu geben.

Frau Trehs hat ihre Vertrauensstellung missbraucht und mehrfach Straftaten zum Nachteil von Herrn Adam begangen. Es besteht das Risiko, dass Frau Trehs aus Eigeninteresse die Fluggesellschaft „Galactic" weiter schädigt. Man kann Herrn Adam daher nicht zumuten, Frau Trehs mit einer entsprechenden Abmahnung die Chance zur Änderung ihres Verhaltens zu geben. Die Unzumutbarkeit für den Arbeitgeber ist nur gegeben, wenn es kein milderes zumutbares Mittel als die fristlose Kündigung gibt. Wegen der mehrfachen Straftaten, der Schwere der Pflichtverletzung, der Folgen für das Unternehmen, der erheblichen Vertrauensschädigung und der Wiederholungsgefahr sind keine milderen Mittel als die fristlose Kündigung ersichtlich. Die Abwägung der gegenseitigen Interessen ergibt, dass Frau Trehs weder eine Abmahnung noch eine ordentliche Kündigung als milderes Mittel erwarten kann.

Ein wichtiger Grund, der es Herrn Adam unzumutbar macht, Frau Trehs bis zum nächsten ordentlichen Kündigungstermin weiter zu beschäftigen, liegt somit vor (§ 626 Abs. 1 BGB). Außerdem müsste Herr Adam die Kündigungserklärungsfrist eingehalten haben. Eine außerordentliche Kündigung setzt danach voraus, dass der Arbeitgeber die Kündigung innerhalb von 2 Wochen nach Erlangung der sicheren Kenntnis von den für eine Kündigung maßgebenden Tatsachen erklären muss (§ 626 Abs. 2 Satz 1 und 2 BGB). Nachdem Herr Adam Kenntnis von der Weitergabe der Betriebsgeheimnisse durch Frau Trehs erlangt hatte, kündigte er ihr 5 Tage später. Er hat die Kündigungserklärungsfrist damit eingehalten.

Die fristlose Kündigung ist somit insgesamt wirksam.

b) Am 22.06.2014 wäre eine fristlose Kündigung nicht mehr möglich gewesen, da an diesem Tag die Kündigungserklärungsfrist bereits überschritten war. Herr Adam hatte am 01.06.2014 sichere Kenntnis von der Weitergabe der Betriebsgeheimnisse durch Frau Trehs erlangt. Die Frist von 2 Wochen (§ 626 Abs. 2 Satz 1 und 2 BGB) hat am 02.06.2014 begonnen (§ 187 Abs. 1 BGB) und war mit dem 15.06.2014 abgelaufen (§ 188 Abs. 2 BGB).

c) Frau Trehs könnte eine Kündigungsschutzklage bis zum Ablauf des 28.06.2014 vor dem Arbeitsgericht erheben (§§ 4 Abs. 1, 13 Abs. 1 Satz 2 KSchG). Die schriftliche fristlose Kündigung ist Frau Trehs am 06.06.2014 zugegangen. Die Ausschlussfrist von 3 Wochen (§ 4 Abs. 1 KSchG) beginnt damit am 07.06.2014 (§ 187 Abs. 1 BGB) und endet mit dem 28.06.2014 (§ 188 Abs. 2 BGB). Mit Ablauf der Frist würde die Kündigung als von Anfang an wirksam gelten (§ 7 KSchG).

 MERKE

In der Aufgabe geht es um die außerordentliche (fristlose) Kündigung von Arbeitsverhältnissen gemäß § 626 BGB, die Voraussetzungen einer außerordentlichen Kündigung, die Anhörung und Zustimmung des Betriebsrats nach §§ 102, 103 BetrVG und die Klagefrist nach §§ 4 Abs. 1, 13 Abs. 1 Satz 2 KSchG.

► Neben der ordentlichen Kündigung nach § 622 BGB besteht für beide Vertragsparteien die Möglichkeit einer außerordentlichen Kündigung aus wichtigem Grund nach § 626 BGB. Diese Rechtsnorm ist eine Spezialregelung des

§ 314 BGB, wonach Dauerschuldverhältnisse bei Vorliegen eines wichtigen Grundes fristlos gekündigt werden können.

▸ Sowohl der Arbeitgeber (z. B. bei Arbeitsverweigerung, Vortäuschen von Krankheiten), als auch der Arbeitnehmer (z. B. bei Ausbleiben der Lohnzahlung, Gesundheitsgefährdung durch mangelnden Arbeitsschutz) können außerordentlich kündigen.

▸ Die außerordentliche (fristlose) Kündigung eines Arbeitsverhältnisses durch den Arbeitgeber ist unter folgenden Voraussetzungen wirksam:

- wirksame Kündigungserklärung in Schriftform (§§ 623, 126 BGB) und Zugang der Kündigung beim Arbeitnehmer (auf Verlangen Begründung nach § 623 Abs. 2 Satz 3 BGB)

- Anhörung des Betriebsrats (§ 102 BetrVG)

- kein besonderer Kündigungsschutz (oder Zustimmung der zuständigen Stelle z. B. nach § 9 Abs. 3 Satz 1 MuSchG; § 91 Abs. 3 SGB XI)

- wichtiger Grund, der Weiterbeschäftigung unzumutbar macht (§ 626 BGB)

  · an sich geeigneter wichtiger Kündigungsgrund

  · Unzumutbarkeit aus Negativprognose und Interessensabwägung

- Einhaltung der Kündigungserklärungsfrist (§ 626 Abs. 2 BGB)

▸ Sollte eine der Voraussetzungen für eine außerordentliche Kündigung fehlen, ist die Kündigung unwirksam. Sie kann dann aber nach § 140 BGB in eine wirksame ordentliche (fristgemäße) Kündigung umgedeutet werden, wenn die Voraussetzungen für eine solche ordentliche Kündigung vorliegen.

▸ An das Vorliegen eines wichtigen Grundes werden nur geringe Anforderungen gestellt (daher ist grundsätzlich auch wegen sog. Bagatellfälle eine fristlose Kündigung möglich). Die entscheidende Frage – auch bei der Lösung solcher Fälle – ist die Unzumutbarkeit der Weiterbeschäftigung bis zum Ablauf der ordentlichen Kündigungsfrist im konkreten Einzelfall.

▸ Eine soziale Rechtfertigung, wie bei den 3 Arten der ordentlichen Kündigung, ist keine Voraussetzung für eine wirksame außerordentliche Kündigung nach § 626 BGB. Das bedeutet, dass der allgemeine Kündigungsschutz nach § 1 Abs. 1 und 2 KSchG nicht zur Anwendung kommt (§ 13 KSchG).

▸ Im Unterschied zur ordentlichen Kündigung hat der Betriebsrat nicht eine Woche, sondern gemäß § 102 Abs. 2 Satz 3 BetrVG nur 3 Tage Zeit, um seine Bedenken gegen eine Kündigung zu äußern. Anders als bei der ordentlichen Kündigung (Schweigen als Zustimmung), gilt die Zustimmung zur außerordentlichen Kündigung als verweigert, wenn sich der Betriebsrat in dieser kurzen Frist nicht äußert.

▸ Zu den Begriffen ist noch anzumerken: Eine fristlose Kündigung ist immer eine außerordentliche Kündigung. Eine außerordentliche Kündigung ist dagegen nicht zwingend eine fristlose Kündigung. Man kann eine außerordentliche Kündigung fristlos erklären, man muss es aber nicht. Der Arbeitgeber könnte z. B. zur Wahrung der Verhältnismäßigkeit und aus sozialen Gründen eine außerordentliche Kündigung mit einer angemessenen Frist erklären.

 TIPP

► Wichtig bei Lösungen von Fällen zur außerordentlichen Kündigung ist, dass man sich über die Gemeinsamkeiten, aber vor allem über die Unterschiede zur ordentlichen Kündigung im Klaren ist. Die außerordentliche Kündigung ähnelt z. B. sehr der verhaltensbedingten ordentlichen Kündigung. Aber es gibt einige Unterschiede: wichtiger Grund, keine Prüfung nach § 1 KSchG, Kündigungserklärungsfrist, besonderer Kündigungsschutz kann überwunden werden.

► Im Sachverhalt werden die entscheidenden Punkte zur Aufgabe a) durch die Behauptungen von Frau Trehs konkret benannt. Mit diesen Punkten muss man sich in der Lösung unbedingt befassen.

► Aus der Aufgabe b) muss man erkennen, dass es bei a) an diesem Punkt eine andere Lösung geben muss.

Abmahnung (5. Arbeitsrecht/Aufgabe 3)
Zur Wirksamkeit verhaltensbedingter Kündigungen (ordentlich und außerordentlich) ist grundsätzlich eine vorhergehende Abmahnung notwendig, welche ein gleichartiges Fehlverhalten betrifft.

Eine wirksame Abmahnung des Arbeitgebers liegt vor, wenn darin auf die genaue Art, den Ort und die Zeit des Fehlverhaltens hingewiesen wird (Hinweis), zur künftigen Vermeidung des Fehlverhaltens aufgefordert wird (Ermahnung) und vor den arbeitsrechtlichen Folgen im Wiederholungsfall konkret gewarnt wird (Warnung).

AGB (2. Schuldrecht/Aufgabe 16 – §§ 305 ff. BGB)
Allgemeine Geschäftsbedingungen (AGB) sind alle für eine Vielzahl von Verträgen vorformulierten Vertragsbedingungen, die von einer Vertragspartei (Verwender) der anderen Vertragspartei bei Vertragsschluss gestellt werden (§ 305 Abs. 1 BGB).

AGB sind nur gültig, wenn sie formal wirksam in einen Vertrag einbezogen sind (§ 305 Abs. 2 BGB) und inhaltlich nicht gegen ein AGB-Verbot verstoßen (§§ 305b, c, 307, 308, 309 BGB).

Anfechtung (1. BGB Allgemeiner Teil/Aufgabe 24 - 29 – §§ 119 ff., 142 f. BGB)
Durch eine wirksame Anfechtung ist das angefochtene Rechtsgeschäft als von Anfang an nichtig anzusehen (§ 142 BGB). Anders als bei nichtigen Rechtsgeschäften bedarf es bei anfechtbaren Rechtsgeschäften einer begründeten, rechtzeitigen und nicht ausgeschlossenen Anfechtungserklärung, um die Unwirksamkeit des Rechtsgeschäftes zu erreichen.

Als Anfechtungsgründe kommen insbesondere in Betracht:

- Inhaltsirrtum (1. BGB Allgemeiner Teil/ Aufgabe 24 – § 119 Abs. 1 BGB)

- Erklärungsirrtum (1. BGB Allgemeiner Teil/Aufgabe 25 – § 119 Abs. 1 BGB)

- Eigenschaftsirrtum (1. BGB Allgemeiner Teil/Aufgabe 26 – § 119 Abs. 2 BGB)

- Übermittlungsirrtum (1. BGB Allgemeiner Teil/Aufgabe 27 – § 120 BGB)

- Arglistige Täuschung (1. BGB Allgemeiner Teil/Aufgabe 28 – § 123 BGB)

- Widerrechtliche Drohung (1. BGB Allgemeiner Teil/Aufgabe 29 – § 123 BGB).

Besitz (3. Sachenrecht/Aufgabe 1 – § 854 BGB)
Der Besitz ist die tatsächliche Herrschaft über eine Sache (§ 854 Abs. 1 BGB).

Befristete Arbeitsverträge (5. Arbeitsrecht/Aufgabe 2 – §§ 14 ff. TzBfG)
Arbeitsverträge können unter den Voraussetzungen des Teilzeit- und Befristungsgesetzes befristet werden (§ 620 Abs. 3 BGB, § 14 TzBfG). Eine Befristung kann aus sachlichen Gründen gerechtfertigt sein (§ 14 Abs. 1 Satz 2 Nr. 1 - 7 TzBfG) und in Grenzen zeitlich befristet werden (§ 14 Abs. 2 TzBfG). Bei einer unwirksamen Befristung gilt das Arbeitsverhältnis als auf unbestimmte Zeit geschlossen (§ 16 Satz 1 TzBfG).

Beweislastumkehr beim Verbrauchsgüterkauf (2. Schuldrecht/Aufgabe 8 – §§ 474, 476 BGB)
Die Beweislast dafür, dass ein Sachmangel bereits bei Gefahrübergang (Übergabe) bestanden hat, liegt grundsätzlich beim Käufer. Bei einem Verbrauchsgüterkauf (§ 474 BGB) zwischen einem Unternehmer (Verkäufer) und einem Verbraucher (Käufer) wird die Beweislast zugunsten des Verbrauchers umgekehrt. Zeigt sich ein Mangel innerhalb von 6 Monaten nach Gefahrübergang, wird vermutet, dass die Sache bereits bei Übergabe mangelhaft war (§ 476 BGB).

BGB (1. BGB Allgemeiner Teil/Aufgabe 1)
Das Bürgerliche Gesetzbuch (BGB) ist das „Hauptgesetz" im Zivilrecht. Die Rechtsnormen des BGB gelten grundsätzlich für das gesamte Zivilrecht (Privatrecht), solange andere zivilrechtliche Sonder- und Nebengesetze keine spezielleren Regelungen enthalten (Klammerfunktion des BGB).

Der Allgemeine Teil des BGB (1. Buch BGB) enthält allgemeine zivilrechtliche Regeln und gilt auch für das Schuld-, Sachen-, Familien- und Erbrecht (2. - 5. Buch BGB), solange dort keine spezielleren Regelungen greifen (Klammerfunktion des Allgemeinen Teils).

Deliktische Haftung (2. Schuldrecht/Aufgabe 17 – §§ 823 ff. BGB)
Bei der deliktischen Haftung muss der Schädiger wegen einer unerlaubten Handlung (Delikt) Schadensersatz an den Geschädigten leisten (§ 823 Abs. 1 BGB). Dabei ergibt sich die Haftungsgrundlage ausschließlich aus dem Gesetz (BGB).

Eigentum (3. Sachenrecht/Aufgabe 1 – § 903 BGB)
Das Eigentum ist die rechtliche Herrschaft über eine Sache (§ 903 BGB).

Eigentumserwerb an beweglichen Sachen (3. Sachenrecht/Aufgabe 1 - 3 – §§ 929 ff. BGB)
Die Eigentumsübertragung an beweglichen Sachen setzt die Einigung über den Eigentumsübergang und die tatsächliche Übergabe der Sache voraus (§ 929 Satz 1 BGB). Daneben kann Eigentum auch auf andere Weise übertragen werden:

- bedingte Einigung unter Eigentumsvorbehalt (3. Sachenrecht/Aufgabe 2 – §§ 929, 449, 158 BGB)
- Einigung ohne Übergabe (3. Sachenrecht/Aufgabe 1 – §§ 929 Satz 2, 930, 931 BGB)

- gutgläubiger Erwerb vom Nichtberechtigten (3. Sachenrecht/Aufgabe 3 – §§ 932 ff. BGB).

Entgeltfortzahlung (5. Arbeitsrecht/Aufgabe 1)
Die Entgeltfortzahlung ist eine arbeitsrechtliche Ausnahme vom Grundsatz der dienstvertraglichen Arbeitsverhältnisse (§ 611 BGB), dass ohne geleistete Arbeit auch kein Arbeitsentgeltanspruch besteht.

Die wichtigen Regelungen der Entgeltfortzahlung sind:

- Entgeltfortzahlung im Krankheitsfall (5. Arbeitsrecht/Aufgabe 1 – § 3 EntgeltfortzahlungsG)
- Entgeltzahlung an Feiertagen (§ 2 EntgeltfortzahlungsG)
- Leistungsverhinderung des Arbeitnehmers (§ 616 BGB)
- Urlaubsentgelt (§ 1 BurlG)
- Mutterschaftsgeld (§ 11 MuSchG)
- Annahmeverzug des Arbeitgebers (§§ 615, 293 BGB)
- Unmöglichkeit durch Arbeitgeberverschulden (§ 326 Abs. 2 BGB)
- Betriebsrisiko des Arbeitgebers (§ 615 BGB).

Garantie (§ 443 BGB)
Die Garantie ist eine vom Verkäufer oder Hersteller einer Sache freiwillig erklärte und inhaltlich frei gestaltete Leistung, die der Käufer neben der im BGB gesetzlich geregelten Gewährleistung bei Sachmängeln nutzen kann.

Gefahrübergang bei Sachmangel (2. Schuldrecht/Aufgabe 1 – §§ 434, 446 BGB)
Ein Sachmangel muss bereits bei Gefahrübergang vorgelegen haben (§ 443 BGB), damit der Käufer Gewährleistungsansprü-

che geltend machen kann. Die Gefahr, dass eine Kaufsache zerstört oder beschädigt wird, geht mit Übergabe der Sache vom Verkäufer auf den Käufer über (§ 446 BGB).

Geschäftsfähigkeit (1. BGB Allgemeiner Teil/Aufgabe 4 - 8 – §§ 104 ff. BGB)
Die Geschäftsfähigkeit ist die Fähigkeit, Willenserklärungen rechtswirksam abgeben und damit wirksam Rechtsgeschäfte abschließen zu können. Sie ist vom Lebensalter und vom geistigen Zustand des Erklärenden abhängig.

Für beschränkt Geschäftsfähige (§ 106 BGB) ist für eine wirksame Willenserklärung grundsätzlich die Zustimmung der gesetzlichen Vertreter notwendig, wenn nicht einer der Ausnahmetatbestände des BGB greift:

- rechtlicher Vorteil (1. BGB Allgemeiner Teil/Aufgabe 6 – § 107 BGB)

- Taschengeldparagraf (1. BGB Allgemeiner Teil/Aufgabe 7 – § 110 BGB)

- Arbeits- und Dienstverhältnisse (1. BGB Allgemeiner Teil/Aufgabe 8 – § 113 BGB)

- selbstständiges Erwerbsgeschäft (1. BGB Allgemeiner Teil/Aufgabe 8 – § 112 BGB).

Gewährleistungsansprüche bei Sachmangel (2. Schuldrecht/Aufgabe 8 - 15 – §§ 437 ff. BGB)
Ist eine bewegliche Sache bei Gefahrübergang mangelhaft, hat der Käufer eine Reihe von Gewährleistungsansprüchen gegen den Verkäufer. Die Nacherfüllungsansprüche sind die vorrangigen Rechte des Käufers, die er zunächst geltend machen muss:

- Nacherfüllung durch Mangelbeseitigung (2. Schuldrecht/Aufgabe 9 – §§ 437 Nr. 1, 439 BGB)

- Nacherfüllung durch Neulieferung (2. Schuldrecht/Aufgabe 8 – §§ 437 Nr. 1, 439 BGB)

- Rücktritt vom Vertrag (2. Schuldrecht/Aufgabe 13 – §§ 437 Nr. 2, 434, 323, 326 BGB)

- Minderung des Kaufpreises (2. Schuldrecht/Aufgabe 14 – §§ 437 Nr. 2, 441, 434, 323, 326 BGB)

- Schadensersatz statt der Leistung (2. Schuldrecht/Aufgabe 15 – §§ 437 Nr. 3, 280 Abs. 1 und 3, 281 Abs. 1 Satz 1 BGB)

- Schadensersatz neben der Leistung für Mangelfolgeschaden (2. Schuldrecht/Aufgabe 15 – §§ 437 Nr. 3, 280 Abs. 1 BGB).

Handelsregister (4. Handelsrecht/Aufgabe 3 – §§ 8 ff. HGB)
Das Handelsregister dient als öffentliches Verzeichnis aller Kaufleute in einem Amtsgerichtsbezirk der Sicherheit und Vereinfachung des Geschäftsverkehrs. Es enthält Eintragungen mit deklaratorischer (rechtsbezeugender) und konstitutiver (rechtserzeugender) Wirkung und besitzt den öffentlichen Glauben der Richtigkeit (Publizität).

HGB (4. Handelsrecht/Aufgabe 1 - 3)
Im Handelsrecht regelt das Handelsgesetzbuch (HGB) als Sonderprivatrecht die Rechtsbeziehungen zwischen Kaufleuten.

Herausgabeanspruch (3. Sachenrecht/Aufgabe 4 – §§ 985 ff. BGB)
Der Eigentümer einer Sache kann vom Besitzer die Herausgabe der Sache verlangen (§ 985 BGB), solange der Besitzer kein Recht zum Besitz hat (§ 986 BGB).

Kaufmann (4. Handelsrecht/Aufgabe 1 – §§ 1 ff. HGB)
Kaufmann nach dem HGB ist, wer ein Gewerbe betreibt, welches ein Handelsge-

werbe ist (§ 1 HGB). Ein Gewerbe ist jede äußerlich erkennbare, selbstständige, aber nicht freiberufliche, planmäßig auf Dauer angelegte, erlaubte, mit Gewinnerzielungsabsicht durchgeführte Tätigkeit.

Die wichtigsten Kaufmannsarten sind der Ist-Kaufmann (§ 1 HGB), der Kann-Kaufmann (§ 1 Abs. 2, § 2 HGB) der Form-Kaufmann (§ 6 HGB) und der gewohnheitsrechtlich anerkannte Scheinkaufmann.

Kündigung von Arbeitsverhältnissen (5. Arbeitsrecht/Aufgabe 3 - 6 – § 622 BGB) Arbeitsverhältnisse können ordentlich (fristgemäß) oder außerordentlich (fristlos) gekündigt werden.

Eine ordentliche Kündigung von Arbeitsverhältnissen ist insbesondere wirksam, wenn sie bei Anwendbarkeit des KSchG (§§ 1 Abs. 1, 23 Abs. 1 KSchG) sozial gerechtfertigt ist (§ 1 KSchG). An die soziale Rechtfertigung werden je nach Art der ordentlichen Kündigung unterschiedliche Anforderungen geknüpft. Man unterscheidet:

- verhaltensbedingte Kündigung (5. Arbeitsrecht/Aufgabe 3 – § 1 Abs. 2 KSchG)
- personenbedingte Kündigung (5. Arbeitsrecht/Aufgabe 4 – § 1 Abs. 2 KSchG)
- betriebsbedingte Kündigung (5. Arbeitsrecht/Aufgabe 5 – § 1 Abs. 3 KSchG).

Die außerordentliche Kündigung (§ 626 BGB) setzt dagegen einen wichtigen Kündigungsgrund voraus. Er ist gegeben, wenn geeignete Tatsachen vorliegen, die es dem Kündigenden unzumutbar machen, am Arbeitsverhältnis zumindest bis zum nächsten ordentlichen Kündigungstermin festzuhalten (5. Arbeitsrecht/Aufgabe 6 – § 626 Abs. 1 BGB).

Nichtige Rechtsgeschäfte (1. BGB Allgemeiner Teil/Aufgabe 19 - 23 – §§ 105 ff. BGB)
Ein Rechtsgeschäft, bei dem ein Nichtigkeitsgrund vorliegt, ist rechtlich unwirksam. Als Nichtigkeitsgründe kommen insbesondere in Betracht:

- Geschäftsunfähigkeit (1. BGB Allgemeiner Teil/Aufgabe 4 – § 105 BGB)
- Scheingeschäft (1. BGB Allgemeiner Teil/ Aufgabe 19 – § 117 BGB)
- Scherzgeschäft (1. BGB Allgemeiner Teil/ Aufgabe 20 – § 118 BGB)
- Formmangel (1. BGB Allgemeiner Teil/ Aufgabe 19 – § 125 BGB)
- gesetzliches Verbot (1. BGB Allgemeiner Teil/Aufgabe 21 – § 134 BGB)
- Sittenwidrigkeit (1. BGB Allgemeiner Teil/Aufgabe 22 – § 138 Abs. 1 BGB)
- Wucher (1. BGB Allgemeiner Teil/Aufgabe 23 – § 138 Abs. 1 BGB)

Prokura (4. Handelsrecht/Aufgabe 2 – §§ 48 ff. HGB)
Die Prokura ermächtigt zu allen gerichtlichen und außergerichtlichen Geschäften und Rechtshandlungen, die der Betrieb eines Handelsgewerbes mit sich bringt (§ 49 Abs. 1 HGB), mit Ausnahme von Grundlagengeschäften, die kraft Gesetzes dem Kaufmann vorbehalten sind. Eine Beschränkung des Umfangs der Prokura im Außenverhältnis gegenüber Dritten ist unwirksam (§ 50 HGB).

Publizität des Handelsregisters (4. Handelsrecht/Aufgabe 3 – § 15 HGB)
Die Publizität (Offenkundigkeit) des Handelsregisters dient dem Vertrauen und dem öffentlichen Glauben an die Richtigkeit der Eintragungen im Handelsregister.

Die negative Publizität hat zur Folge, dass man sich auf das Schweigen des Handelsregisters über Tatsachen verlassen kann (§ 15 Abs. 1 HGB). Die positive Publizität bewirkt, dass auch falsche Bekanntmachungen grundsätzlich als richtig gelten (§ 15 Abs. 3 HGB).

Rechtsfähigkeit (1. BGB Allgemeiner Teil/ Aufgabe 2 – §§ 1, 21 ff. BGB)
Die Rechtsfähigkeit ist die Fähigkeit, Träger von Rechten und Pflichten sein zu können. Natürliche Personen (lebende Menschen) und juristische Personen (Zusammenschlüsse, denen die Rechtsordnung die Rechtsfähigkeit verleiht) gelten als rechtsfähige Rechtssubjekte.

Sachmangel (2. Schuldrecht/Aufgabe 8 – § 434 BGB)
Ein Sachmangel ist Voraussetzung für die Gewährleistungsansprüche des Käufers und liegt in folgenden Fällen vor:

‣ Abweichung von der vereinbarten Beschaffenheit (2. Schuldrecht/Aufgabe 9, 10, 14 – § 434 Abs. 1 Satz 1 BGB)

‣ Abweichung von der nach dem Vertrag vorausgesetzten Beschaffenheit (2. Schuldrecht/Aufgabe 15 – § 434 Abs. 1 Satz 2 Nr. 1 BGB)

‣ Abweichung von der üblichen Beschaffenheit (2. Schuldrecht/Aufgabe 8, 13 – § 434 Abs. 1 Satz 2 Nr. 2 BGB)

‣ Abweichung von der durch öffentliche Äußerungen zu erwartenden üblichen Beschaffenheit (2. Schuldrecht/Aufgabe 12 – § 434 Abs. 1 Satz 3 BGB)

‣ mangelhafte Montage und mangelhafte Montageanleitung (2. Schuldrecht/ Aufgabe 11 – § 434 Abs. 2 BGB)

‣ Falschlieferung oder Zuweniglieferung (2. Schuldrecht/Aufgabe 12 – § 434 Abs. 3 BGB).

Sachen (1. BGB Allgemeiner Teil/Aufgabe 3 – §§ 90 ff. BGB)
Sachen sind bewegliche und unbewegliche körperliche Gegenstände, die der Mensch beherrschen kann.

Schuldnerverzug (2. Schuldrecht/Aufgabe 4 - 7 – §§ 286 ff. BGB)
Ein Schuldnerverzug liegt vor, wenn der Schuldner auf einen fälligen und einredefreien Anspruch des Gläubigers schuldhaft nicht leistet (§ 286 BGB). Man unterscheidet den Lieferverzug und den Zahlungsverzug.

Bei Vorliegen eines Schuldnerverzuges kann der Gläubiger den Verzögerungsschaden, Schadensersatz oder Aufwendungsersatz geltend machen. Die für den Schuldnerverzug grundsätzlich notwendige Mahnung des Gläubigers ist in einigen Fällen entbehrlich (§ 286 Abs. 2, 3 BGB):

‣ Leistungszeitpunkt nach dem Kalender bestimmt (2. Schuldrecht/Aufgabe 5)

‣ Leistungszeitpunkt nach dem Kalender bestimmbar (2. Schuldrecht/Aufgabe 5)

‣ ernsthafte und endgültige Leistungsverweigerung (2. Schuldrecht/Aufgabe 6)

‣ 30-Tage-Regelung (2. Schuldrecht/Aufgabe 6).

Sozialauswahl (5. Arbeitsrecht/Aufgabe 5 – § 1 Abs. 3 KSchG)
Zur Wirksamkeit betriebsbedingter Kündigungen ist eine ordnungsgemäße Sozialauswahl notwendig (§ 1 Abs. 3 Satz 1 KSchG). Der Arbeitgeber darf von vergleichbaren Arbeitnehmern ausschließlich denjenigen kündigen, welche durch die Kündigung die wenigsten sozialen Nachteile zu erwarten haben.

Bei vergleichbaren Arbeitnehmern sind dabei die Dauer der Betriebszugehörigkeit, das Lebensalter und die Unterhaltspflichten (ggf. eine Schwerbehinderung) zu berücksichtigen.

Stellvertretung (1. BGB Allgemeiner Teil/Aufgabe 13 - 18 – §§ 164 ff. BGB)
Eine durch einen Stellvertreter abgegebene Willenserklärung wirkt unmittelbar für und gegen den Vertretenen. Eine wirksame Stellvertretung liegt vor, wenn der Stellvertreter mit Vertretungsmacht eine eigene Willenserklärung im Namen des Vertretenen abgegeben hat.

Unmöglichkeit (2. Schuldrecht/Aufgabe 1 - 3 – § 275 BGB)
Ist für einen Schuldner oder jedermann die Erfüllung einer geschuldeten Leistung unmöglich geworden, ist der Anspruch auf die Leistung ausgeschlossen (§ 275 Abs. 1 BGB) und entfällt der Anspruch auf die Gegenleistung (§ 326 Abs. 2 BGB).

Die unterschiedlichen Rechtsfolgen ergeben sich aus der konkreten Art der Unmöglichkeit:

- anfängliche objektive Unmöglichkeit

- anfängliche subjektive Unmöglichkeit (2. Schuldrecht/Aufgabe 3)

- nachträgliche objektive Unmöglichkeit (2. Schuldrecht/Aufgabe 1)

- nachträgliche subjektive Unmöglichkeit (2. Schuldrecht/Aufgabe 2).

Verbrauchsgüterkauf (2. Schuldrecht/Aufgabe 8 – §§ 474 ff. BGB)
Bei einem Kaufvertrag über eine bewegliche Sache handelt es sich um einen Verbrauchsgüterkauf (§ 474 BGB), wenn der Verkäufer ein Unternehmer (§ 14 BGB) und der Käufer ein Verbraucher ist (§ 13 BGB).

Zum Schutz des Verbrauchers sind einige Besonderheiten geregelt:

- Unwirksamkeit der Abweichung von Gewährleistungsansprüchen (§ 475 Abs. 1 BGB)

- Unwirksamkeit der Abweichung von Verjährungsfristen (§ 475 Abs. 2 BGB)

- Beweislastumkehr (§ 476 BGB)

- Klarheit von Garantieerklärungen (§ 477 BGB).

Verjährung (1. BGB Allgemeiner Teil/Aufgabe 30 – §§ 194 ff. BGB)
Die Verjährung schuldrechtlicher Ansprüche bewirkt, dass (weiterhin) bestehende Ansprüche des Gläubigers nicht mehr gegen den Schuldner durchsetzbar sind, wenn der Schuldner die Leistung wegen der Verjährung verweigert (§ 214 BGB).

Widerruf von Willenserklärungen (1. BGB Allgemeiner Teil/Aufgabe 12 – § 130 BGB)
Eine gegenüber einem Abwesenden geäußerte Willenserklärung wird nicht wirksam, wenn sie vor dem Zugang oder gleichzeitig mit dem Zugang widerrufen wird.

Willenserklärung (1. BGB Allgemeiner Teil/Aufgabe 9 - 12)
Eine Willenserklärung ist eine private Willensäußerung, mit welcher der Erklärende eine rechtliche Folge herbeiführen möchte.

Zugang von Willenserklärungen (1. BGB Allgemeiner Teil/Aufgabe 12 – § 130 BGB)
Der Zugang einer Willenserklärung unter Abwesenden setzt voraus, dass die Willenserklärung so in den Machtbereich des Empfängers gelangt, dass sie der Empfänger unter gewöhnlichen Lebensumständen zur Kenntnis nehmen kann.

Müller-Glöge, R., u. a. (Hrsg.), Erfurter Kommentar zum Arbeitsrecht, 14. Auflage, München 2013

Münchener Kommentar zum Bürgerlichen Gesetzbuch, 5. Auflage, München 2010

Münchener Kommentar zum Handelsgesetzbuch, 2. Auflage, München 2009

Palandt, O., Bürgerliches Gesetzbuch, Kommentar, 73. Auflage, München 2014

A

B

D

E

F

G

Übung macht den Meister, den Fachwirt und den Fachkaufmann.

Gezieltes Klausurentraining für IHK-Lehrgänge. Mit ausführlichen Lösungen und nützlichen Lernhilfen.

Die Reihe **Klausurentraining** wurde speziell für Kursteilnehmer in IHK-Weiterbildungslehrgängen konzipiert. Die einzelnen Bände ermöglichen eine individuelle und gezielte Prüfungsvorbereitung und sind auf die Rahmenpläne abgestimmt.

Besondere Vorteile der Reihe:

- Mehr als 100 klausurtypische Aufgaben auf dem Niveau der IHK-Prüfung decken das gesamte Spektrum der einzelnen Themen ab.

- Ausführliche Lösungen erleichtern die Erfolgskontrolle und das Nachvollziehen der richtigen Lösungswege.

- Die wichtigsten Formeln und Fachbegriffe sind im Anhang griffbereit – kein zusätzliches Nachschlagen in Lehrbüchern oder Skripten.

Klausurentraining ist das A und O einer erfolgreichen Prüfungsvorbereitung. Dabei können Sie sich nicht allein auf die IHK-Prüfungsaufgaben aus dem Vorjahr verlassen. **Alle Aufgabentypen zur Prüfungsvorbereitung bietet Ihnen nur das neue Klausurentraining Weiterbildung!**

Mit diesen Bänden bereiten Sie sich perfekt auf Ihre Prüfung vor.

Buchtitel dieser Reihe:

Finanzierung und Investition
Personalwirtschaft
Kosten- und Leistungsrechnung
Absatzwirtschaft – Marketing und Vertrieb
Materialwirtschaft
Produktionswirtschaft
Steuern
Unternehmensführung
Führung und Zusammenarbeit

Controlling
Rechnungswesen
Touristikbetriebslehre
Grundlagen der Volkswirtschaftslehre
Recht
Logistik
Grundlagen der Betriebswirtschaftslehre
Betriebliches Management
Qualitätsmanagement
Projektmanagement

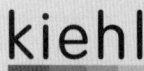